UNIVERSITY OF NORTH CAROLINA AT CHAPEL HILL
DEPARTMENT OF ROMANCE LANGUAGES

NORTH CAROLINA STUDIES
IN THE ROMANCE LANGUAGES AND LITERATURES

Founder: URBAN TIGNER HOLMES
Editor: FRANK A. DOMÍNGUEZ

Distributed by:

UNIVERSITY OF NORTH CAROLINA PRESS

CHAPEL HILL
North Carolina 27515-2288
U.S.A.

NORTH CAROLINA STUDIES IN THE
ROMANCE LANGUAGES AND LITERATURES
Number 291

BAJO EL CIELO PERUANO:
THE DEVOUT WORLD OF PERALTA BARNUEVO
LA GALERÍA DE LA OMNIPOTENCIA
AND *PASIÓN Y TRIUNFO DE CHRISTO*

BAJO EL CIELO PERUANO:
THE DEVOUT WORLD OF PERALTA BARNUEVO

LA GALERÍA DE LA OMNIPOTENCIA AND *PASIÓN Y TRIUNFO DE CHRISTO*

EDITED, ANNOTATED, AND
WITH CRITICAL INTRODUCTIONS BY
DAVID F. SLADE AND JERRY M. WILLIAMS

CHAPEL HILL

NORTH CAROLINA STUDIES IN THE ROMANCE
LANGUAGES AND LITERATURES
U.N.C. DEPARTMENT OF ROMANCE LANGUAGES

2008

Library of Congress Cataloging-in-Publication Data

Peralta Barnuevo, Pedro de, 1663-1743.
    Bajo el cielo peruano: the devout world of Peralta Barnuevo: La galería de la omnipotencia and Pasión y triunfo de Christo / by Pedro Peralta Barnuevo; edited, annotated, and with critical introductions by David F. Slade and Jerry M. Williams.
    p. cm. – (North Carolina Studies in the Romance Languages and Literatures; no. 291).
    English and Spanish.
    Includes bibliographical references and index.
    ISBN 978-0-8078-9295-4 (hardcover)
    1. Spirituality – Peru. 2. Spiritual life. 3. Mogrovejo, Toribio Alfonso de, Saint, 1538-1606 – Poetry. 4. Jesus Christ – Prayers and devotions. 5. Religious literature, Spanish. I. Slade, David F. II. Williams, Jerry M., 1952. III. Title.

BX1484.3.P47 2008
868'.409–dc22
                                                                                            2008034343

Cover design: Heidi Perov

© 2008. Department of Romance Languages. The University of North Carolina at Chapel Hill.

ISBN 978-0-8078-9295-4

DEPÓSITO LEGAL: V. 5.277 - 2008

ARTES GRÁFICAS SOLER, S. L. - LA OLIVERETA, 28 - 46018 VALENCIA
www.graficas-soler.com

*To my father, Dr. Ira H. Slade, Jr.,
for his gracefulness, brilliance and enduring love.*
D.F.S.

To Fr. Phil, and the devout journey.
J.M.W.

TABLE OF CONTENTS

	Page
LIST OF ILLUSTRATIONS	11
PREFACE	13
INTRODUCTION TO *La Galería de la Omnipotencia*	25
TEXT OF *La Galería de la Omnipotencia*	43
INTRODUCTION TO *Pasión y Triunfo de Christo*	97
TEXT OF *Pasión y Triunfo de Christo*	133
BIBLIOGRAPHY	357
ILLUSTRATIONS	363

LIST OF ILLUSTRATIONS

Page

1. Pedro de Peralta Barnuevo. 1791 portrait from the Pinacoteca de la Casona de la Universidad de San Marcos 365
2. Plan of Eighteenth-Century Lima. The John Carter Brown Library at Brown University 366
3. Title Page from *La Galería de la Omnipotencia*. The John Carter Brown Library at Brown University 367
4. "Venerab Dei seruus D. Turibius Alphonsus Mogrouesus Hispanus, Archiep. Limensis [...]." Engraving by Guillelmus Valet. In Macedo, Francisco de. *Vita venerabilis Toribii Alfonsi Mogrovegii, Archiepiscopi Limensis [...]*. Patauij: Typis P.M. Framb., 1670. Courtesy of Lilly Library, Indiana University, Bloomington, IN 368
5. "S. Toribius Alphonsus Mogrouesius Archiepiscopus Limanus." Engraving by Gaspar Massi. In Nicoselli, Anastasio. *Vita di S. Toribio Alfonso Mogrovesio. Arcivescovo di Lima, Capitale del Regno del Perù*. Rome: Nella Stamperia di Antonio di'Rossinella Strada del Seminario Romano, 1726. Courtesy of Lilly Library, Indiana University, Bloomington, IN 369
6. "Toribio Alfonso Mogrovesio, Il Santo Arcivescovo di Lima." Engraving by Gaspar Massi. In Laderchi, Giacomo. *Vita di S. Turibio Alonso Mogrovejo. Arcivescovo di Lima nel Perù*. Rome: Nella Stamparia di Antonio de Rossi, 1729. Courtesy of Lilly Library, Indiana University, Bloomington, IN 370
7. Title Page from *Pasión y Triunfo de Christo* (Inquisition copy with censor's editing). Courtesy of The Beinecke Rare Book and Manuscript Library, Yale University 371
8. Ten Woodcuts of the Passion of Christ. Courtesy of the Hispanic Society of America 372-374

PREFACE

THE three major works by Peralta that have yet to receive the critical appreciation that they merit are *La Galería de la Omnipotencia* (ca. 1729), *Lima fundada* (1732), and *Pasión y Triunfo de Christo* (1738).[1] Despite the fact that Peralta's writings have enriched eighteenth-century Peruvian literature – and in 1730 were the subject of a lengthy appraisal by his contemporary Benito Jerónimo Feijoo – he remains marginalized within the canon of Ibero and Latin American letters.[2] This critical disesteem originates from the contradictory manner in which Peralta's life and literary career have been adjudged by Peruvian critics, as well as those of Europe and North and South America. As early as 1775 Peralta was accused of wasting his considerable talents writing complex historical tomes that revered the past, but which did not address Lima's growing sociopolitical problems and mounting cultural tensions.[3] In 1863, in-

---

[1] For editions of major and minor works by Peralta see Williams 1994, 1996, 2001, and the 2003 annotated critical edition of *Historia de España vindicada*. His edition of *Lima fundada* is forthcoming from Juan de la Cuesta Press.

[2] See Feijoo's "Españoles americanos," in which he stated: ". . . Apenas, ni aún apenas, se hallará en toda Europa hombre alguno de superiores talentos y erudición. . . . Es historiador consumado, . . . sin recurrir a más libros que los que tiene impresos en la biblioteca de su memoria. . . . Una erudición tan vasta es acompañada de una crítica exquisita, de un juicio exactísimo, de una agilidad y claridad en concebir y explicarse admirables. Todo este cúmulo de dotes excelentes resplandecen y tienen perfecto uso en la edad casi septuagenaria de este esclarecido criollo. . . . Echando los ojos por los hombres eruditos que ha tenido nuestra España de dos siglos a esta parte, no encuentro alguno de igual universalidad a la de don Pedro Peralta" (1952, 158-59).

[3] In *El Lazarillo de ciegos caminantes* Alonso Carrió de la Vandera (Concolorcorvo) observed: "Si el tiempo y erudición que gastó el gran Peralta en su *Lima*

terest in Peralta enjoyed a brief resurgence when Manuel de Odriozola republished *Lima fundada* in a flawed, abridged edition.[4] In 1874, Juan María Gutiérrez published in *El Correo del Perú* a lengthy essay on Peralta entitled "Don Pedro de Peralta," and Manuel de Mendiburu wrote a biography of him in his *Diccionario histórico del Perú*.[5] Those forward-looking appraisals of Peralta were checked in 1894, when Marcelino Menéndez Pelayo questioned the merit of Peralta's literary legacy and adjudged Peralta to be:

> . . . Poco más que un nombre que no despierta ya eco ninguno de gloria literaria. Sus obras no se leen ni en América ni en España, y como muchas son raras, no creo que ninguna biblioteca las posea todas ni nadie las haya visto juntas. . . Desgraciadamente, como historiador y como poeta, sus obras son bastante conocidas para que pueda ser juzgado sin remisión. Su erudición era estupenda sin duda, pero indigesta y de mal gusto; . . . su estilo en prosa y en verso enfático, crespo y campanudo, con todos los vicios de la decadencia literaria, que . . . no eran ya tolerables, ni aun en una remota colonia. (Menéndez Pelayo 1894, ccxxiii-ccxxiv)

Menéndez Pelayo's assertion reigned supreme and unchallenged until Irving Leonard, between 1933 and 1937, brought to light several of Peralta's obscure dramatic texts and writings in an attempt to center Peralta within eighteenth-century letters.[6] After Leonard's pioneering studies, Peralta was unread, and his writings were confined to rare book and personal libraries. In 1964, as part of a Pe-

---

fundada y *España vindicada* lo hubiera aplicado a escribir la historia civil y natural de este reino, no dudo que hubiera adquirido más fama, dando lustre y esplendor a toda la monarquía; pero la mayor parte de los hombres se inclinan a saber con antelación los sucesos de los países más distantes, descuidándose enteramente de lo que pasa en los suyos. No por esto quiero decir que Peralta ni supiese la historia de este reino, y sólo culpo su elección por lo que oí a hombres sabios" (1973, 117-18). For a fuller appreciation of how Peralta has withstood the scrutiny of present-day critics, see Sánchez 1967, Kahiluoto Rudat 1985, Brading 1991, Hill 2000, and Williams 2001.

[4] In that still scarce edition, the poem's overall elegance was negated by a host of typographical errors, and the deletion of dedicatory poems, marginal notes, and explanatory footnotes. Odriozola also deleted the poem's front matter, in which Peralta championed history as an art and discoursed on his unique "historical method."

[5] Juan María Gutiérrez 1874-75 and Mendiburu 1874.

[6] Leonard 1933, 1936, and 1937a.

ralta tricentenary, Luis Alberto Sánchez and fellow Peruvian scholars resurrected Peralta from oblivion by issuing a series of provocative and discerning essays in *Revista Histórica*. Those essays argued the case for Peralta's unique contributions to Peruvian and Latin American letters.

Critical disregard of Peralta was also due to the assessment of colonial lyric and prose as imitative and derivative.

> La originalidad es allí rara. . . La literatura del Perú ha debido ser, pues, principalmente imitativa, y por la imitación se explica. ¿A qué se reduce pues, la literatura colonial? A sermones y versos igualmente infestados por el gongorismo y por bajas adulaciones, y a la vasta pero indigesta erudición. (Riva Agüero 1962, 74-76)

This trajectory of negative criticism of Peruvian literature was reinforced by scholars who, in succession, repeated almost verbatim the same point of view. This was the case when Sánchez (1921, 251) echoed Menéndez Pelayo in referring to Peralta's academic career as being of "mal gusto," and Riva Agüero in his calling of his work "indigesta."[7] According to José Carlos Mariátegui:

> La temática de los literatos de la Colonia es, generalmente, la misma de los literatos de España, y siendo repetición o continuación de ésta, se manifiesta siempre en retardo, por la distancia. El repertorio colonial se compone casi exclusivamente de títulos que a leguas acusan el eruditismo, el escolasticismo, el clasicismo trasnochado de los autores. Es un repertorio de rapsodias y ecos, si no de plagios. (1979, 155)

In this light, critics have also faulted Peralta for having cultivated a style that embraced *culteranismo*, followed courtly trends, produced on-demand formulaic compositions, and mixed sober scientific prose and poetic fancies.

---

[7] Riva Agüero later tempered his comments by stating that he was referring to literature in general, not to specific authors whom he appreciated, and not to historical works that possessed "una ingenuidad y una sencillez encantadoras" (1962, 76). *Los poetas de la revolución* was first published in 1919 (Lima: Imp. Torres Zumarán); folleto número 16 del v. 7 of *Folletos peruanos varios*. It was republished in 1921, prefaced by the title *Historia de la literatura peruana* (Lima: Euforion). The 1947 corrected edition is entitled *Los poetas de la colonia y de la revolución* (Lima: Editorial PTCM).

During his long career Peralta had many occupations and avocations, among which were military and civil engineer, lawyer, consultant to the Inquisition, accountant, tax assessor, literary critic, orator, poet, historian, theologian, politician, astronomer, mathematician, architect, and polyglot. Although a native of Lima, he never traveled beyond the confines of that city and obtained his encyclopedic knowledge, in part, from library texts (his own and those at the University of San Marcos), and from contraband works that made their way into his hands. Long considered the literary *enfant terrible* of Lima, Peralta epitomized the Creole *savant* to be found in the colonies. Besides serving as the rector of the University of San Marcos between 1715 and 1717, he was fortunate to act as confidant and advisor to several viceroys of Lima, whose governance he defended in laudatory verses and panegyrics. Since Peralta was the poet laureate and publicist for viceroys Castell-dos-Rius, Ladrón de Guevara, Morcillo, Santo Buono, and Castelfuerte, and to a limited extent for viceroys Monclova and Villagarcía, his hand is evidenced in the production of literary tributes and orations for public and private affairs. He likewise authored pieces for the stage, including an adaptation in 1708 of Corneille's *Rodogune*, and sponsored literary contests to celebrate religious occasions and appointment of viceroys and other dignitaries.[8] In comparing the viceregal splendor of Peru with Spain, Concolorcorvo in *El Lazarillo de ciegos caminantes*, written some thirty years after Peralta's death, states:

> Los ingenios de Lima parecen los más sobresalientes de todo el reino, ... y no encuentro diferencia, comparados en general, con los de la península. Cualquier ciudad de las de España comparable a ésta [Lima] la igualaba en ingenios, juicio y literatura, sin traer a consideración a varios monstruos de aquellos tan raros que apenas en un siglo se ven dos, como el gran Peralta, limeño bien conocido en toda Europa, a quien celebró tanto la más hermosa y crítica pluma que produjo Galicia en el presente siglo. (1973, 447-48)

Peralta's erudite Mexican counterpart, Carlos Sigüenza y Góngora, rivaled his faculties in Baroque compositions that drew on parallels with Greek and Roman mythology and indigenous lore as

---

[8] Irving Leonard (1937b) has studied Peralta's dramas. The British Museum (London) houses several manuscripts of Peralta's plays and musical works.

exegetical sources for scholastic issues, particularly theology and history.

To date, *Pasión y Triunfo de Christo* has never appeared in print save for several pages that García Ventura Calderón published in 1937 in an anthology of religious poetry entitled *Los místicos*. Study of *Pasión y Triunfo* has been included in only three critical essays of varying length and analysis that appeared in 1909, 1937, and 1967.[9] A similar lack of recognition has befallen *La Galería de la Omnipotencia*. Whereas various scholars have mentioned this *certamen* in passing, Williams (1994) and Slade (2004) have offered more detailed background for and analysis of the text. As a way of addressing this critical neglect, we have prepared this edition with the teaching and research needs of students and scholars alike.[10]

Editing the Texts

In preparing *La Galería de la Omnipotencia* for publication, we consulted a digital copy of a printed edition owned by Dr. Daniel R. Reedy and an original edition archived in the Beinecke Rare Book and Manuscript Library at Yale University. The paleographic edition that we present here is based on these copies and is mostly uncomplicated due to the excellent condition of the texts. At times, the marginal notes in the original prints exceed the edge of the page and cannot be read clearly.

We make note of any doubts that are not able to be resolved. While the title page does note that the *certamen* for *La Galería de la Omnipotencia* was held in the *Santa Iglesia Metropolitana de Lima* during the festival to celebrate the canonization of Toribio Alfonso Mogrovejo, it does not indicate a printer, a specific date, or an author. This lack of editorial information could be attributed to the functional nature of the text as a means of establishing the norms for the competition. For reasons that we explain in the introduction to *La Galería*, we can be certain that Peralta is the author and that it was printed in 1729, after Toribio's canonization had taken place.

---

[9] Riva Agüero 1909; Barreda Laos 1937, 247-59; and, Sánchez 1967, 232-49.

[10] Our interdisciplinary approach to teaching the two texts is in concert with the methods espoused by several scholars in a special edition of *Dieciocho: Hispanic Enlightenment*, "Teaching the Eighteenth Century/Enseñar el XVIII" 30:1 (Spring 2007).

It is possible that Peralta himself printed the text on his own press, but we do not have clear evidence of the text's printing history.

The *Galería* includes 64 recto-verso folios. The text begins with an introductory reflection on poetry, an argument for why the poetic competition is appropriate for celebrating Toribio's canonization, and an overview of the Toribio's life and merits. It is followed by eight themes or *asuntos*, each of which establishes a category, poetic form, and concept for the eight poems composed for the competition. Some printed texts associated with poetic competitions included a sampling of the winning poems, but since the *Galería* was written and printed before the contest took place, none of the actual poems are included. Considering that the pages of the *Galería* are unnumbered, we are not faced with the problems of poorly ordered page numbers that occur in *Pasión y Triunfo de Christo*. Peralta uses marginal notes throughout the *cartel*, mostly following a sequence from 1 to 91. However, he interrupts this progression with notes marked with an asterisk instead of a number, which we keep in the transcription to preserve Peralta's sometimes idiosyncratic annotations.

The transcription of *Pasión y Triunfo de Christo* is based on the original edition, copies of which we consulted at the Biblioteca Nacional del Perú, the John Carter Brown Library, the New York Public Library, the Hispanic Society of America, and the Beinecke Rare Book and Manuscript Library at Yale University, as well as a microfilm copy at the Biblioteca Nacional de Chile. The need to consult multiple copies was driven by the fact that, although only one edition of the text was ever published, Peralta had a reputation for inserting stop-press changes and corrections. That was the case with the 1730 publication of *Historia de España vindicada*, where marginal notes were edited and the reprinted pages included in only a limited number of printings. The second reason for consulting more than one copy was because we had discovered early in this project that the Yale University holding contained censors' marks indicating that the text was "Espurgado conforme al edicto del S^{to} Oficio de 11 de marzo de 1786," years after the book was first examined by the Inquisition over a two-year period starting in 1739. The manner in which inquisition censors edited by hand *Pasión y Triunfo* gives insight into the inner workings of tribunal chambers and the theological questions that were the subject of scrutiny. We have placed the censors' marks in footnotes.

Pasión y Triunfo was published in Lima by "La Imprenta que está extra muros de Santa Cathalina. Año de 1738." Peralta had relied on this publisher for the 1739 and 1740 editions of his yearly almanac, *Conocimiento de los tiempos*, which was otherwise published between 1735 and 1738 by a press located in Calle de Palacio. The other presses he had used between 1735 and 1743, before his death, were Imprenta Real de la Calle de Valladolid in 1736 for *El Cielo en el Parnaso*, Imprenta Antuerpiana in 1741 for *Conocimiento de los tiempos*, and Calle de San Ildefonso in 1743 for the same almanac. The Santa Cathalina press was run by Antonio José Gutiérrez de Cevallos, who

> ... se estableció en 1737 con taller propio, extramuros de Santa Catalina, y allí continuó hasta 1740. Cuatro años más tarde se pasa a trabajar por cuenta ajena a la Calle de San Ildefonso, con Sobrino y Bados, y en 1750, última fecha en que se le ve figurar, a la Imprenta de la Calle de la Barranca. (Medina 1958, I:464)

The Imprenta de la Calle de la Barranca, which operated between 1747 and 1755, was the property of Peralta's illegitimate daughter Luisa, and "estuvo siempre a cargo de Sobrino y Bados" (1958, 1:463), which was founded in 1717 and operated at somewhat irregular intervals until its close in 1759. Sobrino y Bados published *Historia de España vindicada*. In 1724 the title of "Impresor del Santo Oficio" was bestowed on the press, and it became responsible for numerous officially sanctioned publications.

Luisa's mother, María Magdalena Sotil [Sutil], was Peralta's housekeeper. In his will, Peralta did acknowledge an illegitimate daughter, Luisa Peralta, details of whose life Sánchez (1967, 35-38) and Eguiguren Escudero (1966, 114-120) provided. María Magdalena bequeathed to Luisa, "por patrimonio de su padre," half interest in the printing press that she and Peralta jointly owned. Luisa inherited fifty percent of the press after Peralta's death, and used the small and aging machine as collateral for a loan of 400 pesos to print several publications (1966, 114). In her will, dated 3 December 1785, Luisa listed the press among her property and declared herself the "hija natural del doctor Pedro Peralta y de doña Magdalena Sotil, mis padres." Eguiguren Escudero states that María Magdalena Sotil was co-owner of Peralta's printing press. According to Eguiguren Escudero, in her last will and testament, María sought to relieve Luisa of the family's considerable financial woes, citing that the daughter's inheritance was "patrimonio de su padre y no ha lucrado cosa alguna en aquellos préstamos" (1966, 115). After María's death in 1774, Luisa and her three brothers – from María's first marriage – operated the press under financial constraints. Luisa died in 1785. The choice of publisher is important since the middle-class Peralta, who bemoaned in print the prohibitive cost of publishing, relied on subsidies and the politics of patronage to meet the contractual demands of the presses with which he worked.[11]

The original text of *Pasión y Triunfo de Christo* consists of 56 double-sided pages of printed front matter, followed by pages numbered to 326, which are divided into the ten Orations (*Oraciones*) or Prayers. The title page appears within an ornamental border, and each Prayer is illustrated with an ornamental initial and contains decorative head and tail pieces. The front matter begins with a lengthy dedication to patron Don Álvaro Navia Bolaño Moscoso y Osorio (1678-1757) and continues with three documents of Approval, one of which grants the license to print; a lengthy letter by Peralta's brother, José, bishop of Buenos Aires; and concludes with the author's Prolog. As is the case with other publications by Peralta, the pages are poorly numbered. For example, in Oración Quinta, page 123 should be 132, and 143 should be 234; in Oración Sexta page numbers start with 64, which should be 62; and, where the last page number of Oración Octava is 223, the first page of Oración Nona begins with number 244. The pagination mistake continues until the end of Oración Sexta and affects the numbering of the remaining four Prayers. The incorrect numbering also applies to the marginal notes in the front matter, where the letter *r* is repeated twice, followed by an asterisk, then by k, l, m, and n; the same occurs in Prayers 4 through 10. For example, in Oración Cuarta the note in the text reads 19, but in the margin it is 20; in Oración Octava marginal notes go from 2 to 4, followed by 97 to 100; and, in Oración Nona, note 105 is repeated twice. In order to resolve these errors, we have renumbered pages and marginal notes, and have transferred marginal notes to the end of each Prayer. Furthermore, marginal notes marked by an asterisk have

---

[11] Williams 2005, xxix-xli.

been assigned a number. The original edition is of uneven print quality, where letters on most pages run together; pages are stained with ink or smudged, and splashes of ink are evident between letters and words (most likely due to a softness of the metal used to cast the type).

Editorial norms retain throughout the spelling of *Christo* over *Cristo* in order to preserve Peralta's use of Latinate spellings. All proper nouns in upper case letters have been eliminated, e.g. Jesús for JESUS and Christo for CHRISTO. We have eliminated parentheses in favor of commas and semicolons in order to break or separate lengthy sentences and cumbersome syntax. On occasion brackets are utilized to help clarify missing or archaic words or phrases, as in the case of "Ardió su pecho [de] devoción y, pasándome la llama, me hizo incendio lo que fue centella," or when a missing word is to be understood by the reader: "Y lo que sólo advierto es que los varios [clavos] que se han tenido por constantes o han sido supuestos o se han formado con fragmentos o contacto de los verdaderos." Elsewhere we employ footnotes to resolve ambiguity and follow Peralta's use of italics throughout the text and marginal notes, since they convey the passion and sentiment expressed.

The editors have resolved orthographic errors in Spanish and Latin, and have corrected the absence or presence of commas, colons, and semi-colons that made for convoluted run-on sentences. For example, Peralta uses the word *divirtimiento* in the *Galería*, which is not listed as an optional spelling in the 1732 *Diccionario de la lengua castellana*; our edition favors *divertimiento*. We have observed modern orthography except when antiquated spellings of words are listed as options by the Real Academia in its current dictionary. Peralta's introductory remarks in the *Galería* offer an example. We maintain his spelling of the *obscuro* instead of opting for the more modernized *oscuro*. With the aim of achieving consistency in punctuation, the editors also constructed, where required, briefer sentences that respect the originality of Peralta's complex and artificial rhetoric, and yet render meaning intelligible. The use of the masculine definite article *el* has been retained, as in *El Orden de Santiago* and *El Orden de Calatrava*, because modernizing *El* to *La* would require changing within the same sentence the gender of direct object pronouns and demonstrative adjectives. Ambiguity is resolved where the unaccented *solo* functions as either an adjective or adverb. There was also the need to insert the preposition *a* in instances such as "Así se aludía [a] aquel Altísimo... Así se vituperaba [a] aquel Eterno Verbo... Se maldecía [a] aquel Señor en quien se bendecían todas las gentes."

The use of upper and lower case letters in the original is a convention of the period and obeys typographic and stylistic norms. Its frequent overuse, however, in *Pasión y Triunfo* impedes a fluid reading of the text, which we have addressed by following the norms of the Real Academia Española with respect to capitals used to refer to a condition, category or other circumstances, or in generalizations, legal documents, titles, and offices, etc.[12] For example, the reference to physical blood is in lower case *sangre*, whereas the blood of the Holy Redeemer is upper case *Sangre*; the words *primero padre* are lower case when they refer to Adam as the father of humankind, as opposed to God or the Heavenly Father as *Primero Padre*. Appellatives and attributes of Christ are also upper case (*Espinas, Clavos, Cruz, Sagrado Cuerpo, Estandarte, Trono, Triunfo, Azotes, Misterios, Poder, Divino, Numen, Reo, Huerto, Inocencia, Elocuencia, Magia, Omnipotencia, Bondad Divina*, among other examples; *vida* is lower case when referring to human life and not to Christ (*Vida*). The same applies to lower and upper case use as in *sol/Sol, fama/Fama, tierra/Tierra, cielo/Cielo*, and *luna/Luna* when they refer to deities, stars, planets, constellations and religious concepts (*Trono, Eternidad, Reino del Cielo*), as well as absolute concepts (*Ley, Verdad, Gracia, Razón, Humildad, Fortuna, Hermosura*), and to reference political and historical entities (*Romano Imperio*). The use of lower case occurs when proper names are used as metaphors (ex: "Tú eres el sagrado trifulco del Verdadero jove para fulminar los gigantes de los vicios y la clava del hércules Divino para destruir la hidra de la culpa"). Here, *jove*, *hércules*, and *hidra* are metaphors; *Verdadero* and *Divino*, as attributes of God, are upper case.

The following example from the Oración Primera of *Pasión y Triunfo* illustrates the changes in orthography, punctuation and the dissolution of parenthetical and convoluted prose in favor of an arrangement that honors the phraseology of the original. The original text reads:

---

[12] *Ortografía de la Lengua Española: Real Academia Española* (Madrid, 1999) and *Diccionario de la Lengua Española: Real Academia Española*, 21ª edición (Madrid, 1992).

> Fue Primo-hermano del Señor D. Ruy Díaz, Señor de Bivàr, à quien sus mismos enemigos, los vencidos Arabes, coronaron con el famoso Titulo de Cid, (como hijos de dos hermanos) y ambos nietos de los dos ínclytos Juezes de Castilla, que valieron Reyes.

The edited text reads:

> Fue primo hermano del señor D. Ruy Díaz, señor de Bivar, a quien sus mismos enemigos, los vencidos árabes, coronaron con el famoso título de Cid. ¡Qué hijos de dos hermanos, y ambos nietos de los dos ínclitos jueces de Castilla, que valieron reyes!

As this edition is designed to meet the needs of students and scholars alike, the foregoing example is but one of several that required a judicious reading and familiarity with Peralta's style and prose. The bibliography offers useful critical sources for further study, and footnotes assist the reader in maintaining a fluid understanding of the texts. All quotes are from the two texts are to our edition, and exceptions will be noted.

ACKNOWLEDGEMENTS

The idea for this collaborative project was conceived in April 2000, when the co-editors met at a roundtable discussion entitled "New Directions in Colonial Latin American Letters and Cultures," sponsored by the University of Kentucky Foreign Languages Conference. Through engaged correspondence, scheduled meetings, and mutual support, as well as presentations of selected portions of this work at national and international conferences, we were able to guide the project through completion.

David F. Slade would like to offer his sincere thanks to the Dean's office of the Evans School of Humanities, Arts and Social Sciences, the Faculty Development Committee and the Provost's office of Berry College for its generous support of this project. He also owes a debt of gratitude to the Graduate School of Arts and Sciences and the Department of Spanish and Portuguese at Emory University, the Ibero-American Society of Eighteenth-Century Studies, the Faculty Development Committee at Centre College, the Interlibrary Loan staff at Emory University and Centre College, the Biblioteca Nacional de España, and the Lilly Library at Indiana University. He deeply appreciates Dr. Daniel R. Reedy, Professor Emeritus at the University of Kentucky, for having introduced him to Peralta's work in general and to *La Galería de la Omnipotencia* specifically. He also acknowledges the following colleagues for reading and commenting on various versions of his work on the *Galería*: Karen Stolley, David Gies, Pilar Sáenz, María Mercedes Carrión, and Neal A. Messer. Lucía Llorente and Jeremy Paden offered indispensable editorial assistance in proofing the transcription of the *Galería*.

Jerry M. Williams would like to thank the following organizations, institutions, and programs for their support: The College of Arts and Sciences of West Chester University, the Program for Cultural Cooperation between Spain's Ministry of Education, Culture and Sports and United States Universities, the National Endowment for the Humanities, the John Carter Brown Library, the Beinecke Library of Yale University, the Lilly Library, the New York Public Library, the University of Pennsylvania's Van Pelt Library, the Biblioteca Nacional de Chile, the Biblioteca Nacional del Perú, and the Hispanic Society of America. Colleagues who participated in the development of this project include, but are not limited to Santa Arias, Neal A. Messer, Ralph Bauer, Ruth Hill, and Baltasar Fra-Molinero. Erminio Braidotti, Frederick Patton, María José Cabrera, and Juan Carlos Jiménez rendered valuable editorial services in proofing selected parts of the text.

INTRODUCTION TO *LA GALERÍA DE LA OMNIPOTENCIA*

> Es la poesía la música del entendimiento, el éxtasis de la razón y la inmortalidad de la virtud. Es el encanto del oído, la vida del aplauso y el alma de la fama. La sagrada es el estilo de la adoración, la lengua del amor y la alabanza de la divinidad.
>
> Peralta Barnuevo, *La Galería de la Omnipotencia*

PEDRO de Peralta Barnuevo's activities in the viceregal courts of early eighteenth-century Lima were as varied as the body of written works that he produced. Recent scholarship has contributed much to the historical contextualization of Peralta as an intellectual who was heavily influenced by European culture and as a prominent member of the *criollo* class who actively engaged issues of American and Peruvian identity. His duties as a professor and administrator at the University of San Marcos, his role as historian, his prominence as a poet and his leadership in local Limenean academies framed another public role that Peralta often took, that of master of ceremonies for many official events in early eighteenth-century Lima. The city's 1729 celebrations of the canonization of Toribio Alfonso Mogrovejo (1538-1606) provide the context for one of Peralta's minor texts, one that exemplifies the sometimes competing elements of this well-published academician that combined viceregal loyalty with a demonstrated commitment to an American identity. *La Galería de la Omnipotencia* (ca. 1729) is the published *cartel*, or pamphlet, that established the themes, rules, prizes and judges for a poetry contest that was billed as the main event in the celebrations of the newly sainted Toribio. The *cartel* itself details the eight themes of the competition and offers a concise glance at how religious and political discourses cross paths in the context of public celebrations.

These introductory remarks provide critical background on the *certamen poético* as a public event of early modern Hispanic cultures. What follows will also seek to contextualize the significance of Mogrovejo as an American/Peruvian cultural figure who signified, according to Peralta, the best that the New World had to offer. Finally, this introduction will offer a preliminary reading of *La Galería de la Omnipotencia* as one of Peralta's religious texts that exhibits a specific concern for exalting the autochthonous American figure over the European model.

Historical Context of the *Certamen Poético*

Although Peralta Barnuevo never left his native Peru to venture to other extremes of the colonial realm, much less to Spain, a review of how the *certamen poético* developed both in Spain and in the viceregal Spanish Americas will better contextualize a reading of the *Galería*. Peralta would have been familiar with many texts published from Peninsular *certámenes*, just as he likely would have been aware of the poetic competitions through his written correspondence with intellectual counterparts in Spain, such as Benito Jerónimo Feijoo.[13] Historically in Hispanic letters, the *certamen poético* has been closely associated with politics in the context of literary academies. In her book *Prosa novelística y academias literarias en el siglo XVII*, Willard F. King dedicates two chapters to the importance of the poetic *certamen* during the Spanish Renaissance and Baroque periods, in which the author indicates that the first Spanish literary jousts were staged at the end of the fifteenth century. According to King, the roots of these competitions reach back to the *jòcs florals*, literary tournaments organized in fourteenth-century France (85). First celebrated in Toulouse in 1323, by the end of

---

[13] For more on Peralta's correspondence with Feijoo, see Williams, "Feijoo and Peralta Barnuevo: Two Letters."

the 1300s, John I of Aragón introduced the "floral games" in Barcelona. The Catalan custom of celebrating poetic jousts as an exercise in literary skill and aristocratic sociability continued well into the early modern era and through the eighteenth-century.[14] The later usage of the idiom *certamen* not only Latinizes the event in the tradition of the classical Roman contests, but it also emphasizes the contestatory nature of the poetic joust. In Latin the word can signify any kind of contest or rivalry, but it especially connotes a sense of bellicose opposition, reflected in the chivalrous jousts of the Medieval period or even the armed duels of the eighteenth century. The 1729 edition of the *Diccionario de la lengua castellana* defines the *certamen* in metaphorical terms drawing from the Latin roots of the word. "Vale contenida, disputa, controversia, lid de ingenios, que se suele tener pública o privadamente sobre varios asuntos controvertibles, que los más comunes son poéticos" (Real Academia Española 291). The Renaissance and Baroque *certamen* was a contest of letters that by its very nature and tradition sought a public demonstration of literary skill.

Normally the competitions were based on an official public event, such as a saint's canonization, the birth of a king's child, the arrival of a new viceroy in the Americas, or any other kind of event of public importance. The *certamen* was often just one of several festive events that comprised the more extensive celebration, which at times included parades, fireworks, balls, triumphal arches, plays, and often a printed volume that chronicled the occasion. Although King does not stress the political role of this demonstration of centralized authority, we can infer that it serves as public reaffirmation of the official power of the state that often meld the interests of university life, literary academies, ecclesiastical councils, and other offices of cultural production and political governance. Participants in the *certámenes* were wide ranging, from university students aspiring to achieve public acclaim to literary stalwarts such as Lope de Vega, Calderón de la Barca, María de Zayas, and Miguel de Cer-

---

[14] See Tayadella for a panoramic treatment of literary *certámenes* in Renaissance Cataluña. Archer describes a 1585 "modest *certamen*" held to consider the differences between love and desire (26). He primarily focuses on four poems written by Pedro Ausiàs March for this competition, which are reproduced in Archer's essay. Also see Mas i Usó for a treatment of how Catalan poetic meter appeared in the poetic *certámenes* of Valencia during the Baroque period.

vantes. Lope was a regular participant in poetic jousts and served as the secretary to the 1622 *certamen* that celebrated the canonization of San Isidro.[15]

Hannah E. Bergman's work on seventeenth-century court life has shed much light on how *certámenes poéticos* figured into the regular set of activities enjoyed by prominent literary and political figures. Bergman analyzes the 1638 *certamen* sponsored by the *Academia burlesca*, which the year before held a different poetic competition to celebrate the carnival season. Her analysis focuses on one of the *vejámenes* or satiric critiques of the 1638 competition titled *Juicio final de todos los poetas españoles muertos y vivos* (Bergman "El 'Juicio...'" 551-552).[16] Often times, these jocose *vejámenes* would be more celebrated than some of the poems written for the competitions. They were established as a key element of the poetic joust in Spain and would also hold a popular role in the competitions held in eighteenth-century viceregal Peru.[17]

Increasingly the *certamen poético* became associated with seventeenth-century academic life of the Spanish Golden Age. José Sánchez argues that "el crecido número de nobles que cultivaban las letras, a la vez que ofrecían su protección a poetas y a las reuniones literarias, sirvió de doble estímulo en la promoción cultural de la época" (14).[18] Poetic competitions were the basis for many of these literary societies and often served as a public focal point around which to organize a series of themes, celebrations, debates and other forms of official literary exchange. Anne J. Cruz, who considers how the academies functioned as spaces in which political economies were negotiated by the participants, questions the artistic value of the *justas poéticas*, but she also notes that such events lent a public visibility to the academies that in turn augment-

---

[15] Lope de Vega. *Relación de las fiestas que la insigne Villa de Madrid hizo en la Canonización de su Bienaventurado Hijo y Patrón San Isidro*. Madrid: Viuda de Alonso Martin, 1622.

[16] Also see Bergman's article published in the *Hispanic Review*, "A Court Entertainment of 1638," which traces how the poetic *certamen* was represented in various theatrical *mojigangas* of seventeenth-century Spain.

[17] For other scholarly evaluations of seventeenth-century Spanish *certámenes poéticos* see Serís's study on competitions of 1629 and 1630 led by Dr. Benito López Remón and Fray Alonso Remón, which served, according to Serís, as the basis for a comedy written by Lope de Vega titled *El Peregrino* (136).

[18] Sánchez's study (1961) of the academies of the Spanish Golden Age gives an overview of various societies that met in Madrid, Seville, Valencia and Aragón, as well as several other regional academies in Spain.

ed their political value. She writes, "[...] as [the academies'] membership drew from eminent political figures and their activities were highly publicized, participation in the academies could result in important political appointment" (Cruz 78). This political negotiability of the academic space would carry over into the eighteenth century as the *certamen poético* continued in this tradition.

In the century of enlightened despotism, we see a consolidation and institutionalization of the competitions. By the time the Real Academia Española was founded in 1713, a rich tradition of academic literary activity became more closely related to official projects of national identity, such as the authoring of the *Diccionario de Autoridades*. Rodríguez Sánchez de León affirms that the literary *certamen* offered a well-suited forum for giving the political context an official poetics: "Aquellos hombres [...] dedicarían sus esfuerzos a la restauración del idioma y a la búsqueda del desaparecido buen gusto. Para conseguir tal propósito se sirvieron de la larga tradición y buena acogida que el certamen poético había tenido en nuestra historia literaria" ("Las églogas..." 473-474). Much more than an exercise in poetic skill, the *certamen* provided a certain forum in which a new literary model could be realized. Furthermore, the overarching project of the Academia was to ensure that the purity of the Castilian language would be guarded from what was considered the contaminating influence of other languages. Such a sentiment is exemplified in the society's moto: *limpia, fija y da esplendor*. Rodríguez Sánchez de León notes that in the 1770s the Academia continued this charge to archive and guard this sense of purity through a series of poetry contests that specifically targeted "witty young poets." He writes, "Para conseguir tal propósito se sirvieron de la larga tradición y buena acogida que el certamen poético había tenido en nuestra historia literaria" ("Las églogas..." 475).[19]

With passage to the Americas the *certamen poético* provided a context for new literary and historical traditions. *Certámenes* were held throughout the colonies, ranging from New Spain to Manila to the River Plate region. As in Spain, the poetic joust was a fixture of

---

[19] Rodríguez Sánchez de León's essay goes on to treat the 1780 *certamen* sponsored by the Academy, which asked the contestants to write eclogues that reflected upon the happiness of country life. Also see his study titled "Los manuscritos poéticos que concurrieron al Certamen Académico de 1778," which presents an annotated bibliography of the texts included in that poetic competition.

viceregal culture; however, the event often took on a different tone given that the competitions celebrated occasions relevant to the local cultural context. For example, in 1621 a poetic joust was held to commemorate the first centenary of the conquest of Tenochtitlán (Trabulse 66). Furthermore, there was no dearth of inaugural festivities with the frequent cycle of new viceroys being installed in the Spanish Americas. Belmonte makes reference to the competition held in honor of Francisco de Borja y Aragón, Prince of Esquilache, as viceroy of Peru in 1616. He states that in the context of the *certamen* "[...] se proponía como objeto de loa las virtudes políticas y poéticas de Esquilache y se presentaba a éste ante los súbditos coloniales como un 'Prometeo dela alegria [sic], Ione del siglo de oro: Numa dela Paz, Thrismegistro delas Letras'" (146). In 1683 Sor Juana Inés de la Cruz, writing under the masculine pseudonyms of Don Juan Sáenz del Cauri and Felipe de Salaizes Gutiérrez, won two prizes in a *certamen* organized as tribute to the Immaculate Conception.[20] Carlos de Sigüenza y Góngora published an account of the contest under the title *Triumpho parthénico* and included the winning poems along with a conceptual description of the themes.

Olivas Weston notes that some competitions in Lima held receptions to offer food and drink to participants, a gesture typical of eighteenth-century sociability. With reference to a specific *certamen* celebrated on 4 February 1668 in the house of Sr. Billeja, Rector of the University of San Marcos (Lima), she writes, "se les invitó a las asistentes fuentes de dulces, aloja, chicha y agua fría" (230). There is a great variety in the choice of themes, contexts, and participants involved in the colonial *certámenes*. Besides the prominent figures already mentioned, other well-known contenders include Bernardo de Balbuena, Pedro José Bermúdez de la Torre, Francisco Javier Clavijero, and, of course, Peralta Barnuevo, among others.

As in Spain, the concept of the academy is key in tracing a trajectory of the *certamen* in the colonies. In fact, the myriad of examples we encounter throughout colonial society of the eighteenth century is almost always associated with the university and the erudite academies of the viceroyalties. In 1709 Peralta joined the "Academia Poética," which was organized by the Viceroy Marqués de

---

[20] These poems, which were printed in the *Triumpho parthénico*, are included in Sor Juana's *Obras completas* published by Porrúa as *Romance 22*, "Cuando, invictísimo Cerda," and *Glosa 139*, "Con luciente vuelo airoso."

Castell-dos-Rius. Peralta himself later founded the "Academia de Matemáticas y Elocuencia," in which many leading public figures, like Bermúdez de la Torre, participated (Carpio Cuba 13).

As Luis Alberto Sánchez notes, the "author" of the *certamen*, generally an academy member, held the responsibility of writing the *cartel*, an essay that presented an eloquent overview of the person or event to be extolled in the competition, while relating the rules of the contest (122-123). He affirms that the *cartel de certamen* often served to disseminate official news of the eighteenth-century viceregal court (Sánchez 119). Furthermore, Cruz explains that the *carteles* followed patterns set by verse manuals that established the canonical poets one should emulate when learning the poetic craft (79). Peralta's regular duties as Master of Public Ceremonies often included the responsibility of organizing public festivals and authoring of the *carteles de certamen* in early eighteenth-century viceregal Peru (Leonard "Pedro de Peralta..." 694). This metropolitan and colonial tradition of public pomp underscores the fact that the poetic joust exceeded a mere programmatic function. The contests were the setting for multi-dimensional discursive negotiations in politics, society, and literature and, in the case of the *Galería*, pertinent religious themes.

Williams classifies Peralta Barnuevo's *certámenes* into three general categories: "those directed in tribute to the royal family, for university receptions, and for church or religious observances" (*Censorship and Art* 56-57). Besides *La Galería de la Omnipotencia*, Peralta authored many *carteles de certamen* over the course of his career in the Limenean court, including *Lima triunfante* (1708),[21] *El Júpiter Olímpico* (1716), *El teatro heroico* (1720), *Júbilos de Lima* (1723), and *El Cielo en el Parnaso* (1732). If we were to read each of these *certámenes*, not to mention others written by Peralta's contemporaries, we would find a continuity of rhetoric and form, sub-

---

[21] As Williams has acknowledged, Peralta Barnuevo notes in *Lima fundada* (Canto VII, note 124) that Pedro Bermúdez de la Torre was the author of the *certamen*, which means that he was responsible for redacting the themes (*Censorship and Art* 58). In his analysis of *Lima triunfante*, Rodríguez-Garrido argues that the text exceeds a prescriptive function as it lends the University a certain agency vis-à-vis the court of the new Viceroy Marquis de Castell-dos-Rius. "La *Lima triunfante* afirmaba el poder que acompañaba al acto de la enunciación poética desde la Universidad y la posición privilegiada que debían corresponder a los intelectuales limeños en el orden imperial" (253).

ordinated to the imperatives of the competition. These texts present certain challenges when it comes to critically reading both the *carteles* and the poems written for the contest when they survived in printed form. First, nearly all of the *carteles* follow a strict formulaic pattern of expounding upon the themes, poetic forms, rules (which rarely vary), prizes, etc. of the competition. Within the rhetorical parameters of the event, there is little room for more ironic or competing discourses. On the other hand, a post eighteenth-century interpretation of what is classified as good literature has all too often led to a lack of critical attention dedicated to the powerful role that the *certamen*, both as event and as text, played in local politics, sociability, identity negotiation, and public demonstrations of literary skill. However, even conceding that the *certamen* represented a highly circumscribed literary form, its prominence in viceregal literary culture warrants a more careful reading of these texts.

Williams, whose publication and analysis of numerous Peraltian texts has rescued them for a contemporary and future readership, has noted that a defense of the Bourbon monarchy is central to a discourse of loyalty that seeks to control, order, and influence public opinion (*Discourse of Loyalty* 15).[22] Williams argues, however, that Peralta's *certámenes* represent a less transcendent and more restricted dimension of his work due to their occasional and institutional functions (*Censorship and Art* 66). For example, in his introductory study of *El Júpiter Olímpico*, Williams traces how the discourse of loyalty exalts the Spanish monarchy while affirming Peralta's own place in the hierarchical structure (*Art of Propaganda* 43). Whereas a strict observance of formal tradition undermines a sense of rhetorical and artistic liberty, we will see how this same political game appears as a subtle discourse in *La Galería de la Omnipotencia*. The long tradition of poetic competitions in the royal and viceregal courts, as well as literary academies, further compounds these tendencies and heightens the ironic undertones of the *Galería*. However, before proceeding, a brief historical reflection on Mogrovejo will lay a more solid foundation for reading Peralta's text.

---

[22] See the bibliography for a catalog of Williams' critical work on Peralta Barnuevo.

Background on Toribio Alfonso Mogrovejo

La Galería de la Omnipotencia celebrated the canonization of Toribio Alfonso Mogrovejo, archbishop of Lima from 1581 until his death in 1606.[23] Although born in Spain, this clergyman, who later became one of the first canonized saints from the New World, culturally functions as an American figure in Peralta's text. The first canonized American was Santa Rosa of Lima (1586-1617), the patroness of America. She was beatified in 1668 by Pope Clement IX and canonized into sainthood by Clement X in 1671. According to Mendiburu, Mogrovejo "[a]dministró a Santa Rosa el sacramento de la confirmación, el año de 1597, y le dió ese nombre en el pueblo de Quive, de la provincia de Canta, donde estuvo con motivo de una de sus visitas" (1934, 100). By the time he was canonized in the eighteenth century, her memory had garnered a large following.[24]

Toribio Alfonso Mogrovejo y Robles was born on November 16, 1536 in Mayorga (Valladolid), Spain (Mendiburu 1934, 79).[25] "La casa de Mogrovejo tiene su solar primitivo en la provincia de Lievana, en la sierra, que tiene el nombre de Europa, a cuatro leguas de distancia de la cueva célebre, en que está el santuario de Santa María de Covadonga, donde tuvo origen la Restauración de España por el rey D. Pelayo" (80). He studied in Valladolid and in Salamanca before serving as a member of Inquisition tribunals in Granada and Toledo. His charge as archbishop of Lima was conferred by Gregory XIII on 17 March 1579. When Toribio arrived in Lima in 1581, he was well-received by the viceroy and his court, in part because the archbishopric had been vacant for more than five years after the death of Mogrovejo's predecessor (81-82).

---

[23] The saint's last name also appears in some texts as "Mongrovejo."

[24] Jouve Martín notes that in addition to Rosa and Toribio, the Spaniard Francisco Solano was another key figure who served in Peru and was beatified by the Holy See in the seventeenth century (181). Mogrovejo was beatified in 1679 by Innocence XI and canonized in 1726 by Benedict XIII. News of the canonization did not reach Lima until 1728, and after extensive preparation the public celebration of the new Santo Toribio began on 15 May 1729 (Mendiburu 1934, 79-80, 97, 102-104).

[25] Mendiburu (1934) offers one of the more complete modern biographies of Mogrovejo; much of what we present here is attributed to his *Diccionario histórico biográfico del Perú*. Also see Benito Rodríguez (available online; see bibliography), Jouve Martín, and Morgan for background on Saint Toribio.

Shortly after his arrival, Toribio convened his first provincial council, as mandated by the Pope. "El concilio mandó se compusiese un catecismo mayor para los neófitos más hábiles, y otro menor para los de poco talento, y se tradujeron a las lenguas quechua, aimará y otras comunes del país, con un confesionario y sermonario. Hízose también una instrucción de visitadores, un arancel eclesiástico y la forma de las censuras generales" (Mendiburu 1934, 82). José de Acosta participated in this council and translated the decrees of the council from Latin to Castilian (83-84). The council caused problems for Mogrovejo among some of his bishops as well as among the aristocracy. "Otros altercados y desazones aparecieron con motivo de haberse creído agraviados no pocos individuos, principalmente los encomenderos, por el demasiado rigor que encerraban a su juicio algunos decretos del concilio en que abundaban las excomunicaciones" (86). Mogrovejo handed down many excommunications mainly due to abuses of power that resulted from greed, all of which were upheld by the Holy See. "Una de las excomunicaciones aprobadas por la Santa Sede, fué la expedida contra clérigos y curas que por sí, o por medio de otros, comerciaban con los indios de muchas maneras" (86). Mendiburu notes that in every case, priests were abusing their position to their own economic benefit and to the maltreatment of the *indios*. Mogrovejo's council was revised by the Council of Trent in various minor details and was approved in 1588. The council was consequently adopted by seven different bishops outside of Mogrovejo's territory. Other decrees of the council included requirements that Indians use last names; restrictions against clergymen using any form of tobacco before celebrating mass (because of stains on the documents and because people were driven from the churches by the smell); regulations about which festivals can be observed by whom, the marks that could be used in distinguishing between Indians and Spaniards, and between those who lived in the city and in rural areas (87-88).

In 1591, Mogrovejo founded a seminary, the first of its kind in the Americas, named after Santo Toribio, bishop of Astorga (Mendiburu 1934, 92).[26] This angered the viceroy because he saw it as an affront to his own authority. However, the king ruled in Mogrove-

---

[26] Peralta writes about Toribio of Astorga in both *La Galería de la Omnipotencia* and *Historia de España Vindicada*, works that were composed within a similar timeframe. This introduction later addresses briefly Peralta's treatment of Astorga.

jo's favor, giving him full authority to name the professors and administration of the school. The viceroy, the Count of Villar D. Pardo, had many conflicts with Mogrovejo, according to Mendiburu (92-93).[27]

Toribio Alfonso Mogrovejo was perhaps best known for the three voyages he took to almost every corner of his archbishopric. During these three trips, he confirmed more than a million people and walked more than 6,000 *leguas*.[28] Where he could not go himself, he sent ambassadors in his stead. The first trip lasted from 1584 through 1590. The second trip lasted another four years, and he died in 1606 during the final trip, which began on the coast north of Lima (95). According to Mendiburu, Mogrovejo did not accept gifts during his visits and would even sign his decrees with the word *gratis* (95). He visited some of the most remote parts of his territory, including the interior cities of Jauja, Huancabamba, Motilones and Moyabamba, which Peralta notes in the *Galería*. He learned quechua so that he could preach directly to the people on these voyages. Mendiburu notes that Mogrovejo was deeply concerned with those who had no access to the colonial wealth enjoyed by viceroy and the Spanish aristocracy: "...se ocupó del servicio de indios, negros y otros desvalidos enfermos. Protegió y amparó a los indios con singular tezón y esfuerzo, a fin de que se reprimiese el robo que se les hacía, y se les aliviase de los duros trabajos a que se les obligaba" (97). Mogrovejo was charged directly by Pope Paul III and by the Spanish King Philip II to do everything possible to fight against the greed of *encomenderos* and corrupt priests.

The official process of Toribio's beatification and canonization began in 1631 with a request to the archbishop Fernando Arias de Ugarte. Information on Toribio's life and ministry in Peru was composed in 1633 and was sent to Spain. Philip IV then made the official request to Pope Urban VIII that same year. His request was followed by those of Philip IV and Charles II, as well as a host of other church officials including Juan de Palafox. Beatification was finally granted to Mogrovejo in 1679 by Innocence XI. News of the decision reached Lima in 1680 and was followed by public celebration.

---

[27] Also see Antonio de León Pinelo's *La vida de Santo Toribio*.
[28] A *legua*, or league, is a unit of distance approximately equal to how far a person or a horse can walk in one hour, which is roughly 3.5 miles. The exact distance can vary.

"Las procesiones, los espectáculos y demás funciones de pública celebridad, estuvieron por su aparato y subido costo, en armonía con la parte religiosa del acontecimiento que se celebraba" (103). Francisco de Echave y Assu chronicled Toribio's life and the eight-day celebration of his beatification in the text *La estrella de Lima convertida en Sol*, published in 1688. As a part of this festival, a panegyric sermon given by the bishop Morzillo Rubio de Auñón was also published. According to Jouve Martín, the beatification of Toribio was a significant event establishing a place for Lima among the powerful at the Vatican.

> La trascendencia política de la beatificación de Toribio de Mogrovejo quedó patente en el propio despliegue escénico de la basílica de San Pedro. El templo fue engalanado con oro, damascos y brocados. En la puerta principal de la basílica se colocó un cuadro esférico que representaba al arzobispo acompañado de las armas de Inocencio XI y de Carlos II. Las puertas laterales fueron adornadas con las armas del Virreinato: la de la derecha, con las de la catedral; la de la izquierda, con las de la ciudad de Lima. (191)

Even before his canonization in the 1720s, Toribio served as a symbol of the American realm within the Catholic Church. Benedict XIII sealed the bull of canonization in 1726 with the same ring that Toribio used during his time as archbishop. News of the Pope's decision reached Lima in 1728, and an eight-day festival began on 15 May 1729. Although Mendiburu does not cite either the *certamen poético*, as an event, or *La Galería de la Omnipotencia*, as a text, it is certain that the poetic joust would have been celebrated during this festival in May of 1729.[29] Furthermore, in *Lima fundada* Peralta draws attention to the *Galería* as a text and as an event that marked an important moment in the recent history of Lima:

> Certamen poético, cuyo cartel y proposición de asuntos se sirvió el venerable e ilustre Cabildo de fiar a la tenuidad de mi pluma; en el cual con el título de *Galería de la Omnipotencia* se pusieron los asuntos correspondientes a las obras de la creación, con

---

[29] Williams agrees that although the date of publication does not appear in the text of the *cartel*, 1729 is the most probable date in light of the canonization festivities (*Censorship and Art* 63).

la proposición en cada uno de una virtud y un milagro del santo y de un paralelo de otro santo arzobispo. (Cited in Williams 1994, 62)[30]

In Octave LI of the fifth Canto from *Lima fundada*, Peralta writes, "Allí será donde el primer sagrado,/ Fiel congreso el Toribio glorioso/ Formará, a cuyo fúlgido cayado/ Un Nuevo Orbe será redil obsequioso:/ Pastores diez a un silbo habrá juntado,/ Hemisferios rompiendo armonioso;/ Con que venciendo reinos de torpezas,/ Logrará otra conquista de purezas."

La Galería de la Omnipotencia

La Galería de la Omnipotencia represents more than written discourse; it also archives to a degree the event itself, which was above all a local festivity that celebrated a milestone of international magnitude.[31] While Peralta is not the first Peruvian vicegeral writer to exalt local saints, his panegyrics of Toribio and his native Peru stand out in the context of Bourbon rule and a more consolidated perception of Creole identity. In spite of the prescriptive nature of the *cartel de certamen* as official discourse, Peralta overcomes the conventions of imitation and exhibits a certain American/Peruvian subjectivity in his navigating well-established norms of the genre to establish an alternative to the official metropolitan discourse. The *cartel* establishes the eight themes of the poetry contest held in Toribio's honor.

For Peralta, the praise of Toribio is a linguistic problem of representing the sublime that can be solved by the elevated nature of the poetry created by the demands of competition. According to Peralta, poetry is the only appropriate means of approaching the sublimity of reason: "Es la poesía la música del entendimiento, el éxtasis de la razón y la inmortalidad de la virtud" (44v). The discourse of the sublime can be considered a trope of the *certamen poético*, conjured as an essential element of the panegyric mode. However, Peralta's words achieve a significance that exceeds the rhetorically excessive form of this occasional genre. It is not only that he lacks words to describe the newly canonized saint, but that

---

[30] This is quoted from note 63 of Octava LIII in Canto VII.
[31] Some of the arguments here are also explored in Slade (2004).

the Peruvian and American identity of Mogrovejo, as an emblematic figure, presents a problem of representation. Peralta announces the inevitable failure of an inauthentic approach to the world of the Muses: "Pero falseándole al objeto la verdad, pasó al arte inocente el delincuente error de los ingenios, con que complicaron la lira con el ara, y el himno con el sacrificio: mentido culto en que era disonancia la dulzura, y descomposición el orden mismo" (45v). The redemptive power of the poet is implicitly accepted as he underlines his ability to reconcile the lack of subjective articulation through sublime poetic creation. We see a similar dynamic at work in the introduction to *La Galería*.

With poetry carefully established as the most sublime of registers, and therefore most appropriate for celebrating Toribio, Peralta suggests that the competition itself also serves to sharpen the poets' skills, resulting an elevated poetics. He states, "Así quedó mejorado el salto en el entusiasmo, la carrera en la facilidad, el golpe en la sentencia, el tiro en la elegancia y la lucha en toda la armonía" (45). For Peralta, the competitive element is not a frivolous exercise for enlightened gentlemen to parade their genius, but rather a method for attaining a higher form of poetry. He explains, "Pero en la naturaleza intelectual es necesario un declarado competir para lucir porque es un arte de excederse el exceder, y un modo de animar el preferir" (46r). Toribio himself, as Peralta continues, had overcome his own *certamen* in the most sublime way, and his triumph has now been crowned by canonization. For Peralta, the contest is a *locus* in which poetic skill unites with the need for sublime expression, which theoretically should result in the elevated imitation of the extralinguistic object, who is Santo Toribio.

At this point we will consider how imitation and excess, both central elements of late Baroque *certámenes poéticos*, relate directly to the *criollo* subjectivity of this work. The philosophical basis of *La Galería*, and we could say, the entire works of Peralta, value the neoclassical concept of poetic imitation based on the concept of an original that is multiplied in a series of elevated copies. In the prologue to *Lima fundada* (1730), Peralta names Horace as the universal authority of aesthetic imitation, demonstrating how the "pintura eloquente de las acciones" is reflected in his poetics (80v). In other texts Peralta also dialogs with Nicolas Boileau-Despréaux's *L'Art poétique* (1674), in which the French philosopher reappropriates the writings of Horace and Longinus on sublime imitation. However, it is difficult to strictly categorize Peralta as a neoclassical writer because his approach to poetic imitation is always mediated through a Baroque sensibility. In *La Galería de la Omnipotencia*, this composite of influences suggests a multiplicity of semantic and epistemological forces at play. It is here where the subjectivity of Peralta is revealed as an expression of his "American-ness" vis-à-vis the imperial monolith. In *La Galería* imitation is always the first step in a more extensive process that eventually signals a kind of poetic conquest. Mabel Moraña argues that the *Barroco de Indias*, a term first articulated by Mario Picón Salas to describe the derivative nature of the Baroque in the Americas, provides a context in which a *criollo* consciousness was elaborated (1988, 231). With regard to the discourse of praise, she writes, "El discurso del elogio y la defensa adquieren particular relevancia en el Barroco hispanoamericano en el contexto de las restricciones impuestas por la ideología absolutista y contrarreformista, en medio de la cual comienzan a vislumbrarse los primeros indicios del proceso de emergencia de una conciencia criolla diferenciada" (1994, 37). Peralta did not necessarily perceive a conflict between defending absolutist rule over Peru from Spain and representing a distinctly American identity in the *Galería*. The argument that the *Galería* is a religious text that rehearses a compelling demonstration of local identity in the viceroyalty certainly corresponds to Moraña's work, and that of others,[32] on the Barroco de Indias. However, in this occasional text, as in others written by Peralta, the author treads a precocious line between identifying unapologetically with Europe and revealing a vision of his own culture in Lima as being something separate and worthy of treatment. Peralta does not easily fit into a teleological progression of *criollo* identity that leads to the independence movements of the nineteenth century.

In the introduction, Peralta insists that the competitive apparatus, under the rubric of imitation, demands excess: "Aspirar a vencer, si no es vencer, es el mismo vencer ya comenzado" (46). The act of competing presupposes a domination, an overcoming that does not allow for the possibility of a merely static copying. The discursivity of the contest establishes a rhetorical environment in which conquest is not only likely but obligatory. The fact that the

---

[32] For a more detailed trajectory of the scholarship written on the *Barroco de Indias*, see Contreras y López de Ayala (1964); other essays published in Moraña, ed. (1994); Moraña (1998); Higgins (1995); and Spadaccini and Martín-Estudillo, eds. (2995).

American/Peruvian subject, as opposed to the Spanish subject, is situated in the place of triumph from the very beginning accentuates his advantage. When we consider Peralta's subjective condition as a *criollo* agent, the American context of the theme, the recognition of Toribio as an American saint, and the location of the poetic gallery in a Peruvian setting, we can read a surprising emergence of subjectivity that functions between the lines.

After the introductory remarks, Peralta develops a series of eight themes for the contest – *El cielo, La luz, El firmamento, La tierra, El sol, Los peces y las aves, El hombre* and *El descanso* – each one corresponding with the Book of Genesis' account of the creation of the world, and focusing on related attributes of Mogrovejo. From the first *asunto* to the last, the dynamic of excess operates in the text, repeating itself in a series of comparative images. In the first theme, *El cielo*, Peralta establishes a rhetorical stage that Toribio will later dominate, proposing a pantheon of "…héroes divinos, semidioses ministros y obedientes númenes, que son la familia de Dios y los vecinos de la gloria" (49). Toribio is presented in his religious infancy as one who leaves a glorious Spain to spiritually flourish in an even more splendid Peru, already suggesting the precedence of the American site. This displacement and the subsequent conquest of what was Spanish is repeated at the end of this section when the author directs the Limenean poets to write a poem that imitates the rhyme scheme of Góngora's "Qué de invidiosos montes levantados," a symbolic conquest by sublime imitation (53). Without insisting on a strict allegorical tie between the exaltation of Toribio and that of Peru – such a rigid correspondence would undermine the subtly of the text – we can trace significant parallels between the subjectivity anchored in Toribio and that of the *criollo* world during this and other textual moments.

In the second theme, *La luz*, Peralta presents Toribio as a brilliant saint who surpasses the magnificence of San Braulio de Zaragoza: "Excedieron a los de Braulio los rayos de Toribio. Éstos fueron producción del espíritu; aquéllos aviso del mérito. Éstos claridad propia; aquéllos resplandor ajeno. Y en fin éstos de sol, que iluminaba descubierto; aquéllos de antorcha, que mostraba lo dudoso" (57).[33] The surpassing of Braulio as a disciple of San Isidoro indicates the pattern through which Peralta presents Toribio as a victori-

---

[33] San Braulio lived in the seventh century and was a disciple of San Isidoro de Sevilla.

ous figure. Likewise, in the third and fourth themes, *El firmamento* and *La tierra*, Peralta proposes a dialog between the greatness of Toribio and that of San Isidoro. The possibilities of a Socratic dialog intersect with the concept of battle, which is implicit in the Latin roots of the word *certamen*. In this case, Peralta offers more of an analogous equation between Toribio and Isidoro as men who defined their times. However, he cannot resist pushing Toribio's case a bit further at the end of the fourth *asunto*:

> Con esta sagrada inmóvil prudencia imitó a un tiempo y excedió el divino Toribio la que siempre resplandeció en otro ilustre arzobispo de Sevilla, que fue el consanguíneo y el maestro del grande Isidoro, San Leandro, cuya sabiduría logró conducir al más glorioso éxito el más arduo negocio de la España, como que era el más importante de su religión, para cuyo fin fue necesario que emplease todo cuanto la más alta prudencia podía ministrar grande, sagaz, constante y perspicaz. Con ésta guardó a Isidoro, convirtió a Hermenegildo y toleró el destierro; y con ésta hizo arrepentido un rey obstinado, y destruyó rendida una imperante secta. Pero allí lidiaba Leandro, prevenido con enemigos descubiertos; y acá Toribio algunas veces sufrió más, por lo que esperó menos: que un rayo despedido de un benigno cielo es más tempestad que mucha borrasca en uno proceloso. (67-68)

It is important to note that Peralta exceeds a mere mechanical exaltation of just any saint. He projects Toribio as a subject that imitates Isidoro, a figure that represents a foundational moment for Spain, as well as Leandro, his intellectual and spiritual mentor, and surpasses them both. Toribio represents much more than a devoted bishop who evangelized thousands; he is a figure of the New World whose canonization marks a key moment in the development of an American identity. It is not Peralta's rhetorical intention to mount a formal case proving that Toribio has surpassed every canonized saint, but rather he sublimates the *grandeza* of Peru through this panegyric treatment of the former bishop.

As he continues constructing his text, Peralta extends the edification of an American subjectivity through a description of Toribio's exultant excellence. In the next few sections of the *cartel de certamen*, Toribio repeatedly overcomes other Iberian saints: Santo Toribio de Astorga (*El sol*, 72-73),[34] Santo Tomás de Villanueva (*Los*

---

[34] Peralta also makes the comparison between Toribio Mogrovejo and Toribio de Astorga in *Historia de España Vindicada*. He writes, "A los cuales debe añadirse

peces y las aves, 77-78), San Fructuoso de Braga (*El hombre*, 83-84) and San Julián (*El descanso*, 89-90). In each case Toribio surpasses, exceeds and conquers. Peralta writes of the Peruvian saint, "Esta virtud sublime, este celestial fuego poseyó de tal suerte el ánimo del heroico Toribio que, recogiéndose en su pecho la luz toda del Divino Amor, lo hizo un sol del cielo peruano" (70). The rhetorical and poetic force of the title, *La Galería de la Omnipotencia*, assumes an even greater strength. The textual architecture of the *cartel* frames a gallery of each of these figures that Toribio conquers, like trophies of the South American saint. It is here where the omnipotence and the excess intertwine, and the splendor of Mogrovejo, as a subject of the American space, extends toward a subjectivity in which Peralta and each one of the competing poets participates.[35]

In her chapter on Peralta Barnuevo in *Sceptres and Sciences in the Spains*, Ruth Hill comes to the following conclusion regarding the relationship between literature and politics of the late Baroque: "The conqueror, for Hispanic humanists in the late Baroque, is a different breed of conqueror: he belongs to the Republic of Letters from which issue the heroes of the Republic" (175). We have seen demonstrations of this sort of literary victory in such performative texts as the triumphal arch, but this reading of *La Galería de la Omnipotencia* shows that a literary conquest can happen on unexpected occasions. As Hill affirms, "To read occasional poetry…is to take the ideological pulse of the Hispanic eighteenth century" ("Bourbon Castile…" 95). In the case of Peralta's *cartel de certamen*, there is an impulse that helps us interpret other occasional texts that contain similar rhetorical and poetic figures and can expand Higgins' *criollo* archive to include a wider scope of texts, in terms of both chronology and genre. Peralta's epistemological project of building an American, and more specifically a Peruvian, consciousness is accomplished in *La Galería de la Omnipotencia*.

David F. Slade
Berry College

---

como cuarto el glorioso Santo Toribio, arzobispo de esta ciudad de Lima la cual en las maravillas con que acaba de celebrar su canonización parece ha procurado imitar las de su vida, y en el favor con que lo adora, emula toda su gloria a la de Astorga, compitiéndose las aras tan santamente como los prelados" (Williams, *Historia* 490).

[35] The resulting poems of this *certamen* were not published with the *cartel* and have not been located. Thus, we are limited to conjecture as to a possible interaction between the poetry and Peralta's *cartel*.

LA GALERÍA DE LA OMNIPOTENCIA

Cartel del certamen poético con que celebra, exalta, y adora, amante, festiva, y devota la Santa Iglesia Metropolitana de Lima, Emporio de la América Austral, y en ella su excelentísimo e ilustradísimo señor Arzobispo, y su venerable Deán y Cabildo, la Sagrada Apoteosis, y Divina Canonización del Glorioso Santo Toribio Mogrovejo, su ínclito arzobispo, en las fiestas que a su solemnidad humildemente ofrece, dedica, y consagra.[36]

Si celebrar las acciones virtuosas de profanos príncipes, o cantar los ínclitos sucesos de fingidos dioses, fue siempre empeño tan difícil que, en los que lo han logrado, la raridad de los aciertos se ha hecho demostración de la arduidad de los elogios, como que lo escaso de la planta es prueba de lo eminente de la cumbre, ¿cuál será el imposible de aplaudir las ilustres virtudes de sagrados héroes, o de cantar los divinos milagros de verdaderos númenes? Si es arduo el vuelo al aire, ¿qué será al Olimpo? ¿Qué alas se han hecho a prueba del empíreo? Si el exceso del esplendor lo hace invisible, ¿cómo ha de haber pluma que lo haga penetrable? Si jamás pisó mortal aliento el país de la inmortalidad, ¿cómo ha de demarcarle las glorias quien no ha podido observarle las alturas? Si va a tiento de luces, ¿cómo ha de caminarlas el discurso, y una elocuencia ciega ha de poder juzgar de los reflejos? En tales casos habían de venir entendimientos celestiales, que escribiendo con rayos sacasen de una pieza de luz, genio y asunto. Tan santa debía ser la pluma como

---

[36] *La Galería de la Omnipotencia* is not paginated except for the notation "Fol. 1" on the first page of the text after the title page. Therefore, we do not indicate folio numbers in the transcription.

la obra, y tan eterna la lira como el Numen. Las virtudes las había de explicar la misma sabiduría, como tratados de la Gracia; y los milagros los había de calcular el mismo Cielo, como aspectos de la Omnipotencia. Son éstos palabras de Dios (1), para quien sólo son inteligibles, pues ¿cómo han de expresarse con las de los hombres, para quienes son todas imposibles? ¿Cómo ha de haber buril que copie lo que hicieron cinceles eternos? Los milagros sólo deben decirse con milagros, y si los que admiró tanto el universo, por más que sólo fueron soberbias erigidas, para ser necedades delineadas; memorias, que se dieron tanta priesa a ser olvidos; si un poco de marfil y de bronce esculpido en gigantes, y un fragmento de montes labrado en edificios, jamás hallaron ni voces suficientes para elogios ni láminas bastantes para copias, ¿qué será en las obras del Dios de los prodigios, en que cada virtud influida es un milagro de su amor, y cada milagro concedido es una virtud de su poder? ¿Quién con esto llegará a aplaudir, pues el arte de decir debía ser tan perfecto como la ciencia del obrar? Pero pues aquellos divinos héroes se dignan de admitir como culto estas imperfecciones del aplauso, y gustan de acomodar lo inmenso al modo de encender de lo finito porque, aun cuando asisten favorables al discurso, es preciso que corten de la inspiración todo aquello que sobra al inspirado; aliente la devoción humilde y, haciendo así confianza del temor, vea si acaso va recibiendo como influjo lo que fuere dictando como elogio.

Es la poesía la música del entendimiento, el éxtasis de la razón y la inmortalidad de la virtud. Es el encanto del oído, la vida del aplauso y el alma de la fama. La sagrada es el estilo de la adoración, la lengua del amor y la alabanza de la divinidad. Su antigüedad es la del mundo: así nació con los ángeles, y se crió en los cielos; y aquellos celestiales espíritus fueron brillantes musas que en el Parnaso del empíreo, con las liras de esferas y los elementos, comenzaron a hacer cantos interminables de un Numen eterno, teniendo toda la armonía en el influjo y todo el poema en el asunto; y aun fue el origen más sublime, siendo el mismo Dios (que así lo llama el griego para significarle Creador) Poeta del Cielo y de la Tierra. Harmostes, o compositor armónico, le dijeron aquellos grandes sabios que advirtieron que en la creación universal, procedió por orden o proporción música, especialmente conocida en los movimientos y aspectos de los astros.

Por eso fue siempre la alabanza del Numen el más alto anhelo de la poesía; y conociendo los mortales la obligación de contribuirle aquélla, como tributo de la gratitud o como ofrenda de la adoración, siempre le consagraron ésta, como intérprete de la voluntad o como ministro del pensamiento. Pero falseándole al objeto la verdad, pasó al arte inocente el delincuente error de los ingenios, con que complicaron la lira con el ara, y el himno con el sacrificio: mentido culto en que era disonancia la dulzura, y descomposición el orden mismo. Así puede decirse que sus más famosos poemas eran entonces susurros de cantos para sombras de héroes, hallándose entre el sonido de sus invenciones aun más realidad en la ficción que en el asunto. Pero permitiendo el Cielo que fuese precursora la credulidad de la creencia, dejó que la alabanza errada fuese diseño de la verdadera, con que en una transformación de melodía pasaron aquellos cadáveres de ritmo a ser vivientes de armonía, y desencantado el mismo canto, se le restituyó su forma al arte, quedándosele el cuerpo del estilo. Así la poesía se hizo toda una figura de sí misma, y los Parnasos, los Apolos y las Musas quedaron más gloriosos de vocablos que lo habían sido de Deidades; y hechos símbolos convertidos y jeroglíficos cristianos, sirven a Dios, alabando a sus santos para salvarse en los ingenios.[37]

De esta suerte quedó a un tiempo imitada y excedida. Pero habiéndola destinado la antigüedad a sus solemnidades, no contento aquel errado vulgo de no vulgares sabios con lo positivo del encomio, lo quiso elevar a himno competido, pasando de los certámenes y juegos del valor y de la agilidad, que consagraban a sus fingidos Númenes, a los del canto y de la lira, como que habían de combatir también las dulzuras y los pensamientos. De este modo excedieron la pompa con que dedicaron los Nemeos y los Olímpicos a Arquemoro y Pelope; los Ístmicos y los Panateneos a Neptuno y Minerva, y los Pitios y los Acíacos a Apolo. Así quedó mejorado el salto en el entusiasmo, la carrera en la facilidad, el golpe en la sentencia, el tiro en la elegancia y la lucha en toda la armonía. Así se consagraron combatidos los *scholios* alternos y los heroicos *peanes*, los líricos cantos y los poemas épicos. Y así se celebró en el templo de Éfeso erigido la adoración de su Diana, y en la ciudad de Atenas grata la

---

[37] In the Prolog of *Lima fundada*, Peralta echoes this image of the poetic ideal of Parnassus: "Esto que llamamos Parnaso, no es otra cosa que una alegoría de la música de la razón; y ésta es la poesía. [...] En fin, la poesía es una inspiración que se recibe como dádiva, pero que ha de desempeñarse como deuda; y una virtud que consiste en el extremo porque no admite medio de elegancia. Y aunque para ésta se ha aspirado a dar reglas, son éstas las sendas, pero no los pasos; los rumbos, pero no los vientos."

inmortalidad de su Teseo. Este canoro malogrado empeño es el que ha sublimado a verdadero aplauso el religioso estilo de la veneración cristiana con que, resarciéndose el culto de lo que le usurpó el culto, y vengándose las aras de las aras, las verdaderas de las falsas, ha consagrado siempre a las solemnidades de las divinas apoteosis de sus mayores santos los certámenes poéticos que en sus números y cantos los celebren.

Certamen es mudo la naturaleza en que, como si se hubieran competido antes de ser sus obras, salieron preferidas las más nobles, sacando en su perfección mérito y premio. Así en los más altos montes su misma mole es una victoria de eminencia, en las más preciosas piedras su mismo brillo es un triunfo de aprecio, y en los más bellos astros su misma claridad es un trofeo de excelencia. Pero en la naturaleza intelectual es necesario un declarado competir para lucir porque es un arte de excederse el exceder, y un modo de animar el preferir. Aspirar a vencer, si no es vencer, es el mismo vencer ya comenzado. El palio y la corona, allí mismo donde penden inmóviles, están moviendo activos; y la honra, que a la carrera está en el término, se hace vigor en el principio. Conque el medio de obtener la superioridad de gloria es el combate mismo del merecimiento. De este modo quiere el culto que se le consagren las generaciones, y para ser la oblación obsequio al Numen, pide que sea triunfo del que adora porque gustan las aras de que les vayan como victorias las ofrendas, y admitir como honores el honor, como que nunca fue digno de ofrecerse lo que nunca fue digno de vencer. Certamen es la ilustre vida de un Héroe Santo en que es él mismo el palenque, el contendor y el contendido. Si así no fuera, no lo dijera aquella elocuencia del Cielo y de las gentes cuando, en un panegírico de su humildad, afirmó que había combatido un gran certamen que había observado sus divinas leyes, reducidas a sola una fe, y que se le estaba señalado el primer premio en una eterna Corona de Justicia (2). No lo dijera el labio de oro de la Grecia cuando, en un elogio de los atletas ínclitos de Christo, pronunció que era Mílite delicado en sus banderas el que presumía vencer sin esfuerzo, y triunfar sin certamen (3). Y en fin no lo dijera la luz del Areópago cuando advirtió que el Señor propone en él los premios como Dios; que pone las leyes como sabio, y que él mismo es el que vence en sus combatientes (4). Con que en un culto de certámenes es preciso que a los divinos aplaudan los humanos, que se elogie la gloria con la gloria y que se exalte el triunfo con los triunfos.

Así hoy, que esta Santa Iglesia Metropolitana celebra canónicamente puesto en el orden divino de los santos al más grande de sus arzobispos; y hoy que el rebaño es todo culto, y es a cuenta del Pastor el redil Cielo; hoy, que el cayado es ya constelación, y el silvo influjo, es bien que se exalte en poético certamen el que, siguiéndole los pasos al apóstol, le siguió en el certamen y la gloria.

No venció, como el fingido Cloanto (5) en la lidiada ligereza del bajel, sino como el divino Pablo en los peligros de un tormentoso mar (6) (símbolo de un mundo tempestuoso), conduciendo feliz la nave de su iglesia. No triunfó como Eurialo en la competida velocidad de la carrera (7), sino como Pablo en el curso, que consumó inmortal de sus fatigas (8): no corriendo en el estadio, como a premio incierto (9), sino a la cierta e incorrupta corona de la gloria (10). No venció, como Entelo, en el esfuerzo de la lucha (11) sino como el mismo Pablo en la que trabó contra el demonio (12), postrándole en los trabajos y despeños (13), en la sujeción de las pasiones (14) y en la aspereza de las disciplinas.

Venid, pues, ilustres genios, canoras musas del limano Pindo, a celebrar, a aplaudir, a cantar vuestro mejor Apolo. Y para que elevados del influjo habilitéis la mortal vista al inmortal asunto, subid a esta alta fábrica adonde os llaman las mismas voces, que en ella os han de ser inspiraciones.

¿No veis aquella hermosa Galería, que gloriosa e inmensa, es un Cielo construido y, formada en un brillante círculo, parece que se labró para paseo de la eternidad o para divertimiento de la gloria? ¿No veis aquellos mármoles lucientes, sacados no ya de la famosa Paros o la feraz Caristo, sino de las áureas y argentadas canteras de los montes del sol y de la luna? ¿No admiráis aquellos refulgentes adornos, compuestos no ya de los encendidos partos de Ceilán, ni de las fúlgidas producciones de Golconda, sino de aquellas luminosas alhajas en que cada una es un globo de rubí y diamante?

¿No advertís esa divina obra, esto es, esa imagen de todo el universo, que representa en sí la patria de las grandezas y el país de los milagros que, sin haber sido materia, es lo corpóreo; sin haber sido espacio, es la extensión; y sin que fuese tiempo, se pasó a inmortal; y donde la nada poseía, sin poseer, el vano obscuro reino del abismo, haciendo su infinito resistir de su mismo infinito carecer, ostenta el imperio del sumo poder, siendo en su fábrica trono eterno de la naturaleza lo que antes era un sepulcro adelantado de las cosas?

Pero ¿qué hay que decir si es la *Galería de la Omnipotencia*, si corre alrededor de aquel palacio, de quien es el monarca el arquitecto, que es el inmenso asiento de su Gloria, y brilla de otra luz más refulgente que la luz, siendo la materia y la iluminación a un mismo tiempo? Llegad, ved esos lienzos: cuadros son, que ha pintado la naturaleza para hacerlos jeroglíficos de la santidad.[38] ¿Y con qué otro pincel podía simbolizarse la del divino Toribio, que con el de aquella grande hija de la Omnipotencia, que para hacerle de algún modo visibles sus perfecciones, ha sabido delinearle sus ideas? Pero que en aquel sacro heroico compuesto de virtudes apuró todo lo que tenía de poder: noble benefactora que, postrada, le ha quedado agradeciendo aquella agradable ingratitud de su rigor y de su esfuerzo, en que ella misma le exalta sus trofeos, singular gloria en que la vencida es la gobernadora del triunfo.

Ése es el héroe, esto es, el templo heroico que hoy le erige su sagrada Iglesia mejor que los que la antigüedad dedicaba a la virtud de sus ínclitos varones (15), el capitolio adonde conduce el triunfo que le ha decretado (como que le consagra) su sacro Senado. Y si fue el mayor honor que pudo el romano señalar a emperador alguno, el que concedió a Augusto de celebrar el suyo, efímero y vano, por tres días: ¿qué será el que solicita solemnizarle, verdadero e inmortal, en el espacio de ocho giros de luz, que serán ocho eternidades de su culto? Así exalta a su Numen y se exalta a sí misma esta Santa Iglesia que, para ser también divina, tiene todo el derecho de su esposa, y para ser cielo, se halla con toda la razón de ser su esfera. Ésta es la sacra Atenas peruana, que con mejor título que con el que aquella otra griega se dijo el *Museo de la Grecia*, puede aplaudirse por el de la América: la cumbre y la columna de su eclesiástico decoro (16), el consejo formado de divinos ministros, más sublimes que los que aquella grande corte del Ática llamó sus Mantes (17); el trono de la sabiduría y el sagrario de la religión; el seminario de los más ilustres prelados y el aprisco de los pastores más celantes. En fin, el mérito y la gloria de Toribio, el terrestre empíreo en que goza

---

[38] A *lienzo* is an emblematic painting on a linen cloth often used by colonial missionaries to depict scenes from the Gospels. According to the *Diccionario de la lengua castellana* (1734), the term can also mean the façade of a building or a wall that intersects with another wall at an angle. On one hand, it is possible that painted *lienzos* were used in the competition to illustrate saint's life or the themes of the contest. It also seems that Peralta uses the term, in its architectural meaning, to represent how the collection of poems for the certamen would illustrate the life of Toribio and contribute to the poetic construction of the metaphoric *galería*.

la bienaventuranza de su culto, el lugar donde su cuerpo es el alma de su templo y su bulto la vida de sus aras, donde parece que deja de ser reliquia porque aún es presencia, y donde parece que deja de ser influjo porque aún es gobierno.

¡Oh tú, Soberano, habitador de la inmortalidad, Colega de los primeros Príncipes del Cielo! Permítete, no ya para alcanzarte sino para pedirte; concédete, no ya para elogiarte sino aun solo para proponerte: empeño, que en la arduidad de sólo referirte manifiesta cuál podrá ser la de exaltarte. Hazte en mi indigna voz asunto para hacerte himno en las demás. Abre este paso para la eminencia de tu encomio. Mira, que tu alabanza es de tu Dios, y no puedes dejar en ti de dársela; que tu aplauso es ejemplo, y no puedes privárnoslo. Atiende a que tus influjos son inspiraciones, que tus hechos son reglas y tus favores liberalidades; y es imposible que niegues donde estás lo que tanto hiciste abundar donde estuviste.

Asunto I: El cielo

¿Qué luz es la que vierte aquel brillante lienzo que, sin necesitar del sol ni de la luz, parece el solar de los días y la patria de los esplendores, pero de días perennes y de esplendores inmortales? El primero es que en esta Galería da y se lleva los ojos que lo admiran, de suerte que el que la anda comienza a formarse una ceguedad en cada vista, y a dar una inmovilidad en cada paso. Bien se ve que aquel fulgor que esparce no es del cielo común ni de los astros, sino de cielo más excelso y de astros más radiantes que, aunque invisible allá en su original, quiere hacerse visible acá en su copia. El empíreo es, que acaba de salir de las manos de la Omnipotencia (18): asiento de la divinidad, de sublimidad tan superior a todo lo sublime y de excelencia tan excesiva a todo lo excelente, que la forma no se distingue en el de la materia (19). Resplandeciente esfera, que es la reina de todas las esferas; sexta esencia (20), que vence todas las esencias. En ella se manifiesta con visibles imágenes aquel ejército infinito de espíritus celestes, que en el mismo principio se han formado (21): héroes divinos, semidioses ministros y obedientes númenes, que son la familia de Dios y los vecinos de la gloria. A éstos sí que debe llamar con verdad la devoción celícolas, o moradores del cielo, y poseedores de sus luces: *Omnes Coelicolas, omnes Supera alta tenentes* (22). Con ellos parece aquel Olimpo un reino de grandes donde las jerarquías son las clases, pero un reino todo de armonías en que, para alabar a su eterno Señor, son ellos mismos las voces y las liras, los genios y las musas. Su canto es una música de coros infinitos, con quien toda la humana es sólo una sombra de concentos y un rumor consonante que, al oírse aquélla, apenas llegaría a ser silencio.

Éste es aquel gran cielo; inmensa habitación de Dios, y refulgente trono de su Majestad, como lo cantó Orfeo:

> *Ipse autem magno constans & firmus Olympo est:*
> *Aureus huic Thronus est, pedibus, subiecta que Terra* (23).

A quien sirve de basa esta admirable máquina que, aunque por sí oscura todavía, se deja ver ahora al reflejo de la superior luz de la que carga. La primogénita es de las grandezas, y la soberana de las maravillas; el depósito de las esencias, y el arca de las producciones. Prodigioso agregado es de cielo y tierra, que en el mismo principio (hecho taller a un tiempo y obras, espacio y mole) acaba también de ser hechura de un Criador eterno. El universo es por junto, y la naturaleza por mayor. Palacio inmenso en que debajo de las bóvedas del Éter, colgadas las alhajas de los elementares cuerpos, se ven todavía con una desnudez, que es el origen de todos los adornos. Laberinto ordenado de la materia, de que es el hilo de oro el mismo artífice. Pero no se juzgue que es aquel caos rudo y desordenado, que pensaron filósofos y poetas, y aun padres antiguos. Lo informe en él no nace del desorden sino de la carencia de luz propia y de la suspensión de su preñez (24), porque fuera indecente aquella imperfección a su Hacedor, y así allí están en semilla asomados todos sus realces, y en compendio guardadas todas sus riquezas. Sólo parece que la tierra se oculta entre las aguas, pues no se ve más que ese grande globo de líquido cristal, esfera undosa que forma todo un orbe de un océano, de que se reconoce que por ahora le sirve de depósito, haciéndose custodia lo fluctuante de lo inmóvil. Pero tampoco se imagine que aquel enorme espacio, que entre él hay y el empíreo, le llenan, como algunos dijeron, esas aguas; pues le ocupa toda aquella materia, que compuesta de menores partes, o cuerpecillos infinitos, forma todo lo aéreo y lo celeste. Estos dos primeros y universales partos de la Omnipotencia, cielo y tierra llamó Varrón *los príncipes de Dios*, como primogénitos de su grandeza. (25) Éstos fueron el Serapis y la Isis de los egipcios (26); el cielo y la Rea de los griegos: ciertos asuntos, pero vanos nombres con que aniquilaban la misma grandeza que adoraban, haciéndose en sus númenes un modo de derribarlos, erigirlos. En fin ésta es aquella casi incomprensible máquina que sólo el brazo de la Omnipotencia pudo sacar de las profundidades de la nada: la insigne obra, que se vació en el inmenso molde de la mente eterna, hermosa hija de un autor pulquérrimo.

Mundum mente gerens pulchrum pulcherrimum ipse (27).

Conocimiento con que no se contentó la antigüedad gentílica, y pasó a hacerlo prodigioso cuerpo de su eterno espíritu:

Principio, Coelum, & terras, campos que liquenteis
Spiritus intus alit, totamque infusa per artus
Mens agitat molem, & magno se corpore miscet (28).

Este gran lienzo, pues, que representa el nacimiento de todo lo espiritual y lo corpóreo, se hace hoy un símbolo del sublime origen y de la pura infancia del grande Toribio, que hoy se adora. Pues si se atiende a su nobleza, fue de las más ilustres que veneró la ciudad antigua de Mayorga y el reino de León: primera alcuña[39] de la española monarquía recobrada en que hasta las tierras y los montes tienen el lustre que engendraron. Gusta Dios de adorarse en lo elevado; no desdeña lo ínfimo, pero de la manera que en lo celeste tiene también su empíreo en lo mortal. Éste es el orden superior de la nobleza. Y así, para crear un ángel de virtud en Toribio, le dispuso un cielo de linaje en sus progenitores: abuelos los más felices del más glorioso nieto, para quien dejan ya de ser mayores porque son más grandes, en quienes la sangre se ha hecho santidad, y la ascendencia adoración.[40]

Si se considera su pureza, fue ángel desde su nacimiento, y su espíritu uno de aquellos que desde el oriente de la cuna ya resplandecen soles de virtud. Es la santidad de esta alta clase una dádiva

---

[39] Alcurnia.
[40] In each work dedicated to a viceroy or patron, Peralta explores in depth the question of the dignitary's ancestry to underscore his greatness. For example, *Lima fundada* (1731) was dedicated to the viceroy Castelfuerte; *Imagen política* (1714) and *Oración al claustro* (1716) were dedicated to Ladrón de Guevara; and *Fúnebre pompa* (1728) was dedicated to the Duque de Parma, Francisco Farnese.

tan bien agradecida que la correspondencia se la pasa a deuda; una dicha tan bien trabajada que la fatiga se la vuelve mérito. Así fue la del glorioso Toribio, desde el albor de su primera infancia, pero aquella virtud, que comúnmente tiene la antonomasia de pureza, esto es, la de la castidad, resplandeció en su genio tan heroica, que a haber sido tan ángel, que su cuerpo fuese solo figura y no materia, no parece que aún pudiera excederle la limpieza. Ésta es bien, como la luz del mismo empíreo, corpórea y participada de la deidad que lo ilumina, teniendo este realce sobre todas; poseer lo claro y habitar lo intacto, haciéndose el cuerpo un alma visible que participa de sus esplendores.

Ésta es aquella alta virtud tan celebrada siempre aun por los mismos que no le veían todo el rostro, que hubo quien la llamase entre ellos la columna de la naturaleza humana y la defensa de la juventud. (29) Ésta es la venerada Vesta, a quien con una antítesis de fuego era el que le conservaban en las aras vencedor del que apagaban en los pechos. Sabía bien el santo, aún desde niño, que para ser del número de aquéllos, que como ángeles entonan el cántico siempre nuevo delante del trono del Cordero y son los satélites de su esplendor, que en cualquier parte le acompañan era preciso Ser Inmaculado: *Virgines enim sunt. Hi sequuntur Agnum quocumque ierit.* (30) Conocía ya desde entonces que para hacerse vaso de honor en la mesa del Altísimo propio, para adornar cualquier alta función, era necesario haberse labrado del cristal de aquella claridad: *Si quis ergo emundaverit se ab istis, erit Vas in honorem sanctificatum & utile Domino ad omne opus bonum paratum* (31), y así debía huir los encendidos deseos de la juventud: *Juvenilia autem desideria fuge* (32).

Así practicó esta pureza el sacro héroe, aún joven, cuando siendo estudiante en Valladolid, se le entró un rayo de Venus en su estancia para abrasarle el corazón en la figura de una humana; esfinge de incendio que le pretendió vencer toda la luz, contra quien se opuso firme intacto laurel, dejando fulminada así a la fulminante. Ejercitóla también en el celo con que deseaba que se le mantuviese el esplendor, pues fundó para templo de su culto aquel vergel de la divina Clara, adonde trasladó su corazón, como por no dejar de vivir aún de reliquia entre purezas. Así la guardó siempre defendida dentro de la constancia de su espíritu, como aquel prodigioso diamante que se halló dentro del mármol, que le fue joyel perenne (33).

Por esto le dieron siempre aquellos nobilísimos príncipes del cielo el tratamiento de ángel, acompañándole en sus himnos (fuera de las demás ocasiones en que debe entenderse le asistieron, para librarlo de los terribles peligros que amenazaron su vida tantas veces, siento estos refulgentes ministros los superintendentes de las maravillas) y formando coros de celeste música, cuando el santo con la de su fervor se empleaba en el divino oficio, haciéndose así panegíricos del siervo las mismas alabanzas del Señor.

Así siguió la gloria de aquel Pastor Sagrado, que fue el más grande de los arzobispos de la mayor iglesia de la España, el divino Ildefonso, ángel purísimo en que desde la cuna vivió al estilo del cielo la inocencia, tan amante del honor virginal, que no contento con haber formado un monasterio ilustre de sagradas vírgenes, pasó a defender el de aquella altísima virginidad, que fue la mayor de las purezas; la intacta limpieza de aquel virgíneo claustro, que fue el empíreo humano del monarca eterno, que no debía desdorarse su palacio; increado sol que no necesitaba de romper su esfera; lustre tan estimado de la Madre, que fue la vida de su honor, como se lo expresó la celestial Leocadia cuando le dijo que por él vivía su Señora.[41]

Esta pureza, pues, angélica de nuestro esclarecido santo, que fue la mayor nobleza de su espíritu, prevenida de la de su prosapia ilustre; no sólo aumentada siempre de su heroica vida, practicada en los triunfos de su castidad y correspondida con los honores de los mismos ángeles, celebran los ingenios en una canción de ocho estancias, ajustada a los ritmos de la de don Luis de Góngora, que empieza: *Qué de envidiosos montes levantados*.[42]

Propónese por premios:

Al primero lugar: Un azafate grande de plata de relieve.
Al segundo: Un bernegal y salvilla de plata.
Al tercero: Una tembladera grande de plata.

---

[41] Saint Ildefonso of Toledo (607-667) was bishop of Toledo. Some hagiographies report that Saint Leocadia (4th century), whose remains had been lost, appeared to Ildefonso as a testament to his devotion to the Virgen.

[42] This verse is the first line from Góngora's famous Hellenistic Canción.

Asunto II: La luz

Absorta la atención apenas deja el primer magnífico arco de la sublime Galería cuando, dando de un éxtasis en otro, encuentra segunda maravilla que la roba. ¿Y cuál mayor puede ser que la de aquel activo esplendor, que aquella diamantina lámina produce y, sin que sea el sol, le representa? La luz es primigenia que se ha formado a la fuerza inefable de un orden divino. ¡Qué sabiduría! ¡Qué poder! Un *hágase* sólo es todo el artífice de una inmensa obra. Un querer sólo es todo el artífice de una infinita maravilla. Maravilla es, que todas las sublima, pues es el alma de todas las hermosuras y la gracia de todos los adornos; la alegría del universo, el instrumento de las influencias, la estirpe de los colores y el lustre de todas las riquezas. Antes es la misma riqueza desleída por la esfera, pues a vender sus rayos no igualara toda la de la tierra su fineza, y una joya de luces valiera más que el orbe en un diamante. En su esencia es la materia más sutil celeste; en su acción es el movimiento de ella misma; en su efecto es la claridad, y así distinguen santos padres el fulgor o lumbre de la misma luz. Semejante a aquella que, al despuntar el día llena el aire de lucientes rosas, se ve allí como una aurora más durable, que no es el sol; y tiene sus efectos, aunque ni así es aquella que se admira, pues la aurora es hija a un tiempo y madre de aquel Autor del día; y ésta brilla antes que aquél se críe, aun más resplandeciente que su globo. Así se reconoce que es un hermoso fuego, una sutil materia que, antes junta en la creación universal con la demás etérea, se ha separado de ella (34) y se ha unido en un cuerpo al poderoso imperio del Criador: divina análisis, soberano extracto de los cielos que, esparcido como el óleo en el agua por el hemisferio, forma un día, que todo es sol, sin serlo. ¡Oh cuánta es la hermosura, que con ella ha adquirido todo el universo, aunque desnudo, pues la luz sola le sirve de todos los ornatos!

Ésta es la que siendo ahora, como un sol extendido, o como una luminosa nube (35), compone el primer día de la creación y, transfundiéndose de unos en otros horizontes, va a hacer el oficio de aquel luminar, original a un tiempo y copia suya, formando de esta suerte la mañana y tarde y dando lugar con su ausencia y giro circular a las tinieblas de la noche para que así se hayan de hacer este primer día y los dos siguientes precursores del cuarto solar.

¿Quién negará que es éste el más claro símbolo de aquella luz espiritual que comunica Dios al alma justa, haciendo de ella un cielo mental por donde se difunde, con la ventaja de no dejarle noche de culpa, ni sombra de tibieza? Ésta es el mismo Christo, no sólo porque nació a todos para formar el día de la fe (36), sino porque ilumina el entendimiento con la claridad de la sabiduría (37). Y ésta fue aquel primigenio esplendor que llenó el espíritu del sagrado Toribio en la alta contemplación en que siempre se empleó arrebatado: aquella lumbre del rostro del Señor que le servía de antorcha con que andaba (38). Es ésta una espiritual luz procedida de la eterna; toda fuego en el amor, y toda resplandor en el conocimiento; toda guía para el entendimiento, y toda influencia para el corazón. No sé si es como la material, o ésta como ella, veloz, activa y penetrante. Apenas aparece en el oriente del fervor, se propaga por todo el hemisferio de la voluntad; influye en la región de la razón con los movimientos de la Gracia, y penetra los arcanos del alma con los rayos de la sabiduría. Es verdaderamente como la luz del primer día, que se reparte en los astros de todas las virtudes.

Y si errados aquellos antiguos, que eran los electores de sus númenes, constituyeron por reina de las diosas a su mentida Juno, como superior luz de Éter y de aire, dándole por ministra a aquella hermosa ninfa, que mide con un paso un hemisferio, esto es, la benigna Iris; con cuánta mayor razón, si hubieran merecido conocer esta verdadera luz, la hubieran adorado como a la reina de todas las luces y de todos los espíritus, y como quien despacha a los mortales un iris de paz en cada gracia al corazón.

Esta divina luz, que recogida en la mente del santo prelado, era un extracto de toda aquella materia celestial de sus conocimientos y fervores, producía varias veces al tiempo que estaba en oración un sacro resplandor, que en la esfera del rostro formaba por giros los afectos y tenía los éxtasis por días, el cual solía también aparecer reducido a la figura de una estrella que resplandecía como que se brotaba de su frente cuando celebraba el sacrosanto sacrificio de la misa, en que se veía brillando el ministro de la luz del Numen como que la que ocultaba en sí el Señor, no podía contenérsela en su Siervo, de suerte que, con un duplicado sacramento, Christo se veía Hostia y se creía Dios; y Toribio se veía numen y se creía hombre. Transfiguraciones de la Gracia, en que era todo sol la majestad de su semblante, y todo nieve el candor de su virtud. Era este resplandor aquel glorioso sello con que se señalaba en su frente la luz del rostro del Altísimo (39). Aquélla era la iluminación de la sabiduría y claridad de Dios, que del de Christo pasaba al de Toribio (40) ¿Con este resplandor qué fueron, aun cuando hubiesen sido ciertas, la llama que coronó a Ascanio, ni las estrellas que ostentaban los géminos hijos de la fingida Leda?[43] ¿Qué el esplendor con que pareció en un combate que brillaba Alejandro? Luz primigenia fue ésta de su espíritu, como símbolo de aquel poder con que había de sacar de las tinieblas de la gentilidad la primitiva de la fe, bien como la que resplandeció con caracteres de oro en la frente del divino apóstol de las gentes, cuando en España leyó Xantippe[44] impreso en ella en pocas palabras su nombre, su ministerio y su Señor (41), como que desde allí con la voz de la claridad acortaba por los ojos todo el camino al corazón, pues verdaderamente no era otra cosa que predicar en la lengua de la luz la fe del sol.

Así excedió la gloria de uno de los más ilustres y santos prelados de España, como lo fue, no menos por el esplendor de su sabiduría que por la de su espíritu, San Braulio, obispo de Zaragoza en el séptimo siglo. El cual, después de haber aprendido con los reflejos de la doctrina el arte de la iluminación del grande Isidoro su maestro, quien lo constituyó arcediano de su iglesia de Sevilla, en que hizo resplandecer su alto talento, asistió al Concilio Cuarto Toletano, teniendo el cetro gótico Sisenando, cuyos padres, hallándose deseosos de elegir prelado para aquella grande capital de la Celtiberia,

---

[43] This sentence brims over with the excess of classical intertextual references that defines much of Peralta's work. Ascanius, sometimes called Iulus, was the son of Aeneas. In Book II of the *Aeneid*, Virgil writes of how Aeneas returned to his house during the sack of Troy and found his wife, his son, and his father. As the battled raged a flaming halo formed around Ascanius's head but did not consume him. It was understood as an omen of the gods' favor. The *géminos hijos* refer to Castor and Pollux, the twin sons of Leda, and the two brightest stars in the constellation Gemini. In the canon of Greek mythology, Leda was the wife of Thestius and mother to Helen of Troy. She gave birth to Castor and Pollux as a result of being raped by Zeus who appeared to her as a swan fleeing the chase of an eagle. Leda also had intercourse with her husband that same night, and four children were born: Castor, Pollux, Clytemnestra, and Helen. Since it is not clear which children resulted from which act, according to various accounts, the confusion between the human and the divine is all the more potent and serves to underscore, in Peralta's text, how Toribio completely supercedes such dubiousness through his exemplary life. Note that Peralta's text incorrectly spells the mother's name "Lepa."

[44] This refers to Xanthippe, the subject of the apocryphal text *Acts of Xanthippe, Polyxena, and Rebecca*. She was the wife of Probus, a prominent main in Spain, and was reportedly converted to Christianity during the Apostle Paul's travels through the Peninsula, making her one of the first converts there. Xanthippe is also the name of Socrates's wife; however, it is not likely that this is a direct intertextual reference here.

que fuese el más digno por el mérito de la persona y el más conveniente para la necesidad de la iglesia, principalmente en tiempo en que cada uno de los que gobernasen estas sagradas naves había de ser juntamente el piloto y el norte, entre los que eran los escollos y la tempestad, por la que formaban con la herejía de Arrio, no del todo erradicada; vieron brillar sobre la cabeza de Braulio un luminoso globo, que fue como una urna de esplendor en que se recogieron los votos de todos, y un consultor de luz que respondió a favor de su virtud. Excedieron a los de Braulio los rayos de Toribio. Éstos fueron producción del espíritu; aquéllos aviso del mérito. Éstos claridad propia; aquéllos resplandor ajeno. Y en fin éstos de sol, que iluminaba descubierto; aquéllos de antorcha, que mostraba lo dudoso.

Esta luz, pues, de la contemplación, esta iluminación del espíritu del celestial Toribio, manifestada en las sagradas ocasiones de su oración y de sus sacrificios, ya con la estrella que se veía en su frente, y ya con el resplandor que le bañaba el rostro, han de cantar los genios del limano Pindo, ilustrados de su mismo asunto, en diez y seis estancias o liras, que consten de una redondilla de endecha y dos versos endecasílabos pareados; que sean, como unos rayos, de armonía con que hagan el panegírico a sus luces.

Premios:

Primero. Un par de candeleros.
Segundo. Un par de tinteros, y salvadera.
Tercero. Un jarro de pico.

Asunto III: El firmamento

Prodigiosa es la obra que se ve correspondiente a aquel arco tercero de esa suntuosa Galería donde, dando de maravilla en maravilla, se advierte que es una inmensidad porción de otra, y a título del objeto tiene la vista también la suya aparte. La producción es de aquel inmensurable cóncavo celeste, de aquel superior cielo que, distinguido de todo el inferior que ha de servir de espacio a los errantes astros, se reserva para serlo el de los que le han de adornar claros e inmóviles: etérea extensión (42), que será en breve esfera de muchas esferas; inmensa estancia, que se previene luciente habitación de muchos soles; suprema bóveda, última cúpula del gran templo del cielo; extrema brillante cobertura de la celestial máquina; cabeza hermosa del cuerpo de todo el universo; sublime alcázar del etéreo reino; cielo de los cielos, y orbe de los orbes; en fin el firmamento que se ha arrogado la antonomasia de cielo, *Vocavitque Deus Firmamentum Coelum,* y ha adquirido el título de principal parte y firmeza del cielo, *Firmamentum Coeli.* No se piense que su materia es cristalina, o de agua condensada (43), porque aunque esta opinión es por sus autores venerables, imposibilita en él la introducción o la colocación de los inmensos refulgentes cuerpos de los astros, que en él se han de poner, si no es que digan que se fijaron como lucientes clavos para tachonarlo de esplendores, o como fúlgidos sobrepuestos para adornarlo de hermosuras, o bien que se aniquiló el espacio que ocuparon, o que se les tenían prevenidos vacíos los cóncavos, que habían de ser nichos de aquellas estatuas de esplendor, de cuyos rayos arderían los celestes cristales que les formasen el diáfano engaste. Todo lo cual se opone a aquel orden divino, que es la naturaleza, porque ni las estrellas se colocaron en la superficie de aquel cóncavo ni se aniquiló espacio alguno, ni pudo desocuparse parte alguna de esa materia cristalina, ni pudieron reservarse vacuos (44).

Lo que sí es de cristal es ese cielo, que sobre el firmamento resplandece: océano celeste congelado, producido de unas aguas que se han fijado, piélago pendiente y diluvio sin inundación. Mírase allí de suerte que, sirviendo de basa al mismo empíreo, se ha formado como un jardín de luces de aquel palacio de la gloria. ¿No se ve como a la continua refracción de la luz de este divino Olimpo es un iris inmenso e invariable, dispuesto para señal de aquella eterna paz y de aquella serenidad feliz de la inmortalidad, si ya no para hermoso recreo de los ojos de los bienaventurados? Inmensa cristalina nube de todo el universo, que se ha elevado allí evaporizada por el calor del sol divino, a quien no pudo ser difícil lo que tan fácil es al natural.

Así se admiran allí divididas las aguas de las aguas por medio de ésta, que es la capital de las esferas; que ya teniendo sobre sí esta novena glacial máquina, y ya comunicando con ese vasto cielo que se destina para vaga mansión de los planetas, y éste con el aéreo que ha de servir para estación sonora de las aves, toca este líquido abismo que componen las aguas inferiores. Éste es el firme y constante, aunque fluido, muro de la ciudad de Dios, que por esto se adquirió el título de Firmamento, y junto con los otros el de Cielo. Ésta es aquella *Aplanes* o impermeable esfera que tuvieron los étnicos antiguos por el país de los Elíseos Campos; éste el reino donde fundaron los fabulosos semidioses el solar de sus constelaciones y el archivo donde registraron los héroes los títulos de sus hazañas: éste aquel alto asiento aspirado por la virtud de los grandes varones, o atribuido por la lisonja a los soberbios príncipes, a quienes los poetas, celestes medidores, repartían a la mensura de sus metros aquellas tierras de la luz.

Todo ese, pues, incomprensible original de la firmeza; ese establecimiento de los cielos; ese constante y perpetuo árbitro de los límites del universo, que distribuye entre lo alto y lo ínfimo el derecho de los orbes, que divide entre sus partes todo el caudal de la naturaleza, que constituye las leyes de su separación y regla los órdenes de sus lugares, que otra cosa se hace hoy que un símbolo fiel de la justicia del celestial Toribio, que con rectitud incontrastable fue el firmamento de su iglesia.

Es esta excelentísima virtud la basa y la corona de todas las virtudes; por eso su carácter en el que las posee se ha dignamente alzado con el universal de justo. Por eso es como el firmamento que abraza y contiene en sí las esferas de todas las demás. Es la que como él se coloca en el medio, que está entre lo ínfimo de la indulgencia y lo sumo del rigor; es la que consiste en aquellos otros medios aritmético y geométrico de la conmutativa y la distributiva. Es la balanza de las acciones y la geometría de la razón; es una ciega perspicaz, que todo lo que no ve de pasión penetra de discurso; es la ruina de la malicia y la columna de los reinos. Sin ella caen los grandes, y con ella se levantan los pequeños. Es la inventora de las leyes y la fundadora de los tribunales; es el árbitro de las contiendas y la providencia de los casos. Y lo que sobre todo la sublima, es la que le prepara a Dios el trono donde en cualquiera imperio ha de reinar, y el asiento donde en la gloria se hace ver: *Iustitia & judicium praeparatio sedis tuae* (45).[45]

---

[45] As a mathematician and founder of the Academy of Mathematics and Eloquence, Peralta weaves his knowledge of mathematics into many of his works. In *Lima fundada* we find in the list of "Manuscritas para imprimir" the following entry: #9 "Geometría especulativa y aritmética," and #4 "Tratado físico-matemático sobre los medios de apartar el mar, con figuras." In *Lima fundada* he writes, "... la geometría de la providencia, cuando calcula los remedios, jamás pueder errar la proporción de los heroes a los accidentes" (front matter). Also in *Lima fundada*, father Torrejón states in the front matter: "La matemática es otra esfera en que gira su arrebatado estudio por todas sus zonas, o por toda la hermosa variedad de facultades que contemplan una y otra cuantidad, la discreta y la continua."

Pero ésta resplandeció en Toribio tan superior a toda otra humana que, a haberle conocido los antiguos, ¿no hubieran celebrado los que aplaudieron por más íntegros, porque con él, que fueron los Arístides y los Nicias atenienses, ni los Antoninos y Trajanos romanos? Que pudiera haber sido aquel falso Júpiter, a quien pintó el poeta con las dos balanzas en la mano que no supo tener en el afecto:

Jupiter ipse duas aequato examine lances sustinet.

Era su rectitud como la columna del desierto, constante y luminosa, hecha a dos haces de terror y guía, esto es a los egipcios y a los israelitas (46); por una parte nube densa para aterrar los vicios, y por otra luz clara para dirigir los establecimientos: suave, como ella, e inflexible; toda benignidad en la equidad, y toda severidad para la exactitud. ¿A su vista qué dijera el que aplaudió allá la de Teodoro?

Justique tenorem Flectere non odium cogit, non gratia suadet (47).

Sólo pudiera dignamente explicarse con las palabras del apóstol, pues nada hizo declinando hacia una ni otra parte, siendo su ánimo un equilibrio que sólo le inclinaba la causa, y no el afecto (48): *Nihil faciens in alteram partem declinando.* Poseía el santo tan altamente la ciencia de esta heroica virtud que los derechos canónico y civil, que estudió joven, pareció que los podía dictar prelado, con que hacía que se dudase si su virtud era una ciencia del corazón o si su ciencia era una virtud de la razón.

Ninguna ficción hizo en que menos fingiese la docta antigüedad que la de haber constituido por deidad de la justicia a Astrea, virgen de dos purezas y diosa de dos integridades; y la de haberla hecho volar a las estrellas a llevar allí otro firmamento como para ver si lo que había podido inspirar en los hombres como razón lograba conseguirlo como influjo, colocándose allí donde, hasta en los signos, igualase el derecho del zodiaco, y en los climas partiese el límite del día. No fábula, símbolo parece tan propio de la justicia del glorioso Toribio que, a no habérsela adelantado como anuncio, se la hubieran discurrido como copia. Tenía el santo aquella sabiduría, por quien mandan los príncipes, y los poderosos decretan la justicia; aquélla, que no se aparta de sus sendas para llegar al término de la eternidad (49).

Practicola en los puestos que tuvo de Inquisidor de Granada, donde aun no habiendo hallado la visita a los demás sin falta, fue reconocida sin mancha su pureza; y en todo el gobierno de su arzobispado, donde resplandeció tan íntegra a un tiempo como constante en todas las determinaciones, y todas las providencias que se le ofrecieron. Pero especialmente en los tres concilios provinciales y en los sínodos que congregó y presidió para el más exacto régimen de toda su metrópoli y diócesis para la más justa regla de los juicios: obra, que con razón de orden más alto puede llamarse bien el firmamento de este peruano cielo en que se colocaron como estrellas las fijas luces de sus constituciones y decretos. Practicola en las sabias consultas que hizo a la Santa Sede, de cuyo sacro oráculo mereció las respuestas que acreditaron el celo de las dudas: que el que pregunta bien, dirige mucho; y el ruego de la senda se suele hacer aliento de la guía. Así dividió las aguas de las aguas, esto es, ordenó tantos pueblos que, significados en ellas, *Aquae multae, Populi multi*, eran antes un informe abismo, ya de ignorancia y ya de idolatría, y con la dirección de sus sagradas leyes quedaron con racional pureza gobernados ya en lo inferior de la política y cultura temporal, y ya en lo superior de la instrucción y luz espiritual. Y aun hizo más, pues la que en sus súbditos logró que fuese una obediencia semejante a las aguas inferiores, puras y fluidas, la elevó a que se hiciese culto semejante a las superiores, incorruptibles y lucientes. ¡Oh cuántos en fuerza de su justo celo serán ya fúlgidas aguas, que sobre los cielos alaben el nombre del Señor (50), compañeros de aquellos celestiales espíritus, por los cuales entendieron algunos las colocadas sobre el firmamento! Así fue el sagrado Licurgo y el Numen divino del peruano imperio, de quien, mejor que del romano, puede cantarse lo que de aquél dijo el poeta: esto es, haber sido el primero, que fundó con sagradas leyes su ciudad, enviado por Dios a un grande imperio.

Primus, qui legibus Urbem fundavit
Missus in Imperium magnum (51).

Y aunque antes de los concilios que convocó hubo otros dos, siempre se quedó de primer legislador sagrado porque fue el mejor; resplandeciendo en los que actuó, de suerte que más pareció que los había inspirado que juntado, y que los presidió más por la luz que por la dignidad, de manera que para los demás prelados más parecieron escuela en que aprendían que junta en que votaban.

Pero, ¿por qué se ha de llevar el firmamento todo el símbolo?

Que están envidiosas las aguas de esta gloria y, para copiar la justicia del divino Toribio, no dan su pureza por su solidez: jeroglífico quieren ser también de su limpieza. Y pues no sólo pueden serlo, como maravillas, divididas por el poder de su Hacedor, sino como milagros concedidos al de su virtud; sírvanle en buena hora de copia las que le sirvieron ya de testimonio. Y entre los varios que el santo obró en este líquido elemento se ofrezca principal el que produjo en el monte llamado Cartasmal, en ocasión que su celo apostólico, acompañado del oficio de su dignidad, pasaba desde Moyobamba a los Quillaos donde, hallándose el séquito de su familia, tan bien como el concurso de los indios presentes, con total falta de agua y con una sed que parecía que le imitaba de convertir; como que hasta los males querían simbolizarle las virtudes, hizo brotar de la dureza de una roca una copiosa fuente, como otra copia de su providencia: maravilloso manantial, fuente más digna de aplaudirse que la que tanto celebró el Lírico de su Blandusia, insigne por su claridad y su frescura.[46] Y sólo de la estirpe de aquélla, que tuvo su cuna en otra roca y su patria en otro monte, como lo fue el Sinaí, pero concedida a más hidalga sed cuanto va de la que aquí fue humilde ruego a la que allá fue impaciente tentación (52). Y si aquélla quedó permanente, como aseguran los geógrafos, a la posteridad, ésta se ve hasta hoy perenne y mejorada con el lustre de benéfica, pues no contento el santo con haberla hecho socorro, la hizo medicina, habiendo quedado sus aguas como un remedio universal de todos males a los que con reverente confianza las anhelan: más memorables por esto que las que se celebran naturalmente saludables en varias regiones, como que en aquéllas la curación se queda sanidad, y en ésta se hace devoción, siendo unas aguas, que por esto bañan el alma y limpian la razón.

Premio fue este milagro, entre los demás que obró el santo de esta naturaleza, correspondiente con una analogía de pureza a la de su justicia, y al redundante celo con que por los cauces de sus sagradas leyes regó los campos del peruano suelo. Así parece que imitó el de otro santísimo prelado, como lo fue el ilustre Isidoro de Sevilla, cuyo divino genio no sólo fue el firmamento del cielo de la iglesia española, por la solidez y celsitud de su doctrina, por el establecimiento de su liturgia u oficio divino, y por la ínclita firmeza con

---

[46] This is a reference to an ode written by Horace ("el Lírico") to the Fount of Blandusia (sometimes spelled Bandusia).

que se opuso a la herejía, sino por la integridad con que su justicia congregó y presidió el Concilio Segundo Hispalense; que lleno de sabiduría de los derechos canónico y civil, fue un testimonio de la ciencia con que poseía esta virtud. Y porque el heroico Toribio no le siguiese sólo en ella sino aun en los milagros, fue el que queda referido una copia del que obró Isidoro para satisfacer celestialmente no sólo la sed de los hombres, sino la de la misma tierra, ya que no por medio de la producción de una admirable fuente, por el de la providencia de una copiosa lluvia que, estando en Roma, hizo que el cielo tributase a la tierra; alma vertida con que resucitó a aquel cadáver de fecundidad. Así imitaba Toribio lo mismo que enseñaba; así seguía como ejemplo lo mismo de que era original, y así aprendía de sus santos predecesores españoles lo mismo que, a haberlos precedido, le aprendieran.

Esta heroica virtud de la justicia del glorioso santo practicada en el establecimiento de las sagradas leyes que constituyó en los concilios y sínodos, que presidió para el justo, espiritual gobierno de los rebaños, que en este indiano imperio pertenecieron a la dirección de su cayado, correspondida del cielo con los milagros que ejecutó en las aguas. Y especialmente en la producción de la fuente, que hasta hoy guarda en su undoso archivo el título del arzobispo; cantarán los cisnes del Rímac, volando con las alas de plectros a sus márgenes, con más dulzura que los que eran canoro adorno de los del Meandro, en un soneto; seguros de que se les hará en los premios la misma justicia que aplaudieren en los cantos.

Premios:

1. *Un rosario ensartado en oro, con una medalla del santo esmaltada.*
2. *Una garrafa de plata.*
3. *Una pileta de plata.*

Asunto IV: La tierra

¿Qué alegre a un tiempo y magnífica obra es la que se delinea en ese cuarto lienzo? La separación es de los dos más pesados elementos, y la composición de un orbe formado de dos orbes. La tierra es, que concebida en original inundación nace a ser fecundidad perpetua y hace de su mismo diluvio su existencia. ¡Oh cómo se ve allí que esta gran Madre, fecunda de sus mismas entrañas aun antes que otras producciones, se deshace para componerse, pariendo montes y abortando islas; Titanes de peñasco que no se oponen sino suben al cielo, como a besarle las etéreas plantas! ¡Qué asombro es verla desocuparse de sí misma para ocuparse de su fluctuante compañera y, con una compensación de abismos, ponerse en la balanza de la Omnipotencia lo denso con lo líquido, y lo más firme con lo más inestable! Faltan a la admiración éxtasis al contemplar aquel fragor inmenso con que al toque de un orden se despeñan, sin temer precipicio, esos océanos; y con una correspondencia de cóncavos y golfos, de cavernas y fuentes, queda formado ese Centauro de elementos, que de monstruo de máquina se hizo naturaleza de figura. Globo terráqueo, que sin hacerse caos, es una mezcla de piélagos y países. A este costo sin costo aparece la tierra en el teatro feliz del universo. Allí se ve cortado un gran perfil que la manifiesta interior y subterránea: en él se reconoce con qué orden los cuerpos más ramosos, más sólidos y duros, como que no han recibido ni son capaces de recibir impresión de movimiento alguno, y por esto se hallan en aquella mayor quietud, que es la causa de su más ponderosa gravedad, residen más próximos al centro; y siendo como los extractos de todos los demás, componen todo el séquito de la metálica familia en cuyo número se perciben a preciosas listas aquellos subterráneos númenes de la codicia, terrestres luminares de la vida. Allí se ve aquélla, confusa unión de vetas en que cada una es el laberinto y el hilo a un mismo tiempo: oscuras anticipadas cárceles en que se castiga la riqueza por lo que ha de delinquir entre los hombres, o bien retiro oculto donde se les esconde a los deseos, afrenta de los Cresos y vergüenza de los Alejandros, donde aquel resplandeciente espíritu que los produce es el Midas y es el Plutón, que cuanto toca y cuanto habita es oro. ¡Qué bien se reconoce aquella propiedad con que esa grande mole parece un vasto cuerpo, no sólo formado de marmóreos nervios que los robustecen, sino cruzado de cristalinas venas que lo alientan; y cuánto los unos se eternizan constantes, las otras circulan volubles, apostando a durar lo más inmóvil, siendo ese grande océano el corazón que a un tiempo las reparte y las recoge!

Pero, ¡oh cómo se ve allá que a segundo imperio del Criador toda la tierra, que había aparecido árida y sola, se adorna de repente, y en una transpiración de flores y de plantas ha sudado verdores y exhalado frutos! Prodigioso saber de agricultor: que en un momento ha esparcido todas las semillas y cultivado todas las producciones, logrando a un tiempo brote, incremento y madurez. Con este poder, ¿qué son para la tierra toda la inspiración de flora, toda la cultura de Pomona, toda la intendencia de Vertumno, ni en fin toda la cornucopia de Amaltea: quimeras floridas, más fértiles de mentiras que de fecundidades? ¡Qué vergel tan hermoso, compuesto de infinitos vergeles! ¡Qué selva tan frondosa, hecha de selvas infinitas! A su vista los jardines de los palacios más magníficos no son más que unos ramilletes de la amenidad, y unos juguetes del divertimiento. Allí se ve como los jazmines y las rosas son las guirnaldas con que la tierra se adorna como fragante víctima de su Hacedor, y los laureles y las palmas la coronan por el triunfo que ha obtenido de la nada.

Ésta es en fin centro y esfera a un mismo tiempo, por su lugar y su hermosura: centro, porque lo es de todo el cóncavo del firmamento; esfera, porque lo es en su figura. Asiento de todos los graves, sin ser grave: lo primero, porque estando todo lleno, obsta a todos sus cuerpos la materia etérea y, no comunicándoles movimiento alguno por no tener cerca de la tierra número suficiente de partes para podérsele imprimir, quedan en aquella quietud o inseparabilidad de su globo, que forma la resistencia a su separación, y es la difícil causa de la gravedad. Y lo segundo, porque total que ella compone ésta en el lugar que obtiene, no por peso sino por situación, teniendo ésta por carencia de movimiento, no habiendo, como se ha dicho, en el Éter circunstante e inmediato cuantidad suficiente de materia para imprimírsele, con que queda en equilibrio con la de su vórtice o esfera. Y esto es, por lo que dijeron los antiguos, que se mantenía por su misma fuerza, y por donde la llamaron Vesta:

Stat vi Terra sua, vi stando Vesta vocatur.

Y por lo que afirmaron, que consistía sostenida de su mismo peso:

Nec circumfuso pendebat in aere tellus Ponderibus librata suis (53).

Y sobre todo así lo expresan las sagradas letras, que la hacen fundada sobre el cimiento de su inmovilidad, sin inclinar en los siglos su equilibrio, *Qui fundasti terram super stabilitatem suam; non inclinabitur in soeculum soeculi* (54), que la constituyen pendiente de la mano de la Omnipotencia, y mantenida igualmente en la balanza de la naturaleza: *Quis appendit tribus digitis motem Terra, & libravit in pondere montes, & colles in statera?* (55).

¿Qué símbolo puede haber más propio de la alta prudencia de nuestro sacro héroe, que equilibrada en la voluble esfera de los accidentes, se mantenía siempre sobre la estabilidad de su razón y, pendiente de la mano de la divina sabiduría, pesaba en la balanza de su juicio los montes de las dificultades, y las eminencias de los casos: *& libravit in pondere montes, & colles in statera?*

Es la prudencia la antagonista y la conductora de la fortuna: unas veces la vence, otras la rige; y siempre la domina, porque aun cuando le cede, triunfa de ella. Como la Gracia el místico, tiene ella gobierno político de las virtudes. Es el proteo celestial de todas, porque se transforma en cada una. En los litigios es justicia, y en los negocios providencia. En las prevenciones es perspicacia, y en las tribulaciones es paciencia. En las contradicciones es constancia, y en los desórdenes es severidad. En los socorros es liberalidad, y en las miserias compasión. En el cuidado es celo, y en la corrección benignidad. En la comunicación es afabilidad, y en la asistencia es caridad, y en todas es sabiduría. Es a quien se dirigen como a su centro todos los graves racionales; esto es, las ponderosas resoluciones y los juicios sólidos. Ésta es la que adoraron los antiguos en el numen ideado de Minerva, nunca menos errados que haciendo de una reina de las virtudes una diosa de los hombres. Poseyola el santo en grado tal que más parecía en él alma que prenda, y que sus cualidades eran sus potencias, siéndole la prontitud memoria, el expediente entendimiento y la razón la voluntad.

Practicola en todas sus acciones y virtudes, en todos los accidentes y dictámenes, en todas las controversias y disputas; y en fin en toda la extensión de su gobierno, de suerte que parecía un político reconcentrado en santo y un discreto mezclado de extático; un Néstor cristiano y un Alcibíades divino, un Ulises sagrado y un Sócrates del cielo. Pero ¿qué fueron con el santo todos esos prudentes de la tierra: sombras de paralelos que, relevando la alabanza, sólo sirven de nombres mejorados? Al santo sí que sólo debía aplicarse aquel célebre elogio, que aún pudo malograrse en un grande hombre:

Humanum curare genus quis terminus unquam (56)
Praescripsit? nullas recipit PRUDENTIA *metas.*

Pues jamás su prudencia tuvo término en el gobierno de su grey, ni recibió límites en la providencia de los casos.

Ejerció esta ínclita virtud, fuera de otras muchas, especialmente en la ocasión en que se vio obligado a la corrección de un eclesiástico en que, balanceando entre el rigor y la benignidad, entre la justicia y la clemencia, entre la nota del castigo y la necesidad de la corrección, se hizo el equilibrio del remedio. Llamó al súbdito y, entrando al oratorio, postrado el cuerpo, desnudo el hombro y fuerte la diestra, descargó sobre sí toda la tempestad que merecía aquel culpado, viéndose esta vez castigado el juez por perdonar al reo. Tomó para sí la pena, por dejarle la enmienda toda entera. Fue éste un sermón penitente, en que cada ímpetu de su rigor era una cláusula de sangre para persuadir un corazón; y en fin fue una redención de caridad en que, imitando perfectamente a Christo, se cargó de la culpa para librar al pecador; como así sucedió, haciendo eso en sus ojos aquellos golpes en que se hizo toda ternura su dureza. Así logró su prudencia a costa de su propio rigor, sin publicar la culpa hacer de un frágil todo un santo; cumplir con el remedio y el honor, y volver en virtud todo el exceso.

Por eso parece que la misma tierra, que fue símbolo de su prudencia, quiso hacerse testimonio de su santidad, como se vio en la ocasión en que, pasando el santo uno de aquellos montes en que el mismo subir es arrojarse y la misma eminencia ya ascendida es una profundidad amenazada, cayó sobre el pendiente bordo de un precipicio y, detenido en las ramillas de un arbusto, incapaz de sostener cualquiera leve cuerpo, se mantuvo suspenso, tan inmóvil como si le sirviera de peaña el mismo monte. Pero, ¿cómo no había de hacerle pavimentos los despeños y ser basa de su seguridad la que era jeroglífico de su firmeza? Esto fue pender, como la tierra, de la nada: & *apendit terram super nihilum*, afirmarse inmóvil como ella: *etenim fimavit Orbem terrae, qui non commovebitur*, estar por situación y no por peso: *stat vi Terra sua*, y ser asiento de lo grave sin ser grave.

Con esta sagrada inmóvil prudencia imitó a un tiempo y excedió el divino Toribio la que siempre resplandeció en otro ilustre arzobispo de Sevilla, que fue el consanguíneo y el maestro del grande Isidoro, San Leandro, cuya sabiduría logró conducir al más glorioso éxito el más arduo negocio de la España, como que era el más importante de su religión, para cuyo fin fue necesario que emplease todo cuanto la más alta prudencia podía ministrar grande, sagaz, constante y perspicaz. Con ésta guardó a Isidoro, convirtió a Hermenegildo y toleró el destierro; y con ésta hizo arrepentido un rey obstinado, y destruyó rendida una imperante secta. Pero allí lidiaba Leandro, prevenido con enemigos descubiertos; y acá Toribio algunas veces sufrió más, por lo que esperó menos: que un rayo despedido de un benigno cielo es más tempestad que mucha borrasca en uno proceloso.

Esta admirable virtud de nuestro santo héroe celebrarán los ingenios, haciendo cada musa una Minerva que sea adoración y ruego, no numen ni influencia; y especialmente exaltarán, como premio de su firmeza, la milagrosa inmovilidad con que se mantuvo suspenso en el despeño ya expresado, describiendo a un tiempo y decantando el monte, el precipicio y el milagro, en un romance de veinte y cuatro coplas.

Premios:

El primero: Un salero grande.
El segundo: Una docena de cucharas y tenedores.
El tercero: Un aguamanil.

Asunto V: El sol

¿Qué nuevo y prodigioso resplandor es el que se esparce de ese siguiente lienzo? Un océano es de oro fluctuante, pero que es oro y luz a un mismo tiempo. Un orbe formado de volcanes de esplendor. La misma luz condensada y líquida, recogida y vertida en un maravilloso globo. Los rayos que arroja fulminan vistos, y animan recibidos. Incendio, que abrasa la esfera y la fabrica de fulgor. Un luminoso mundo, que rodea el mundo. Un corazón inmenso de todo el universo que, palpitando luces, es el aliento de todos los corazones, y la vida de todos los cuerpos. El sol es, que a no templarse delineado, fuera imposible conocerse visto; y así sólo se ve por el modo con que los demás objetos se pierden a los ojos. Allí se acaba de formar de aquella sutil y nobilísima materia, que el primer día hizo la luz, que (57) ceñida a su cóncavo, parece que se hizo mayor, allí mismo donde se estrechó. Así pasó de fuego a fuego, y de claridad a claridad, formando radiante globo la que antes era resplandeciente nube. Fragua del cielo (58) en que se labran todas las obras de la luz. Fúlgida dirección en la senda del tiempo, en que es la guía y la antorcha juntamente. Rey de los siglos y de las edades, a quien sirven siempre incansables los años y los lustros, componiéndole las olimpiadas, las cronologías y las eras. Monarca del día, que ha formado sus guardas de plantas, y sus dominios de las estaciones. Que con la incesante visita del zodiaco rige los meses y ordena los tiempos. Alegoría de la ciega antigüedad, a quien sirvió de todos los dioses con un numen: esto es, el Adonis y el Marte, el Osiris y el Jano de sus fábulas (59). Con él se formaron la luna y las estrellas: aquélla, nocturno retablo de su luz; y éstas, trémulas lámparas en las celestes naos de su templo; aquélla, soberana regente del imperio de sus influencias, y éstas, brillantes centinelas de su alcázar.

Mas no se juzgue que ésas se formaron densos y opacos globos, y que consecuentemente deben su luz al sol, que se la presta; o como unos encendidos peñascos, según deliraron algunos antiguos (60), o que se hicieron unas sólidas partes del mismo firmamento que, como unos espejos colocados en los etéreos muros de aquel salón inmenso, reflecten sus rayos a proporción de sus grandezas. Porque ni la enorme distancia que del sol se mide a ellos y lo hace de un cortísimo diámetro aparente, como aseguran los astrónomos, permite esa iluminación (pues lo que desde ellas apenas se vería, no puede ilustrarlas), ni la vivacidad de su brillar en tanta altura requiere otra materia que la del mismo fuego que hizo al sol, por donde se consideran como otros tantos que se nos pierden a la vista. Y así debe entenderse que se extrajeron con una nueva separación celeste de la materia del mismo firmamento, como de la común etérea la de la luz primera. Menos se piense que los errantes astros brillan con propio esplendor, siendo en la realidad opacos cuerpos que se adornan del que irradia el sol. Mas lo que sí debe juzgarse es que se habían producido en la primera creación, comprendidos debajo del nombre de la tierra, naciendo, como hermanos, semejantes; pero más puros que su globo, preciosas piedras del joyel celeste en que Júpiter y Marte son globos de zafir y de rubí; Venus y Mercurio orbes de diamante y de topacio, siguiendo, según un insigne moderno (61), la proporción de sus colores. ¿Quién dirá que la luna, si la ve con los linces cristalinos que la observan, no es una tierra etérea, aunque más noble? ¿Quién, que Júpiter es por sí luminoso, si lo advierte eclipsando con su sombra a las estrellas que le sirven de arqueros? ¿Quién, que Venus brilla a su voluntad, si la atiende ya creciente o ya menguante en su esplendor? De suerte que todos, como unas lunas repetidas, se iluminan de los hermosos rayos de su solar monarca (62):

Solem que suum sua sidera norum.

Éste es el que a todos los ilustra; el origen de todas sus luces, y el gobierno de todas sus esferas. Éste fue el Apolo, ideado príncipe del Parnaso y hermano de las Musas, como que su calor pasaba hasta el ingenio, y su luz se hacía entusiasmo (63).

¿Qué copia más proporcionada puede ministrar la naturaleza del glorioso Toribio, cuyo apostólico y ardiente celo fue el sol de este austral cielo? Pero que se hace más perfecta para aplaudirlo en lo mismo que se hace menos suficiente para delinearlo; pues el sol es beneficio distante y ruina cerca; el santo ni distante perdonó ardor, ni cerca beneficio porque lo que abrasaba era vital, y lo que iluminaba eterno; el sol varía por sus aspectos, y lugares sus influjos, y Toribio fue siempre planeta de un aspecto, y sol de una influencia en todo su orbe.

Es el celo apostólico la fama de la fe, que con el clarín del evangelio publica el nombre de Dios. El hacha de la verdad eterna, que consume al hombre antiguo y vivifica al nuevo. El Prometeo de la religión que, con el fuego que ha cogido del carro de la divinidad, anima las estatuas de los mortales que enardece. El Júpiter de la sabiduría, que con el rayo de la voz fulmina aquellos dos gentilismos de la humanidad, esto es, aquellas dos adoraciones que se tributan a los ídolos de la voluntad o la razón. Un fuego a dos haces de arduo, al del amor de Dios y el hombre; y una luz a dos visos de claridad, al de la conversión del vicio y del error. En fin un sol, que en cada reflejo engendra un astro, y en cada giro forma un cielo.

Esta virtud sublime, este celestial fuego poseyó de tal suerte el ánimo del heroico Toribio que, recogiéndose en su pecho la luz toda del Divino Amor, lo hizo un sol del cielo peruano. Antes ardía, ilustraba y animaba de suerte que, a quererse celebrar al sol, pudiera hacerse con Toribio. ¡Oh gran poder de Dios!, que creaste un hombre, que él ha de ser la alabanza de lo más perfecto, no lo más perfecto elogio suyo. Así hecho como un sol arquetipo, corriendo incesante por la esfera de una inmensa diócesis, e iluminando las rudas gentes que instruía, hacía de cada paso un meridiano de gracia, y formaba de cada pueblo una constelación de culto. Parecía que la tierra le daba los trabajos y le formaba los peligros, sólo por ver las virtudes y por admirar las maravillas, las cuales eran tantas que parece que desde el tiempo de aquel sol eterno que imitaba, se llamaron signos para hacerlos vocablos de los milagros por donde corría. Y si al sol adoraron los egipcios con el nombre de Hércules, aplicándole la alegoría de su universal virtud y sus hazañas (64), ¿con cuánta mayor razón debe adorarse el santo heroico por el sagrado Alcides[47] de este cielo, en que cada paso le fue un trabajo superado, cada vicio un monstruo vencido y cada ídolo una hidra destrozada? Pero hidras y monstruos que no lo vieron mayores, ni el lago de Lerna ni el reino de Colchos, ni la ciudad de Tebas (65). Y si a aquel profano héroe se le atribuyó la victoria ínclita de los gigantes, como símbolo de los impíos que negaban la adoración a las deidades (66), ¿cuánto mejor debe atribuirse este triunfo a quien le obtuvo de los que negaban la del Dios verdadero? Así fue un triplicado compuesto de ángel, de apóstol y de mártir, pues unió al celo apostólico en que ardía la angélica velocidad con que volaba, y el afán martirizado con que padecía. La altura de los montes, el ímpetu de los ríos y la espesura de los bosques, armados todos de puntas, de torrentes y espinas, no le eran más que un trofeo de riesgos levantado por la naturaleza superada. Si bien rindiéndolos a la fuerza de su ardor parecía que también los convertía, y que aquel dejarse atravesar humildes era sólo arrepentirse de ásperos. En fin, del indefenso vigor con que midió espacios tan vastos, puede decirse con mejor razón lo que del poder romano cantó el poeta; esto es, que ni Alcides ni Baco hicieron viajes tan prolijos (67).

Pero donde más sobresalió el incendio de este divino empeño fue en el camino que hizo del pueblo de Moyobamba al de Naranjos, en que midiendo a pie el intervalo de más de treinta leguas, tal vez desnuda la planta por inundaciones y peñascos, cediendo el cuerpo al valor del espíritu, casi tocó antes del término del viaje al de la vida, rendido a un gran desmayo, en que sirvió el mismo desaliento de testimonio de la actividad, de que no hubiera vuelto si, cargado en los hombros de pocos naturales, no fuese socorrido de eficaces fomentos de los suyos.[48] Debilidad robusta, desmayo vital en que fue más triunfante hecho despojo de sí mismo, y se vio más inmortal con el amago de la muerte.

---

[47] Alcides is the original name of Heracles, a son of Zeus.
[48] Moyabamba, founded in 1540, was a missionary base for the conversion of indigenous peoples. "Planta" refers to the soles of Toribio's bare feet and most likely also makes reference to the town's famous orchids.

Con este ardiente celo, asistido de aquella elocuencia celestial con que mudaba las fieras costumbres y los bárbaros cultos de aquellos rudos hombres en las santas reglas de la virtud y de la fe, ¿qué fue aquel ciegamente celebrado numen de Mercurio, por más que fuese el héroe que convirtió en políticos los incultos mortales? ¿Qué fue la racional palestra que aquél movía contra la rudeza de aquel siglo, con el combate en que rendía con las armas de la voz al vicio y a la idolatría? De donde sólo de su sabio fervor puede cantarse mejorado lo que de aquél aplaudió el lírico:

Qui feros cultus hominum recentum
VOCE Formasti caetus, & decorae More Palaestrae (68).

Así reducía, así vencía y así iluminaba este sagrado sol, que todo lo ilustraba. Y si el nombre que dejó vinculado la Grecia a los prelados fue el que significa la acción de verlo todo como el sol (que esto dice el de obispo), ¿quién le mereció más que quien tuvo esta vivacidad tan intensa, que pareció que en él la dignidad tomó el nombre del ministro? De este incesante movimiento sí que podía bien decirse lo que de Teodosio pensó su gran panegirista; esto es, que lo que nosotros llamamos trabajo era naturaleza suya, como el perpetuo vórtice del cielo y la carrera fúlgida del sol (69).

Por eso parece que el cielo correspondió con favores proporcionados a este mérito, hermanando en la luz a las virtudes con las maravillas, como sucedió en los que obró concediendo a varios ciegos la del día. Dar la vista es un crear en cada pupila todo el sol; y aún es hacer un epítome de todas las estrellas en dos globos, si aun ausente aquel primero luminar, las goza todas. Es dar al rey de los sentidos para el palacio de la imaginativa la pintura de todos los objetos, y los adornos de todas las riquezas.

Así imitó a un tiempo y excedió el glorioso Toribio a otro Toribio, a quien parece que con un santo robo le pidió el nombre para apoderarse de su gloria. Fue aquel santo prelado de Astorga, un Toribio adelantado y un apóstol profético del nuestro; pues no contento con la santidad con que regía su rebaño, pasó a predicar por su diócesis y otras partes de España, no sólo contra los vicios sino contra los errores, que entonces eran los monstruos que talaban aquella nobilísima región, cuales eran los de Prisciliano.[49] En cuyo

---

[49] Priscillian of Ávila was a fourth-century theologian and bishop, whose teach-

ejercicio, viendo el desprecio que los herejes hacían de la verdad de su alta doctrina, elevado sobre un excelso monte, hizo que saliese de su natural causa el río Carrión, y los inundase dentro de Palencia donde estaban, destruida para ello grande parte de aquella ciudad, que antes tenían ya postrada con mayor ruina a la inundación de sus delirios. Grande fue el milagro, pero horrible; y los de Toribio fueron grandes y benéficos. Grande fue el celo del de Astorga, pero malogrado, y el de Toribio grande y eficaz.[50] Allá fue necesario el castigo, y acá sobró el favor.

Este celo apostólico con que nuestro ínclito santo ilustró como el sol toda la esfera de su vasta diócesis, superando en su curso indecibles trabajos y peligros, correspondidos de Dios con repetidas maravillas y, lo que es más, con la feliz conversión de incomparable número de almas y la gloriosa victoria de la idolatría, cantarán las musas heroicas del Helicón limano en doce octavas, que sean canoros signos de su luz.

Premios:

Primero. Una sortija de diamantes.
Segundo. Unas hebillas de oro esmaltadas.
Tercero. Un rociador de plata dorado.

Asunto VI: Los peces y las aves

¿Qué innumerable multitud de veloces vivientes es la que se comprende, sin comprenderse, en ese bello lienzo correspondiente al arco sexto de la maravillosa Galería? Hasta ahora todo era, aunque magnífico y brillante, inanimado e insensible; pero aquí se ve cómo la naturaleza comienza a vivir y a mover en su gran cuerpo por los órganos de sus primeros elementos los espíritus de sus cria-

---

ings became the target of the Church criticism. Even though he was executed for heresy, his ascetic teachings persisted into the next century. Toribio of Astorga held a synod in 446 that sought to further repress Priscillianism.

[50] The 1762 history entitled *España Sagrada: Theatro geographico-historico de la Iglesia de España* notes that Toribio de Astorga is often confused with Toribio de Palencia, who lived in the sixth century (Florez 102). This text clarifies that it was Toribio of Palencia who was thought to have influenced the floods of that city. It is probable that Peralta conflates these two figures. When he speaks of the "celo malogrado" of Toribio de Astorga, he is referring to the flooding of Palencia, which should be associated with Toribio de Palencia.

turas. Allí hierven los mares y los ríos, los lagos y las fuentes en infinitos nadantes moradores de sus aguas; y el aire todo se puebla de otros hermosos alados habitadores de su esfera, los unos torrentes animados y los otros vivientes soplos de sus vastos espacios. Los peces son, y las aves que aquéllas acaban de producir, obedientes al orden de su autor. Los primeros, cuajados sensitivos cristales que adornan sus fluidos confines; y las segundas, plumados ramilletes que se esparcen por sus diáfanas regiones; y cuanto los unos nadan mudos, rompiendo el agua, como animadas naves de sus golfos, las otras vagan canoras, como vitales astros de su cielo. Y como si aquél fuese un undoso teatro de esta aérea escena, sirven los unos de oyentes a los otros, y un inquieto silencio es todo el aplauso de una volante música. ¿Qué admiración no causa ver aquellos Tifeos[51] fluctuantes y escamados encelados, que con montes de espuma parece que pretenden hacer guerra al aire, que es su cielo? Pero ¿qué delicia no produce el oír esos matizados Anfiones y alígeros Orfeos, que con las liras de sus picos parece que quieren atraer las mismas selvas que les sirven de frondosas cortes? ¿Qué maravilla es advertir aquellos extractos de armonía, los dulces ruiseñores en que se oye conducida a un átomo canoro toda una esfera de dulzura? Pero es bien de entender que aunque los peces se produjeron sólo de las aguas, como vecinos propios de su elemento líquido, las aves parece que se formaron, contribuyendo en parte el suyo aéreo, como naturales de su región sublime (70). Así se lucieron más fecundas las aguas que la tierra; pues ésta produjo sólo el reino insensible de los vegetables, y aquéllas los dos imperios de los más ágiles vivientes; y aun son más benéficas, siendo la cristalina Sangre que da la vida a todas las terrestres producciones.

¿Qué símbolo puede delinearse más vivo de la benéfica liberalidad del divino Toribio, cuyas limosnas fueron las aguas del océano de su misericordia y los torrentes de su caridad? Así tenían como propia virtud el producir, el animar y el inundar. ¿Qué imagen más

---

[51] "Tifeo" is an alternative spelling of "Tifón." His birth described in Hesiod's *Theogony*, Typhon is an ancient diety that manifests as a monstrous hurricane who constantly sought to replace Zeus as ruler of the gods and of men. Romojaro cites a poem written by Lope de Vega in 1605 for the poetic *certamen* celebrating the birth of the future Philip IV in which the poet writes of the "bárbaros tifeos" (177). Peralta also refers to Typhon in *Lima fundada*, just after describing the *certamen* celebrating Toribio Mogrovejo in the seventh Canto. He writes, "Tifeos son, que a Chile harán la guerra." In both the *Galería* and in Lope's poem, Typhon is a symbol of evil.

propia de los pobres, vivientes los más ágiles de la naturaleza racional que nadan a las puertas y vuelan a las bolsas? Gente de agalla y piso; tan sutil que no hay peje que les eche el diente adelante en el arte de tragar, ni pájaro que les gane por la pluma en el oficio de talar: tan raros, que con una paradoja de hambre son los que se van al cebo, y pillan; y los que vienen al reclamo, y cazan. Ellos son los que echan la red para el dinero, y embelesan con el gorjeo de la demanda el oído de la mano. En fin, ellos hallaron en el aire del corazón de Toribio y en la fuente de su compasión padre y madre.

Es la liberalidad la imagen de la bondad eterna, que tiene en su rostro todo el aire de su difusión; la creadora a lo humano de los destituidos; la administradora de las rentas de la providencia. Es el primer ministro de la misericordia, que despacha todas las súplicas de la necesidad. Tiene este realce sobre todas las virtudes, que cuando algunas suelen agradar sólo a Dios, ésta a Dios y a los hombres. Es el predominio de los dominantes, y el cautiverio de los libres. En los prelados es más paga que virtud; por eso lo es mayor porque es siempre más difícil hacer que cumplir, como que lo uno es libertad y lo otro sujeción. Pero cuando se pasa más allá de lo perfecto, siempre se hace el exceso heroicidad. Ésta practicó Toribio en grado tal que más parecía no el que daba sino el mendigo de lo que recibían. Eran en su mano las limosnas unos hipérboles de beneficio, que pasaban más allá de las urgencias. Daba hasta lo que era de la dignidad: sagrados robos con que la solía hacer más rica. En medio de lo mucho que esparcía a la indigencia, siempre le faltaba que contribuir, si en el ánimo no tuviera un Toribio invisible que se daba a todos. Este amplísimo genio era el que aumentaba las limosnas a un importe infinito: que el deseo y el modo son los medios más justos de subir el precio a la moneda de la dádiva. No sólo daba sino añadía a lo que daba lo que la repugnancia de los ministros le hacían que creciese: multas de la resistencia, que las pagaba el mismo juez. Era ésta una virtud elástica (*) de su beneficencia, que cuanto más se oprimía, se recobraba con más ímpetus, habiendo habido vez en que, por no haber tenido prontos el limosnero quinientos pesos, que ordenó se diesen al Hospital de San Andrés, mandó que se llevasen los doseles varios cálices con salvillas y vinajeras de plata, dos esclavos y otras cosas, que importaron la cantidad de seis mil pesos. Esto era poner a saco su palacio, de suerte que no le quedasen más que las paredes.

Pero donde se portaba esta virtud más agraciada era cuando

trataba a sus ejercicios como a sagrados hurtos de su mismo caudal, y como si fuesen excesos de la razón los que lo eran de su beneficencia, avergonzándose de heroico y culpándose de santo. Ejecutolo así en varias ocasiones, pero entre todas fue singular la que se le ofreció con un sacerdote, a quien aun este alto carácter no lo eximía de ser sacrificio de la necesidad. Ponderole ésta, y le pidió el socorro. Y como el piadosísimo Toribio era siempre el primer pobre, porque a los otros los hacían las miserias y a él la misericordia, a los otros los constituía la pobreza de cada uno, y al santo las de todos; y su bolsa era tan virgen como el dueño, sin conocer en su blasón al rey más que para servirle; echó el ojo de su caridad a una palangana, que estaba sin decir esta plata es mía, sobre un bufete, prevenida para lavarse las manos, y diola al sacerdote, mandándosela encubrir con su manteo porque no la viese criado alguno, con que salió el clérigo temiendo no le acomodasen el bulto a su pobreza; pero quien más temía era la buena de la palangana, porque con él iba vendida. Luego que los familiares vieron el bufete en mesa rasa, la presumieron hurtada y comenzaron a hacer la inquisición, en que andaba tan ciega la malicia que topaba hasta consigo misma. Asustose de perfecto, recelando que o le cogiesen en la limosna como en el hurto, o que culpasen a la inocencia de lo que había cometido la piedad: si declaraba el hecho, estaba confeso en la virtud; y si callaba, se hacía cómplice de la malicia. Con que viendo el beneficio mal parado, trató de sosegar a los criados, diciéndoles que no estaba hurtada la alhaja, y que podría ser que pareciese. Supo después el paradero de la palangana, que ya tenía otro amo, y redimiéndola del cautiverio, hizo que pareciese y volviese a servirle como alhaja de juicio, porque era de gran peso; aunque temblando de verse cada día en otra zalagarda de limosna y, porque no maliciasen con ella, andarse a sombra de manteo.

Llegó a importar el gasto que le hacía la piedad más de trescientos mil pesos, sin entrar en él las partidas con que socorría al monasterio de la Celestial Clara, y el de su familia y dignidad, con que sale alcanzada la renta de ésta (que era moderada en aquel tiempo) en tanto que sólo podía pagar por ella la providencia con el caudal de sus milagros. Así parecía que hacía efectiva aquí la maravilla del oro que, reducido a pequeñas piezas, se sembraba y se cogía en Chipre (71), haciendo cosecha del que arrojaba en la tierra que cultivaba de los pobres.

A vista de esta insigne liberalidad (que sólo dejaba de ser pródiga porque se ejercitaba con el Dueño), ¿con qué cara pudiera hablar la historia de los Alejandros Macedones y los Titos romanos, de los Hierones de Siracusa y de los Gilias de Agrigento, pues todos con más copia tenían también más vanidad? Pero Toribio había menester ganar en el cielo lo que le faltaba para la beneficencia, y huir de la tierra por lo que le sobraba para aplauso.

Y si esta virtud fue tan amable aun a los que no le entendían el objeto que de ella hicieron, ya una Isis benéfica, ya una Ceres copiosa, en quienes adoraban su interés con el culto de su necesidad, ¿con cuánto mayor mérito pudieran haber formado de la piedad de Toribio aquellas tres deidades del beneficio: la Caridad, la Prontitud y la Cautela?

Innumerables fueron los testimonios con que con otra liberalidad de maravillas remuneró el cielo la de este esclarecido pródigo de Dios, que hacía otras limosnas de superiores beneficios con moneda de prodigios, socorriendo con la voz a los mudos, con la salud a los enfermos y con la vida a los cadáveres: pobres de la naturaleza, y necesitados de existencia. Pero el que parece más proporcionado, aunque más familiar, fue el que obró en ocasión en que cierta mujer entró a pedirle limosna, hallándose su secretario allí presente. Pues viéndose su piedad ejecutada, ocurrió a fiador y preguntó a aquél si tenía algún dinero. Respondió éste con la negativa y, constituido en mayor estrecho que el de la demandante, porque ella pedía para su hambre y el santo para su corazón, llamó a peor puerta, como lo fue su bolsa, que era la parte más ociosa de su traje, y por tal jamás tenía que llegar a su boca, hecha injuria de la filosofía con su vacuo; y la halló con dinero, a cuya vista más lleno el santo de admiración que aun ella de caudal, se santiguó con la señal de la cruz, receloso quizá de algún aojo de Satanás, y dio a la pobre cuanto halló. Esto no era admirarse del milagro sino una protesta que hizo en ánima de su bolsa, de que no lo hacía de malicia; y ciertamente no podía asombrarse de lo que le era tan frecuentemente sino que le pareció que el dinero no podía entrar en aquel lugar ni aun por la mano de la maravilla.

Así copió, y así superó la misericordia y la pureza del mayor limosnero de los arzobispos, Santo Tomás de Villanueva, que por no privar a los pobres de la más leve cantidad de que los juzgaba verdaderos dueños, aun privaba a sí mismo de lo más preciso en las moderaciones de su traje, y aun a los efectos públicos lo que le parecía que no les tocaba de sus bienes. Pero Tomás dio siempre positivo, y Toribio muchas veces excesivo; Tomás reprehendió al limosnero, que se había impacientado por cobrar un pobre dos veces la limosna, pero no se la hizo aumentar en el duodécuplo a tal cantidad, que pudiese servirle de caudal; y Toribio a la menor dilación creció las suyas hasta poder hacerlas considerable principal.

Esta insigne caridad, esta sagrada liberalidad del ínclito Toribio, que excedía no sólo a la necesidad sino hasta al mismo ruego, y no sólo a la obligación sino aun a la posibilidad, dando más de lo que pedían y tenía; aumentada con la humildad con que se avergonzaba de perfecto, ocultando, como hurtos de su piedad, sus limosnas, y graciosamente practicada en el que se hizo a sí mismo de la palangana dada al clérigo, celebrarán los poetas del arzobispado; y sabiendo que Apolo es también padre de pobres, podrá ir confiado cada uno con su fuente Aganipe a pedirle una demanda de influjo, viendo bien lo que hacen, porque si en este asunto de peces y aves, después de haber tendido la red de la hambre y, puesto la liga de la gorra, no hallan el pájaro del premio en el nido: ¿qué peje pillan? Ea, ingenios de la tropa, alto a chillar y buscar buen grito porque si no, se irán a espulgar versos. No componer a esto un romance jocoserio de treinta coplas será quitarlo del altar, aunque algunos son tales que es menester pedir que Dios les dé su santa gracia.

Premios:

El primero. Una salvilla de plata con vasos de cristal.
El segundo. Un calentador de plata.
El tercero. Una pileta de agua bendita.

Asunto VII: El hombre

Parece que al acercarse al término de esa circular ilustre Galería, se ha hecho ascenderla el pasearla, según van llegando a su cumbre los prodigios. ¿Cuál mayor puede ser que el que se admira en ese cuadro séptimo? ¿Cuál mayor que la siempre discurrida y siempre ignorada unión de lo espiritual y lo corpóreo, de lo terrestre y de lo celestial, de una inmaterial luz y un bulto material, de una parte de cielo semejante a deidad y una porción de tierra fabricada en máquina, un ángel terreno, o una tierra angélica? Una divina copia en que está animando la imagen a la lámina. Un racional planeta que es a un tiempo inteligencia y astro, y se forma su esfera de su brillo. El hombre es, que ha salido con un privilegio de criatura y una preeminencia de compuesto porque, para formarlo, ha entrado la Omnipotencia en consejo, y la merced ha salido de consulta. Mucha obra debe ser, pues todas las tres Personas de la divinidad se han juntado para su perfección: mucho retrato, pues, le han delineado sus tres originales. Hasta aquí resplandecían las maravillas divididas; y las naturalezas intelectual y corpórea se veían separadas cada una en su imperio, pero ahora le admiran tan unidas que aquí sí que corazón se hace singular el elogio común de verse junto todo lo que distinto hace admirables. Aquí el empíreo es el invisible asiento del ánimo, sexta esencia del hombre y trono de su inmortalidad; el cielo, la cabeza en que por las órbitas de los más nobles órganos circulan como errantes estrellas los sentidos, y en que los dos soles de los ojos iluminan todo el Éter del rostro, cuyos aspectos, favorables o adversos, por los signos de diversas pasiones, son muchas veces la fortuna o la desgracia de los hombres: su desvelo es día, y su descanso es noche. El corazón es un breve océano de espíritus de donde sale, y a donde entra todo el purpúreo humor de sus veneros. Universo abreviado en que lo celeste, lo elemental e intelectual forman un sistema de humanidad: mundo tanto más grande cuanto más ceñido.

Vese allí cómo de una terrestre estatua se ha hecho un humano numen. No labró mortal cincel tan noble bulto, como que la deidad misma fue el Fidias eterno y el omnipotente Praxíteles, que quiso esculpirle. Terrestre fue; más de una tierra que excedió a las piedras preciosas y a los lustrosos mármoles; lúcidos polvos que sólo pudieron aspirar a ser muda fineza cuando aquéllos llegaron a ser racional vida; los unos trono insensible de un uso profano, y los otros templo viviente de una luz perenne. Pero no se imagine que se organizó interior antes que el alma la ilustrase. Su mayor gloria estuvo en tener la misma antigüedad que el ánimo, haciéndose a un mismo instante cuerpo humano e inmortal espíritu (72). Palacio fue, que nació con el príncipe; pues ni el uno podía sin el dueño ser habitación, ni el otro crearse sin tenerla.

Obsérvase allí cómo con una hermosa desnudez le sirve la inocencia de una pompa más grande que todas las vestiduras más augustas: adornos, que comenzaron a tejerse por la vergüenza en el telar de malicia, con que el mismo encubrirse se hizo autorizarse. Con aquel bello nobilísimo rostro, acabado de formarse por las divinas manos, que es toda la hermosura de los héroes más airosos, toda la gravedad de los prudentes más conscriptos, toda la fiereza de los guerreros más valientes, ni en fin toda la majestad de los reyes más gloriosos.

Mas ¿qué delicia es la que allí casi no la gozara el éxtasis que causa, si el ánimo no recogiera el júbilo que tiene? Parece que la gloria ha permutado nombres con el sitio, pues aquélla es un paraíso de los cielos, y éste un empíreo de la tierra; un firmamento ameno en que flores y aves son estrellas de fragancia y matiz, en que la belleza y la armonía son una luz que se oye, y una influencia que se ve. No parece que allí soplan más que los aires más benignos, ni crecen más que las plantas más hermosas. Bosques fructíferos en que cada árbol es un jardín de la alegría, y un trono de la fecundidad. Allí los astros no dan influencias sino obsequios, los elementos no ofrecen temperamentos sino halagos, el vapor no es nube, la exhalación no es rayo, el león no es fiera, ni el áspid es veneno.

¡Oh cómo puesto en esa corte del deleite este origen y compendio de los hombres parece, y lo es, un príncipe de toda la tierra! ¡Qué poco le ha costado la monarquía universal del orbe, como heredada de la Omnipotencia! No le hace falta la multitud de los vasallos porque los tiene en la naturaleza: imperio tanto mayor cuanto que todos los mortales no son más que un agregado de debilidades, y ella sola es un conjunto de poder cuyos partos le compensan el defecto del discurrir con la maravilla del obedecer. Acompáñale su hermosísima hija a un tiempo y consorte, que formada de un lado de su pecho nació junto a su corazón para estrecharse con su afecto; tan unida, que parece una voluntad misma propagada y una repetida identidad. Allí le llegó todo aquel vario ejército de vivientes sensitivos a prestarle el homenaje de su servidumbre, de suerte que parece que se les ha infundido una razón de mansedumbre y una política de docilidad. ¡Extraña admiración: verle tomando posesión de tigres, y usando del dominio de leones! En cuya señal, como diligencia ejecutada por el decreto del Criador, impone a cada uno el nombre que no ha de saber para que lo sepa el que ha de conocerle. Maravilloso modo de nombrar el objeto: definirle. Testimonio es así lo irracional de lo más docto, siéndole cada bruto designado un volumen de una naturaleza conocida. ¡Oh cuánta debe ser la perspicacia de su excelso genio, como que el mejor palacio debía tener el mejor dueño, el más sublime entendimiento la más alta ciencia! La más alta ciencia, no teniendo otro, pedía un maestro eterno y un maestro eterno no podía enseñar la que no fuese más perfecta. Ciencia verdaderamente aprendida en la escuela de la sabiduría, con quien la mayor parte de las ciencias son unas dudas ordenadas y unas ignorancias discurridas. ¡Oh cómo está allí viéndole todo el ser al universo, tocándole mucho cuerpo a lo futuro y conociendo mucho misterio (73) a lo divino! Por eso no sólo es el primer hombre y el primer monarca, sino el primer sabio y el primer profeta. ¡Qué rectitud de original justicia! ¡Qué gracia de primera santidad! Parece que quiso Dios (si es lícito pensarlo así) hacer en él, respecto de lo angélico, un singular compuesto que fuese más admirable, siendo menos; y en que ostentar menos naturaleza y más poder, una especial imagen puesta en el gabinete de su sabiduría. Sí, que hacerse una copia en el hombre lo infinito es mucho delinear en poca tabla; y para el hombre, subir tan alto es mucho vuelo con pihuela,[52] y hacerse para pisar los astros es mucho colocarse de tierra en el empíreo. No es inmortal por propia esencia pero, estando al cuidado de aquel árbol vital su duración, tiene toda la eternidad a su mandar: aquel árbol, que florece vidas, y de que se cogen inmortalidades.

¿Qué copia, pues, mejor puede ofrecerse del divino Toribio que la misma del Criador eterno? Así desciende de original a imagen, y así también asciende, porque sube de raíz a cumbre, de primero a mayor. Pero no es copia: que es el mismo Toribio prevenido. Pero que con más armas tuvo menor fuerza, con más alcuña fue menos heroico. Mas donde está de símbolo más propio es donde su formación está representando, como se ve allí, aquella virtud ínclita con que formaba este sagrado Numen tantos espirituales hombres, a quienes de estatuas insensibles animaba con la enmienda, o con la verdadera religión. En que no parando su ardiente caridad, pasaba a corroborarlos con el sacramento de la confirmación: árbol de vida celestial que restablece e inmortaliza la vida de la fe, de suerte que lo que allá no fue felicidad lograda en sólo un hombre, fue acá gracia multiplicada en un millón de gentes. Los increíbles afanes que padeció y los indecibles peligros a que se arriesgó en el ejercicio de esta obligación a un tiempo y caridad ferviente, andan tan al lado de los que experimentó por su celo apostólico, que sólo allá podrán hallarse distinguidos en las paredes del templo de la inmortalidad

---

[52] This falconry term refers to the leather straps, or jesses, placed about the falcon's legs so that the falconer can properly handle the bird during a hunt. Figuratively, Peralta compares Toribio's ability to attain such greatness with a falcon who can stoop from towering heights despite the restrictions of the *pihuela*. The obstacle for Toribio was his own humanity, according to the text.

donde resplandecen delineados. Así la confirmación y conversión de los mortales fueron las dos columnas de este Hércules glorioso, que se afirmaban más con no fijarse porque no tuvieron término donde ponerse, siendo tal el ansia con que además de la segunda solicitaba la primera, que no perdonaba cuidado ni trabajo en su ejercicio. Como se vio en la ocasión de la visita de cierta doctrina en que, hallándose a la mesa (después de haber ministrado este alto sacramento a todo el pueblo), fue tal el recelo de la falta de alguno que no le hubiese recibido; que habiendo preguntado al cura si faltaba alguno y, repetídolo *que no había de comer hasta saberlo*, luego que conjurado éste con tal empeño, le respondió que un miserable de aquellos naturales adolecía de accidente a distancia de un cuarto de legua, desamparó veloz la mesa, mandó cargar el pontifical, se puso en camino, llegó a la choza, consoló al enfermo, exhortole apostólico y lo confirmó caritativo, como si a aquel destituido estuviese reducida una ciudad.

Pero donde le fue este celo a un tiempo caridad y gloria, fue en la confirmación que ministró a aquella Rosa, virgínea copia de la celestial mística: Rosa teñida, no ya de la fingida sangre de una impura Venus sino de la verdadera de un cordero purísimo; no ya, como otros dijeron (74), del néctar vertido en la mesa de Júpiter al falto del amor sino derramado en el ara de la Cruz al esmero del Amor Divino. Rosa, en quien sola dio el cielo a la América todo un vergel de santos, que fue estreno de santidad y primicia de empíreo en este reino, con quien pareció que no había cerrado Dios el paraíso, pues le manifestaba en sola Rosa a este Nuevo Orbe, con quien todos los trabajos de su descubrimiento quedaron bien pagados, siendo ella el mejor derecho de su dominio porque pudo ser el motivo mejor de su conquista. Fue así, no sólo como lucero de la mañana de su fe sino como aurora de este sol. Y si la aurora es la Rosa del cielo, como la Rosa es la aurora de la tierra, pues se duda cuál es la que presta a la otra la purpúrea pompa:

> *Ambigeres raperet ne Rosis Aurora ruborem.*
> *An daret* (75).

Si ella es la precursora de aquel autor del día, la que en la nave de la esfera lleva el aviso de su luz,

> *Quae fert lucem mortalibus almam*
> *Coelicolis que Deis cunctis* (76)

¿con cuánto mejor título lo fue la santa gloriosísima del sol de Toribio?, pues a un tiempo fueron sus rayos hijos de sus rayos, y sus aras auspicios de sus aras. Pero con superior arte de esplendor, que el sol disipa los albores de la aurora y ésta en el mismo día halla su noche, siendo una luz sepulcro de otra; pero el de Toribio fue un sol que iluminó a su aurora y confirmó los albores de su fe; diole el nombre de tal, pues que le dio el de Rosa. Allá precede el alba en el oriente de la esfera, y acá la de Rosa precedió en el meridiano del altar, que no debía resplandecer Toribio con menor grandeza que con la de tener un sol para su aurora.[53]

A vista de éste, ¿qué mayor milagro se puede numerar entre los de sus glorias? Muchos fueron los que vio este Nuevo Orbe en que manifestó aquella correspondencia del fervor con que sabía hacer hombres espirituales con el poder con que los sabía súbitamente, o reparar enfermos, o restituir moribundos o muertos a la vida. Pero ésta es otra maravilla de su gloria, que le da otro mayor blasón de santidad. Fue el mayor premio que en la tierra pudo darse a su caridad en este divino ejercicio el de prestarle a tan alta pureza. Fue el Simeón de la Rosa, que logró ver para cumplir tan alto sacramento aquel lucero saludar, preparado para brillar delante de todos los pueblos de este Nuevo Orbe, como luz que merecía la conversión de sus bárbaras gentes (77). Profeta fue éste, y profeta fue el santo, pues el nombre que dio contra el deseo de la Madre, que litigaba el suyo de Isabela, fue augurio no sólo de su excelencia celestial sino de la aprobación que le dio la Reina de los Ángeles, llamándola *Rosa de Santa María*, haciéndosele apellido el mismo Numen.

Así le pagó en anuncios todo lo que allí le debió de resplandores. Y así parece que siguió Toribio a aquel prodigio de Braga, San Fructuoso, su ínclito arzobispo, cuyo ardiente fervor en visitar su amplio rebaño (por ser también obispo de Dumio en Galicia) fue precisamente acompañado de su actividad en la confirmación de numerosas almas; y porque sobrasen líneas a la copia, fue fundador de un monasterio de religiosas, en que tuvo por galardón glorioso a la virgínea mártir Santa Irene: Rosa, si no en el nombre, en el efec-

---

[53] In the fifth Canto of *Lima fundada*, Peralta dedicates three stanzas (LII, LIII, and LIV) to Santa Rosa de Lima. In stanza LII, he writes, "En sucesión de luz fecundo el cielo,/ Fértil la tierra en abundancia hermosa,/ Rompe una aurora el matutino velo,/ Abre el boton una brillante Rosa:/ Gozo del orbe, del Olimpo celo,/ Pues nacerá de humana, luminosa:/ Mina de santidad, cuya riqueza/ Registrará en la gloria la pureza."

to, pues lo que era candor pasó a ser púrpura tan fina que le sirve el color de eternidad. Pero Toribio hizo a millones lo que Fructuoso a centenares.

Esta singular ardiente caridad en ministrar este sublime sacramento a tan infinito número de gentes, premiada con la singular gloria de haber merecido confirmar a tan esclarecida patrona, en cuya sacra acción se vio el espiritual prodigio de brillar la aurora de la mayor santidad con el sol del mayor celo, correspondiendo lo que éste le corroboraba de albores con lo que le auguraba de reflejos; siendo después aquella canonización auspicio de ésta, exaltarán los cisnes del Parnaso limano en décimas o en quintillas que glosen la siguiente

QUINTILLA.

Una ROSA, que atesora
Tanta luz, fue el arrebol
De este día: pues si adora
Su culto Lima, el aurora
Fue, que anunció tanto sol.[54]

Premios:
Primero. Una palangana.
Segundo. Un salero.
Tercero. Un azafate.

ASUNTO VIII: EL DESCANSO

¡Qué supremo y sobre todos fúlgido esplendor es el que esparce ese octavo y último lienzo de la luciente Galería que, cerrando su círculo, forma una magnífica eternidad simbolizada![55] No es obra: descanso es más brillante que todas esas obras. Quietud más activa que todos los afanes. Reposo, que tiene que andar por toda la inmortalidad. Término interminable, en que se comienza a discurrir

---

[54] In this verse, Peralta uses the masculine definite pronoun with *aurora*. He uses both the masculine and the feminine pronoun elsewhere in the text. We standardize usage to the feminine *la* except in this case so as not to change the versification of the poem.

[55] The 1729 edition ends this sentence with a question mark; we use exclamation marks.

toda la inmensidad. Sosiego de lo que no ha podido ser fatiga (78) porque sólo el trabajo es de la nada, en verse fatigar de lo infinito. Digámoslo así: que este cesar ha sido lástima que ha tenido la mano de la vista, y el artífice de la admiración. Allí están en los retretes del poder guardadas todas las creaciones, y depositados todos los milagros. Allí esa cesación de obrar es otro obrar: otro prodigio es mantenedor de los prodigios (79). Descanso es, que se reclina en brazos de la gloria, que allí se ve delineada con los pinceles de su misma luz, y con los colores de su mismo gozo. En ese primer lienzo (a que éste vuelve a unirse) se ve el empíreo como palacio de la divinidad, asistido de los grandes angélicos; en éste, como templo venerado de los héroes santos en aquél, como trono, en que reina con los unos; en éste, como ara en que se adora por los otros: en aquél, como tabernáculo de la felicidad; en éste, como mansión de los felices. Allí se permite contemplar la misma hermosura con quien juntos todos los esplendores de los astros, todos los matices de las flores y todas las perfecciones de los hombres serán siempre séquito, pero nunca igualdad. Allí se deja considerar la misma riqueza a cuya vista, unidos mundos de oro y globos de diamante, Ceilanes de rubíes y Eritreos de perlas le serían corta familia, no capaz grandeza. Allí se atiende la misma sabiduría a cuyo lado, hechas todas las provincias pórticos de estoicos, todas las regiones paseos de peripatéticos y todos los reinos jardines de académicos; y en fin, todos los estados, no universidades, sino universos de doctos y de sabios le serían limitada progenie, no prosapia entera. Allí se ofrece el mismo poder en cuya comparación hecho ejércitos todo lo intelectual, y máquinas todo lo insensible; formadas tropas de Hércules y Aquiles, y escuadrones de Alejandros y Césares serían conato, pero nunca fuerza. En fin allí lo incomprensible, después de todo lo gozado, se está entero, y lo inefable, después de todo lo alabado, se está intacto.

Allá se ve en lo más sublime del empíreo coronada de luz inaccesible aquella divina Delta (*) de tres iguales lados (símbolo de la divinidad), a quien adoran ejércitos de espíritus celestes; y en la tierra sobre la cumbre de un excelso monte un ara elevada, a quien inciensa, ofreciéndose toda en holocausto, la misma religión, acompañada de las tres leyes que la sirven: sagrado jeroglífico uno y otro, ya de ese sábado, que es la quietud de Dios: *Sabatum, id est: quies Dei, quo scilicet Deus ab opere Creationis cessavit die Septimo* (80), ya de aquella gloria, que es el descanso de sus santos: *A modo iam* *dicit Spiritus, ut requiescant a laboribus suis; opera enim illorum sequuntur illos* (81); ya de aquel público culto que deben rendirle los mortales: tributo con que se ennoblece el que le da, y en que se le hace el vasallaje imperio, y ya de las solemnidades más festivas que se consagran a su nombre.

¿Qué símbolo, qué imagen más proporcionada puede delinearse del glorioso descanso con que terminó las insignes obras de su vida nuestro sagrado héroe? Silencio de virtudes, en que prosiguió la quietud lo que calló el afán; cesación del mérito, en que continuó la inmortalidad lo que pausó el aliento. ¡Oh gloria de la santidad: pasarse a dicción festiva el nombre más fatal; reinar el júbilo en el imperio de la pena, y hacerse la muerte horóscopo de eternidad! Otros Justos viven, como quien ha de morir, pero Toribio vivió como quien había de vivir. ¿Ni qué tenía que hacer la muerte en quien tenía hecho todo su oficio la mortificación, de suerte que su vida era una resurrección repetida del cadáver continuo de su carne? Horror diera a la nuestra el estrago que en ella ejecutaba a mirarla con sus ojos. Los oratorios, los camarines y los bosques eran testigos que encubrían los golpes con las sombras, y los publicaban con los ecos: fieles traidores que aseguraban lo mismo que vendían. Santa crueldad, que llegó a tal extremo que su sagrada espalda destrozada, como nave que naufragaba en la tormenta de sus disciplinas, necesitó tal vez de un áspero reparo en que, a manos del hierro, se salvó. La cama era ecúleo del descanso, y la mesa patíbulo del gusto. ¿Qué fuera del culto de la virtud si no hubiera estos sentidos mártires? ¿Ni qué se hiciera con la esclavitud de la delicia si no hubiera estas austeridades redentoras? Mas lo que se advertía singularmente admirable era aquella santísima alegría y suavidad que conservaba en medio de tanto rigor propio, como aquel fragrante y salutífero óleo que se halló dentro de un duro pedernal (82).

Así fue su ilustre muerte glorioso descanso de sus grandes obras. Este sí fue el verdadero modo de alcanzar aquella divina inmortalidad que tanto, y con tanto error, desearon los profanos héroes. Un Hércules abrasado en Oeta, un Rómulo erigido en Numen y un César fingido en estrella antes fueron víctimas de su ambición, que las tuviesen en las aras. De este modo sí que la virtud, abriendo el cielo a los que no merecen morir, los conduce por la difícil senda hasta los astros. Así deja veloz la tierra el que siempre la despreció en la vida:

Virtus recludens immeritis mori
Coelum, negata tentat iter via:
Caetus que vulgares et udam
Spernit humum fugiente penna (83).

Manifestolo bien el cielo, no ya con un falso fenómeno crinito sino con aquella sacrosanta señal que fue constelación divina; no como las etéreas que fingían prestar la luz a los héroes que sus estrellas exaltaban, sino que la recibió verdadera del Dios que en ella se exaltó. Así pareció que le envió el lábaro del triunfo el que le había dado las fuerzas del combate, que quien siempre había tenido en la vida para el mérito la Cruz debía tenerla en la muerte para Gloria. Allá fue levantada en figura debajo del símbolo de la serpiente, como señal de la salud y de la inmortalidad, que habían de obtener los Justos por su elevación: *Et pone eum Signo* (84). *Effigies* (dijo un elegante padre) (85) *aerei Serpentis suspensi figuram dessignavit Dominicae Crucis, quae a Serpentibus, id est, ab Angelis Diaboli nos erat liberaturae*; y acá se vio elevada, sirviendo el mismo original de símbolo a la eternidad del gran Toribio, y a la celestial salud de los que su ejemplo y su favor había de librar de las serpientes de los vicios. Aquí sí que puede aplicarse al sol de la América a gloria llena lo que el sol del África alumbró con su voz en este signo. (86) Ésta es la que da a los fatigados el Descanso: *Hec debellatos reddidit Quieti*: hoy se fijó la Cruz, y la Muerte se arruinó. Hoy venció la Cruz, y la Muerte se desvaneció: *Hodie Crux fixa est, & MORS subversa est. Hodie Crux vicit, & Mors victa est*. Cruz designadora de un descanso eterno; Cruz vencedora de una temporal muerte, pero que comunicó su honor a la vencida; Cruz simbolizada en las puertas teñidas de la Sangre del Pascual Cordero; figura a un tiempo del tránsito israelítico y la cena dominica. ¡Oh, qué hermandad de símbolos! ¡Qué parentesco de tránsitos! ¡Qué afinidad de cenas! Pues, la señal, la muerte, el día en que pasó Toribio a la promesa del empíreo (*) son un terno de luz en que, si hubiera jamás exceso en lo infinito, estuvieran de sobra los auspicios. En el día en que Christo se quedó con los hombres, se fue a Christo Toribio; parece que fue el mejor retorno que pudo dar lo humano a lo divino. En el día en que previno el Dueño que iba al Padre, se adelantó el Siervo: parece que fue hacerlo embajador de su divinidad, y darle los poderes de su gloria. En muertes tan ilustres nada hay accidental: todo lo poseen la Gracia y el Misterio. En las pompas de los grandes triunfos nada hay ordinario: todo lo ocupan la victoria y la honra.[56] La palma que en vulgares manos es acaso, en las de los héroes es blasón. Así la feliz circunstancia de aquel sagrado día no pudo dejar de ser en la feliz muerte de Toribio misterio y blasón de su inmortalidad. Pasó en hombros de los suyos a la iglesia para recibir en ella el divino viático: moribundo triunfante, que fue a acabar la vida en el capitolio de la fe. Fue a llevarle otro mejor sagrario con luces de espíritus, que se veían estar brillando más de agonizantes.

Así descansó glorioso de lo que obró heroico: *requievit ab universo opere quod patrarat*. Así logró aquel eterno sábado de Dios. Pero de la manera que después de haberlo hecho descanso, lo hizo culto, *septimo autem die Sabbatum Domini Dei tui est* (87); así, no contento con formar el de Toribio bienaventurado sosiego de su vida, lo ha hecho adoración sagrada de su bienaventuranza. Esto es habérselo santificado, habérselo canonizado: & *benedixit diei septimo,* & *sanctificavit illum* (88). Augurio fue de la celestial apoteosis que hoy se exalta, que aquel descanso pedía este culto y una canonización quería la otra. Hízose allá en la Roma de los cielos, y la dilación de su noticia no fue tardanza del aviso sino grandeza de la pompa. Digámoslo así: que parece que se ocupó todo el empíreo en la celebración, y hasta ahora no salió el despacho de esta gloria. Aquí sí que puede decirse con verdad lo que la ceguedad dijo allá de Hércules: que cuesta mucho hacerse un Dios: *magno que constitit nasci Deum* (89), y un siglo es corta víspera para una eternidad.

En aquel día lo elevó Dios a Toribio sobre las alas de las águilas: frase suya es para significar a quien conduce con descanso: *quomodo portaverim vos super alas Aquilarum* (90), y ahora lo hace águila que se eleva ella misma a colocarse en el arduo, en el excelso nido del altar, a un orden que es precepto suyo. Díjolo en Job por esto: *Numquid ad praeceptum tuum elevabitur Aquila,* & *in arduis ponet nidum suum?* (91) Singular símbolo, que hasta la lisonja étnica le usurpó para las apoteosis de sus soberanos; pues como si el poder fuese virtud y el imperio se extendiese hasta el Olimpo, los deificaban, arrojando de la cumbre de la pira una águila, como imagen del augusto

---

[56] Peralta's characterization of Toribio's death as a moment of victory and honor that had been foretold by the saint himself mirrors the death of Christ as a moment of triumph that promises immortality and glory. This representation of Mogrovejo's death provides for a point of comparison with the death of Christ in *Pasión y Triunfo de Christo*.

espíritu que volaba al cielo. Esto decían las medallas que tenían la inscripción de su consecración, *Consecratio S.C.* ¡Oh cómo parece que desde Patmos se le estaba a Toribio prevenida para este caso el águila, de suerte que el blasón de la que fue todo su amor, esto es su esposa, se le hizo anuncio de lo que hoy es toda su gloria, esto es su canonización!⁵⁷ *Consecratio Senatus Consulti. Numquid ad praeceptum tuum elevabitur Aquila, & in arduis ponet nidum suum?* ¡Oh qué copia de imágenes volantes! El tutelar, la iglesia, el santo, el ara y los ministros forman todos un escuadrón de águilas, que se son el auspicio y el suceso, la perspicacia y la luz a un mismo tiempo.

Voló así Toribio, como ilustre águila, a la altura del empíreo; así descansó sobre las alas de las águilas angélicas: *super alas Aquilarum,* del modo que voló, que descansó otro heroico prelado español, el glorioso San Julián, que hizo a Cuenca sagrado nido en que previno la veloz pluma para obtener el arduo del altar, *in arduis ponet nidum suum,* esperando con la más reverente humillación el divino viático. ¿Cómo no habían de parecerse en la muerte los que tanto se semejaron en la vida? ¿Cómo no habían de descansar como águilas los que lo habían sido en la piedad con que cargaban a los pobres, como hijos sobre las alas de su caridad? Recibió el pan eucarístico Julián postrado en tierra y vestido de áspero cilicio; y recibiolo Toribio, armado de otro, en un rincón del templo. Quedó Julián en su retiro, pero Toribio le salió a buscar hasta su trono. Gozó Julián el inefable sacramento en común día, pero Toribio en el natal de su misterio. Siguió aquel santo, como familiar, a su divino soberano, y éste le precedió como su embajador. Y porque se apurase el paralelo, se trasladó el sagrado cuerpo de Julián a lugar más preeminente; y el de Toribio al sublime templo de su esposa. Transfirióse el día del primero por la incomodidad del tiempo; y el del segundo por la incongruencia del sacro concurso de días más santos: dichosa circunstancia en que, como imitó Toribio al apóstol de España en el de la Pasión de su Señor, también le imitó en su sagrada translación. ¡Oh cómo se copian unos a otros los afanes! ¡Cómo se siguen unos a otros los descansos! ¡Que es gran maestra

---

[57] Peralta suggests that Toribio's greatness seems to have originated from the island of Patmos, where the Apostle John wrote the book of Revelation. Peralta emphasizes this connection by referring to the *águila*, which is a canonical symbol of the Apostle John. By invoking the *Esposa*, Peralta draws on language from the Song of Songs and blends the apocalyptic imagery of New Testament prophecy with a mystical reference to the union with God and the Church that Toribio shared.

la Gracia, y con un mismo colorido de virtudes saca igual la pintura de las glorias.

Esta heroica muerte del divino prelado, precedida de la continua de su mortificación, practicada con su profunda humillación, ilustrada con la solemnidad del día, seguida del descanso de su inmortalidad,[58] santificada con la señal del cielo y celebrada con la apoteosis de su culto cantarán los Apolos del limano Pindo en un romance heroico endecasílabo de treinta coplas.

Premios:

Primero. Una fuente de relieve.
Segundo. Una salvilla.
Tercero. Unos pebeteros.

Premios supernumerarios:

A la peor poesía: Un par de candeleros.
A la mejor tarja: Una salvilla y bernegal.

Aventureros:

A cuatro aventureros se darán a cada uno a tres doblones.

Leyes del Certamen

Ley I.
Que no se precisen los poetas a describir las introducciones a los asuntos, que sólo sirven de símbolos de las virtudes del glorioso santo.

Ley II.
Que las palabras del texto de la quintilla, que se propone para glosa, no se han de poder torcer a otro sentido que el que en él tienen.

Ley III.
Que ninguno ha de poder llevar más que un premio de primer lugar; y en los demás podrán obtener los que merecieren.

---

[58] In the fifth Canto of *Lima fundada*, Peralta writes, "No es sólo metafórica la inmortalidad de los héroes, pues gozan en los ánimos de los postreros una vida intelectual de veneración en que tienen por órganos sus mentes, y por movimientos sus imitaciones."

Ley IV.
Que se les asigna por término, para entregar las poesías, el día 18 de este presente mes, las cuales presentarán firmadas y selladas ante el notario mayor del Tribunal Eclesiástico, D. Juan Manuel del Molino, secretario del certamen; y que pasado dicho término, no se admitirán.

Ley V.
Que se han de entregar las poesías con sus tarjas, orladas de decente pintura.

Jueces del certamen

Señor doct. D. Manuel Antonio Gómez de Silva, deán es de esta Santa Iglesia, y obispo electo de Popayán.

Señor doct. D. Joseph de Santiago Concha, marqués de Casa-Concha, del Orden de Calatrava, oidor de esta Real Audiencia.

Señor D. Álvaro Bolaños y Moscoso, del Orden de Santiago, oidor de la misma.

Señor doct. D. Bernardo Zamudio de las Infantas, arcediano y comisario general del Tribunal de la Santa Cruzada.

Señor doct. D. Andrés de Paredes y Armendáriz, canónigo y provisor de los monasterios de monjas de esta ciudad.

Señor doct. D. Andrés de Munive Garavito, canónigo penitenciario, catedrático de prima de cánones en esta Real Universidad, provisor y vicario general de este arzobispado y juez ordinario del Santo Oficio de la Inquisición.

Señor doct. D. Pedro Joseph Bermúdez de la Torre y Solier, alguacil mayor de dicha Real Audiencia.

Señor doct. D. Pedro de Peralta y Barnuevo, contador de cuentas y particiones de la misma y de los demás tribunales, y catedrático de prima de matemáticas en dicha Real Universidad, autor de este certamen.

Fiscal del certamen

Señor D. Andrés de Angulo, racionero.

Secretario

D. Juan Manuel del Molino, notario mayor del Tribunal Eclesiástico.

Notas marginales:

(1) Quia non erit impossibile apud Deum omne verbum. *Lucae c. 1.27.*
(2) Bonum Certamen certavi, cursum consummavi, fidem servavi. In reliquo reposita est mihi Corona Justitiae etc. *S. Paul. 2 ad Timoth. 4.*
(3) Delicatus es miles, si putas, te posse sine pugna vincere, sine Certamine triumphare. *S. Chrysostom. Serm. de Martyribus. tom. 3.*
(4) Certantibus Dominus praemia proponit ut Deus, leges autem Certaminis tulit ut Sapiens, praemiaque vincentibus decora constituit & pulcherrima: & quod est profecto divinius, ipse, ut est summe clemens & bonus, in sus bellatoribus vincit. *S. Dionys. de Ecclesiastic. hierarch. c. 2 sub finem.*
(5) *Virgil. l. 6.*
(6) Periculis in mari.
(7) *Virg. ubi sup.*
(8) Cursum consummavi.
(9) Ego igitur sic curro, non quasi in incertum. *I. Ad Corinth. 9.29.*
(10) Et illi quidem, ut corruptibilem coronam accipiant, nos autem incorruptam. *S. Paul. ubi sup.*
(11) *Virg. ubi. sup.*
(12) Angelus Sathanae, qui me colaphizet. *2. Ad Corinth. 12.7.*
(13) Periculis in terra.
(14) Sic pugno, non quasi aerem verberans, sed castigo corpus meum & in servitutem redigo. *S. Paul. I. Ad Corinth. 9.26, 27.*
(15) *Cael. Rhodigin. l. 17, c. 18.*
(16) Quidam vero, ex Graecis praecipue, Athenas dixerunt Graeciae Museum. Pindarus etiam culmen firmamentum que, hoc est, *Erisma*. Thucydides vero Hellados *Hellada*, id est, Graeciae Graeciam. *Cael. Rhodigin l. 18, cap. 25.*
(17) Athenienses publicis conciliis divinos quosdam Sacerdotes, quos Mantes vocant, adhibuisse. *Idem ubi supra.*
(18) Abulens. *Catham.* Strabus in *gloss. ordin.* ad cap. I. *Genes.* S. Anselmus l. 1 *de Imagine mund.* c. 28. S. Bonavent. in 2, dist. 2. Suárez *de Opere sex.* dier. l. 1, c. 4 a n. 2. Cornel. A Lapide in *Genes.* I. Riccioli tom. 1., *Almagesti* l. 9 sect. c. 1. Q. 6 omnes iuxta loca sequentia Scripturae, Psalm. 102. *Dominus in Coelo paravit sedem suam & regnum ipsius omnibus dominabitur etc.* Psalm. 113. *Coelum Coeli Domino:* ubi Theodoretus. *Non hoc quod videtur, ad illud quod superior est etc.* Deuteronom. 10. *Domini Dei tui Coelum est et Coelum Coeli.* Psalm. 67. *Psallite Deo, qui ascendit super Coelum Coeli,* Paralipom. 1. 2, cap. 6. *Si Coelum et Coeli Coelorum non te capiunt, quanto magis domus ista quam aedificavi,* et ibi. *Tu exaudies de Coelo firmi simo habitaculo tuo,* Actor. 7. *Coelum mihi sedes est: terra dotem scabellum pedum meorum.*
(19) *Riccioli ubi supra: apud quem Suarez in Metaphysica disput. 13.*
(20) Abulens. in cap. 23. Exodi q. 53, ibi: *Imo non dicitur esse de materia, & sic illud est sexta essentia etc.* de quo Suarez *de Oper. sex dier.* 1, c. 5, n. 2 ibi.
(21) *Suarez ubi supra c. 6, n. 6. Ricciol. loco citato, q. 3. Cornel. in Cap. 1. Genes. Cum A. Augustino, Gregor. Ruperto, Magistro, & aliis.*

(22) *Virgil. l. 6.*
(23) *Apud Clement. Alexandr. l. 5, Stromat.*
(24) Alii vero Sancti accipiut informitatem materiae non secundum quod excludit omnem formam, sed secundum quod excludit istam formositatem & decorem qui nunc apparet in creatura corporea etc. *S. Thom. 1 p. q. 66, art. I. S.S. Basil homil. 2. Hexae meor. Ambros. l. 1, Hexaem. c. 7. P. Ricciol t. 1, Almag. l. 9, sect. 1, c. 1, q. 3, n. 11 & q. 5, n. 23, ibi*: tum quia illa imperfectio minime decebat Deum opificem etc.
(25) *Cael. Rhodigin. l. 1, c. 4.*
(26) *Ibidem.*
(27) *Boetius l. 3 de consolat. metro 9.*
(28) *Virgil. l. 6.*
(29) Unde te virorum pariten ac faeminarum praecipuum firmamentum Pudicitia, evocem? Tu enim prisca religione consecrato Vestae foco incolis. Tui Numinis respectu sincerus iuventae flos permanet. *Valer. Max. l. 6, c. 1.*
(30) *Apocalips. c. 1, l. 4.*
(31) *S. Paul. 2. Timoth. 2.*
(32) *Ibid. vers. 23.*
(33) *Alexander ab Alexand. l. 5.*
(34) S. Gregorius. Nyssenus in historia sex dierum docet lucem primitus factam fuisse ignem ex reliquorum elementorum massa segregatum. *Riccioli, Almagesti. tomo 1, lib. 9, sect. 1, c. 4, 1. 4, n. 12.*
(35) *Strabus in gloss. ordinaria. Richardus Victorinus l. 1 de Sacram. c. 9 ac 10. Tostatus Magister in 2 dist. 23. S. Bonaventura in d. 13, art. 1, q. 1. Petr. Comestor. Lyranus Alexand. Halensis,* & *alii apud Ricciol. ubi sup. c. 1, q. 7.*
(36) Populus, qui ambulabat in tenebris, vidit Lucem magnam: habitantibus in regione umbrae mortis Lux orta est eis. *Isaiae c. 9.2 ubi S. Hieronym.*
(37) Ego sum Lux mundi: qui sequitur me, non ambulat in tenebris, sed habebit Lumen vitae. *Joan. 8.12.*
(38) Domine in Lumine vultus tui ambulabunt. *Psal. 88, V. 19.*
(39) Signatum est super nos lumen vultus tui.
(40) Quoniam Deus, qui dixit de tenebris lucem splendescere, ipse illuxit in cordibus nostris ad illuminationem scientiae & claritatis Dei in facie Christi Jesu. *Paul. 2 ad Corint. 3.6* & *ibi Cornel.* Uti Deus olim produxit de tenebris lucem, ita nunc ex infidelibus nos fideles fecit, fidei que luce illustravit.
(41) Pablo, Apóstol de Christo.
(42) *S. Gregor. Nyssen. In Exaemer. c. 25. S. Basilius homil 3, Exaemer. Suarez, De oper. sex dier. lib. 2, c. 5, n. 6 ibi*: sed ex alia quadam subtili materia putavit (Basilius) esse factum; quod etiam sentit Ambrosius *lib. 1, Exaemer. c. 6* qui allegat verba Isaiae dicentis, *qui firmavit Coelum, sicut sumum.*
(43) Nec tamen Firmamentum eu iuxta communem, ac pervulgatam opinionen, ex qua ortum videatur, simile censendum est aut aquae in glaciem concretae aut materiae cuiquam tali ex aqua confectae, qualem crystalli lapidis naturam esse constat, aut qualis est natura specularis lapidis, qui inter metalla concrescit, etc. Est enim puerilis simplicis que professio mentis tales de corporibus Coelestibus opiniones habere: & *infra* sed apellavit Moses Firmamentum, corporum tenuissi morum comparationem, et quod facile sensit comprehendatur. *S. Basilius Homil. 3. S. Gregor. Nissenus de historia sex dierum.*
(44) Quia alias coeli non fuissent in principio integri; tum etiam, quia alias loca illa quae astra in coelis occupant seu replent, aut fuissent vacua illis tribus diebus, aut essent ibi alia corpora, quae inde fuerint hoc die expulsa, vel per anni hilationem, vel per mutationem localem, vel per conversionem in astra. Quae omnia vel sine aliquo miraculo, aut praeter naturali opere cogitari non possunt. *Suarez, De opere sex dier., lib. 3, c. 8, n. 1.*

(45) *Psalm. 88.15.*
(46) *Exodi c. 14 ubi Cornel.*
(47) *Claudian. Panegyr. in 6, Consul. Manl. Theod.*
(48) *S. Paul 1 ad Timoth. c. 5.21.*
(49) In viis justitiae ambulo, in medio semitarum judicii. *Proverb. c. 8,20.*
(50) Et aquae omnes, quae super Coelos sunt, laudent nomen Domini. *Psalm.* 148.
(51) *Virgil. l. 6.*
(52) Et vocavit nomen loci illiu, Tentatio. *Exodi cap. 17.*
(53) *Ovid. l. 1. Metamorph.*
(54) *Psal. 103.*
(55) *Isaiae cap. 40.*
(56) *Claudian. Panegyr. Manl. Theodori.*
(57) *Petr. Comestor. cap. 6 histor. Scholasticae. ibi.* De illa autem nube lucida traditur etc. vel quod de ea factum est corpus Solare. *Tostatus in Genisim.* Unde creditur Solem de illa nube factum.
(58) Sol in aspectu annuncians in exitu: vas admirabile, opus excelsi & *infra* Fornacem custodiens in operibus ardoris. *Ecclesiastici c. 41.*
(59) *Macrob. Saturnal. l. 1, c. 9 & c. 21.*
(60) *Gales, Anaxagoras apud Plutarch. l. 2 de titis Philosophor. c. 13.*
(61) *Riccioli.*
(62) *Virgil l. 6.*
(63) Spiritum Phaebus mihi, Phaebus artem Carminis, nomen que dedit Poetae. *Horat. Carmine l. 4, od. 6.*
(64) Quippe Hercules ea est Solis potestas, quae humano generi virtutem ad similitudi[nem] prestat Deorum. *Macrob. Saturnal. l. 1, c. 20.*
(65) Non Hydra secto corpore firmior. Monstrum vel summifere Colchi. Maius, Echioniae ve Thebae. *Horat. Carm. l. 4, Od. 4.*
(66) Gigantes autem quid aliud fuisse credendum est, quam hominum quamdam impiam gentem Deos negantem etc. *Macrob. l. 1, Saturnal. c. 20.*
(67) Nec vero Alcides tatum telluris obivit. Nec qui pampineis victor iuga flectit habenis. *Virg. l. 6.*
(68) *Horat. l. 1, Carm. Od. 10.*
(69) Et quidquid homines vocamus laborem, vestra natura est, ut indefessa vertigio Coelum rotat, ut maria aestibus inquieta sunt, & stare Sol nescit. *Pacat. Paneg. Theodos.*
(70) *Suarez de Opere sex dier. l. 2, c. 10, n. 17.*
(*) Es la fuerza con que un cuerpo oprimido vuelve a cobrar su natural figura.
(71) *Aristoteles de mirabilibus auscultationibus apud Alexand. ab. Alex. l. 4, c. 9.*
(72) *Suarez de opere sex diex dier. l. 3, c. 1, n. 13.*
(73) *Suarez de oper. sex dier. l. 3, c. 18 per totum & potissimum n. 8 cum Divo Thoma, Bonaventura. Chrysost. Epiphan. August. Hieronymo, & aliis.*
(74) *Coel. Rhodigin. l. 27, c. 26.*
(75) *Auson.*
(76) *Hesiod. in Thegonia.*
(77) Quod parasti ante faciem omnium Populorum. Lumen ad revelationem Gentium.
(78) Non ergo in Deo aut pigra vacatio, aut laboriosa cogitatur industria, qui novit & quiescens agere, & agens quiescere. *S. August. in Sententiis num. 145.*
(79) Et ideo sic Deus inteligendus est requievisse ab omnibus Operibus suis, ut iam nullam novam conderet creaturam, non ut conditas continere & gubernare cessaret. *S. August. ubi supra num. 277.*
(*) Nombre de la D[iosa] Griega, que tiene la figura de un triángulo equilátero.

(80) *Cornel. in Exod. cap. 5.*
(81) *Apocalyps. 14.13.*
(82) *Alexander. ab Alexan. l. 5, c. 9.*
(83) *Horat. l. 3. Carm. Od. 2.*
(84) *Numer. c. 21.8.*
(85) *Tertulian. lib. de Idolatria cap. 5.*
(86) *S. August. Serm. in Parasceve.*
 (*) *Fue a 23 de marzo del año de 1606, día de Jueves Santo.*
(87) *Exodi c. 20.10.*
(88) *Genes. c. 1.*
(89) *Senec. in Hercul.*
(90) *Exod. c. 19.4.*
(91) *Job. 39. Ex quo Cornel. in d. capite Exodi* Sancti, praesertim illustres, in Caelis habitant quasi Aquileae, ibi que Deus sibi assumit quasi suos familiares & aulicos. Unde *S. Gregor. 31, Moral. 34* explicans illud Job. 39, *Numquid* etc. S. Paulum, & Sanctos comparat Aquilae.

INTRODUCTION TO *PASIÓN Y TRIUNFO DE CHRISTO*

> Esta obra comenzó por empleo devoto en la Academia, que de ilustres ingenios se había formado algunos años ha de Matemáticas y de Elocuencia a mi cuidado, dando ocasión a ella el sacro tiempo de una Semana Santa, en que se dio la descripción de la divina Oración del Huerto por asunto.
>
> *Pasión y Triunfo de Christo*, Prólogo

The Genesis of *Pasión y Triunfo*

In 1687, at age twenty-three, Peralta wrote what is considered to be his first creation, a religious poem entitled "Delante de una imagen de Cristo Crucificado." This work helped to launch his literary career and recounts the poet's emotional upheaval occasioned by the devastating earthquake in Lima on 20 October 1687.[59] In the poem Peralta describes the act of prostrating himself before an image of Christ on the Cross.

---

[59] Repeated quakes were experienced on 8, 9, and 13 April. José Mugaburu recounted in his diary the devastating effect that the tremors had on the populace. Prior to April, the earthquake was preceded by warnings from "someone" that it was a slap from the hand of God. The clergy availed itself of the opportunity to advocate penance and to preach to overflowing crowds about the sin of homosexuality, and the Franciscans organized a procession in which a large crucifix, carried by barefoot participants with cords around their necks, took center stage (Mugaburu 1975, 318-19). The physical and psychological effects of the same earthquake were the subject of Juan Caviedes' poem "Al terremoto acaecido en Lima el 20 de octubre de 1687" (Palma 1899, 437).

> Atiende ya a mi lamento,
> Señor, porque esta mi angustia
> de mi mismo pecho herido,
> formando el blanco y la punta,
> multiplicados oídos
> son vuestras llagas profundas.
> Abra, Señor, un pequé
> lo que hicieron muchas culpas,
> de vuestros sacros veneros
> ya el dulce golfo me inunda
> y este naufragio, sólo es
> la tabla que me asegura.
> A Ti dirijo mi vista
> porque mi amor se difunda
> y sea luz en los ojos
> lo que es incendio en la pluma.
> Arda yo por renovarme,
> mi mal obrar se consuma
> y de sus cenizas pase
> a mejorarme la cuna.
> Renacer, por tu piedad,
> mi esperanza no lo duda,
> pues, por salvarme, tu amor
> los golfos de penas surca.
> Espero, aunque las ofensas
> horrorosas me confundan,
> que las perdone pasadas
> quien las redimió futuras.

Peralta's act of intense contrition was realized in this atmosphere of fear and devotion. The personal message of the poem is that Christ, after death, redeemed the future sins of humankind. In 1956 Vargas Ugarte (1:277) republished the poem, followed by Leonard in 1936 (72-73) under the title "Romance de D. Pedro de Peralta Barnuevo, delante de una imagen de Cristo Crucificado, siendo de edad de 18 años, cuando el temblor de 20 de octubre del año de 1687." A miscalculation of Peralta's birthdate led to reporting his age as 18 at the time of composition.

Academies and tertulias, such as those maintained by viceroy Castell-dos-Rius, the marquis de Villafuerte, and by Peralta himself, were long considered the province of mediocre poets of aristocratic bearing for whom poetry was an amusing yet sophisticated pastime.⁶⁰ The most illustrious of these institutions belonged to Castell-dos-Rius. It had a short life of less than a year owing to the founder's sudden death in 1710.⁶¹ During Castell-dos-Rius' reign of less than three years, the intellectual life of Lima witnessed a marked increase in literary activities that made Peru more visible and on a par with cities such as Mexico City and Santa Fe de Bogotá. The proceedings of Castell-dos-Rius' academy were recorded by its secretary, Diego Rodríguez de Guzmán, and published in May 1713. In the proem to the collection, Rodríguez de Guzmán wrote about the creative tensions of the day and made note of the

> ... mala correspondencia entre el genio y la fortuna que ha merecido quejas y ocupado discursos. Los aciertos y primores de los entendimientos elevados despiertan envidias y emulaciones en los menores que, desde abajo, miran aquellos lejos de erudición y sutileza, y que confederados, como tan parientes, la envidia y la ignorancia, intentan hacer guerra.⁶²

---

⁶⁰ Manuel de Oms y de Santa Pau, Olin de Senmanat y de Lanuza, marquis de Castell-dos-Rius, served as the twenty-fourth viceroy, and was governor and capitan general of the kingdoms of Chile, Peru, and Tierra Firme, and former ambassador to Lisbon. His academy dates from 23 September 1709 to 24 April 1710. Mendiburu cites an article by Rodríguez Guzmán in the *Mercurio Peruano* relating to the Castell-dos-Rius academy: "En aquel tiempo aparecieron en Lima otras reuniones de personas estudiosas e ilustradas: el marqués de Villafuerte, fiscal de la Audiencia, fomentó en su casa una de estas apreciables asociaciones, y no lo fue menos la que cultivó en la suya la familia de Orrantía" (8:235). The Orrantías figuraron amongst Lima's more elite families and hosted a salon renown for the literary talents it attracted. Don Domingo de Orrantía y Garay, of the Order of Santiago and consul of the Tribunal of the Consulate of Lima from 1733 to 1735, appears in *Diálogo de los muertos: la causa académica* (Williams 1994), as a member of the fictional Academy. See Luis Varela y Orbegoso 1924 and Mendiburu 1874, 4:270.

Baltasar Isásiga Bolaños y Vargas (aka Baltasar de Castro Isásaga), the marquis de Villafuerte, was one of Peralta's patrons. Villafuerte's name and title adorn the title page of *El templo de la fama* (1720), whose publication cost he underwrote, and to which he contributed a sonnet and a letter of praise. Save for specific mention in Peralta's *Diálogo de los muertos*, other references to his academy are few, which is at odds with the popularity his academy is said to have had.

⁶¹ See José Revello de Torre 1920.

⁶² Rodríguez de Guzmán cited in Ricardo Palma 1899, 1. Rodríguez Guzmán's recollections appeared in the *Mercurio Peruano*, no. 16 (24 February 1791), folios 140-44 ("Noticia histórica y proemial de las academias privadas que tenía en su gabinete el excmo. señor marqués Castell-dos-Rius, virrey que fue de estos reinos") and concluded in number 17 (27 February 1791), folios 148-51.

Given the frequency with which the name Peralta Barnuevo appears in print during the lifespan of Lima's academies, it comes to be synonymous with accomplishment in arts and letters of the period.

It is as a member of this viceroyal academy that Peralta wrote a second poem, somber in tone, dedicated to the Passion of Christ.

> Nace Cristo, y tenaz la noche dura;
> muere Cristo, y el día desfallece:
> en su oriente el Oriente aún no amanece,
> y en su ocaso el Ocaso se apresura.
>   ¿Cómo a su luz resiste sombra obscura
> cuando a su sombra el día desaparece,
> y ostentándose sol, cuando anochece,
> en su muerte acredita su hermosura?
>   Es que en la Cruz le niegan lo constante
> de su Alto Ser, y en el Portal ufano
> se ve adorar su Majestad brillante.
>   Y, así al morir se muestra soberano;
> pues de Dios dista más reo que infanta:
> mas lo mortal se aleja que lo humano.[63]

The sonnet, written some 22 years after "Delante de una imagen de Cristo Crucificado," shows a more mature and contemplative Peralta.

The practice of commemorating civic events by issuing volumes of bombastic and laudatory verses allowed the *dilettante literati* of Lima to display their penchant for decadent compositions and poetic jousts of doubtful literary merit.[64] With Góngora, Quevedo, and Calderón as models, many of the dramatic and poetic arrangements showed a preference for Gallicisms and fables, and were created employing acrostics, anagrams, logograms, enigmas, paronomasia in sonnets, glosses, octaves, *décimas* (stanzas of ten octosyllabic lines) and other difficult yet playful metrical combinations. The beginning

---

[63] The poem is part of the proceedings from the academy session that spanned 21 to 24 March 1709.

[64] On the nature of poetic competitions and jousts during the colonial era see Leonard, "Tournaments of Poetasters," *Baroque Times in Old Mexico* (Ann Arbor: University of Michigan Press, 1971), 130-44. Willard F. King gives an overview of poetic contests as a discourse in Spain's literary academies in *Prosa novelística y academias literarias en el siglo XVII* (Anejos del Boletín de la Real Academia Española, Madrid, 1963).

of the eighteenth century in Lima can be characterized as one in which artifice was employed to serve the interests of art and, in the process of service, condemned it. To judge by the poems of Castell-dos-Rius' academy, the literary merit is overshadowed by the patience those taxing compositions required of their authors.

Those artistic centers allowed a privileged few to exercise academic and poetic freedoms; they reflected Lima's atmosphere of *criollismo* and its struggle to define its cultural and social perimeters in the face of inequities of life under Spain's influence. Although the groundswell of *criollismo* would later bring about historical transformations in the second half of the eighteenth century, Lima remained a faithful stronghold of Spain.[65] In a bid to transcend their colonial status and its attendant conflicts, members of those cultural assemblies sought to imitate the style and manners of their European models. What Peralta lacked in terms of monetary comforts enjoyed by his aristocratic contemporaries, he compensated for in stature, self-promotion, and genealogical pride in his Villa-Rocha heritage.[66]

Despite the fact that the net effect of those academies on the changing political climate of Peru was negligible, their impact on the intellectual landscape of Lima was experienced immediately. Beyond his intimate appraisal of Castell-dos-Rius' salon, Rodríguez Guzmán pointed out that those forums also provided for scholarly exchanges.

> Era mucho más de lo que se decía extemporáneamente a diferentes asuntos y argumentos que ofrecían la conversación, el acaso o la controversia de diferentes materias, facultades y noticias, con admirable piedad en la inteligencia de filosofía y matemáticas, jurisprudencia, teología, historia, poética y razón de estado. (Palma 1899, 5)[67]

Within the privileged halls of those salons there existed two ideological schools: one was reactionary and guarded its colonial mandate; the other spawned the germs of a rebellious intellectual corps

---

[65] The climate of early eighteenth-century Lima and its desire to recapture the glory of a bygone era is the subject of Williams 1990, "Enlightened Lima."

[66] See Sánchez (1967) regarding the intricacies of the Peralta bloodline.

[67] Regarding the interplay between poetry, politics, and power see José A. Rodríguez Garrido (2000).

that "había de operar más tarde la formación de un núcleo prestigioso de revolucionarios de la idea" (Valega 1939, 83).

The salons directed by Peralta and Villafuerte adhered to the model introduced by Castell-dos-Rius. Although there can be little doubt that those venerable institutions reversed the stagnant climate of Lima by consolidating its prominence as one of the few cities in South America to break with prescribed imperial norms in addressing philosophical questions, their activities did little to influence general educational reform in spite of having the support of some of the leading figures of the Enlightenment. In nonsectarian universities of the colonies, the pursuit of truth through open inquiry and speculation was a direction to be introduced during the Enlightenment. At the University of San Marcos students were subjected to a curriculum firmly grounded in Aristotle and theology, and to ideals espoused by academic officials, many of whom were political appointees.[68] The standing viceroy and other dignitaries held in check the methodical exercises of colonial pedagogy, as much as they did political loyalties and distinctions based on class and ethnicity. Divisions existed between the masses' lack of access to instruction and the freedoms exercised by a cultured minority in training to occupy positions of power and privilege. The relationship between colonial youth and institutions of higher learning resulted in an intellectual corruption that favored aristocratic yet servile notions of scholasticism.[69]

After the demise of Castell-dos-Rius' academy, Peralta founded at his own expense the Academy of Mathematics and Eloquence, which sponsored semipublic literary contests. The founding and closing dates of Peralta's academy have been a source of ardent speculation. Scattered references to its existence appear in critical studies but shed no light on the circumstances surrounding its creation and operation (Leonard 1936; Sánchez 1921; Riva Agüero 1909 and 1938; Feijoo 1952). Critics do agree that Peralta's acade-

---

[68] See Nikolaus Pevsner, *Academies of Art: Past and Present* (Cambridge: Cambridge University Press, 1940).

[69] Felipe Barreda Laos (1937) presents an engaging thesis on the state of education in colonial Lima. The University of San Marcos was beginning to lose its academic mandate to the *Colegios Mayores* and engaged itself with administrative and ceremonial tasks, such as conferring degrees and titles. At San Marcos, Aristotle and St. Thomas were being replaced by the mental precursors of the Illustration such as Bacon, Newton, and Leibniz.

my followed that of Castell-dos-Rius: "Muchos años después de la muerte del marqués de Castell-dos-Rius y del consiguiente fin de su academia, formó Peralta una particular de Matemáticas y Elocuencia" (Riva Agüero 1938, 176). Riva Agüero intimately linked Peralta's academy with the social gatherings commanded by Ángel Ventura Calderón Cevallos Santibáñez Bustamante y Villegas, the marquis de Casa Calderón, stating them to be one and the same: "La tertulia de Casa Calderón, en su conocida morada de la calle San José, . . . componía el fondo de la Academia que se intituló, como ya vimos, de Matemáticas y Elocuencia" (Riva Agüero 1938, 269). In *Estudios de literatura peruana* Riva Agüero suggested an undocumented time frame for Peralta's academy: "Disuelta la Academia palatina de Castell-dos-Rius, [Peralta] dirigió en su casa, hacia 1728, una de Matemáticas y Elocuencia, y asistía a las tertulias literarias de sus amigos y protectores, el Marqués de Villafuerte y el de Casa Calderón" (1962, 303).

Speculative remarks about Peralta's academy seem to have passed, almost intact, from critic to critic. For example, Gutiérrez (1874) is quoted by Riva Agüero (1909 and 1910), Riva Agüero by Leonard (1936), Leonard by Sánchez (1921), Sánchez by Leonard (1937a), Leonard by Riva Agüero (1938 and 1962), Riva Agüero (1962) by Lohmann Villena (1964), and Lohmann Villena by Sánchez (1967). What has confused critics for some time is Peralta's declaration that the academy was "under [my] care." In truth, Peralta directed both the Casa Calderón gatherings and served as president of his own academy, a fact corroborated by Feijoo (1952, 153).

The Casa Calderón academy was decidedly aristocratic in membership, yet opened its doors to Peralta and his middle-class associates. As Peralta's patron, Casa Calderón was responsible for underwriting the publishing expenses for the first volume of *Historia de España vindicada*, which Peralta dedicated to him.

In reporting on academy society between 1707 to 1725, Lohmann Villena, on the heels of Riva Agüero, came closer to pinpointing a date of operation for Peralta's academy:

> Por estos años mantuvo el sabio peruano una academia particular de Matemáticas y Elocuencia, a cuyas veladas concurrían ilustrados vecinos limeños. Algunas de las disertaciones sustentadas en las sesiones de este cenáculo hallaron cabida en los libros coetáneos, y con certidumbre se sabe que compuso Peralta

unas meditaciones piadosas que vieron la luz pública sólo diez años después. (1964, 24)[70]

Riva Agüero also points to separate academies financed by Rodríguez Guzmán and Bermúdez de la Torre after the death of Castell-dos-Rius (1962, 287). Given that Peralta frequented most social and literary gatherings, his academy undoubtedly competed with others.

The record corroborates Peralta's directorship of Casa Calderón's academy, and points to Peralta having been at the helm of his own Academia de Matemáticas y Elocuencia as late as 1738. If we take into consideration that Peralta operated an academy shortly after Castell-dos-Rius' death in 1710, and Feijoo's statement in "Españoles americanos" that Peralta was "sesenta y ocho años o algo más," and that at almost age 70 he was still directing his academy, then the life span of Peralta's group can be said to have run from 1710 to 1738 and beyond, possibly until his death in 1743, months after having attained the age of 79. The "pious meditations" that Riva Agüero cites Peralta as having written ten years after 1728 refer to *Pasión y Triunfo*, and render an approximate date of conception between 1728 and 1738.

In the prolog to *Pasión y Triunfo* Peralta revealed where and how the work was conceived: "Esta obra comenzó por empleo devoto en la Academia, que de ilustres ingenios se había formado algunos años ha de Matemáticas y de Elocuencia a mi cuidado." *Pasión y Triunfo de Christo* is listed in the 1732 catalog of published works or "Manuscritos para imprimirse" in *Lima fundada* as item number XI. *Pasión y Triunfo de Christo: oraciones de la Pasión, que están para imprimirse*. Since *Pasión y Triunfo* was not published until 1738, it seems reasonable to conjecture that an exiguity of funds was in part responsible for its late release. Prior to 1738 Peralta had described how a lack of a patron and the economics of publishing were responsible for the lag time between composition and publication.[71]

---

[70] The author does not quote his sources. This work was reprinted under the same title in 1987, edited by Percy Cayo Córdova (Biblioteca Visión No. 37, Lima: Editorial Monterrico).

[71] In the prolog to *Lima fundada*, where Peralta expressed concern about a lack of patronage to underwrite publication costs, he mentioned how his economic woes had forced him to implement cost-cutting measures in publishing his own books. See Williams 2003, xxix-xliv.

Peralta was well into his seventies when he surrendered to the allures of mysticism and contemplation, and composed the one book that would be a cause of grief to him. According to Riva Agüero (1962), Peralta began to write the First Prayer during Holy Week, and was encouraged by his benefactor Bolaño Moscoso to continue the project.[72] There are two references that document *Pasión y Triunfo* as a product of Peralta's academy. The first is from Peralta himself in the previous quotation from the Prolog. The second is the testimony of the Jesuit theologian and inquisitor Francisco Rotalde found in the front matter of the book.

> Pues presentándose en una ocasión a su Academia, que es la doncella casta a quien siempre ha ofrecido sus amores, con la primera de estas oraciones en que, con casualidad devota, había encendido el corazón y teñido la pluma con el Sacrosanto Sudor de Nuestro Salvador en el Huerto, pareció en la elocuencia de su boca tan encendidamente hermoso el color de esta Púrpura sagrada que recabaron con instancias ajustase una entera obra, corriendo a la Pasión todos sus Pasos; la que sale ya a luz en este libro, para que nuestra América, con Púrpura de otro precio y otro esmalte, deje sin vanidad a la de Tiro. [unnumbered folio]

Rotalde adjudged the book not only to have emanated from Peralta's soul, but also to be a work that honored and draped America in a mantle equal to regal and papal robes produced from the highly prized dye of Tyre.

Pasión y Triunfo de Christo had received the required "Approval" from Juan de Gazitúa, an inquisitor and theologian at the University of San Marcos. The folio following the title page reads: "Nada tiene contra la fe que ilustra, ni contra las buenas costumbres que promueve. Así lo siento en este Convento del Rosario de Lima en 11 de diciembre 1738." Father Andrés Munive de León y Garavito (1675-1745), vicar-general of the archbishopric and archdeacon

---

[72] Bolaño Moscoso y Osorio, future count of Valle-Oselle, was a member of the Order of Santiago, judge on the High Court or Justice Tribunal, as well as a military auditor and benefactor to the Colegio Mayor de San Felipe. He was one of several literary judges of *La Galería de la Omnipotencia*, is listed as among the judges who attended the funerary exequies for Francisco Farnese in *Fúnebre pompa* (1728), and as a member of the Real Audiencia in *Relación del auto de fe celebrado por el Sagrado Tribunal del Santo Oficio de la Inquisición* (1733). The full text of *Fúnebre pompa* and *Relación del auto de fe* is in Williams 2001.

of the Iglesia Metropolitana, concurred with the assessment. Rotalde also granted an "Approval" on 16 December 1738: "Concluyo con decir, que no conteniendo este libro cosa contra nuestra santa fe y buenas costumbres, . . . es muy digno, que de cuanto antes vea la luz pública." Rotalde opined that since *Pasión y Triunfo* stemmed from Peralta's genius, censorship was not a question:

> Juzgo en este libro ociosa la censura porque habiendo de ir precisamente el nombre del autor a la primera plana, la deja sin ocio. ¿Ni quién ha de buscar apoyo de lo que con sólo nombre se lleva ya sabido? ¿O cómo se podrá recabarse de quien se trae anticipada a los ojos una demostración?

Peralta's brother José (1669-1747), an inquisition official charged with examining preliminary evidence, rector (1720) of the Colegio de Santo Tomás, and by then the powerful archbishop of Buenos Aires, contributed his stamp of approval and a sonnet to the front matter of *Pasión y Triunfo*.

In the ten meditative Prayers that cover scenes from Christ in the Garden to his Ascension, Peralta had "pronounced" or attributed to Christ certain phrases as if they were His true words. The uninformed reader could well mistake the author's poetic license as a rendering in print of Christ's words. In most of the Prayers, Peralta places words spoken by Christ and others in either quotation marks or italics. However, in his recreation of what Christ pronounced or thought, we find instances where it is difficult to determine when a paraphrase or attributed words end because they fuse with the narrative and are not set aside by parentheses or otherwise indented to stand alone.

> Veis aquí en mi persona el gran Misterio del inefable vínculo de dos naturalezas, para que siendo verdadero hombre padeciese y siendo verdadero dios satisficiese. . . Manifesté mi Divinidad en mi doctrina, en mi virtud y en mis milagros. . . Amé a los hombres hasta el fin; y no contento con morir por ellos, determiné vivir con ellos, y en lugar de imágenes . . . sudé en Sangre toda mi Pasión. Sufrí ignominias, aún más allá de los desprecios. Penetráronme los clavos pies y manos, y sufrí, en medio de la vida, cuatro muertes. Expiré y sin aliento que rendir, rendí el aliento. ¿Qué más pudo hacer este infinito Amor? ¿Qué mayor sacrificio pudo ofrecer, para expiar un Dios al hombre, que un Dios inmolado a un Dios ofendido. . . .

> Ved todo lo que me debéis, en todo lo que me gozáis.
> (Oración Octava 306-07)

When Peralta prefaces in his own words what Christ would have said, he follows that with words from the Bible that are attributed to Christ. In the First Prayer, Christ's words are prefaced by "lo que oraría aquí el Señor" and "puede la devoción pensar que dijo así." In the Ninth Prayer the words Magdalena speaks are prefaced by "como que quisiese insinuar;" for Christ is it "como que así dijese," "así parece que le dijo," "respondió," "diría El Señor," and "les dijo así." Other examples that circumvent direct attribution include "Así se puede meditar que le dijeron," "que así diría," "Así juzguemos con el sacro apóstol qué diría el Señor," and "Así parece que lo quiso el Señor."

Since the book was allegedly the result of the author's divine inspiration, it came under the scrutiny of the Inquisition, despite having carried the declaration *nihil obstat*. Of particular focus were the sixth and eighth Prayers, labeled heretical because of incomprehensible passages ladened with metaphors and subtleties. In one example Peralta quoted Christ on the Cross as stating that His Father's forgiveness for those who know not what they do could have been forthcoming had Christ asked as God, since the Father would not have denied the prayers of the Son. Peralta justified this aesthetic liberty by stating in a marginal note: "Así nos permite el mismo Señor meditar lo que oraría" (191). Other offending phrases of hyperbolic endearment were:

> ¡Oh mortales! ¡Y cómo, aunque fuisteis vosotros otros christos, [12] nunca pudierais corresponder lo que debís, pues, si padecierais, fuera siempre en pago de mi Amor, yo padezco a vista de vuestra ingratitud! (Oración Primera 191)
>
> Y hubiera obtenido el de todos si le hubiese pedido como Dios, no pudiendo negar el Padre los ruegos que presenta el Hijo. (Oración Sexta 276)
>
> Allá se ve un remedio disfrazado de herida sin la herida, y una vida en traje de veneno sin veneno y acá un Dios vestido de culpado sin la culpa, y un Redentor en traje de expirante sin la muerte. (Oración Siete 288)

Next to the words "un Redentor en traje de expirante sin la muerte" censors had written "malsonantes y próximas a error."

Most perplexing are the words attributed to Christ in the Second Prayer: "*Yo soy el que soy*, le dijo allí a Moisés, porque es el que solo es por sí. Es el que no pudo dejar de ser. Es el que siempre fue. Es todas las cosas y ninguna, y su Nombre es todos los nombres y ninguno." How this passage escaped inquisitorial censorship is baffling in that it perverts the biblical text of "Yo soy el que es" [Yo soy el que existe]. If He is everything, then He can not be any one thing in particular, but rather all things. This is but another instance of the creative tension that defines *Pasión y Triunfo*.

We believe that the negative reception of the book was due also in part to Juan de Gazitúa's exuberant Approval that Peralta had written the equivalent of an Old Testament, conveniently relabeled *Testamento Viejo*:

> Las figuras, que en el Testamento Viejo trazó la Idea Divina, como borradores en que ensayó estos Soberanos Misterios, que los Sagrados Padres traen y los intérpretes explican, acomoda puntual en cada paso, pero vestidas de gala tan nueva, animadas de expresión tan viva, que no parece que ya sabíamos lo que nos dice, sino que, cuando lo dice, entonces lo sabemos.

Gazitúa credits Peralta with making intelligible the "inaccessible" sovereign arguments of the Old Testament. The question arises about what censorship, if any, was accorded those who, like Gazitúa, Rotalde, and José Peralta, gave their written approval and testified that the book did not contain heretical passages, only to have the Inquisition later discredit or challenge their declaration.[73]

On 22 August 1739, Peralta's ideas were pronounced to be "escandalosas, falsas, blasfemas y heréticas"[74] by a body of inquisitors and censors directed by Cristóbal Sánchez Calderón, and which included father Francisco Javier de Torrejón y Velasco (1683-1767), Ruiz de Alvarado (Augustinian), Father Río (Dominican), Father Paredes (Jesuit), and Olmos Godos (Franciscan); they were assisted by secretary Ignacio de Valverde. The book was ordered withdrawn from circulation *donec expurgetur*. Peralta insisted that the censors did not understand the true meaning of his work. Yet inquisitorial censors held that only from the pulpit could such a sensitive theme

---

[73] The Inquisition's role in the censorship of books is the subject of Pedro Guibovich Pérez (2002).

[74] Riva Agüero 1909, 132.

be discussed and, that given the book's theological nature, it should have been written in the Church's official language: Latin.

> Se reproducía la vieja polémica sobre la Vulgata Latina de la Biblia, y la censura contra Lutero por haber vertido la Escritura al idioma alemán. Otra objeción fue que Peralta, aunque doctor en Cánones, no lo era en Teología, y había incursionado en materia ajena a sus posibilidades con grave peligro para la majestad del dogma. (Sánchez 1965, 2:503)

Peralta's plight was not unique and certainly not without precedent, for his peninsular counterpart Feijoo had faced inquisitorial scrutiny in 1736 for alleged antischolastic writings. Censors disagreed on the extent to which a luminary such as Peralta could be called to account. Inquisitor Ruiz de Alvarado wrote about Peralta's situation: "Podría ser, *quod Deus advertat*, que el fin del autor fuera en donde perecen miserablemente los contumaces."[75] This was a veiled threat of capital punishment with death. Peralta's defense injured the inquisitors' pride and tested their limited knowledge to the end that one member of the Tribunal declared that "el Santo Tribunal ha mirado al doctor Peralta con excesiva misericordia" and that "le estaría muy bien no tenerse por doctor eclesiástico, para evitar la sospecha de hereje y las penas que traen *a jure* semejantes errores."[76] In an effort to find a benevolent manner to address the controversy in Peralta's favor, one priest submitted this opinion:

> Supuesta la sana inteligencia y buena intención del autor del cuaderno impreso que se intitula *Pasión y Triunfo de Cristo*, dividido en diez oraciones, en las cuales se manifiesta bien la eximia y erudita literatura de su celebrado talento y capacidad, y la tierna cristiana devoción a la fe y doctrina católica en que le criaron (de que no se duda), se vienen a la consideración algunas proposiciones... que repugnan... por el sentido peligroso que descubre... No se les niega a las oraciones lo sentencioso de las cláusulas, lo conciso y lacónico y aun lo sonoro y rítmico en el artificioso engarce de las voces; y me persuado a que por esta razón y por la armonía numerosa de ellas, algunas que tocan en la doctrina católica salen muy cadentes, como al fin pesadas, y

---

[75] Sánchez 1973, 487.
[76] Riva Agüero 1965, 4:303.

> que se hunden con lo cadente y pesado a lo profundo del abismo. (Riva Agüero 1965, 4:303-04)

To add to Peralta's misfortune and increased exposure to inquisitorial criticism, he no longer had the protection of Viceroy Castelfuerte, José de Armendáriz (1670-1736), whose twelve-year reign had ended in 1736 with the appointment of the marquis de Villagarcía, José Antonio de Mendoza (1666-1745). That Peralta suffered from gout and gallstones at the time of his protracted trial aided his defense. On 1 October 1739, Peralta excused himself from a request to appear before the Holy Tribunal due to a bladder infection that had left him bedridden. Denied the opportunity to view the written charges against him, he was however permitted to submit testimony in writing for jurors in the comfort of his home.[77] He was then given one month to prepare his reply. He complied by submitting at the end of March 1740 "Satisfacción de las dos proposiciones que se han notado en el libro intitulado *Pasión y Triunfo de Cristo.*"[78] He countered the charge by invoking the writings of St. Matthew, St. Paul, St. Augustine, friar Luis de Granada, and Cornelius Lapidus. In "Satisfacción" he held that censors misunderstood his work and purpose, and that the bad intention attributed to him reflected antiquated thinking and was an attempt to resuscitate old heresies no longer known in Peru. As for not having written the text in Latin, he pointed to religious writers such as Sor María de Ágreda, friar Luis de Granada, Saint Matthew, and Saint Paul, all of whom had followed a path similar to his. For certain, Peralta also would have been well aware that in Spanish literary history writers such as Cervantes, Lope de Vega, Calderón de la Barca, and Góngora were all subdued by a combination of piety and clerical leanings toward the end of their life; although they inclined toward

---

[77] Peralta alludes to this troublesome illness in "Poder para testar" (Riva Agüero 1912). As early as 1737 Peralta's declining health was the subject of correspondence between father Martín Sarmiento in Spain and Gaspar de Urquizu in Lima: "Siento en el alma la indisposición del Sr. Peralta; y creeré que trabaja en el certamen para recibir al virrey (marqués de Villagarcía), aunque se halle en el certamen de su vida... No será el poeta único que murió *in fraganti* de su ejercicio. Dios quiera salga victorioso de su enfermedad; y con lucimiento, como siempre, del certamen poético que trabaja" (Riva Agüero 1962, 2:218). The *certamen* was *El cielo en el Parnaso* (1736), which seems not to have reached Sarmiento before he wrote his letter.

[78] A copy of his defense is in Legajo 29 de Manuscritos of the National Library of Peru. The *Lima fundada* acrostic listing for this work is "Defensorio del libro de la Pasión de Cristo" (Williams 1994, 18).

strong religious feelings, they did not negate the secular dimensions of their earlier writings. In swearing absolute obedience to the Holy Tribunal, Peralta asked that a new body of impartial and informed censors be appointed. In "Satisfacción" he promised to subject himself "rendidamente a la obediencia y juicio del Santo Tribunal," declaring his book to be a crepuscular offering in recognition of his infirmity and advanced age, and an "incendio de devoción, como una compunción universal, no siendo compatibles contrición y blasfemia."

After two years of litigation, evidence against Peralta proved inconclusive, and the trial was discontinued. With his wit and intellect, Peralta challenged the authority of his accusers, but his victory was short-lived. Ironically, after his death, censors were able to expurgate and correct by hand the controversial passages in many copies of the book. Yale University's Beinecke Library has a copy of this rare corrected text, which carries the handwritten inscription "Corregido, expurgado, y enmendado por orden del Santo Tribunal de la Inquisición. Año de 1788." Corrections and deletions occur in the margins of the text. Riva Agüero maintains that Peralta's convoluted prose came under inquisitorial scrutiny "no por espontáneo y sincero sino por presunción retórica y afectadísimos encarecimientos . . . que parecían coincidir con vetustas herejías griegas, contra el querer e intención del mismo escritor y el contexto de la obra. Testadas y enmendadas con letra de mano unas pocas palabras, siguieron circulando impresas las oraciones devotas de Peralta."[79] As proof that the offensive expressions demonstrated rhetorical presumption and affected prose, the confiscated copies were not destroyed, but rather censored by hand. Peralta's language, "retorcido, entre culterano y retórico" (Lohmann 1964, 37), is what led in part to Inquisition censors believing that selected passages were unorthodox and that the mixed metaphors, subtleties, and hyperboles required an explanation.

Father Torrejón's findings on 16 October 1740 labeled Peralta "ignorante, embustero, presumido, falsario . . . [de] entendimiento vacío e insípido como de calabaza."[80] Even though Torrejón recommended harsh punishment, he was forced to acknowledge the book's "hermoso estilo digno de aplauso, su singular entendimien-

---

[79] Riva Agüero 1962, 2:214-15.
[80] Riva Agüero 1962, 2:168.

to, elocuencia particular, inteligencia y diversidad de idiomas y exquisita erudición profunda."[81] In addition, Ruiz de Alvarado stated that Peralta was "un ignorante presumido," but that "no se puede negar que es dado a las letras profanas, poesías y matemáticas, y no más."[82]

The inquisition case against Peralta began after – and not before – the manuscript was printed. In the absence of the original manuscript, we do not know if it was altered by the printer or by Peralta after it received the required imprimatur. Why did the inquisitors not pursue further their charges against Peralta? Had they reached their aim to embarrass him publicly and injure his prestige and fame? Had they sufficiently reclaimed their authority in matters of censorship by exercising their power under a new viceroy? Were they defeated or intimidated by Peralta's concerted defense and the length of the process? Was he not prosecuted in deference to the influential position his brother José held? The attack against Peralta was as personal and vengeful as it was political and intellectual, and it reflected the inquisitors' strict adherence to orthodoxy in the face of the changing literary climate in Peru and the European influences the colony began to embrace.

Prior to being summoned before the Inquisition in 1738, Peralta had endured a scrape with this same body in 1733. Two tribunal members thought that they had been the target of Peralta's criticism in the *Discurso isagógico* that preceded or introduced *Relación del auto de fe celebrado por el Sagrado Tribunal del Santo Oficio de la Inquisición . . . en el día 12 de julio del año de 1733*, a report that viceroy Castelfuerte had commissioned.[83] For some time before the publication of the *Relación del auto de fe*, inquisitors Diego de Unda and Cristóbal Sánchez Calderón had been under scrutiny for their heavy-handedness in prosecuting prisoners and staging an unprecedented number of autos-da-fe. When the tribunal members returned *Relación del auto de fe* to Castelfuerte, they presented

---

[81] Riva Agüero 1962, 2:172. Critics have confused inquisitor Francisco Javier de Torrejón y Velasco (1683-1767) with Tomás de Torrejón y Velasco (1671-1733), Peralta's literary friend who wrote the Approval for *Lima fundada*. Since *Pasión y Triunfo* was written in 1738, Tomás de Torrejón, who died in 1733, could not have been involved in the controversy. It was Tomás who said of Peralta in the front matter to *Lima fundada* that "Habla en él no un hombre, sino todas las artes."

[82] Riva Agüero 1962, 2:177.

[83] The title in the *Lima fundada* acrostic is "Discurso isagógico sobre la gloria de la fe."

their weak case against Peralta in a letter dated 18 November 1733. In part, it read:

> Y aunque en él [el cuaderno] se contienen algunas proposiciones que se han hecho reparables, no ha sobrevenido denunciación de ellas, en medio de que hemos oído han causado alguna disonancia; . . . no hallamos en determinación de mandarlo recoger. . . . Que dejen correr el impreso de la relación, y que si hubiere denuncia, se reciba y se dé a calificar, y hecho, se vea y vote, y sin ejecutar se remita. (Medina 1904, 2:372-73)

Since Castelfuerte had sanctioned the volume, it was decided best not to proceed against Peralta, in light of the "pernicious consequences" that might occur, and in the belief that the public might misinterpret the charges as having been pressed in envy of the author's fame. In an attempt to appear zealous on behalf of the Catholic faith, the inquisitors focused on Peralta's "mass of artificialities and Gongoristic exaggerations" as a way to embarrass him and annoy Castelfuerte.[84] The statements in the *Discurso isagógico* that engendered inquisitorial wrath read: "No sólo es memorable lo terrible. No es esto lo que quiere la fe. Más bella está serena que irritada" (section 4). The decision not to ban the book was restated in a letter dated 13 August 1734.

Peralta was familiar with the vague principles by which censors operated, and he viewed censorship as a case of ill will lying in wait for a victim. When he wrote the following lines in 1732 about the need for self-censorship, it was as if he had been able to foresee the censorship of *Pasión y Triunfo de Christo* after its publication:

> Que no hay quien pueda entender a los censores, pues los mismos que juzgan que no puede haber sublimidad con muchas reglas quieren que no pueda haberla sin cumplirlas todas: Que a un mismo tiempo lo llano les es bajo y lo sublime es afectado, y les disgusta de la misma manera lo seco y lo fecundo. Y viendo que este horror iba a poner impedidos los ingenios y a dejar viudo el mundo de las musas, vencí el terror y emprendí la obra. Y porque en el recuerdo de las leyes ya expresadas no habré hecho más que ponerme a acusaciones, si no las he cumplido, iré dando razón, no del acierto sino del deseo. (*Lima fundada*, Prólogo)

---

[84] Leonard 1933, 70.

Although not crippled by public opinion, Peralta was nonetheless cautious. Even if the text proved a failure, he believed that he was still due credit for the devotion and zeal with which he explored the subject matter.

The Structure of *Pasión y Triunfo de Christo*

The *Dedicatoria*, Baroque and formulaic, begins with a laudation of Bolaño y Moscoso, on whom Peralta bestows the title of Mecenas in honor of Gaius Cilnius Maecenas, patron of arts and letters, who befriended the poetic luminaries Virgil, Horace, and Propertius. The comparison and tribute are fitting in that Bolaño y Moscoso not only served as patron to Peralta and members of Peralta's Academy of Mathematics and Eloquence, but also contributed verses to the works of other poets. Both Bolaño y Moscoso and Maecenas displayed immense affection for poets of their circle, provided financial assistance to promote arts and letters, and assumed a modest posture as patrons not concerned with fame for themselves. Where Maecenas was a faithful advisor to Augustus Octavius, Bolaño y Moscoso obtained a number of ceremonial appointments through viceroys Castelfuerte and Villagarcía. Peralta was no stranger to singing the praises of his munificent patrons. In *Imagen política* (1714) he lauded the twenty-fifth viceroy of Peru, Diego Ladrón de Guevara (1641-1718) for his cultivation of the arts: "Ningún virrey las ha solicitado promover más que S. E., que es a un tiempo el Augusto y el Mecenas, siendo preciso que favorezca lo que estudia y que ilustre lo que ama" (fol. 80). The same nature of tribute appeared in 1732 in the front matter to *Lima fundada*, in recognition of viceroy Castelfuerte: "Y aun a mudarse el teatro de los siglos, si el decantado existiese hoy y hubiera V. E. vivido en su tiempo, debiera valerme de él como Mecenas para celebrar a V. E. como héroe." In Peralta's estimation, Peru was a gold mine of intellects whose actual and potential contributions in the sciences, literature, law, and the arts had served the Crown well by having produced eminent citizens. Therefore the Peruvian Maecenas had continued the very tradition of Art and Letters that Peralta wrote about in Canto CCLXXX of *Lima fundada*:

Dará así tu ciudad tantos sagrados
De sus rediles ínclitos pastores,
De los doseles aun más encumbrados
Présides claros, sabios senadores.
[De sus Liceos partos celebrados,
De sus alcuñas[85] nobles esplendores]
Que parezcan fundados sus decoros,
Más para dar Apolos que tesoros.

Beyond the rhetorical prose of the *Dedicatoria* we find an exaggerated and florid eulogy of the Bolaño y Moscoso lineage, which Peralta traces back to El Cid: "Es tan alta la ascendencia de Moscoso que, aun antes del recobro de la España, era ya insigne." To bolster that claim, Peralta invokes the names of classical authors, namely Plutarch, Cassiodorus, Claudian, and prestigious Spanish historians such as Pellicer, Salazar de Mendoza, and Felipe de la Gándara.[86] It was a credit to Peralta's good political sense that he portrayed his patron as a progressive intellectual, virtuous statesman, and loyal soldier, whose wisdom and love of the arts was a reflection of his ancestry and nobility, and under whose protection schools and the youth of Lima flourished: "Ser protector del Colegio Real y Mayor de San Felipe es ser director de un insigne Liceo

---

[85] alcurnias.

[86] José Pellicer de Ossau Salas y Tovar (1602-1679), poet, historian, and chronicler of Castile (1629) and Aragon (1637), was the author of more than 200 works that include *Predicación y venida del apóstol Santiago en España* (1637), *Alma de la gloria de España* . . . (1650), *Aparato a la monarquía antigua de las Españas, en los tiempos del mundo, el adelón, el mítico y el histórico* (1671), which Peralta cites in *Pasión y Triunfo*, *Disertación de los libros antiguos y modernos falsamente inscritos* (1671), *Población y lengua primitiva de España* (1672), and *Anales de la monarquía de España* (1687), completed after his death by his son Miguel. A copy of the *Anales* was listed in the inventory of Peralta's library.

Felipe de la Gándara y Ulloa (1596-1676), Augustinian, was conferred the title of Official Chronicler of Galicia in 1654; he authored *Armas y triunfos hechos históricos de los hijos de Galicia* (1662), republished with emendations as *Nobiliario, armas y triunfos de Galicia* (1677), and *El cisne occidental canta las palmas y triunfos eclesiásticos de Galicia* (1677).

Pedro de Salazar y Mendoza (1549-1629) was a priest, biographer, and chronicler, and as a genealogist he was often accused of forging lineages. He wrote *Origen de las dignidades seglares de Castilla y León, con relación sumaria de los reyes de estos reinos, de sus acciones, casamientos, hijos, muertos, sepulturas* . . . (1618), *Crónica de la excelentísima Casa de los Ponces de León* (1620), and a work about his great-great-grandfather entitled *Crónica del Gran cardenal de España don Pedro González de Mendoza, arzobispo de Toledo* (1625). A copy of *Orígenes de las dignidades* was listed in the inventory of Peralta's library.

del Perú, como copia de los mayores de España, de donde han salido tantos ilustres varones que han ocupado las mayores dignidades." Peralta concludes his tribute by asking humbly that his "libro devoto de Pasión" be granted the seals required for publication.

Father Gazitúa's Approval commends Peralta's sublime style and the depth of his religiosity, comparing his comprehension to that of St. Gerome, his discursive energy to that of St. Augustine, his moral dictates and aphorisms to those of St. Gregory, and the sweetness of his expression to that of Ambrosio de Morales.[87] In his private and public recreation of the Passion of Christ, Peralta's only fault is to not know how to "decir sin elegancia, y escribir sin acierto." As a fellow academician with whom Peralta had collaborated on several occasions, Gazitúa's endorsement of this *opus*, as an "extracto de ingenio, una quintaesencia de elegancia," was a fitting way to repay the generous tribute Peralta had paid to him in *Diálogo de los muertos*.[88]

In his hyperbolic Approval, Francisco Rotalde explores the multifaceted talents of Peralta as a linguist and writer, and notes with pride that his "pluma docta" has produced works that have enriched the sciences and letters, as well as "nuestra América."[89] Linking *Pasión y Triunfo* to Peralta's academy, "que es la doncella casta a quien siempre ha ofrecido sus amores," he believes that the book captures the essence of the author's ingenuity and the true anguish of Christ. Rotalde compares Peralta's genius and eloquence to that of Horace, Virgil, Tertullian, Sidonius, and Saavedra, all authors that Peralta has surpassed in his impassioned yet erudite rendering of the Passion of Christ. According to Rotalde, Peralta's pen, as if dipped in the Holy Blood, rewrites Christ's suffering and imbues his death with richer color and meaning that is easily understood through concepts that delight and enlighten the soul of readers.

---

[87] As a historian, Ambrosio de Morales (1513-1591) distinguished himself with *La descripción de España* (aka *Crónica general de España, que continuaba Ambrosio de Morales . . . Prosiguiendo adelante de los cinco libros que el maestro Florián de Ocampo, cronista del emperador, dejó escritos*, first volume in 1574), a work in which he described his method of writing history; it was followed by a second volume in 1577 entitled *Antigüedades de las ciudades de España que van nombradas en la Crónica*.

[88] Owing to Gazitúa's eloquence Peralta labeled him a "Pico de Oro" (Williams 1994, 186).

[89] Creole identity and nationhood are studied in Mazzotti 2000.

José Peralta's letter conveys that *Pasión y Triunfo* is more a product of incited will than meditation and, along with *Historia de España vindicada*, comprises his brother's two most excellent books, in which the temporal and eternal realms are subjects of contemplation: "¡Cuánto va de historia a historia! . . . La *Historia de España* es de una dominación de la tierra, que fundaron sus Reyes, con la sangre de sus vasallos; esta de la Pasión es de una monarquía que fundó el Cielo a los cristianos con la sangre de su Rey." The work was intended to be an imitation or continuation of other equally devout texts. In the ten Prayers are exhibited Peralta's five temporal talents, the first of which is the persuasive natural expression of joy revealed in his words. The second is the grace and fecundity of his nature, embellished by an in-depth knowledge of arts and sciences, and facility in writing in several languages. The third is his vast erudition, grounded in assiduous study and religious doctrine. His sublime inimitable rhetoric, devoid of false beauty, which penetrates the soul, introduces the fifth talent: his study and imitation of the saintly writers of the Church and Antiquity in elucidating Mysteries of the Lord. José writes that the five talents are evidenced in *Historia de España vindicada*, *Lima fundada*, *Poemas heroicos*, a panegyric to Cardinal Alberoni, poems written in Italian, *Apolo fúnebre*, *Imagen política*, and in five poetic contests and other texts of political, scientific, and mathematical importance.[90] Lastly, José finds that his brother's diverse talents will reward him "toda la alegría y toda la eternidad del Cielo" because they lead to "our redemption" and win the Christian heart by examples that invite readers to imitate passion and love. José's parting fraternal salute

---

[90] The two heroic poems, *La gloria de Luis el Grande* and *El triunfo de Astrea* (1703), were written in praise of Louis XIV, Felipe V, and the rise of the Bourbon dynasty; *Stanze panegyriche che consacra all'Eminentissimo Signor il Signor Cardinale Alberoni* (1720) was written in Tuscan. *Fúnebre pompa* (1728) is an engaging tribute to Francisco Farnese, Duke of Parma. The five poetic contests or *certámenes* are: *Lima triunfante* (1708), written to receive viceroy Castell-dos-Rius, and which includes a *cartel de certamen* written by Pedro Bermúdez de la Torre y Solier; *El teatro heroico* (1720); *El Júpiter Olímpico* (1720); *La Galería de la Omnipotencia*, and *El Cielo en el Parnaso* (1736). Selected works that also pay tribute to the monarchy include *Júbilos de Lima* (1723), written in praise of the royal marriages between Luis Fernando and the Princess of Orleans, and between Luis X (son and successor of Felipe IV) and Marie Anne Victoria, *Canto panegírico y poesías compuestas en celebración del maravilloso tiro con que el príncipe nuestro señor mató un feroz toro que acometía al puesto donde estaba la princesa nuestra señora* (1730), and *Lima fundada*.

– theological, syllogistic, and sentimental – is that *Pasión y Triunfo* is worthy of the readers' admiration and respect.

The Prolog builds a case for Peralta's timidity in offering for public consumption a book that would seem more appropriate had it emanated from the pulpit and not a lecturer's desk. Peralta's defense is that a work that is the product of devotion, fervor, and passion does not require a formal pulpit to legitimize it.

> La misma devoción me ha parecido atrevimiento y la misma lección se me ha hecho escrúpulo. Pero considerándome más arrastrado que aspirante y más impelido que deseoso, he tenido por destino la elección y por éxtasis la aplicación. Resignación ha sido, no conato. Conformidad y no dictamen. Los pensamientos sólo han sido adoraciones y mi silencio ha sido el escribiente del influjo. De manera que, cuanto se ve en esta obra por su objeto es sólo de aquel Señor que habrá querido ser a un tiempo el Asunto y el Autor, dándome la lengua para sustentar la devoción con la palabra y abriéndome el oído para atenderlo como a Maestro, con fuerza a que no debí contradecir... No están sujetas a las proporciones humanas las Divinas, que allá la Providencia se gobierna por reglas muchas veces contrarias a los medios. Cuando quiere, ni observa profesiones, ni se ciñe a estados, porque gusta de que se muestre suyo lo que es raro, y privativo lo que pudiera parecer común. (Prólogo)

Within Peralta's conceptualization of history, as presented in *Historia de España vindicada*, he saw himself as a literary conqueror forced to wage war and investigate truth on the battlefield of history, to which peninsular historians had laid waste and left the origin of Spain's language, towns, rulers, saints, and triumphs and losses confused and injured. Spain – its provinces and colonies – were to find vindication in that history (Williams 2003, xiv). In *Pasión y Triunfo* Peralta revives his thesis about the fertility and force of the pen and its ability to persuade, influence, injure, correct, beautify, and serve the nation. His pen now writes the animated story of the Passion of Christ.

> ¡Cuán extraña podrá parecer a la ínvida crítica en mi tenue pluma esta sacra obra, teniéndose por una paradoja de devoción, una antítesis de estado, como más propia de los claustros que del siglo, y más legítima del púlpito que de la silla! (Prólogo)

Peralta's objective was to not correct or refute religious writers and interpreters, but rather to offer an account that was guided by a search for truth and a desire to share his religious passion. In its broadest application *Pasión y Triunfo* would expose the limitations of scientific knowledge in matters religious, and the points that it raised would elevate or persuade readers to holiness, for they would see in the sacrifices of Christ models of conduct by which to interpret human experiences. His appeal and acceptance as a writer would reside in his talent to retell the Passion – distilled into a publication for mass consumption – from an intimate point of view. He perceived himself to be engaged in a collective task that would result in a common good. Inasmuch as Peralta was writing for a general, not ecclesiastical, public, reading *Pasión y Triunfo* did not presuppose knowledge of the complex histories that documented and interpreted the life of Christ. His job was to make that chapter of biblical history come alive, as in having readers witness the act of Christ being nailed to the Cross or feel the tears of Mary. The aim was to seduce the imagination, appeal to the senses, and establish an affinity between the readership and the text. To that end, he borrows from the texts of authors whose histories and fragmented relations contain elements of truth or verisimilitude.

Part of the difficulty that Peralta faced was how to justify this work, the fruit of a layman. In his estimation, in the same way that vestments do not signify learned men, but rather their habits, neither does a profession signal cleverness, but rather talent and disposition. Lest his zeal appear impertinent, he posits that sacred writings are mental temples whose doors, opened by religious authorities, invite intelligent study. Peralta invokes the names of devout writers who were not ecclesiastics, but whose works have come to form part of the religious canon. In developing each Prayer, his plan was to invoke the "gravest" fathers of the Church and modern writers whose arguments he would use to "excitar el ánimo y mover el corazón" of readers in response to the pathos of the Mysteries. Therefore, he prepares readers for the volley of minutiae that he will examine. The theological niceties and debates into which he enters are a reflection of the critical debates of his era. For example, the number of lashes Christ received; the diverse instruments with which He was whipped; how long the whipping lasted; how many steps He took while carrying the Cross; if He was crucified with the Cross stretched on the ground or in a vertical position; the identity of the tree (cypress? pine? palm? olive? cedar?) from which the Cross was constructed; the correct hour He was suspended on the Cross; and, the exact age of Christ and the precise day and hour of his death.[91] In the end, Peralta resolved that ". . . Cada uno podrá seguir la opinión que agradare a su juicio, que yo sigo las lágrimas más que las crisis y quiero los corazones más que los discursos en todo lo que no repugna a la evidencia." He lays bare the evidence and allows the reader to enter the affective realm of the work.

Another example of *Pasión y Triunfo*'s appeal to the senses and popular taste occurs when Peralta considers which role Simon of Cyrene played in carrying the Cross, i.e. if Simon preceded or followed Christ. Contrary to the opinion of Jacobus Serry[92] that religious paintings were unreliable in interpreting the suffering of Christ because they exaggerated events and misled the public, Peralta concedes the merit of the question yet insists on the utility of religious art as a medium to reach and influence the devout.

> Y aunque se ilude tanto el error de la pintura, no debe ser tan despreciable este testimonio como se discurre. Lo primero, porque siempre ha sido eficaz aun en las paredes de los edificios para las comprobaciones de la Historia, . . . Lo segundo, que siendo el uso de ella antiguo, no es menos digna de crédito que las medallas y las inscripciones a que tanta fe se suele dar. Pues, ¿quién duda que, de serlo, en materia tan grave no hubiera tolerado este error la Iglesia, no sólo en todas las pinturas sino aun en los bultos que en los altares y procesiones se ven esculpidos? (Prólogo)

Peralta embraces the secular depiction of the Passion as expressed in the arts, seeing in them the emotive appeal they hold for the faithful. He emphasizes that for centuries paintings, sculptures, and iconographic images have enjoyed the blessing of the Church, and he seeks to privilege *Pasión y Triunfo* as another work of religious art imbued with godliness, and worthy of the approval of religious authorities. As part of his spiritual exercises, he invokes images of the Passion as depicted in popular paintings and the plastic

---

[91] This scientific computation first appears in Book 3 of *Historia de España vindicada*.

[92] Jacobus Hyacinthus Serry, *Exercitationes historicae, criticae, polemicae de Christo eiusque Virgine Matre* (1722).

arts, which helped to frame his vision of Christ's suffering. The external world of religious visual stimuli as encountered routinely in all avenues of life, is used to excite the imagination, facilitate contemplation, and enlighten the soul through revelations powerful enough to produce or approximate a mystical experience. Peralta's descriptions of the Garden, the Devil, the angry crowd, instruments of torture, the battered divine body, the crown of thorns, and the Cross, amongst others, draw from religious and secular artifacts, paintings, engravings, and sculpture. He is inspired also by depictions of the same in texts, sermons, liturgy, and music (sacred and profane).

There are several polemics that Peralta advises readers that he will not tackle, but which he indeed does answer. The first is whether the wine (*vino mirrado*) was weak or strong; whether Christ was naked or partially clothed; the number of nails used to bond Christ to the Cross (where public opinion says the number is three, he neither agrees nor disagrees with Saint Brigid and other "grave" authors who claim that number to be four). In the Prolog Peralta also takes up the question of the darkness that appeared following Christ's death and whether an earthquake ensued (Peralta disproves this notion in Oración Sexta).

In a self-effacing posture that hints at humility, Peralta alerts his readers to a "misericordia de crisis para darme un perdón de devoción," declaring that he seeks neither fame nor glory:

> No sé si lo he acertado. Allá lo juzgarán los corazones, que, yo, en posesión estoy de mis defectos. No pretendo gloria humana alguna, . . . No son estas obras para esperar premios caducos. Si no fuera por la grandeza del Asunto, huyera más del aplauso que de la censura, porque aquél es peligro y ésta puede ser paciencia. (Prólogo)

Although Peralta's voicing of his personal "crisis" was judged heretical, and the sincerity of his devotion disputed, he believed that the greatest tragedy would have been to have suppressed his book and kept it a prisoner of his soul. The argument is that the spiritual artist sacrifices himself to bring to light from the depth of his soul the enunciation of joy and love, whose ultimate mission is to enlighten humankind.

The works that inspired the creation of *Pasión y Triunfo* are *La Christiada* (Seville, 1611) by Diego de Hojeda (Lima, 1571-1615),

Vida de Cristo (1668) by Fernando de Valverde, and *Poema sacro de la Pasión de Cristo* (Lima, 1717) by Luis Antonio de Oviedo Cruzado Herrera y Rueda, Conde de la Granja (1636-1717). Hojeda's sacred poem, composed of royal octaves and divided into twelve Cantos of 1,792 verses, is considered to be a fine example of Hispanic Baroque, where the presentation of the Passion of Christ unfolds alongside that of the history of the Church. In this moving interpretation of the Bible, informed by religious literary classics and the *Aeneid*, Christ appears as a holy Aeneas, whose suffering leads to Crucifixion. The colorful and fast-paced account is facilitated by a variety of epic artifices, such as flashbacks, divine intervention, allegory, and prophecies. The poem reflects "a preoccupation with spiritual renovation typical of the Counter-Reformation period," and is didactic and moralistic in tone, approaching the structure and content of a sermon designed to move listeners to piety.[93] Valverde's *opus*, comprised of seven books, shares the same moral tone in its denunciation of earthy appetites, yet distinguishes itself in its view that overreliance on Divine Providence is an illness that results in human passivity.[94] In Valverde's doctrinal thesis, dotted with historical sketches of the town of Israel, the children of Original Sin inhabit a world of anguish in which free will is useless as a weapon. In contrast to Peralta's style, Valverde's language is simple and devoid of metaphors and conceits. It attempts to capture the bliss of mystical contemplation: "Valverde y Peralta representan tendencia mística-contemplativa, que se reveló en la Colonia, como floración natural de la raza, de la educación y del medio" (Barreda Laos 1937, 259).

Conde de la Granja was a member of Castell-dos-Rius' academy and an intimate associate of Peralta. *Poema sacro de la Pasión de N. S. Jesucristo, que en un romance castellano, dividido en siete estaciones* . . . is thought to have been the work that Peralta attempted to rival.[95] Critics have speculated that Conde de la Granja was, in

---

[93] Higgins 1987, 46.
[94] Barreda Laos 1937, 259.
[95] Luis Antonio, grandson of Eustaquio Vicentelo, Marqués de Brenes and Conde de la Granja, was a perpetual councilman of the city of Salamanca – at whose university he studied –, former district governor of Potosí and Huánuco, and in 1665 became a member of the Orden de Santiago. He wrote the 1,244-stanza *romance* divided into seven stations entitled *Poema sacro de la Pasión de Cristo* (1717), and a historical poem in twelve cantos of 1,450 *octavas reales* entitled *Santa Rosa de Santa*

the eyes of Peralta, a mere "espejo de sus errores literarios y meta de sus afanes elocutivos."[96] The poem displays literary prowess in its imitation of French verse, and differs thematically very little from *Pasión y Triunfo*. Where Peralta is anguished and torn, displaying a depth of emotion and spiritual awareness that is mystical in its intensity and graphically rich in imagery, Luis Antonio is sober, balanced, and uniformly stylized. *Poema sacro* is an intellectual rendering of the Passion, where poetic versatility triumphs over religious fervor.

Each Prayer in *Pasión y Triunfo* is a disquisition or meditation on the suffering of Christ. The provocative and soul-searching work, written in response to Peralta's crisis of faith, displays the author's mature erudition, elevated rhetoric, and his talent for invoking religion and history to serve aesthetic prowess. A parade of similes drawn from nature and mythology, as well as a reliance on allegory, hyperbole, antithesis, contrasts, archane expressions, bombastic phrases, and euphuism set the tone of the First Prayer, which Peralta begins with an invocation to fellow academy members. His "débil pensamiento," as well as his own spiritual and physical pain, has led him to chronicle the Passion. The sweet pain that envelops Peralta is defined as a "desmayo fuerte, ansia robusta y esforzada agonía," and the ink of the pen, like the blood of Christ, will liberate mortals and lead them to triumph over evil. In Gethsemane Christ delivers his Prayer to the Eternal Father, and in vivid language, relates His trials and tribulations to "la atroz ingratitud de los mortales," who are unmoved by His tears and wounds.

> Veme aquí postrado como reo a tu Justicia por los hombres. Ve aquí, Señor, mis brazos a las cuerdas, mi espalda a los azotes, a

---

María, natural de Lima y patrona del Perú (1711) to honor the beatification in 1668 of Isabel Flores de Oliva (1586-1617), the first female saint of South America. At age 20, while still in Madrid, he authored the play *Los sucesos de tres horas* under the name Luis de Oviedo. He corresponded with Sor Juana Inés de la Cruz and sent her a *romance* composed in her honor entitled "Romance de un caballero del Perú en elogio de la poetisa. Remítesele, suplicándole su rendimiento fuese mérito a la dignación de su respuesta" in *Fama y obras póstumas del Fénix de México* . . . (1714). His comedy *De un gran yerro, un gran acierto* (1709) celebrated Felipe V's birthday; it was presented with a *loa* composed by Pedro Bermúdez de la Torre y Solier.

[96] Sánchez (1967, 249) believes that rivalry existed because Peralta was socially inferior to Luis Antonio. For a study of Conde de la Granja's poetry see Menéndez Pelayo 1984, ccix-ccxii.

> las espinas mi cabeza, mis manos y mis pies para los clavos y todo mi Cuerpo para que lo fijes en la Cruz. Ata, descarga, azota, hiere, corona y crucifica: que todo esto se debe a quien paga un mundo de delitos a una Justicia Omnipotente. Así me pago yo a mí mismo ofendido conmigo mismo castigado. ¡Oh amor inmenso vuestro, oh amor mío! (191)

The Garden, the first scene of the cruel Passion, is where "se arruinó el hombre por una infinita ingratitud." A mysterious and ever-present silence pervades the Garden, where light and darkness compete, as do the earth and the sky, and the elements of nature are personified to correspond to the depth of the religious passion and treachery that unfold within. With Jerusalem distant and dark, the apostles asleep, and Mt. Olive as a backdrop, the funereal atmosphere reaches a feverish pitch when Satan's joyous laughter, demonic cries, and laments pierce the night and cause violent reactions in Christ's body. The intensity of the scene that Peralta recreates is alluring and disturbing to readers who follow the colorful yet distressing acts that manifest themselves.

To single out the poignancy of Christ's suffering, Peralta takes to task "aquellos impíos literatos y escritores blasfemos,[97] que . . . osaron notar de demasiada timidez esta tristeza." He defines the suffering as "una angustia heroica, deliberadamente tomada por el Redentor, que quiso no sólo cargar los tormentos sino los temores que, por librar sus mártires del peso de sus sustos." Returning to address his academy brethren, Peralta asks them to forgive his faults and ignorance, and segues to the Second Prayer.

Here Peralta leads us through the particulars of the arrest of Christ and His judges. Judas is the subject of objurgation, underscored by repetition of how he sold Christ to the enemies: "Vendiose al demonio . . . vendió a Christo . . . vendió al Sacrosanto Cuerpo . . . vendió el rostro a sus labios . . . vendió la fe a la envidia . . . vendedor fue infernal y universal traidor." The treacherous act of detaining Christ, whose seizure is compared to that of dogs and lions stalking prey, is spotlighted as the moment when "sufrió el primer golpe en el camino del tormento la Humildad." Envy and hatred, unleashed by Cain, now rule the universe, and the apostles themselves are defenseless against such malevolent power when Christ is

---

[97] Martin Luther and his followers.

insulted with arms, stones, and invectives. Standing before the impatient judges, He is slapped violently in the face, which gives rise to Peralta's cry of "¡Oh Padre Eterno, a tu Hijo Unigénito se le ha hecho la injuria más sacrílega! [41] ¡Oh, cómo pasa de lo infinito lo que sufres! ¿Por ventura, Señor, permíteselo decir a mis asombros, importa más la salvación del hombre que todo el honor de un Hombre Dios?" Seized by Caiaphas, in whose hands the divine becomes perverse, He is again menaced, spat at, and exposed to unspeakable indecencies. Peter's denial of Christ and his subsequent tears close this Prayer, with a plea that we readers also become worthy of forgiveness. Rhetorical devices abound in this scene of the Passion and enhance the anger and indignation that Peralta sought to convey.

Against the backdrop of the indecisiveness of King Herod and the perfidy and conspiracy of Pilate, the marking of Christ's flesh unfolds in the Third Prayer. In the alternating aesthetic dialog between Christ and Pilate, before the former is handed to Herod Antipas, Christ affirms that He is King and denies that He seeks to be such. To highlight the flagellation that results from blasphemy, Peralta brings into play the devices used to torture Him: "Rígidas varas, cueros durísimos, férreos abrojos, pungentes escorpiones, plomados cordeles y fuertes cadenas eran todo el avío de la atrocidad, tan sangriento y mortal que no eran azotes, sino volubles flechas y flexibles lanzas." The bloodstained flesh is subjected to one lash after another to the point where "no había cuerpo, y había persecución." The discordant note struck here is that of the shame Christ is said to have felt upon being disrobed after being led down from the atrium of the palace.

> En medio de toda esta infinita muchedumbre se desnudó de su mano Aquel Altísimo, a quien no fueran manto capaz el Sol ni túnica digna las estrellas. . . ¡El Rey de la Gloria desnudo a vista de un mundo de malvados! ¡Aquel arcano de perfecciones, aquel Misterio de hermosuras descubierto a los elementos y a los hombres! ¡Oh Dios! ¡Y cuán grande es un Amor que no repara en poner a la vergüenza su Deidad! (224)

It is inconceivable that Inquisition censors could have approved this antitheological concept, which espouses that Christ on the Cross felt ashamed of his nudity. The larger question is whether

Christ could have been ashamed of being nude since shame is a punishment derived from original sin, which was absent in Him.

This Prayer is also marked by the hatred and blame that Peralta directs at the *judaico pueblo*, which is in concert with how those sentiments and beliefs are dramatized in the violent rhetoric of other religious and secular texts of that era. We find mention of "furiosos judíos . . . pérfidos judíos . . . perversos judíos . . . la iniquidad de los judíos . . . calumnia de judíos . . . judaica rabia," all words designed to awaken in readers a sense of ire, hatred, and emotion.

In the Fourth Prayer, following what approximates a pseudoscientific declaration about the head as the "origen de los nervios y la fuente de la sensación, Peralta argues that the Crown of Thorns and the pain it inflicts is "una enciclopedia de todos los triunfos." His triumphant suffering and humility are a lesson to Humanity. The actions of Pilate are examined in a continuous series of interrogatory and exclamatory sentences punctuated with digressions and declarative statements that increase in intensity to reach an exhaustive febrile pitch. Peralta inquires what would we have done with such a man who was going to upset our veneration and who, not content with pretending to be a king, was an impostor of the Son of God. The author interrupts this trajectory to assert, for unknown reasons, that sacred evangelists failed to question the tenor of the sentence and the letters INRI affixed above Jesus' head, which "hace del todo inverosímil la expresada sentencia." Pilate's "escarnio" is the subject of elevated oratory and conceptist and metaphorical phrases: "No es jamás el engaño tan parecido a la sinceridad, ni la simulación tiene tantas faiciones de la realidad. Artificio, que se fía a voluntad ajena, más es profecía que artificio. Velo, que tantas veces se expone a que se rompa, más que ocultación, es desperdicio." The Prayer concludes with an appeal that we be included on His future Cross, which He bears for our sins, since we are unequal accomplices in the sentence that has been executed.

The Fifth Prayer walks us through the theater of cruelty and confusion surrounding the carrying of the Cross, "aquel tormentoso altar de su holocausto, en que era sacrificio adelantado al sacrificio." Peralta computes that Christ carried the Cross more than 4,000 steps, and that it measured 15 by 8 feet. Simon of Cyrene's role he adjudges to have been that of assisting Christ in shouldering the weight, as revealed in Christian paintings and sculpture, and documented by religious writers. Speculation about this event he sees as dangerous and to be decided only by Church authorities: "Nunca es útil a la devoción lo que puede entibiarle el fervor a la piedad, ni es bien por apurar una crisis histórica dudosa apartarse de la ternura mística efectiva. . . Considérenlo allá los juicios a quienes pertenece decidirlo." What surprises is the depth of Peralta's cry, the pathetic quality of the narration, and the extent to which he relies on rhetorical devices to stage scenes that alternate between dark and tender. Those scenes include the unruly, noisy cram that follows Christ, and the expressions of hatred, cruelty, confusion, and anger that envelope the procession, Mary's plaintive address to the women of Jerusalem, and Veronica's act of kindness.

> Salió al encuentro pronta. Llegó reverente. Arrodillose humilde, y limpió pura el rostro del Señor, que la admitió benigno. Angustia fue, que despejó a la angustia; afán, que reparó el afán; y amor, que consoló al Amor de manera que en correspondencia de finezas, quiso el mismo Señor quedarse Imagen en quien también se había adorado Original; y con una remuneración de maravilla, en pago del Lienzo, fue a dejarle el Rostro. (258)

Through a series of repetitions, hyperbolic and exclamatory phrases, Peralta gives voice to the spiritual anguish and energy he feels. The tone is didactic and moralizing and, where the attempt at realism falls short due to occasional exaggeration, it is favored by the groundswell of tender emotion.

In narrating scenes of the Crucifixion (Sixth Prayer), the sum of Peralta's vast erudition and talent for oratory, theology, theater, history, and philosophy are convened, and he showcases his affinity for Baroque expression. The act of nailing Christ to the Cross is conveyed in intimate terms as an affront to Humanity, which leaves the poet bereft and in search of answers.

> ¡Oh penetrantes clavos! ¿Qué cruel mina fue la que produjo el fatal hierro que os sirve de materia? ¿Qué maligna fragua la que os aguzó las duras puntas que os prestan la forma? ¿Cómo ha dado la tierra parto alguno contra su Hacedor y ministra lo horrible contra lo mismo que horroriza? (265)

Peralta uses the last seven pronouncements by Christ to underscore His humanity and the physical pain with which readers can identify. Although Peralta acknowledges secular and ecclesiastical opinions about the dark clouds, thunderstorm, and earthquake that ensued, he reserves judgment to ride the current of private emotion: "Moriste por mis culpas, y yo no muero por tu amor. ¿Cómo, aunque fuera infinito, ha de haber llanto para mis yerros y para tus estragos? Si no acierto a llorarme caduco, ¿cómo acertaré a llorarte eterno?" Christ on Calvary, next to Adam's tomb and Abraham's altar, frees the world; His suffering reminds Peralta of his own agony and mortality. The lament of "Padre, perdónalos, porque no saben lo que se hacen" provides occasion for the poet to link and comment on present and past impiety: "No sabían lo que hacían" and "No sabemos lo que hacemos."

In the Seventh Prayer, the Triumph of the Cross, the tone is decidedly academic and scripted, as if constituting a respite from the excess of emotion spent in the previous Prayers. The pitch is less febrile and approaches a cautious, measured prose. Absent the pain and tragedy into which readers were plunged, the meaning of Triumph is revealed in terms that are more sober than sentimental. The Cross

> Ya es templo del más sublime honor el que era estancia de la más torpe afrenta. Ya es ara del mayor sacrificio la que era instrumento del mayor castigo. . . Corona de la mayor victoria la que era estadio de la mayor lucha. Árbol y bosque a un mismo tiempo: Árbol de la Vida que da en los sacramentos, y bosque de las cruces que brota de los mártires. Nave y océano: nave en que se salva el hombre, y océano en que ha de navegar al Cielo. . . Arca sagrada en que el Noé divino libró al mundo del diluvio de las culpas. (287)

The symmetrical questions posed are philosophic, devoid of stimulation; the exclamatory remarks more reflective and composed than spirited, as if it were an oration delivered at a university lectern, where the weight of knowledge of history, philosophy, religion, and mythology converge.

Through Mary's suffering and tears, and the thoughts and words attributed to Christ, Peralta returns us to the world of pathos and gives unbridled reign to his poetic license in the Eighth Prayer. Mary's words of grief, not set apart in the text by quotation marks or italics, are introduced by "que así diría." When Christ speaks there is no transitional sentence to preface His words, the last of which are followed by the sentence: "Acabó el Señor, sin acabar sus glorias."

The theater of the Resurrection dictates the poetic rhythm of weariness and lassitude in the Ninth Prayer, where Peralta contends with how sacred texts avoided treating the theme: "No expresan esta aparición los sacros evangelistas, porque no necesitaba referirse lo que era preciso entenderse. No ha menester el día decirse que hay aurora, ni el sol expresarse que hay oriente." Peralta's closing invocation is one of spent passion, which rallies for the last time in the Ascension. In the Tenth Prayer, Christ's legacy is the subject of a panegyric that recognizes the ascendancy of the Roman Catholic Church and the state-nation. As the Holy Shepherd, His flock – entrusted to Peter, the universal shepherd – is now ruled by sovereigns. The structure obeys the natural and logical order of the universe, in the same way that a ship requires a pilot, an army a leader, and the stars are incomplete without the Sun. "Era pastor divino, y había de tener por grey un mundo, conque era preciso dar un heredero a su redil. Había puesto su vida por sus ovejas, y era necesario que a las que había dado la Sangre les dejase quien les diese el pasto. Pastores son de pueblos los monarcas: así los llamaron los antiguos." The slow Ascension, witnessed by 500 onlookers, is the "testimonio más auténtico de la nobleza de la ley, sacado del archivo de la Divinidad." Peralta confides in us that in the past that very act has been attempted by the unfaithful, who sport the weak wings of Icarus, are lifted into the air on lies, and disappear into the cloud of oblivion.

In contextualizing the changing world of eighteenth-century Peru and the literary and religious climate in which Peralta prospered, Luis Martín has found that

> The spirit of the Baroque and the mystical spirit of Christianity flowed from his pen to produce a work of deep human disillusion. Now in the twilight of his life, he saw wisdom and true knowledge as unattainable, and the mysteries of human life as beyond human comprehension. Instead of falling into skepticism, the Peruvian scholar took refuge in religious faith and mysticism. Although the dawn of the French Enlightenment was already breaking, Peralta y Barnuevo died unshakably rooted in the old faith and in the old intellectual traditions. He lived well into the eighteenth century, but his mind hardly left the intellectual climate of the seventeenth century.[98]

---

[98] Martín 1974, 110. Jean Franco (1994) has noted that the poem is one that "expresses the limitations of scientific knowledge and its inadequacy in bringing man to eternal truths" (25).

Peralta's reflection on the spiritual over terrestrial world occurs late in his life, and his piety and beliefs can be linked to the many infirmities he suffered. In *Pasión y Triunfo* he displayed a scholarly independence in his use of comparative historical and religious sources – peninsular, Peruvian, classical, European. Within the Christian Enlightenment practiced by modern encyclopedists, to which Peralta marginally belonged, he sought to prove that on occasion science and religious doctrine could aid one another, as in computing the age of Christ at death or measuring the number of steps He took in carrying the Cross, or the number of lashes He received. Luis Martín has also written that "Many Peruvian scholars were torn by the dynamic tension of opposite intellectual styles: faith and tradition on one hand and rational, experimental knowledge on the other."[99] This assessment applies to Peralta and is a reflection of his personal and literary life. Where the Passion of Christ unfolds as an emotional spectacle, "Baroque expression of religious enthusiasm ... alleged that knowledge of God is not subject to rational inquiry."[100] Peralta's brand of mysticism is distinctly peninsular in that it is devoid of the metaphysical and seeks only to realize the miracle of union with God. On balance, this is where *Pasión y Triunfo* may fall short of the mark, in attempting to maintain the feverish pitch of personal anguish by placing it on a course parallel with that of Christ.

> Para mí la obra escrita de Peralta, en su aspecto religioso, fue exculpatoria o expiatoria, por una parte; literaria por la otra, y en fin competitiva o emulatoria. Con lo primero quiso presentar excusas a Dios a causa de sus yerros y pecados; con la segunda, probar su estilo ... en la Academia señoril.[101]

Barreda Laos finds that Peralta follows the tradition and private journey of San Juan de la Cruz in believing that through contemplation it is possible to realize a state of extasis; that profound and vehement passion is indispensable to religious experience: "Su santa locura [es] conmovedora y salvaje; por la sinceridad de su fe anima todas las descripciones, llenándolas de colorido excitante."[102] The

---

[99] Martín 1974, 110.
[100] Burkholder 1994, 227.
[101] Sánchez 1969, 249.
[102] Barreda Laos 1937, 255.

profusion of images that Peralta employs can often appear as "alucinaciones claras y completas."[103]

It is possible to misread Peralta because of the encumbered style of his prose, multiple digressions, and layered reasoning that invoke a wealth of sources that he uses sometimes not to advantage in order to showcase his intellectual versatility. The ornamental style "envuelve, abruma y absorbe las líneas arquitectónicas. El fervor piadoso de Peralta, que era sin duda alguna muy real y sincero, queda como ahogado y comprimido por los llamativos y relumbrantes adornos de la retórica culterana."[104] Peralta's spiritual crisis unfolds at a time when Enlightenment sensibilities question extreme rational and scientific thought, as well as secular views of the universe. Peralta rejected the notion that rational man could live in harmony with the universe guided by reason alone, and without the presence of revelation. To deny the presence and hand of God in the laws of universe was heretical, promoted skepticism, and argued against human perfectibility. In the emotional journey toward piety, rationality was no match for deep faith.

Having argued the case for the locus of creation to which *Pasión y Triunfo* corresponds, it is time to invite the reader to judge the work independently.

JERRY M. WILLIAMS
West Chester University

---

[103] Barreda Laos 1937, 259.
[104] Riva Agüero 1965, 4:300.

PASIÓN Y TRIUNFO DE CHRISTO,

Dividida en diez Oraciones, que comienzan desde el Misterio de la Oración en el Huerto hasta el de la Ascensión del Señor.

Al Señor D. Álvaro Navia Bolaño y Moscoso, Caballero del Orden de Santiago, del Consejo de S. M. y su Oidor de la Real Audiencia de esta Ciudad, Auditor General de la Guerra y Milicias de este Reino, Juez del Juzgado de Bienes de Difuntos, y Superintendente de la Casa de la Moneda, Protector del Colegio Real y Mayor de S. Felipe, y de las Cárceles de Corte y de la misma Ciudad.

NUNCA se ha ofrecido con más razón obra alguna a un gran Mecenas, que con la que ésta se dedica a V. S. Las demás son ofrenda contingente del arbitrio. Ésta es deuda necesaria del discurso. Aquéllas tienen su origen en la idea de su artífice. Ésta le ha tenido en el impulso [que ha recibido] de la de su fautor. Concibiose ésta en corto rasgo y V. S. le hizo nacer todo el diseño. Ardió su pecho [de] devoción y, pasándome la llama, me hizo incendio lo que fue centella. En el sacrificio que se rinde de esta tenue obra a su Eterno Objeto, el fervor de V. S. lo dirigió al templo. Con el fuego generó la víctima. ¿Quién había de ser el ara sino quien había promovido el holocausto? ¿Cómo había mi temor de excusar el mérito de ofrecerle a quien me había dado el de formarle? Otros trabajos son obsequio de[105] sus protectores: éste es oblación, que ha de hacer V. S. de su celo. En él se dedica mi tenue pluma a V. S. y V. S. se consagra a su Divino Asunto. Antes de este culto debía prevenirse este favor. Antes de esta adoración debía fabricarse esta defensa: que allá en otro Templo se esperaba que se aceptasen los sacrificios de justicia, después de haber[se] edificado los muros del amparo.

---

[105] a.

Esta heroicidad de ánimo, esta benignidad de corazón y este aprecio de genio es lo que más se debe a sí mismo V. S. y lo que más [les] debe a sus Mayores. Es lo más propio en su mérito y lo más ajeno en su modestia. Cada uno es un fénix de inmortalidad, que vuelve a nacer de sí mismo en su virtud. Óigame V. S. y no permita que su desasimiento me aparte de su agrado: que no tiene su moderación facultad para renunciar a sus ejemplos, ni la Fama obligación para callar sus alabanzas. Desconfianza es de la modestia el recelo de la vanidad. Ofensa es de la notoriedad la presunción del entumecimiento: como si no cupiera en el cauce la copia del torrente, ni en la Esfera la inmensidad del esplendor. Vulgar defecto, no digno de un ánimo mayor que su nobleza. Séneca oyó de sí mismo lo que era porque aun era mayor de lo que oía. Si no apetecer el honor que se merece es falta, ¿qué será el resistirlo? Donde es magnanimidad el aspirarlo, ¿por qué no lo ha de ser el atenderlo? Dejar en el silencio [a] las progenies es defraudar [a] la Patria, agraviar [a] los Pasados y exheredar [a] los pósteros.[106] La Nobleza es el más grande de los mayorazgos: es un fideicomiso de honor, que no puede abdicarse en perjuicio de la Descendencia.[107] Como lo entrega la fama, es preciso que a ella se le entregue; y más cuando la distancia de un Mundo hace más necesario permitirle el vuelo. Estas memorias son lecciones aun más que afectos y la Razón las pide como avisos.

Entre todas las denominaciones[108] del Mundo ha sido el de Asturias un extracto de Universo, en que parece que salió lo más puro de sus tierras. Es un clima heroico, que produce como hazañas moradores y obra como virtudes los Linajes. Es, sin perjuicio de otra alguna, la provincia solariega de sus timbres.[109] Las demás, como no pueden agraviarse de su asilo, no pueden resentirse de su elogio. Glorioso país, de aquellos que, en breve espacio de dominio, han poseído grande imperio de Virtud y en corto estadio de poder han tenido larga carrera de Inmortalidad; como lo fueron los de Esparta y Atenas, que parecieron corazones del Orbe, que movieron con sus espíritus sus partes. Ser distinguido en ésta es ser más que noble en las demás. Sobresalir donde todas son Palmas, es ser el Árbol

---

[106] This should read "desheredar a los venideros."
[107] This should read "Es la hija inseparable del Honor, de la cual no se puede abdicar sin perjuicio de la Decencia."
[108] This should read "los dominios".
[109] This should read "la provincia solariega de la España y la región originaria de sus timbres."

muy excelso; y brillar donde todas son luces, es ser el esplendor muy refulgente. Así debe juzgarse que fue siempre en este célebre Principado la estirpe de la Casa de Navia, elevada varonía de V. S., fundadora del solar de su apellido y señora de la ilustre de Lienes.

No pudiendo aun los más grandes hombres ser inmortales, ni blasonar de incorruptibles, discurrieron una eternidad de nombres y una solidez de cognomentos[110] en que tener una vida de familia y dejar unas láminas de alcuña con que perpetuarse, como unos vivientes de [la] Fama y unos padrones de apellido. Siendo esto cierto, lo es también que el nombre de Álvaro, continuado, aunque con alguna alternativa, en la esclarecida prosapia de V. S., y el apellido de Navia, propio de su Casa, deben ser unos irrefragables testimonios de su antigüedad. Hay linajes en que la singularidad de los renombres autentica la propiedad de las derivaciones y, en igualdad de presunciones, debe ser más constante el que una estirpe presente, autorizada de los testimonios del lugar y del nombre, proceda de la Antigua, ilustrada de los mismos signos, que el que pudo ésta ser extraña.[111] Así descendieron los Heráclides de los Heráclides, los Fabios de los Fabios y muchas familias del mundo y de la España, a quienes se dan orígenes antiguos, siendo imposible en tanta distancia alcanzar a ver con el telescopio de las escrituras los objetos de los nacimientos. Basta que el último eslabón tenga el mismo metal y la figura misma que el primero para que se conozca ser de su cadena. Y hallándose con positiva prueba todas estas ilustres circunstancias juntas en el señor don Álvaro Rodríguez, hijo del señor don Rodrigo, que tuvo a Toledo, y nieto del señor conde don Álvaro, o Alvar Fáñez de Minaya, se manifiesta descender V. S. por línea recta de este héroe. Si la competencia, que en él tiene el Valor con la Nobleza, fuese litigio, siempre quedaría indefinida la sentencia, porque cada parte alegaría lo supremo, habiendo llegado la Heroicidad al último confín de lo humano y tocando la sangre en la última raya de lo Ilustre. Fue primo hermano del señor D. Ruy Díaz, señor de Bivar, a quien sus mismos enemigos, los vencidos árabes, coronaron con el famoso título de Cid. ¡Qué hijos de dos hermanos, y ambos nietos de los dos ínclitos jueces de Castilla, que valieron reyes! (1) Consanguinidad la más gloriosa que pueda hallarse en la genealogía de la inmortalidad. Fueron sus madres las señoras

---

[110] This should read "sobrenombres."
[111] This should read "no de los que le pudieran a ésta ser extraños."

doña Ximena y doña Teresa, hermanas, hijas del señor don Nuño, hijo asimismo del señor rey D. Alonso el Quinto de León. De manera que el Conde y el Cid fueron por ambas líneas primos, porque tuviesen la sangre privativa los que tenían privilegiada la Virtud. Fue de aquellos héroes, a quienes Dios hace felices en combatir, porque los hace dignos de triunfar. Vencía a los hombres porque llevaba vencida [a] la misma Humanidad. Pudieron conquistar más los Alejandros y los Césares: no vencer más. ¿Cuál de éstos ni otro héroe venció ninguno solo a seis valientes, como lo ejecutó el invicto Minaya con los seis caballeros que llevaban prisionero al rey D. Sancho el Segundo, librándolo de sus esfuerzos: hazaña a tantos visos de generosidad, de valor y de lealtad (2). Fueron trofeos en que tuv[ieron] principal parte las conquistas de Toledo, Alcocer, Valencia y otras, y singularmente la de Zurita y la de Guadalajara, que, siendo la más engreída de nobleza, hizo gloria de ser la más agradecida a su valor, blasonándolo por armas. Tuvo tan grande parte en la conquista de Toledo que logró ser el segundo alcalde, o gobernador, de esta Ciudad y jefe de los mil caballeros que se asignaron para su guarnición, conque quedó por capitán de mil héroes. Fue el segundo, porque fue el Cid el primero, pues [él] solo pudiera ser preferido de su mismo honor. En cuyo gobierno derrotó al rey de Marruecos cuando pasó a la recuperación de aquella ciudad, que vio al pie de sus murallas como despojo de su esfuerzo, destrozada mucha parte del África. Así fue uno de los primeros ricos hombres de su tiempo y, como tal, confirmador de muchos privilegios que se hallan con su suscripción. En fin, fue a sus Reyes mayor grandeza tener este vasallo que muchas coronas. Débele la de España grande número de sus florones (3). Hijo de este héroe fue el señor D. Rodrigo, que gobernó a Toledo, de quien lo fue el señor D. Álvaro, gran señor en Navia, donde tenía su solar, con cuyas gentes y otras del señorío que poseía en tierras de Lugo pasó a la conquista de Almería en el reinado del señor emperador D. Alonso el Séptimo, como lo testifican los versos latinos de la historia antigua de Toledo, traducidos por otro moderno (4) en otra singular de las Asturias. A lo antiguo de la composición le sirve de corrección de su ritmo la pureza de su testimonio. Pondrase aquí la mejor parte de sus cláusulas:

> *Alvarus ecce venit Roderici filius alti.*
> *Intulit hic lethum multis, tenuit que Toletum.*
> *Et Pater in gnato laudatur, gnatus et ipso.*

> *Pater Patre magnus, gnatus sed polet amplius.*
> *Audio fic dici, Alvarus est ille Fanizi.*
> *Talibus et tantis tractus Patribus generosis,*
> *Alvarus ecce ferit Mauros, quos probus odit*
> *NAVIA dat vires, Mons niger dat quoque plures.* Etc. (5)

Parece que en competencia de inmortalidad producía esta Casa los héroes, pues en el mismo reinado del señor rey D. Alonso el Emperador brilló el señor conde D. Pedro Alonso, el de las Asturias, ricohombre de aquel tiempo y alférez mayor del mismo Emperador: dignidad de las primeras, como inmediata a su persona. Cuya hija D. Elvira fue tan heredera de su virtud, que dejó [bienes] al Orden de Santiago, la legítima que le pertenecía en Toledo y en Hazaña (6). De tan excelsa alcuña probó su descendencia el señor D. Juan de Navia, marqués de Ferreras, primohermano de V. S., para el privilegio de la presentación del curato de Luarca, de que es patrón, como lo es el señor D. Francisco de Navia y Bolaño, sobrino de V. S., que hoy posee el mayorazgo de su Casa (como hijo del señor D. Antonio su hermano mayor, señor de las jurisdicciones de Caxoto, Landrove, el valle de Oselle y Coto de Vega) de la capilla mayor de la iglesia de Navia, en que son las armas y los sepulcros de este linaje monumentos irrefragables de su honor. No es menos constante el que le autoriza la costumbre, que hasta el presente se conserva en esta casa, de tocar a la comida de una marcial bocina para que a su sonido acudan a ella las vecinas gentes: vocal padrón, que testifica la ilustre antigua dignidad de ricos hombres, con que esta prosapia resplandecía cuando era estilo propio de aquellos Grandes el de hacer resonar aquella trompa al tiempo referido, como que solos ellos mantenían [a] los mil hombres de armas con que servían en la guerra, cuyas insignias eran los blasones del pendón que formaba el estandarte de su poder, y de la caldera, que servía de muestra a su riqueza.

Floreció después este Tronco, fecundo siempre en generosos brotes, entre los cuales se halla haber sido señaladamente preclaro el señor D. Alonso de Navia, en cuyas manos juró Menén Suárez (hijo de Suer Menéndez de Ribadeo, señor de la casa del Villar) el pleito homenaje, que hizo por la encomienda del castillo de Fiel en tierra de Ribadeo, en la oposición que formó la asturiana Nobleza contra las tiranías del conde de Girón D. Alonso, hijo del rey D. Henrique el Segundo (7), constando de aquella especie de archivo, llamado el Becerro, la singularidad del epíteto con que a este ascendiente se le ilustra, de caballero muy antiguo. Serlo ya en la misma antigüedad es ser más que ínclito. Estar en el progreso, donde a otros es blasón ver el principio, es ser más que ilustre. Este gran caballero es otra prueba que confirma la descendencia de aquel famoso nieto que queda referido del señor conde D. Alvar Fáñez de Minaya, pues siendo tan antiguo su linaje, era preciso que ya existiese en el tiempo de la conquista de Almería y (8) que entonces debiese haber asistido a ella. Y no hallándose otro alguno de la prosapia de Navia que hubiese concurrido a aquella empresa, ni que tuviese su solar en esta villa, mas que el expresado héroe, se convence haber sido éste el ascendiente.

Por este mismo tiempo sobresalió otro grande progenitor de la ilustre señora hija del señor conde de Nava, mujer del señor D. Francisco de Navia, sobrino de V. S. ya mencionado. Fue este excelso caballero el señor D. Rodrigo Álvarez de las Asturias, ricohombre de los reinados de los señores reyes D. Alonso el Undécimo y D. Pedro, conde de Noroña, o Noreña, hijo del señor D. Pedro Álvarez de Noreña y hermano de la señora Dª Teresa, madre de D. Tello Alfonso, que casó con hija del infante D. Alfonso de Portugal. Adoptó D. Rodrigo por hijo al señor conde D. Henrique, que después fue el Segundo de Castilla, a quien dejó sus Estados, que este Rey dio después a su hijo D. Alonso. Muy brillante debía ser el Astro que podía dar luces al que se prevenía para Sol de España. Fuelo así, pues verdaderamente es este Linaje tan famoso como todo el Principado.

Pero ya me arrebata la Fama a una de las mayores glorias que pudo producir la Virtud, no sólo a esta Prosapia sino a la misma Monarquía, y no sólo a la Monarquía sino a todo el Orbe, el señor marqués de Santa Cruz de Marzenado y vizconde del Puerto D. Álvaro de Navia y Osorio, hijo del señor D. Juan, del Orden de Santiago, señor de la casa de Anleo y nieto del señor D. Juan de Navia y Osorio, del mismo hábito, hermano de la señora Dª María, abuela de V. S. Héroe a cuya vista, si todos los ilustres hubiesen de elegir en las Cortes de la Inmortalidad quién los mandase, ninguno pudiera tener mejor derecho para ser su Príncipe. En su comparación, ¿qué fueron los Polibios, los Brutos, los Césares y todos los que supieron hacer aquel difícil consorcio de Armas y Letras, manejando la pluma tan bien como la espada y habiendo sido a un tiempo un Scipión sabio, un Cicerón guerrero, un Alcibíades prudente y un elocuente Sócrates? En cuyo ánimo se despojaron tan concordes los númenes de Marte y de Minerva, de Belona y [de] Mercurio, que parece que en su genio fueron verdaderos como símbolos los que antes eran falsos como dioses. Su estudio, su talento y su espíritu hicieron ver aquel glorioso terno de Ciencia, de Política y [de] Valor, que tan raras veces se encuentra en los varones más famosos, habiéndolo admirado, como a un grande general, un grande embajador y un grande escritor, pero un escritor que hizo otro arte de guerrear el discurrir y otro método de vencer el demostrar. Así volvió Liceos las campañas y formó las plazas Academias y en sus elegantes obras compuso por tratados las batallas y por conclusiones las victorias. Trabajo el más feliz que se ha visto en el reino de la Heroicidad, pues logró la augusta aceptación de S. M., manifestada por medio de su Secretario de Estado, y la de S.S. A.A. el Príncipe nuestro señor y el señor infante D. Carlos, hoy triunfante rey de Nápoles, por mano de sus primeros ayos: el señor D. Juan de Idraquez, conde de Salazar, y el señor duque de San Pedro. Favor que siguieron con gloriosos aplausos el serenísimo señor duque de Parma señor D. Francisco Farnesio, el serenísimo señor príncipe Eugenio de Saboya y el excelentísimo señor conde de Aguilar. Digan los siglos: ¿quién mereció tan grandes censores que supieron dar en la misma aprobación el mayor premio? ¿Qué estadio tuvo igual corona? ¿Qué fatiga logró igual laurel? Admitiéronla agradados los más augustos soberanos del Orbe y la aplaudieron admirados los más ínclitos héroes de la Fama. Esto fue celebrar la Ciencia a la Ciencia y exaltar el Arte al Arte, porque elogiaron los que lo podían formar al mismo que acertaba a componer. De esta manera se hizo un Capitán universal y un Jefe perpetuo, que servirá en todas las guerras y conseguirá todos los triunfos. Así puede decirse que fue el Pericles español que, mejor que aquel grande ateniense a quien, por la sublimidad del discurso y la fuerza del brazo, llamaron *Olimpo*, unió la mayor elocuencia al mayor esfuerzo y enseñó en la Milicia las más sabias máximas, por donde mereció bien los aplausos que pensó Plutarco para aquel Príncipe, ya diciendo que fue en la guerra imperturbable y en la facultad del decir tan elegante que se servía de ella como de un órgano sólo capaz de su carácter: *In bello fortis fuit et imperterritus: vitae instituto et tantae gravitati congruentem dicendi facultatem velut organum instruens*, (9) y ya dando a su genio el título de una alta mente que todo lo expedía: *Altam illam mentem, et omnium efficientem.*

Por esto en la ocasión en que pasó elegido en rehenes a la corte de Turín, pendiente el ajuste que se ofreció en Cerdeña, se adquirió en el aprecio de su rey, el grande Víctor Amadeo, ínclito duque de Saboya, el honor de insinuar a S. M. que no le destinase otro por embajador. Dictamen, que no fe, si dio mayor gloria al Soberano que al Ministro, siendo al uno tan plausible su conocimiento como al otro lo pudo ser su mérito. Continuó aquel Soberano este concepto en la frecuencia con que se complacía de su comunicación, de suerte que más parecía privado propio que ministro ajeno, con aquella igualdad con que la Virtud pone la generosidad al nivel de la Grandeza. Ha tenido siempre esta Real Casa una monarquía de política con que ha mandado en los sucesos. Y por eso aquel Príncipe puede decirse que fue el centro de gravedad de los demás Estados, porque fue el equilibrio de su poder. Y así, parecer maestro con quien fuera la mayor gloria ser discípulo hace ver desde luego hasta dónde llegaba el alto talento del señor marqués. Cuya estimación subió hasta la altura de constituirse S. A. R. padrino de un hijo suyo, a quien tuvo en la Sagrada Fuente y a quien para mayor monumento de esta acción puso su mismo nombre, llamándole Víctor Amadeo. Vínculo que en la celestial estrechez de los espíritus manifestó cuánto se unía por la inmortal estirpe de los entendimientos. Pasó después el señor marqués por Plenipotenciario para las Paces de Soissons: asunto cuya insigne importancia pudiera ella sola calificarlo de un sublime político, como antes lo habían calificado de un grande Capitán los puestos de mariscal de campo, de inspector general de la caballería e infantería de la provincia de Andalucía y de gobernador de Cáller. Llamó en fin una fatal fortuna a S. E. al África donde, después de haber mandado a Ceuta, fue destinado al gobierno de Orán en su conquista, en cuya defensa dio la heroica vida. Muerte que hubiera sido una de las mayores glorias a su nombre si no hubiera sido una de las mayores pérdidas a la Corona. Fue un héroe que parece que se concibió en sus Mayores para vivir en sus postreros, a quien desde que le fueron ejemplos le fueron espíritus. Aunque su Casa no hubiera hecho nada ilustre, le bastaría solo haberlo producido, como lo cantó un gran panegirista (10) con menor motivo de su *Estilicen*: *Si nihil egislet clarum, sufficeret natus Stilico*. Fue de aquellos excelentes varones que envía de presente el Cielo a una monarquía para que se los retorne en gratitudes. Morir por la Patria es el más grande timbre: ¿qué sería morir por la honra de la Nación y por el bien de la Religión? Así fue el Curcio y el Decio, que se sacrificó heroico, mejor que aquéllos a su república, al servicio de su Rey y de su Dios; y así fue el cristiano Pelópidas, cuya desgracia fue la mayor víctima del Valor entre los bárbaros y el mayor duelo de la Inmortalidad entre los suyos.

Aun no acierta a dejar la admiración los numerosos nichos que en el templo de la Fama ocupan los esclarecidos mayores de esta estirpe, detenida todavía con la vista del señor D. Alonso de Navia, hermano del señor D. Álvaro, bisabuelo de V. S., que de colegial mayor de Oviedo y oidor de Valladolid pasó a la superior dignidad de consejero de hacienda.

Tan altos han sido siempre los blasones de la ilustre prosapia de Navia, con quien sólo puede competir la insigne de Bolaño, unida a ella desde la misma Antigüedad. Semejanza en que la igualdad de las inserciones es el mayor exceso de los troncos. Célebre ha sido siempre el origen de este excelso renombre, cuya raíz es una de las más sublimes etimologías que contiene el diccionario de la Gloria. Sabido es el suceso, pero gusta la Eternidad de oírselo repetir a la memoria porque allá en sus noticias es lo más singular lo menos raro. Éste es el de aquellos *bollos* y aquellos *corderos*, que siendo los únicos que el valeroso defensor de Lugo tenía en esta plaza, en medio del hambre a que la había reducido el más poderoso de los mahometanos, el fuerte Abderramán, rey de Córdoba (vencido antes por el rey D. Ordoño el Primero), fueron aun más únicos en el aprecio del honor, como libertadores del asedio. Arrojados al campo, fueron una surtida de abundancia, que, inferida por el soberbio árabe, le derrotó el concepto y le ahuyentó todo el poder. Así lo ejecutó Josefo en el bloqueo que puso Vespasiano a Jotapat, haciendo mojar muchos vestidos y colgarlos en la muralla para que aquel emperador discurriese que abundaba la plaza de agua, de que juzgaba que carecía, como era verdad: paralelo hallado por el señor marqués de Santa Cruz en su grande obra. (11) Más hicieron aquellos arrojados bastimentos en la plaza, dejándola expirante, que lo que hubieran hecho manteniéndola firme. Más hizo aquel gobernador discurriendo que peleando. Más valor fue el ardid que aun el esfuerzo. Socorrió el hambre con el hambre, y detuvo con la flaqueza la flaqueza. Son verdades de la guerra estas ficciones, tanto más animosas cuanto que, no crecidas, aumentan de peligro todo lo que aventuran de fortuna. Éste fue el testador que dejó esta herencia a V. S. No fue mucho que lo instituyese en tanto lustre quien ya entonces tenía tanto caudal de antigüedad. Este grande señor parece que fue el que con nombre de *Ero* refiere el obispo Sampiro como conde de Lugo entre los demás que asistieron a la dedicación del templo del Apóstol de España, solemnizada en aquel mismo tiempo, pues no podía defender aquella gran Ciudad sino el que fuese su Gobernador, ni ser éste otro que el que era Conde de ella. Título que entonces se daba al que mandada y era más de gobierno que de estado, aunque de dignidad inmediata a la real. Un héroe que ahora cerca de nueve siglos era ya ilustre y se hallaba con tan excelso carácter, preciso era que tuviese tan alto principio que apenas pudiesen ascenderle los recuerdos. Y aunque en el año de aquella dedicación era ya muerto Abderramán, siendo perpetua aquella dignidad, debe entenderse que el referido Grande la tuvo desde el próximo tiempo precedente. La tradición es famosa, el Gobernador incontestable y el suceso inmediato, conque es preciso que se le haga el origen monumento.

De tan ilustre alcuña descendió el señor D. Pedro Bolaño y Rivadeneyra, señor de Torres, que, habiendo casado con la señora Dª Beatriz de Castro, hija de la señora Dª Isabel (que lo fue de los señores D. Pedro Álvarez Osorio y Dª Beatriz de Castro, condes de Lemos), fue progenitor de los señores de Torés, marqueses de Parga, y de los señores condes de Amarante, y consecuentemente de la señora Dª María Lorenza de Castro y Ulloa, madre de V. S., ilustre derivación de tan excelsos Troncos. Fueron los referidos señores condes de Lemos descendientes del señor conde D. Alvar Fáñez de Minaya por la señora Dª María su hija, señora del solar de Castro de Peñafiel y de otras muchas villas. De manera que por las dos estirpes, paterna y materna, procede V. S. de tan alto antiguo origen. Fue el señor D. Pedro Bolaño primo hermano del señor D. Gómez de las Mariñas, caballero de la orden de Santiago y gobernador de Filipinas, cuyas islas serán padrón eterno de su fama, habiendo dejado sus proezas más incontrastables al olvido que inmóviles sus rocas al océano. Hizo de la conquista conversión y de la benevolencia potestad y por eso dejó a la Fe y al Rey igualmente rendidos aquellos dominios.

Hay también linajes de países que tienen genealogías de naciones en que engendran ilustres los ilustres. Entre éstos es uno de los más gloriosos el de la Galicia, pues, si para aquellas generosas producciones que hace el Cielo con la Tierra hubiese de desposarse con alguna, a ninguna hallaría más dotada. Si el nacer esclarecido en ella es grande fortuna, ¿qué sería el gobernarla heroico? Como lo hicieron los señores D. Pedro y D. Diego Bolaño Rivadeneyra y de las Mariñas, señores de Torés, quinto y cuarto abuelos de V. S., progenitores por una línea de los señores marqueses de Parga y por otra de la señora Dª María Lorenza de Castro y Ulloa, madre de V. S. y originaria de la casa de Noceda, bisnieta del señor D. Álvaro de Ulloa, que en aquélla halló dominio a un tiempo y cuna. Fue este ascendiente preclara rama del tronco de los señores condes de Monterrey, de quienes lo fue el señor D. Sancho de Ulloa, primero conde de este excelso linaje, como marido de la señora Dª Teresa de Zúñiga. En cuyo torrente de nobleza entró después el de Azevedo por el himeneo que contrajo el señor D. Diego de Azevedo con la señora Dª Francisca de Ulloa y Zúñiga, hija de aquel famoso Conde (progenitores del excelentísimo señor conde de Monterrey, ínclito y justo virrey de este reino). Entre los señores que han ilustrado esta gran Casa fue insigne el señor D. Fernán López de Ulloa, que, según exactos escritores (12), se halló en la célebre Batalla de las Navas, de quien, como una fuente de esplendor, proceden numerosos raudales de grandeza, no sólo en el terreno de Galicia sino en todo el de Castilla. Casó el señor D. Álvaro de Ulloa, tercero abuelo de V. S. por la materna estirpe, con la señora Dª María de Taboada, prole ilustre de la casa de los condes de Maceda. De quienes se derivan, por el apellido de Noboa, los señores condes de Altamira y de Andrade. ¿Qué mucho si en una correspondencia de esplendores se derivaron también los mismos de Maceda del señor D. Juan Ares de Naboa, que casó con hija del conde de Travan nieta de la señora reina D. Teresa (que fue madre del rey D. Alonso Enríquez de Portugal) y de D. Pedro, cuarto nieto del señor rey D. Ramiro el Segundo de León. (13) Más inmediatamente tocan a V. S., por el mismo progenitor, el señor D. Álvaro de Ulloa, los blasones de los puestos de gentiles hombres, de boca de los señores reyes D. Felipe III y D. Carlos II, que ejercieron el señor don Diego de Ulloa, primero del señor D. Vasco de Ulloa, bisabuelo de V. S. y el señor D. Diego de Miranda, hermano de la señora Dª María Lorenza, madre de V. S.

Ha sido siempre tan inseparable de ella la de los marqueses de Parga, como se reconoce de la reciente unión con que volvió a enlazarse en el casamiento que hizo el señor D. Antonio, hermano de V. S., con la señora hija segunda del señor marqués actual, precediendo la dispensación que requería su consanguinidad, habiendo casado la primera con el señor D. Tomás de los Cobos y Luna, del

Orden de Santiago, comendador de Muzeras, general de la artillería del reino de Galicia, teniente general de los reales ejércitos y del Supremo Consejo de Guerra, quien, con este nupcial vínculo anudó a la ilustre progenie de V. S. la excelsa de los señores marqueses de Camarasa y condes de Rivadavia, como hermano del que entonces lo era. Casó el señor D. Tomás [a] sus dos hijas con el señor conde de Castro-Ponce y [a] la segunda con el señor conde de Amarante, ambos sobrinos de V. S.

Aún resta mucho que decir a la memoria de esta Línea, en que el elogio parece difusión y es abreviatura. Pero sólo terminaré sus ascendientes en los señores de la casa de Miranda, de quienes el señor D. Pedro de Miranda y Parga, señor de la casa fuerte de Guiteriz, fue segundo abuelo de V. S. Derivase esta prosapia del señor D. Pedro Alonso, ilustre jefe de la gente de guerra de Asturias, que condujo a la célebre conquista de Almería ya expresada, en servicio del señor emperador D. Alonso el VII (14). De cuya estirpe fueron noble esplendor los numerosos caballeros que se hallaron en las contiendas, que en Asturias se tuvieron con el ya mencionado conde de Gijón y de Noreña, como lo han sido en estos tiempos varios singulares varones que se han ilustrado con los esplendores de los hábitos de las órdenes militares y puestos marciales y políticos que han obtenido y en que se han manifestado igualmente insignes dueños de las artes de la paz y de la guerra. Entre éstos fueron nuevamente preclaros el señor D. Jacinto de Miranda, del Orden de Santiago, que sirvió valeroso con el puesto de maestre de campo en las guerras de Portugal, hermano de la señora Dª Beatriz, abuela de V. S., y el señor D. Santiago de Miranda, del Orden de Calatrava, general de la artillería del reino de Navarra, que del gobierno de Málaga pasó al de una de las más famosas ciudades, no sólo del reino de Sicilia sino de toda la Italia, como lo es la de Mesina, honor próximo al de su virreinato. De donde fue destinado al de gobernador y capitán general de la insigne provincia de Guipúzcoa, principal parte de la ínclita Cantabria. Fue este caballero primo hermano de la señora Dª María Navia y Osorio, abuela de V. S. En fin, es realce singular de esta familia la descendencia que tiene del señor D. Pedro Alonso, valeroso adalid, que asistió con las tropas que regía en la famosa conquista de Almería ya expresada (15).

No parece que podían hallarse mayores esplendores en una progenie que los que hasta aquí se han insinuado, pues cada uno de ellos bastaría a esclarecer [a] otras ilustres. Hasta aquí había gastado la Fama mucha voz en sus aplausos y todavía le quedaba igual resto de acento para los de los excelsos linajes de Moscoso y Osorio, que se han unido a los primeros. En la selva de la Eternidad es preciso que tengan las Ramas el mismo humor de lustre que los Troncos. Y estos dos son como aquel árbol de oro que crecía a quilates y florecía a brillos, en que, separado un brote, se producía siempre otro de semejante resplandor. Son las grandes estirpes unos océanos de honor, de que, con un círculo de mérito, salen para volver los ríos de la nobleza de los reinos. Pero entre éstas hay algunas que nacen para ser también ellas océanos de otros esplendores.

Es tan alta la ascendencia de Moscoso que, aun antes del recobro de la España, era ya insigne, constando que este apellido se hallaba ya venerado en dos grandes prelados que asistieron a los Concilios Décimo Quinto y Décimo Sexto Toledanos. Fue el primero Fructuoso, obispo de Orense, y el segundo Potencio de Lugo, ambos con este renombre, como hijos de Atahualpho Moscoso, y aunque en las subscripciones no está puesto, se autentica por los testimonios que halló un exacto autor que lo asegura. (16) Pero ¡qué mayor lustre que el de derivarse esta gran casa del señor D. Pedro Moscoso Vitular, ricohombre, que ilustró el reinado del señor rey D. Fernando de León, con el latinizado apelativo de *Vitularis*, con que firmó cierta escritura! De quien fue segundo nieto el señor D. Pedro, que casó con la señora Dª Teresa Sánchez de Ulloa, de la cual fue segundo abuelo el señor infante D. Alonso, señor de Molina, hijo de los señores reyes D. Alonso y doña Berenguela, hermana del santo rey D. Fernando. De cuyo excelso himeneo, unido así la vez primera al real tronco, fue parto ilustre el señor D. Lope Pérez de Moscoso. De este alto progenitor fueron descendientes aquellos dos santos prelados D. Alonso y D. Rodrigo de Moscoso, hermanos, que fueron los sagrados Cástor y Pólux del cielo de la compostelana iglesia, de que ambos fueron arzobispos. De este origen fue prole el señor D. Rodrigo, cuyo valor fue tan heroico en la célebre batalla de Olmedo –cuya victoria obtuvo el señor rey D. Juan el Segundo de Castilla contra el de Navarra y contra el infante D. Henrique– que mereció el repetido elogio que le dio una antigua pluma (17) de aquel tiempo de: *Muy esforzado y muy valiente*. Singularizar la alabanza y geminar el epíteto donde no atrae interés ni reina afecto es mucho testimonio de la heroicidad, siendo preciso que correspondan los hechos a las voces.

No es inferior la fama que se adquirió el señor D. Rodrigo de

Moscoso, segundo conde de Altamira, ínclito Alcides, que pasó a destrozar los monstruos africanos en la ocasión de la primera conquista de Orán, en que fue capitán general de aquel ejército, y en que murió. ¡Raro paralelo de blasones! Parece que este gran propugnáculo del África fue destinado para teatro de unas glorias que tan claramente están perteneciendo a V. S. ¿Qué mucho que se encuentren los laureles donde tanto se enlazan las estirpes? Esta famosa prosapia se comunicó a la de V. S. por el casamiento que contrajo el señor D. Alonso López de Navia y Bolaño, su bisabuelo, con la señora Dª Catalina de Moscoso, que condujo a su esfera este esplendor.

También tiene sus preelecciones el Honor, y parece que hay Casas a quienes acumula sus gracias porque han de merecer sus luces. Pues no contenta la Galicia con las expresadas, añadió a la de V. S. la de la excelsa de Osorio, con el himeneo de la señora doña María de Navia y Osorio, abuela de V. S., hija de la señora Dª Antonia de Osorio, que fue hermana de la señora Dª Rosenda, mujer del señor marqués de Valdecarzana. Progenie fue ésta coetánea de la Monarquía, porque cuando nació con su recuperación, nació su nombre: habiendo sido ricohombre del reinado del señor rey D. Alonso el Castro el señor D. Osorio Gutiérrez. Héroe decantado con dos glorias y repetido en dos eternidades, pues al esplendor de sus blasones añadió la santidad de sus virtudes habiéndose retirado a un rígido convento, a quien hizo dueño de sus deseos y de numerosas posesiones, siendo mucho mayor la que dejó a sus postreros en su renombre. Pensamiento fue del más exacto de los nobiliaristas (18), que refiriendo las que dio a aquel monasterio, pondera esta grandeza con tales palabras: *Y este año le dio muchas posesiones. Buena la tienen en este caballero los de Osorio.* Pasó de monje a la Tierra Santa, y le veneran por santo en Galicia. En un privilegio del rey D. Ordoño le llama su tío. La sublime dignidad que poseía fue honor tan continuado desde entonces a la excelentísima casa de los señores marqueses de Astorga, que parece que haciéndose inseparables de los tronos sus doseles, de la manera que jamás faltó monarca en los unos, jamás faltó en los otros ricohombre. Referir los timbres de estos grandes linajes sería disminuir con lo elogiado lo famoso, porque fuera hacer comprensible lo admirable y emprender Historia lo que es oblación. Sólo podré expresar de todo lo que ciño en los ilustres Mayores de V. S., que en cada Tronco se ingirió un laurel y en cada carrera se colgó una corona. Y para que el linaje de V. S.

fuese más propia derivación de tan preclaras fuentes, del modo que hoy se veneran unidas las dos casas referidas (que son sin agravio de otras las dos mayores de Galicia) de Moscosos y Osorios, en el excelentísimo señor conde de Altamira y marqués de Astorga, se hallan también, como en una sucesión de vínculos, estos dos renombres en la estirpe de V. S.

Así se han comunicado sus timbres a los de V. S. con aquella justa complacencia que tiene la liberalidad de los que dan de la honra de los que reciben. Gozo es de la luz el que pague el reflejo lo que debe al rayo. Pompa es del árbol que tribute la rama lo que cogió al tronco. Y así en una ínclita retribución han sabido corresponder los realces del linaje de V. S. tan altamente a las elevaciones de éstos, que puede decirse que han sido otra gloria de sus glorias. Tan notoria es esta noble simbolización que no hubiera insinuado en la heroicidad de los ascendientes los originales si no hubiera visto la copia en la generosidad del descendiente y no hubiera apuntado los ejemplos si no hubiera encontrado las limitaciones. Sin estos espíritus de virtud son cadáveres de nobleza los solares. Son los blasones unas alhajas del honor, que son más propias cuando se vuelven que cuando se reciben. Y de este modo todos son tan de V. S. sus esplendores que parece que los hace cuando los retorna. De esta manera ha venido a V. S. el lustre de su Casa de laurel en laurel y palma en palma, lleno siempre de fama y de veneración. Así han sido en estos relevantes orígenes tanta grandeza para ellos haberse influido, como en la progenie de V. S. haberlos aumentado y en V. S. aun más el retribuirlos que haberlos recibido. De que nace que, aunque el individuar los timbres heredados de V. S. sería cuenta de astros y epítome de luces, puede decirse, como en una suma de honores y en una conclusión de estirpes, que se hallan en la de V. S. sola, las glorias que esparcidas en muchas hicieran muy excelsas a cada una. Pues, sin numerar las que se unen a las principales, resplandecen en ella las de cuatro grandes de España de primera clase y en ella y en Italia doce insignes títulos, tres famosos virreyes y, en fin, una brillante selva de blasones, que le han producido los Supremos Consejos, las Reales Audiencias, las Inquisiciones, las órdenes militares y colegios mayores. Y si se corre la cortina a todas las insignias que pueden en el templo de la Inmortalidad, se verán llenas sus lucientes paredes de cuantas pueden dar la campaña, el aula y el ara en blasones, en caduceos y en ínsulas. Y últimamente tuvo V. S. en los señores D. Antonio y D. Alonso de Navia y Bolaño, hermanos del señor D. Álvaro, su ilustre padre, dos recientes columnas del edificio de su honor y dos nuevas alas, que remudó la fama de su estirpe. Fueron ambos esclarecidos colegiales del Colegio Mayor del Arzobispo de Salamanca, de donde pasaron el primero a la superior dignidad de oidor de los regios senados de México y Granada, en que fue siempre venerada su singular integridad, y el segundo, a la eminente de inquisidor de la Suprema, sagrada cumbre a que ascendió por las cuatro ilustres gradas de las inquisiciones de Córdoba, de Logroño, de Valladolid y de Toledo. Comenzó tan alto ministerio en tan temprana edad, que más pareció nacido que exaltado. Fue siempre antiguo porque siempre fue digno. Y aunque no necesitó para subir a tan venerable empleo de otra mano que la de su mérito, fue éste acompañado de la sublime intervención del excelentísimo señor conde de Altamira, en atención a la notoria descendencia que tenía de su excelsa Casa.

Prevenido así V. S. de sus Mayores y citados ellos de sus prendas, le asistieron todos tan concordes a su feliz ingreso en su colegio que ni se excusó inmortal, ni faltó héroe. Son estos ilustres Ateneos el imperio intelectual de España y el poder racional de la Corona. Son otras patrias de los ingenios y otros orígenes de los talentos. Famosas compañías, mucho mejores que las de los académicos de Atenas y las de los druidas de la Galia y de los gimnosofistas de la India y de los tereos de los Godos. Parnasos, que hacen los sabios, y esferas, que engendran los astros. Cumbres, que pudieran ser términos del ascender, si no fuesen principios del servir. Cielos, que pudieran ser descanso del brillar si no fuesen agitación para influir. Entre ellos ha sido siempre el de S. Salvador de Oviedo uno de los más insignes, por la grandeza de su Fundador, (*) por la sublimidad de sus alumnos y por la fama de sus producciones. Los cápelos y las mitras, las togas y bastones que de él han procedido forman una selva de honor, que sólo la ve el asombro y no la penetra la comprensión. Y, lo que es sobre todo, las virtudes y las aras que en él se han venerado lo hacen un templo de Gloria que sólo lo admira el éxtasis y no lo pisa la ponderación. Entró en él V. S. y le admitió como que lo hubiese buscado. Dio mucho y mucho recibió, pues consistiendo todo en los miembros que le componen, si de éstos no recibiese la existencia del lustre, no pudiera dar la cualidad de la Honra. Llegó en él V. S. a la dignidad de su rector, en cuyo tiempo acabó su fervor[112] la capilla, que, dedicada al sagrado colega que lo

---

[112] This should read "el fervor de V. S."

ilumina, el glorioso Santo Toribio, nuestro adorado arzobispo, no había podido fenecerse desde nueve años en que se había comenzado, porque no contento [V. S.] con ser cabeza de tan insigne museo, quiso ser también su corazón. Así quedó esta capilla hecha digno depósito y sacro monumento, ya que no de todo el cuerpo del santo, de una parte muy considerable, como reliquia remitida al venerable colegio por el señor duque de la Palata, siendo virrey de este reino, con el anhelo propio de tan gran colega. Fue esta obra premio que dio el santo a V. S. porque en los númenes el mismo inspirar las ofrendas es pagarlas. Todo el colegio era el templo y le faltaba el ara. Perfeccionola V. S., porque la copió de la que en su pecho la tenía. Concurrió a esta oblación el señor don Joseph, esclarecido hermano de V. S., colegial, que entonces era huésped y catedrático de Código de la célebre Universidad de Salamanca, para que por la sangre del culto se hiciese más pariente el esplendor. Con ambos parece que se ha mostrado agradecido el santo y no ha quedado corto: que fue caballero y hasta los celestiales lucen sus blasones de correspondencia y tienen también ínclitas las intercesiones. Así pasó luego el señor D. Joseph al grande cargo de senador de Milán, en cuyo ilustre cuerpo y famoso dominio comenzó a manifestarse que, del modo que la España ministró antiguamente grandes emperadores a la Italia, también ha podido enviarle hoy sabios Licurgos y que el linaje de V. S. no sólo produce dentro de ella héroes sino en todo el Orbe. Esta fama le atrajo uno de los más claros consorcios que pudo ofrecerle aquel estado, como fue el de la señora condesa de Bosseli, hija única y heredera del señor conde de Bosseli, familia de esplendor relevante en el país de Bérgamo, perteneciente al Veneciano.[113] De cuyo alto himeneo ha sido prole el señor D. Carlos, sobrino de V. S., que ha casado con la señora hija del conde del Verme y nieta de la excelsa casa Borromea, tan entroncada con el Cielo y con la Iglesia que a aquél le dio un Sol, siendo un segundo Ambrosio, y a ésta cuatro famosos cardenales. Y como que aquel insubre Estado hiciese envidia de la exaltación o competencia de la misma igualdad con el de Asturias, parece que llenó también a la Casa de V. S. de blasones, uniéndole en esta alianza los inmortales de la prosapia de los señores príncipes Trivulcios, con inmediato parentesco a todas las más ilustres de aquel país y de toda la Italia, en que ha resplandecido esta Progenie con ínclitos héroes militares,

---

[113] The Duke of Venice.

marciales de Francia y generales, y cinco purpurados ínclitos del Vaticano.

No fue menos fervoroso el amor que V. S. manifestó para con su santo concolega en la ocasión en que, siendo oidor de esta Real Audiencia, hizo esta Santa Iglesia Metropolitana las magníficas fiestas con que celebró su canonización: pues se encargó solo de la solemnidad de uno de los días de su octavario, en que hizo ver cuán capaz podía ser solo un colegial de representar todo un mayor Colegio y de continuar el esplendor de los demás, habiendo sido aquella sacra función un día que no tuvo menos luz que los que habían hecho tantos soles, como lo fueron los señores Virrey, Arzobispo y Cabildo Eclesiástico, a que se añadieron los demás Tribunales.

Es el Senado de esta Real Audiencia el primero de los superiores de este inmenso imperio y el colateral de su gobierno: la mayor cumbre a que asciende el mérito y la mayor esfera en que se coloca el esplendor; más sabio que el de los areopagitas de Atenas y más justo que el de los éforos[114] de Esparta. En él ha sido siempre V. S. ilustre ornamento de su grandeza y plausible testimonio de su justificación.

En todos los gobiernos ha sido V. S. singular objeto del afecto y opinión de los señores Virreyes: notable uniformidad tan raras veces experimentada, no bastando regularmente la Virtud si no está acompañada de la Fidelidad. Es esta igualdad la paradoja de las prendas y el enigma de los merecimientos y, sin embargo, ha tenido V. S. el arte de hacer mérito hasta la fortuna. Cada uno de estos excelentísimos príncipes parece que ha agotado con V. S. su favor y, con todo, [le] ha quedado mucha benevolencia que gastar al sucesor. Así han acumulado en V. S. todas aquellas incumbencias que, repartidas en muchos, harían a cada uno muy favorecido a un tiempo y muy condecorado. Las armas y la hacienda son los dos polos de un estado. Conque juzgar la Milicia y la Moneda, es preciso que sea mover toda la esfera del Imperio. Lo extraordinario de la una y lo delicado de la otra requieren en que[115] manda ser más legislador que juez y ser más Argos que intendente. Ser protector del Colegio Real y Mayor de San Felipe es ser director de un insigne Liceo del Perú, como copia de los mayores de España, de donde han salido tantos ilustres varones que han ocupado las mayores dignidades. Y,

---

[114] This should read "un cargo de magistratura."
[115] This should read "quien."

porque en los términos de protección no quedase intacto amparo alguno al cuidado y piedad de V. S., hasta las Cárceles han entrado debajo de su sombra porque estén juntas en su pecho la Justicia y la Misericordia. De manera que la duda del modo con que caben en V. S. tantas atenciones es un escepticismo de comprensión que sólo la extensión y facilidad de su talento pueden disolver.

Entre todas las cualidades de que dotó el Cielo a V. S. es característica la de su singular benignidad, que es tal que en las audiencias parece que es el que las solicita, no el que las admite: el que pide, no el que despacha. De suerte que si la benevolencia fuera dignidad, tuviera V. S. un empleo de corazones en que ejercer una jurisdicción de voluntades. Por esto quisiera yo saber a quién mejor que a V. S. se podría atribuir lo que dijo el elegante secretario y Cónsul, esto es, que si es una justa gloria el amor de pocos, ¿qué elogio debe ser el afecto de tan grande Ciudad? *Nam si paucorum amor juste iam gloria est, tantae Civitatis affectus quod potest habere praeconium?* (19) La puntualidad [de V. S.] en la asistencia es tanta que parece que sólo tiene un ejercicio y que lo que es fatiga por su naturaleza [le] es descanso a V. S. por su genio. Su prontitud en el despacho es tan veloz que parecen los expedientes infusiones. Su rectitud en las resoluciones es tan exacta que aun el que no obtiene la venera.

Estas ilustres prendas son las que ha comunicado V. S. a sus excelentes hijos, derivadas no sólo en el nacimiento sino en la instrucción, que es la sangre del espíritu y la herencia de la Eternidad. Así se ve que ha sido V. S. la menor copia de sus mayores para ser el mejor modelo de sus descendientes. El primero que ha imitado a V. S. es el señor D. Manuel, su primogénito, en quien envió V. S. el mejor retrato que pudo dar a la Europa para que lo coloque en el templo de la Fama. La elegancia de su presencia y la suavidad de sus costumbres, la gracia de sus modos y la prudencia de su juicio, la sublimidad de sus pensamientos y la heroicidad de sus acciones lo han hecho desde luego en la Corte el objeto de los afectos de los que le comunican y de los aprecios de los que le admiran, que son todos. De esta manera, si fuese posible, se pudiera juzgar que se había hallado ya el paraíso, no pareciendo que pudiera haber nacido en otra parte. Hízole merced S. M. del puesto de coronel de un regimiento de infantería, que levantó a su costa y completó tan brevemente que el difunto excelentísimo señor don José Patiño lo mostró por dechado de celo y diligencia a otros coroneles, que no habían podido completar los suyos con estas palabras: *Vean al coronel D. Manuel Bolaño, que [tiene] tal virtud y maña que ha dispuesto completar su regimiento en menos tiempo del que se le ha concedido y le ha sobrado mucha parte.* Su genio ha sido una singular maravilla de temperamento, y una noble antítesis de natural, no pareciendo posible que cupiese en tanta suavidad tanto vigor, y[116] en un ánimo tan sereno una inclinación tan marcial, siendo de aquellos raros que parecen formados de materia etérea, que a un tiempo es toda delicadeza y toda llama. Había antes merecido de suerte el concepto de su ilustre tío el señor marqués de Santa Cruz, que se le había hecho otro amor su opinión y otro parentesco su conocimiento. Afecto que le correspondió el señor don Manuel con una de las más plausibles acciones que puede decantar la Fama, como lo fue la de recibir en Cádiz a la excelentísima señora Marquesa, cuando volvió de Orán a España, y acompañarla hasta la Corte con la grandeza que le convenía. Eligiolo esta ilustre afligida heroína por padrino de la hija que entonces dio a luz y éste fue otro vínculo que lo exaltó con la misma igualdad que se tenía y le añadió el mismo honor de que gozaba. Así el señor don Manuel resucitó en el cuidado a quien tenía vivo en el amor. Así se hizo tan propio retrato de su inmortal difunto que casi hubiera sido a aquella angustiada matrona el mayor consuelo la más grande pena, si el mismo acordarle la asistencia no le hiciera olvidar el desamparo. Muy grande debió ser una generosidad en que cupo todo un marqués de Santa Cruz. No tuvo así Andrómaca quien la asistiese en la muerte de su Héctor, ni Agripina en la de su Germánico. No quedó en esta fineza aquella veneración sino que pasó hasta la de obtener para el señor marqués, su hijo, el decreto de coronel de otro regimiento, que le formó a su costa. Así dio principio a restituirse esta ilustre familia, que, aunque por sí no necesitaba de otra columna que la levantase, debió mucho a su atención, siendo siempre recomendables los obsequios, aun donde no son tan precisos los recobros: que el reparar las aras fue siempre el mayor culto de los númenes.

No fue menos singular el inseparable amor con que la marcial propensión del señor don Antonio, segundo hijo de V. S., acompañó a su heroico tío en África, así en el gobierno de Ceuta como en la famosa expedición de Orán, en que asistió con el honorífico empleo militar de su *aide* o ede de campo. En cuyo ejercicio, después

---

[116] This should read "ni."

de haber peleado valeroso en los ocho combates que se dieron en diversas continuas ocasiones, en que la porfía de los mauritanos intentó hacer triunfo de la multitud, siguió al señor marqués en la fatal surtida que hizo contra aquellos bárbaros, con tal ardor que, atravesado de una bala, [le] faltó muy poco para imitar en la muerte al que tanto imitaba en el valor. De que habiéndose retirado a pie, asido a la cauda de un caballo, por haber perdido el suyo, salvó la vida por especial favor del cielo, que quiso premiarle la honra con las honras, habiendo S. M. conferídole las mercedes de dos oficios de este reino y el relevante puesto de maestre de campo del importante presidio de El Callao. Singular gracia, en que exaltó al hombro la importancia de la esfera y la prelación a otros Alcides más antiguos, habiendo merecido en corta carrera de edad un palio, que ha sido siempre gloria aun de las más largas de servicios.

De esta manera ha resplandecido una prosapia, que está llena de tantas que si el reino de la Fama se despoblase, ellas solas fueran bastantes a instaurarlo. Veo lo que las he agraviado en estrechar lo que es imposible comprender. Veo lo que en el templo de Inmortalidad me he expuesto en haber intentado reducir a una ara muchos nichos. Más es lo que he omitido que lo que he insinuado. Si lo que se había de decir tiene la culpa de lo que se calla, quéjese de sí misma su grandeza. ¿Cómo podían referirse individuales[117] tantos Osorios como reyes y tantos Moscosos como edades? ¿Cómo podían acordarse tantas reales alcuñas, que llevan la memoria de una a otra esfera y de una a otra antigüedad, esto es, de la asturiana hasta la gótica? ¿Cómo pudiera el aplauso haber tocado en tantos héroes como los que se han venerado, fuera de los demás ya mencionados, condecorados con la dignidad de ricos hombres de la estirpe del señor conde don Gutierre Alonso de Asturias, ascendiente que debió ser del señor conde D. Pedro Alonso ya expresado, quien brilló en el reinado del señor rey don Sancho el Mayor (20); de la de Ordóñez, ilustrada con el señor don Rodrigo Ordóñez Spatario, o capitán de la guarda del señor rey don Alonso el Sexto (21), y con el ínclito héroe el señor conde don Diego Ordóñez, famoso con el triunfo del Duelo de Zamora, donde tiene su solar esta Casa, unida a la de V. S. por la señora doña Beatriz de Miranda y Ordóñez, su abuela materna? ¿Cómo podrían referirse los blasones de la de Ron en Zecos, del Obispado de Oviedo, en

---

[117] This should read "individualmente."

que resplandeció ilustre el señor don Álvaro Díaz de Ron, sexto abuelo de V. S. por la señora doña Inés de Ron, su bisabuela, cuyo insigne mérito obtuvo el excelso puesto de gobernador político y militar del principado de Asturias, dado por el señor rey don Fernando el Segundo de León? De cuyo noble tronco han sido brotes los señores D. Lope y don Antonio de Ron, varones dignos de un eterno nombre, y últimamente el señor D. Antonio, caballero del Orden de Santiago y oidor de la Real Audiencia de Quito. En fin, V. S. es un árbol de honor, tan esclarecido por las raíces de que procede como por los frutos que produce, y una fuente de mérito, tan clara por los veneros de que nace como por los raudales que deriva.

¿A cúya sombra, pues, pudiera yo poner lo que tiene de mi pluma el vuelo de esta obra, que a la de V. S.? Dos circunstancias requieren estas oblaciones: el esplendor del mecenas y el aprecio de la ofrenda, y una y otra han concurrido a animarme a la confianza de dirigirla a V. S. Por la primera está la Fama; por la segunda, la Razón; pues ni hay más luces en la esfera de la nobleza que las que brillan en el linaje de V. S., ni más influencias en el cielo de la estimación que las que ha merecido esta obra de su aliento. Yo añadiría a estos motivos el de otra tercera analogía que ella tiene con su Protector, y lo es aquella singular correspondencia de blasones y Misterios que se me acuerda que hay entre V. S. y su Sagrado Asunto. Por ventura, ¿aquellos Panes y aquellos Corderos de su estirpe, que fueron los artífices de una redención obsidional, no son perfectos Símbolos de aquel Inmenso Original, que es el Pan de los ángeles y el Cordero de la Divinidad, y del Cordero, que solo fue digno de abrir el Libro de la Redención Universal? Pues, ¿qué mucho que, en quien concurren los Símbolos, concurran las imitaciones? Y así debo esperar que V. S., que tantas razones tiene de ilustre, tenga tantos efectos de fautor y que una tierna devoción de cordero (*Agnum stantem*) sea digna de recibir un libro devoto de Pasión y dar a luz los Misterios que forman sus Sellos: *Dignus es accipere Librum & aperire Signacula eius.* (22)

DE V. SEÑORÍA
el más rendido afectuoso y dedicado servidor.
Doct. D. Pedro de Peralta y Barnuevo.

Notas marginales

(1) *Chronica de España* del rey D. Alonso el Sabio, part. 4, cap. 1. Salazar de Mendoza, *Dignidades de Castilla*, l. 2, cap. 3.
(2) *Chronic. de España* ubi supra cap. 2.
(3) Salazar de Mendoza ubi sup. c. 2 y 3.
(4) El P. Luis Alfonso de Carvallo, *Antigüedades de Asturias*. Part. 3, tit. 24, § 17.
(5) Fr. Phe. de la Gándara atribuye estos versos del canto llamado el "Prefacio de Almería" al arcipreste de Santa Justa, Julián Pérez, en su libro intitulado *Armas y triunfos de Galicia*, cap. 17.
(6) Salazar de Mendoza, *Dignidad. de Castilla*, lib. 2, cap. 5.
(7) Año de 1381, *Antigüedad. de Astur*, p. 3, tit. 44, § 2.
(8) Sucedió ésta en el año de 1146 cerca de ducientos antes que floreciese el señor D. Juan Alonzo, conque ya su linaje debía ser ilustre.
(9) Plutarc. in *Pericle*.
(10) Claudiano, *De laudib. Stilicon.*
(11) Tom. 7, lib. 14, cap. 1 de sus *Reflexiones militares*.
(12) Lavaña en el *Commento del conde D. Pedro*, tit. 13, fol. 99. Gándara, *Armas y triumph. de Galic*. c. 21.
(13) Gándara ubi supra, cap. 79, pag. 313 y 314. Pellicer en la genealogía de Cabeza de Vaca.
(14) Gándara ubi supra c. 18, con el obispo de Pamplona.
(15) Gándara, *Armas y triumph. de Galicia*, cap. 18.
(16) El M. Gil Gonzales Dávila, cronista mayor de las Indias, en los *Teatros* de estas dos iglesias, y por el Gándara, *Armas y triumph. de Galic.*, cap. 36.
(17) Alvar García de Santa María y después D. José de la Puente, *Histor. del rey D. Juan el II*, lib. 4, c. 8.
(18) Salazar de Mendoza, *Dignidad. de Castilla*, lib. II, cap. 11.
(*) D. Diego de Muros, obispo de Oviedo.
(19) Casiodor. lib. 3, var. 5.
(20) Año de 1072, Salazar de Mendoza, *Dignid. de Castilla,* lib. 2, c. 2, fol. 29 vuelta.
(21) Año de 1037. El mismo Salazar, fol. 97 vuelta.
(22) Apocal. c. 5.

APROBACIÓN

del M. R. P. M. F. Juan de Gazitúa, catedrático de Prima de Teología Moral en esta Real Universidad, calificador y consultor del Santo Oficio de la Inquisición y exprovincial de esta provincia del Perú del Orden de Predicadores.

De orden del señor doctor D. Andrés de Munive y Garabito, arcediano de esta Santa Iglesia Metropolitana, catedrático de prima de Cánones jubilado en esta Real Universidad y provisor y vicario general de este Arzobispado, he leído la obra intitulada *Pasión y Triunfo de Christo*, dividida en diez oraciones, noble parto del sublime florido ingenio del doctor D. Pedro de Peralta Barnuevo y Rocha, doctor en ambos Derechos, contador de cuentas y particiones de esta Real Audiencia y demás tribunales de esta Ciudad por S. M., catedrático de prima de Matemáticas en la referida Real Universidad y rector que fue tres años de ella: varón tan comprensivo de todas las facultades, que, sabiendo todo, sólo una cosa no sabe, que es decir sin elegancia y escribir sin acierto. Y antes de explicar con sincera ingenuidad mi dictamen sobre obra tan devotamente admirable, advierto que fue alto sentimiento de muchos graves doctores (1) ver, y aun llorar, a tantos que, empapados en saber el viaje que traen entre sí los cielos, parece que hacen profesión y estudio de ignorar el camino de ir al Cielo, no sirviendo ni aun la luz a los ojos para cautelar el tropiezo de los pies, levantando algunos no tanto torres en que inmortalizar a la posteridad su memoria cuanto panteones en que sepultar envuelta en tinieblas su confusión. Porque, apagada la vista en ver y observar estrellas, no encendieron el ánimo, no levantaron el cristiano católico telescopio de la consideración a reconocer cuán alta es la Virtud, cuán excelso aquel Señor, que, como Padre de las lumbres, rige cielos, gobierna astros, enciende luceros, encamina influjos y, numerando esta innumerable muchedumbre de estrellas, impone nombres, encomienda oficios, las ata a ley y las ciñe a guarismo. Sin hacer grado de este hermoso antecedente, *numerat inaltitudinem Stellarum, & omnibus eis nomine vocat*, a iluminar y divertir el desengaño en aquella alta sublime consecuencia, en que, arqueando la ceja el espanto, se viene la admiración y se va la voluntad: *Magnus Dominus noster, magna virtus eius*. Teniendo infelices el comercio en luz y la ganancia en tinieblas porque de la profesión de astros y del estudio de cielos no sacaron otro fruto. Hablando en frase de mi Padre Augustino (2), ¿qué ciencia de polvo y sabiduría de lodo: *Scientes pulverum, nihil de Coelo trahentes*.

No así el señor doctor don Pedro nos ha enseñado, con pluma bañada en luz, en sus admirables *Conocimientos de los tiempos*, cómo van los astros, cómo caminan los cielos. Con tan puntual correspondencia de los sucesos a las predicciones, que no parece que conjetura, sino que vaticina. No parece que con mano trémula nos firma un aventurado pronóstico de lo futuro, sino que, sentado el pulso en la evidencia, nos escribe una como historia de lo pasado, porque a las influencias no sólo les ve la cara sino que les lee el corazón, y hasta les penetra las entrañas tan de adentro y de casa en las noticias que de allá nos descuelga, que se manifiesta inquilino de los astros y aun uno de sus luceros. Hasta aquí, pues, nos ha enseñado con puntero de oro cómo van los cielos. Ahora nos alumbra con argumento y estilo cómo se va a los Cielos: *hac itur ad superos*, y en estampas de luz nos descubre, sembrado de tantas estrellas, cuantas goyas salpica, derramado por el limpio éter de la elegancia, el néctar de sus labios: este Camino Real, esta vía sublime, no, como la otra, a cielo sereno, sino cuando se anubla más tormentoso y aun atormentado el cielo. Porque nuestro nobilísimo autor es como la sirena, que entonces canta a los navegantes más dulce cuando se azota más tempestuoso el golfo: *tunc dulcis canit*, que dijo de autoridad de Vives, el docto padre Engelgrave. Parece que de propósito se ha estado todo este tiempo en su astronómico estudio mojando la pluma en luces para cegar de golpe los ojos de la admiración con este escrito, vaciado en molde de soles, viniendo aquí cortado aquel vulgar elogio de Tertuliano: *ut ipsius Solis radio putes esse Scriptum*, como los otros sabios de Caldea, que, para hacer y decir divinidades, tenían un cabineto[118] de estrellas y en ellas sus númenes consejeros y, entrando en trance de curiosidad el examen, se despachaba el acierto en maravillas (3). Así el otro Edesio, de quien vulgarmente se sabe que si clavaba primero la vista en esas inextinguibles lumbreras del cielo, decía por palabras rayos y por sentencias luceros. O cual[119] otra ave, en gala y nombre: Estelar, cuyo gallardo estudio es levantarse a los cielos a beber en la atención de los astros el influjo, para que, impresionada la imaginativa en luz, salga al parto que pretende arrojar a ella, estampado en constelación de luceros, según noticia el erudito padre Silvestre de Petra Sancta en sus *Símbolos*. Debiendo todos repetir en agradecimiento al señor doctor don Pedro por el beneficio de que nos haya llevado por senda de luz a conocer la Virtud, a admirar [a] aquel Señor que honró la estampa de los cielos con hacerla sombra de su Majestad, según aquellos versos de Manilio comprensivos del caso (4):

> *Per te iam Coelum terris, iam Sydera nota;*
> *Sublimes aperiro vias, unumque sub Orbem,*
> *Et per inane suis parentia finibus Astra,*
> *Sentirentque Deum gentes, quam maximus esset.*

---

[118] This should read "habitáculo o imperio."
[119] Así.

La Majestad Augusta del argumento que trata es muy propia de la estación madura en que se halla su nunca verde pero florido ingenio, que, como árbol de Paraíso, ha sabido enlazar primavera floreciente en gala con otoño sazonado en fruto; y recogiendo con el pico de oro de su cristiana discretísima consideración las más saludables gomas, las resinas más aromáticas que sudó aquel Árbol, Leño de escogida Mirra, a quien reverencian arrodilladas las selvas, construye elegante nido, enciende flamante pira en que inmortalizarse a las edades fénix y remontarse a las eternidades palma; y el sagrado material de estos adorables Misterios, sublimado en la espagírica su ardiente ingenio al fuego de su voluntad enamorada, suda espirituoso elixir un trance de deleite la devoción. Con tanta dexteridad maneja la escritura en un asunto, que fue el punto céntrico a que conspiraron los vaticinios, que parece en la comprensión de penetrarla un Jerónimo, en la energía de discurrirla un Augustino, en la dulzura un Ambrosio, en la moralidad un Gregorio, en la elegancia ardiente un León y en la expresión siempre espiritosa un Crisólogo.[120] ¿A quién no espanta un estilo tan sublime y tan alusivo y tan fácil, tan breve y tan copioso, tan serio y tan ameno, tan agudo y tan devoto, que es lo que celebró del ingenio de Abraham Filón: *saspicientes ingenium angustius humano fastigio: utebatur enim sermonibus vulgaribus, sed divinitaten praeseferentibus* (*Lib. de nobilis*). (5) Las figuras, que en el Testamento Viejo trazó la Idea Divina, como borradores en que ensayó estos Soberanos Misterios, que los Sagrados Padres traen y los intérpretes explican, acomoda puntual en cada paso, pero vestidas de gala tan nueva, animadas de expresión tan viva, que no parece que ya sabíamos lo que nos dice, sino que, cuando lo dice, entonces lo sabemos, dejando con aire aquel documento del Lerinense, que, cuando es preciso que se vista el bulto de tela antigua, se corte siempre el traje a la moda nueva: *ut si nou dicas nova, dicas nove*. Con tan majestuosa seriedad maneja la respetuosamente Inaccesible Soberanía del argumento, que si se vale de noticias profanas y erudiciones gentiles es por hacer que las alhajas tomadas del egipcio se consagren en adorno del Tabernáculo, transformadas las galas de la profanidad en ornamentos de la devoción, y esto, cuando sucede, es tal vez que flores salpicadas agracian y adornan, pero traerlas a cada paso y a cargas sobre ser afectado

---

[120] References to St. Jerome, St. Augustine, St. Ambrose, St. Gregory, St. Leon Magnus and St. Peter Chrysologus.

envanecimiento de pedantes, es deseo de formar del agrado molestia y de la diversión embarazo. En suma, la obra es un extracto de ingenio, una quintaesencia de elegancia, digna de estamparse en láminas de cielo y con caracteres de soles. Nada tiene contra la fe que ilustra ni contra las buenas costumbres que promueve. Así lo siento en este convento del Rosario de Lima en 11 de diciembre, 1738.

Fr. Juan de Gazitúa

Notas marginales

(1) Granada, y Bartoli.
(2) Serm. 2 de *Temp*.
(3) Dio. Sic. lib. 2, cap. 4.
(4) Manil. lib. 1, *Astronom*.
(5) *Lib. de nobilis*.

El Provisor de los Reyes. Por la presente doy licencia para que se puedan imprimir las Oraciones que ha compuesto el doctor don Pedro de Peralta y Barnuevo sobre los Misterios de la Pasión, Muerte, Resurrección y Ascensión de Nuestro Señor JesuChristo; atento a que por la aprobación del M. R. P. M. Fr. Juan de Gazitúa consta no contener cosa contraria a nuestra Religión y buenas costumbres. Lima 11 de diciembre de 1738.

Doctor don Andrés de Munive.
Por mandado del señor provisor D. Miguel
de Molino, notario mayor.

APROBACIÓN

del M. R. P. Francisco Rotalde, catedrático de prima de Teología en esta Real Universidad, calificador del Santo Oficio de la Inquisición, examinador sinodal y exprovincial de la Compañía de Jesús de esta provincia del Perú.

Excelentísimo señor, por orden de V. E. he visto las Oraciones castellanas que sobre la Sagrada Pasión de CHRISTO nuestro bien ha compuesto el doctor don Pedro de Peralta Barnuevo y Rocha, contador de cuentas y particiones de la Real Audiencia y demás tribunales de esta Ciudad por su Majestad, doctor en ambos Derechos, catedrático de prima de Matemáticas en esta Real Universidad, que fue tres años de ella, y abogado, que ha sido de dicha Real Audiencia; y confieso que al pasar por sus discursos, suspenso entre la admiración y el deleite, viendo correr con tanta singularidad por el Piadoso Asunto aquella pluma docta que tanto ha enriquecido e ilustrado las mayores ciencias, me acordé, dándoles otra nueva construcción, de aquellos celebrados versos de Horacio en su *Arte poética*:

> *Inceptis gracibus plerumque, & magna professis*
> *Purpureus late qui splendeat unus & alter*
> *Assuitur pannus.* (Horat. *de Art. Poet.*)

Pues con este girón de púrpura cristiana, que quería Tertuliano fuese toda nuestra gala: *Illic purpurae sue Sanguis Christi*, y que ha cortado la pluma del autor, empeñada de la devoción, en la sangrienta Pasión de Nuestro Redentor, ha ennoblecido tanto sus escritos y sus letras que por ese lado se ha crecido la estimación y la fama, que por otro cualquiera no tenía ya adonde crecer.

Dícese que uno de los mejores esmaltes que sublimó a Hércules a mayor estimación y a mayor gloria, sobresaliendo entre todas sus empresas más heroicas, fue la invención de la púrpura, que le atribuyen los Tirios; y fue con suceso que puede ser como sombra del que nos ha dado a luz esta obra tan apreciable. Refiérelo Ángelo Policiano, explicando un lugar del griego poeta Nonno. (1) Visitaba en cierta ocasión el famoso Hércules a una noble doncella a quien amaba y, reparando ella en que el can que le seguía, por haber estregado con los dientes una concha que, travesando en la playa del mar casualmente había encontrado, traía teñida la boca con su noble humor rojo, donde le servía de acusación encendida de su misma travesura, se enamoró tan perdidamente de aquel precioso tinte y de su color hermoso que prohibió al amante su vista y sus agrados mientras no le ofreciese una entera vestidura teñida en el arrebol de aquella sangre, con lo que, empeñado Hércules en el cumplimiento del antojo, sacó a luz con exquisita diligencia el material y el uso de aquella vanidad siempre preciosa de Tiro. Eso mismo podemos decir que le ha sucedido en esta obra a su autor, pues presentándose en una ocasión a su Academia, que es la doncella casta a quien siempre ha ofrecido sus amores, con la primera de estas Oraciones en que, con casualidad devota, había encendido el corazón y teñido la pluma con el Sacrosanto Sudor de Nuestro Salvador en el Huerto, pareció en la elocuencia de su boca tan encendidamente hermoso el color de esta Púrpura Sagrada que recabaron con instancias ajustase una entera obra, corriendo a la Pasión todos sus Pasos: la que sale ya a luz en este libro, para que nuestra América, con Púrpura de otro precio y otro esmalte, deje sin vanidad a la de Tiro.

Refiere don Diego de Saavedra en sus *Empresas* (2) que en el templo de Júpiter Capitolino había en Roma una púrpura que ofreció al vano dios un rey de Persia, tan fina que a su vista las ropas de las matronas romanas y el mismo imperial manto de Aureliano parecían ser de ceniza. No cotejo el objeto sino la obra, que a vista del tinte de esta Sangre Divina ya se ve que no hay púrpura humana que sea más que un poco de ceniza. Pero me parece que es tan fino y tan noble el Tinte que en esta obra tomó de Ella esta pluma que han de pardear en ceniza a su cotejo las muchas y nobles tareas que ha encendido siempre la devoción al mismo Asunto. Por donde juzgo que debo decir lo que escribía S. Jerónimo a Paulino, en ocasión de haber remitido a su censura un libro que compuso de los hechos del emperador Teodosio. Pues, después de haberle dicho: *Felix Theodosius, qui tali Christi Oratore deffenditur*, concluye así el Santo Doctor su elogio: *Illustrassi Purpuras eius* ("Has ilustrado su púrpura"). Más que alteza de espíritu y elevación de pluma no será necesaria para ilustrar no la humana púrpura de Teodosio, sino la Divina de Christo. Aquí, como que no se bastase el autor para la empresa, de la misma materia tomó esfuerzo para el empeño. Pues, se ve que, entrándose a sentir con la fe y a discurrir con un dolor cristiano por el Sagrado Asunto, nuevamente se prestaron vivezas y sublimidades la pena y el ingenio, como en efecto más humano decía Plinio Segundo: *Nam dolori sublimitatem & magnificentiam ingenium; ingenio vim & amaritudinem idolor addidit*. (3) De que resultó en la combinación tal majestad y elevación a la obra que, siendo su materia la más alta, quedó la más bien colocada en este escrito, pues ni el autor sin la materia pudiera subir tanto, ni la materia pudiera tener toda su elevación sin su pluma.

De aquí se me ha llegado a ofrecer que, como Christo, para disponerse a padecer, transfiguró su persona en el Tabor, dejando brotar al rostro y demás partes exteriores de su Sacrosanto Cuerpo las interiores luces de Gloria que ocultaba, como en desagravio anticipado de los tormentos y afrentas que había de padecer, así ha querido transfigurar después el tormento mismo en el ingenio del autor, desquitando el horror en el estilo, dejando brotar por su pluma, como por cauce natural, las luces, con vestir su angustia de la más hermosa gala que atraiga gustosamente la devoción y los ojos. Y si Tertuliano (4) halló una nueva Pasión de la Resurrección, *Passionem Resurrectionis*, que dijo en el libro de este Misterio, acomodando sin embarazo a tanta Gloria el susto del nombre de una pena, ¿por qué no hemos de poder decir que, donde se halla investida de tanta luz y con tan hermosa gala, tiene también la misma Pasión su Gloria? Y cierto que lo es el ver en esta obra tan heroica, que cada sentencia es un diamante con que brilla, cada cláusula un hermoso reflejo con que halaga y cada concepto un nuevo encanto con que suspende y aun hechiza. Aquí no es necedad, como en el otro Tabor, sino necesidad el detenerse, porque siendo el estilo del autor de aquella especie de que decía el gran Sidonio: *Cuy parchís multa exhibenti cura fuit causam potius implere, quam paginam* (5), que haciendo de cada voz compendio a una sentencia, no cuida de llenar el papel sino el asunto, es preciso al margen de cada línea formarse un Tabernáculo: porque, sólo estando de asiento, podrá reconocerse su hermosura y penetrarse el alma de su decir.

Y a la verdad, la singularidad con que piensa, la sublimidad con que discurre, la profundidad con que siente, la eficacia con que convence, la viveza con que persuade, la solidez con que establece, la elevación con que dice y una cierta fertilidad que se lleva siempre en la mano para hermosear igualmente todo el terreno que ocupa, ¿qué otra cosa son sino otras tantas fuentes de luz con que, bañado el piadoso y tierno objeto de Christo paciente, parece que desquita el desaire de lo padecido con el aire de lo dicho, disponiendo en sola su relación su desagravio; y con una circunstancia muy digna de advertirse, y es que, siendo la lengua del autor un Nilo el más plausible de idiomas, porque ni en menos fuentes pudiera haber recogido tanto caudal de doctrina, ni le bastarían menos cauces para difundir tanta alma como deriva a sus voces, todo ello vino a concurrir para disponer en su expresión el desagravio en todo [lo] correspondiente a la Pasión de Christo. Porque, como el título de la injuria, que se sobrepuso a la Cruz (6), se formó de tres idiomas distintos para que todos ellos, aunque violentados de la malicia, concurriesen al improperio, así fue muy conveniente que publicase el desagravio una lengua de muchos más idiomas (7), donde cada concepto, apenas le formase el alma, cuando con más armonía que la que resultaba de la repetición de cada voz en las siete torres de Cízico se oyese resonar, teniéndole por propio siete idiomas diferentes con muchas ventajas al tracio de Virgilio (8), de quien dice: *Obloquitur numeris septem discrimina vocum*.

Pero no siendo, aunque tan admirable, lo más singular en esta lengua el caudal de sus expresiones sino el de sus doctrinas, de ellos le construye a la Pasión de Christo el mejor carro para el Triunfo, pues siendo el autor, como decía de otro, "no sé si con igual mérito, el menor Plinio, no un hombre como quiera sino un compendio de todas las más bellas artes y escogidas letras", *Ut mihi non unus homo, sed litterae ipsae omnesque bonae artes in uno homine videantur* (9), viene a ser que sale a confundir las ignorancias en que halló su descrédito la inocencia, aplaudiéndola hoy en sabia voz la de todas las facultades y ciencias. Así se debe decir porque ¿qué parte de doctrina se podrá echar menos en quien ha avanzado en todas tanto que todas las enseña?, siendo su estudio una Universidad de más cátedras con menos catedráticos y su instrucción una enciclopedia de cuanto la varia aplicación puede buscar en buenas letras, pudiendo decir de sí lo que Tertuliano concluyendo el libro de Pallio: *De meo vestiuntur & primus Informator litterarum, & primus Enodator vocis, & primus Numerorum Arenarius, & Grammaticus, & Rhethor, & Sophista & Medicus, & Poeta, & qui Musicam pulsat, & qui Stellarem contectat.* Y concluye: *Omnis liberalitas fludiorum quatuor meis angulis tegitur.* (10) Y es cierto que en la acomodación de estas palabras antes ha de faltar verdad para llenar el cotejo que sobrar ponderación que redunde en el elogio, porque apenas se hallará facultad de que no haya alcanzado sus principios, y adelantándole mucha luz para progreso de la más curiosa a la más sabia, de la más ociosamente entretenida a la más útil y gustosamente ocupada, en todas es admirable y de todas deriva a la común utilidad en la enseñanza sus preceptos; y para hablar con palabras de Sidonio (11), no menos verdaderas que en su asunto, diré: *& si quid Heroicus arduum, Comicus lepidum, Lyricus cantilenosum, Oratorque maturum, Historicus verum, Satyricus figuratum, Grammaticus regulare, Panegyrista plausibile, Sophista serium, Commentator lucidum, Jurisconsultus obscurum, multifariam condiderunt, id te omnifariam singulis tradidisse.* Siendo por tanto el autor como aquel celebrado árbol de Plinio, que era un injerto de los injertos todos y a un mismo tiempo brindaba con todos los sabores porque era él solo un entero paraíso de las frutas: *Tot modis insitam Arborem vidimus inuxta Tiburtes Tullias omni genere pomorum onustam: alio ramo nucibus, alio baccis, aliunde vite, ficis pyris, punicis malorumque generibus* (12), si no es digamos que es como aquel precioso cetro del Jove de Pausanias: *Florens omni genere metallorum,* o como aquella preciada piedra de los trogloditas, por la cual sola despreciaban gustosos todas las riquezas porque en ella tenían reducidas todas las piedras preciosas. *Nullus ibi habendi amor*, dice Solino, *Tantum lapide uno gloriantur, quem Herecontalithon vocant, tam diversis notis sparsum, ut sexaginta Gemmarum colores in parvo eius orbiculo deprebendantur.* (13)

Parece que aspiró a otra tal descripción de un hombre semejante, si de éstos puede llevar un siglo muchos, el famoso deán de Alicante don Manuel Martí en su aplaudida *Apatherosis*; y creo que sin agravio del dueño podrá añadir a sus versos vanidad sólo el prestarlos a una verdad para que pueda ser que dijeran algo más, si para ella se hubiesen escrito:

> *Arsi nempe Virum solida Virtute nittentem,*
> *Et mirum egregiis dotibus ingenium.*
> *Jura etenim prisca & vetirum responda Virorum*
> *Quani callet nostri sancta que scita fori*
> *Naturae causas varias, momentaque rerum*
> *Si dubius quaeras, cunctae retecta dubit.*
> *Quid referam divina arcana Matheseos, atque*
> *Ardua monstrata pervia facta suo?*
> *Quidquid in antiquis servantur provida chartis*
> *Facta nec aligeri diruit ira senis*
> *Omne tenet, seu paccatas iubat ire per artes,*
> *Seu bellatorum facta superba virum*
> *Argolica seu scripta manu, seu scripta Latina*
> *Viraque versanti pagina nota sibi.*

Por todo lo que he dicho, y por mucho más que pudiera decir, juzgo en este libro ociosa la censura porque, habiendo de ir precisamente el nombre del autor a la primera plana, la deja sin ocio. ¿Ni quién ha de buscar apoyo de lo que con sólo su nombre se lleva ya sabido? O ¿cómo se podrá recabarse de quien se trae anticipada a los ojos una demostración? Con todo, por cumplir el precepto de V. E., concluyo con decir que no conteniendo este libro cosa contra nuestra santa fe y buenas costumbres, antes siendo fomento de aquélla y nuevo aliento de éstas, como atractivo hermoso de la más debida memoria de los fieles a su Divino Objeto, es muy digno de que, cuanto antes, vea la luz pública. Así lo siento, salvo etc. En este Colegio Máximo de San Pablo de la Compañía de Jesús a 15 de diciembre de 1738.

Francisco de Rotalde

Notas marginales

(1) *Polic. Misc.* 12.
(2) Saaved. *Emp.* 16.
(3) Plin. lib. 4, Epist. 20.
(4) Tertul. lib. *de Resurrec. Carnis.*
(5) Sidon. lib. 4, Epist. 3.
(6) Joan. 19.
(7) Plin. lib. 36.
(8) Virgil. l. 6.
(9) Plin. lib. 1, Epist. 22.
(10) Tertul. lib. *de Pallio.*
(11) Sidon. lib. 4, Epist. 1.
(12) Plin. lib. 17, c. 16.
(13) Solin. c. 34.

LICENCIA DEL REAL GOBIERNO

Lima 16 de diciembre de 1738. Imprímase por lo que toca a este Superior Gobierno.

Rúbrica de su Excelencia.
Ribera.
[viñeta]

Carta del ilustrísimo señor don Fr. Joseph de Peralta Barnuevo y Rocha, obispo electo de la Santa Iglesia de la Santísima Trinidad de Buenos Aires, provincial que ha sido tres veces y en la tercera lo está actualmente siendo de esta provincia del Perú, del Orden de Predicadores y catedrático de prima de Teología en esta Real Universidad, al autor de esta obra su hermano.

Hermano mío muy amado,
 He visto las Oraciones de la Pasión y Triunfo de Nuestro Salvador, que Vmd. me ha hecho el honor de remitirme por una noble hidalguía de su genio para que le diga mi sentir sobre si se darán a la prensa para el público aprovechamiento. Y habiendo reconocido el admirable espíritu de devoción que se difunde en todas y la elocuencia sagrada que representa los Misterios del Sacrificio de Nuestro Redentor con tanta viveza y valentía, que más parecen puestos a la vista como acciones que referidos al oído como memoria, he concebido que toda la obra ha sido más inspirada que meditada, complaciéndose Nuestro Señor de mover el corazón y voluntad de Vm.

para que se promueva en todos con la ternura el amor y aprendan en sus tolerancias aquella ciencia misteriosa de la Cruz, de la que sólo se gloriaba S. Pablo y de la que únicamente se debe gloriar el cristiano: *Mihi absit gloriari, nisi in Cruce Domini nostri Jesu Christi.*

Entre las muchas y excelentes obras que debe el público a Vm. me ha hecho ya el presente de dos: de la *Historia de España* y de ésta del Calvario, pero ¡cuánto va de historia a Historia! Aquélla es la historia de un reino temporal, ésta es la Historia de un Reino Eterno. La *Historia de España* es una denominación de la tierra, que fundaron sus reyes con la sangre de sus vasallos. Ésta es la Pasión: es de una monarquía que fundó el Cielo a los cristianos con la Sangre de su Rey. Cuando leí la *Historia de España* y vi aquel grande arte en la suputación de los tiempos, aquella encadenación de las circunstancias y todos los excelentes aires, que excitan la admiración y no son otra cosa que naturales efectos de la elocuencia natural de Vm., anduve buscando los paralelos de los grandes maestros de la Historia, haciendo comparación con los Livios, con los Tucídides, con los Herodotos y los Plutarcos. Pero en estas Oraciones de la Pasión no he formado paralelo de Misterios sino una perfecta proporción de discípulo con Maestros; y puede tener Vm. esta satisfacción en su sagrado celo, que su obra es una perfecta imitación de los Leones, de los Bernardos, de los Fulgencios, de los Atanasios y de los Crisólogos. La elegancia en la relación, la dulzura en la meditación y la elocuencia en la reflexión, ¿qué otra cosa son sino una segunda obra de aquellos grandes elocuentes y de aquellos devotísimos santos? Ésta es el cabo de obra a obra prima de todas las que ha hecho Vm. En las demás, como en ésta, se ve el entendimiento en toda su luz. En esta de la Pasión se ve también la voluntad en todo su ardor. En las otras se admira la elocuencia en toda su sublimidad. En ésta consagra Vm. la devoción en toda su humildad.

Estas diez Oraciones son los diez talentos que ofrece Vm. a Nuestro Salvador, por los cinco en que lo privilegió, en la distribución que hizo de sus soberanos bienes. Aquí los ha empleado Vm. con ganancia conocida. Aquí es donde Nuestro Salvador recibe con usura ventajosa de su mayor aprecio los talentos que confió a Vm. Diole Dios a Vm. una naturaleza tan dispuesta a obras literarias excelentes, que más que por arte, por complexión ha formado su constante aplicación a estos trabajos, con una tan natural felicidad en las palabras que logran siempre persuadir. Y éste es el primer talento que recibió Vm. de la mano liberal de Nuestro Dios, y el primero que numera el grande Hugo Cardenal: *Dedit quinque talenta; naturam in operatione*. Y ésta es también la primera basa y el primer fondo que conocen Cicerón y Quintiliano para la elocuencia: *Sic sentio naturam ad dicendum vim afferre maximam, nihil praecepta atque Artes valere, nisi adjuvante natura*.

A esta fecundidad de su naturaleza añadió Dios su gracia, con que ha cooperado en los estudios y obras de Vm., infundiéndole en el ánimo unos movimientos muy veloces para pensamientos agudos y muy fecundos para sus explicaciones y ornamentos los que también pide Cicerón en el verdadero *Elocuente*: *anime atque ingenii celeres quidam motus esse debent, ad excogitandum acuti, ad explicandum ornandumque uberes*. Y éste es el segundo talento: *gratiam in cooperatione* (lib. 1 *de Orat*.) (1).

Diole también a Vm. la grande facilidad para comprender varios idiomas y hacerse con esto dueño de todas las ciencias para una general erudición, la que consiguió Vm. con el continuo trabajo y con el infatigable estudio y ejercicio en los más sabios maestros, profanos y sagrados: *multo labore, assiduo studio, varia exercitatione, pluribus experimentis constat ars dicendi* (2). Y sin este gran fondo de erudición no sería capaz el entendimiento de unas producciones tan hermosas y tan sublimes, como se ven en estas oraciones: *neque concipere neque edere partii mens potest, nisi in genti flumine litterarum inundata*. Y éste es el tercer talento que recibió Vm.: *Scripturas in eruditionem* (3).

Concediole a Vm. también una singular destreza en usar de las más valientes figuras de la retórica para criar aquel nuevo estilo sublime, que brilla en todas sus obras y se hace inimitable, y en estas oraciones es fuerte y vigoroso; y no deteniéndose en las flores, ni buscando vanos ornamentos, no son como aquellas falsas bellezas que necesitan de afeites sino como las verdaderas y naturales, que tienen sus gracias y atractivos por sí mismas, y así tocan derechamente el corazón. Y se hacen sentir por su espíritu en el alma, que es lo que tanto se celebra de la elocuencia de Bruto: *Erat in Bruto natura admirabilis; exquisita doctrina, & industria singularis* (4). Y éste es el cuarto talento con que favoreció Dios a Vm.: *Figuras in educationem*.

Y diole finalmente a Vm. aquella constante inclinación a frecuentar y estudiar los grandes hombres y los grandes maestros de la elocuencia sagrada para imitar su elegancia e incubar en la contemplación de los Sagrados Misterios de Nuestro Salvador, lo que tanto celebra S. Dionisio Areopagita de S. Hieroteo. Y éste es el quinto talento que recibió Vm., y son todos los que numera el docto y contemplativo Cardenal: *exempla Sanctorum in imitationem* (5).

¿Quién no creyera que estos cinco talentos tan ricos, tan fecundos y floridos, los había de emplear Vm. en asuntos alegres y discursos floridos y en argumentos heroicos seculares? Y no hay duda que ha habido mucho de esto en que ha ganado Vm. muchos talentos temporales en el aplauso, en la estimación y en el aprecio, lo que se ha visto en tantas diferentes obras: en la *Historia de España*; en su *Lima fundada*; en los *Poemas heroicos* que compuso Vm. en lengua francesa a nuestro Rey Católico y al Cristianísimo, en el *Panegírico* que en octavas dedicó Vm. al eminentísimo señor cardenal Alberoni; y otras poesías, que ha hecho a diferentes asuntos en la italiana; en el *Apolo fúnebre*, que discurrió a la ruina de Lima por el gran terremoto en la griega; y otras; en su *Imagen política*, en cinco certámenes a los recibimientos de señores virreyes; manifiestos; relaciones de fiestas y exequias reales; y otras muchas obras políticas, jurídicas, matemáticas y físicas en que ha ganado Vm. un aplauso general y una estimación toda singular.[121] Pero éstos, hermano mío,

---

[121] The "poemas heroicos" refer to *El triunfo de Astrea, panegíricos poéticos en francés, el primero al rey cristianísimo Luis XIV, y el segundo al rey nuestro señor* [Felipe V] published in 1703. The text in praise of Alberoni is *Stanze panegyriche che consacra all'Eminentissimo Signor il Signor Cardinale Alberoni Arcivescovo de Seviglia et Primiero Ministro della Monarchia di Spagna Humilissimo et riverentissimo Il D. D. Pietro di Peralta e Barnuevo* (1720). Also see *Imagen política del gobierno del Excmo. señor D. Diego Ladrón de Guevara ... Virrey gobernador y capitán general de los reinos del Perú, Tierra-Firme y Chile ...* (1714). See Williams (2005) for an edition of *Historia de España vindicada* (1730) and Williams (1996, 191-98) for a catalog of works by Peralta.

José Peralta is the source of inaccurate information about *Apolo fúnebre*. In examining texts by Peralta, we found that *Fúnebre pompa* (1728), written to commemorate the death of Francisco Farnese, Duke of Parma, contained two other works by Peralta: *Apolo fúnebre* and *Poesías de la Academia de Matemáticas y Elocuencia*. The three separate works, presented on different occasions, were collated for publication as one volume. *Apolo fúnebre* has been thought to be the earliest work by Peralta and is often cited in connection with his first poem "Delante de una imagen de Cristo" (1687). Although no critic has declared to have seen the poem, those who believed it to be the title of his first work and to have been written in Greek are Riva Agüero (1938, 246; 1973, 485), Sánchez (1967, 56; 1973, 484-85), Lohmann Villena (1964b, 15), and Núñez (1964). Its complete title is *Apolo fúnebre, que acompañado de una Melpomene doliente decantó lacrimoso en varias poesías la muerte del serenísimo señor el señor Francisco Farnese, duque de Parma de Placencia y celebró el túmulo erguido en Lima a su memoria* and is bound in *Fúnebre pompa*, pages 70-107. *Apolo fúnebre* is prefaced with remarks about how it was traditional in countries that prized literature to pay tribute to the noble dead with compositions. Major religious institutions of the city contributed verses in different languages to *Apolo fúnebre*.

no son talentos que le ha de pasar en cuenta a Vm. el Señor cuando le tome la de los talentos que se dio, porque todas esas ganancias no son más que de unas hojas, de unas flores y de un oro falso, que en la piedra de toque de JesuChristo no tiene ley y en la balanza de su Justicia no tiene peso: *inventus es minus habens*.

Lo que sí pasará sin duda y recibirá con estimación Nuestro Señor serán estos diez talentos que Vm. le vuelve en estas diez Oraciones de su Pasión. En éstas es donde Vm. ha empleado sus excelentes talentos en oro sólido y fino, que le adquieren a Vm. una verdadera riqueza, y es el que aconsejaba S. Juan al obispo de Laodicea que comprase: *suadeo tibi emere a me aurum ignitum, probatum, ut locuples fias* (6). Y este oro verdadero y sólido está en los cinco talentos que trata Vm. en estas diez Oraciones, que no son talentos de flores, ni de discursos alegres y profanos, sino de argumentos tristes y de glorias eternas, que le valdrán a Vm. toda la alegría y toda la eternidad del Cielo. Son la pobreza, las debilidades, las contumelias, las injurias y la muerte que tomó y padeció Nuestro Salvador por nosotros, y los numera también el mismo profundo Cardenal: *quinque talenta sunt paupertas, infirmitas, cuntumelia, iniuria, mors*.

En estas Pasiones y en estos Sagrados Espectáculos de tribulación y de dolor, que representó Nuestro Redentor en el Calvario, ha empleado Vm. justamente sus grandes talentos con tanta utilidad y diligencia en la ternura y devoción que, impresas una y otra en la desnudez, en las calumnias, en las injurias y en la muerte que padeció, y fueron las monedas que se batieron en su Sagrado Cuerpo y las que exhibió por precio de nuestra Redención, aparece en cada una la imagen del Rey, que les duplica y aun les da todo el valor. Y éstas son las monedas que quiere Dios se le den como suyas: *quae sunt Dei Deo*, y son las que Vm. le ofrece, entregando talento por talento y moneda por moneda: *Domine, quinque talenta tradidisti mihi; Ecce alia quinque superlucratus sum*. Y se ve desde luego en todas estas Oraciones el gran negocio que hace Vm. para ganar en el corazón cristiano, con la naturaleza del estilo la atención, con la gracia de las meditaciones el fervor, con la explicación de los lugares obscuros la inteligencia y la noticia llena de erudición, con las figuras una nueva aumentada devoción y con las doctrinas y elocuentes ternuras de los santos el deseo de imitar con el amor y compasión las Pasiones y el Amor de Nuestro Redentor. Y ve aquí cómo ha empleado Vm. los talentos en servicio del mismo Señor que se los confió. De modo que antes que venga a tomar razón a Vm. del uso que ha hecho del rico y florido caudal que le entregó: *quantum quisque negociatus esset*, tiene Vm. prevenido el principal con otro tanto de ganancia, ofreciéndolo Vm. todo a Nuestro Salvador, como a Dueño de uno y otro: *Confitentur gratifice, & totum ei reportant, quoniam ab ipso sumpserunt* (7).

En fin, la pieza está tan bien tejida y adornada que de ella deja Vm. cortada la Real Púrpura de Nuestro Salvador, que en medio de estar atada a los canales del dolor, de las injurias y de la tribulación, *Purpura Regis vincta Canalibus* (8), lo deja tan hermoso[122] y admirable que hace todo el placer de la Iglesia y todo el amor y devoción de los fieles.

Y porque sería especie de injusticia privarlos de estos frutos y virtudes tan apreciables, será muy conveniente que Vm. dé al público esta obra para que, comunicándose a todos, crezcan de más en más al paso de la obligación, la gratitud, el amor y la devoción y reciba Vm. del Señor el premio que [le] dio al otro bueno y fiel siervo: *Intra in gaudium Domini tui*. De este grande convento de Santa María del Rosario. Octubre 15 de 1738.

Hermano y señor mío.
B. L. M. de Vm. su muy amante hermano y capellán.

Fr. Joseph de Peralta.

Notas marginales

(1) Lib. 1 *de Orat*.
(2) Fab. Quint. l. 2, c. 13.
(3) Petrar. *Sat*.
(4) Cicer. *de Claris Orator*.
(5) Hugo in cap. 25, Math.
(6) Apoc. 3.
(7) Chrysosthomus in cap. 25, Math.
(8) *Canticor*.

---

[122] This should read "la deja tan hermosa."

PRÓLOGO

Desde luego reconozco cuán extraña podrá parecer a la ínvida crítica en mi tenue pluma esta sacra obra, teniéndose por una paradoja de devoción y una antítesis de estado, como más propia de los claustros que del siglo y más legítima del púlpito que de la silla. Pero también conozco que los hábitos no hacen doctos sino el hábito, y que las profesiones no hacen ingeniosos sino el genio. Confieso que aunque siempre he recelado el suceso de cualquier producción del mío débil, en ninguna he debido blasonarme de más tímido que en ésta. La misma devoción me ha parecido atrevimiento y la misma lección se me ha hecho escrúpulo. Pero considerándome más arrastrado que aspirante y más impelido que deseoso, he tenido por destino la elección y por éxtasis la aplicación. Resignación ha sido, no conato. Conformidad y no dictamen. Los pensamientos sólo han sido adoraciones y mi silencio ha sido el escribiente del influjo. De manera que, cuanto se ve en esta obra por su objeto es sólo de aquel Señor que habrá querido ser a un tiempo el Asunto y el Autor, dándome la lengua para sustentar la devoción con la palabra y abriéndome el oído para atenderlo como a Maestro, con fuerza a que no debí contradecir. *Dominus dedit mihi linguam eruditam, ut sciam sustentare eum qui lassus est verbo: erigit mane, mane erigit mihi aurem, ut audiam quasi Magistrum. Dominus aperuit mihi aurem, ego autem non contradico: retrorsum non abii* (1). No están sujetas a las proporciones humanas las Divinas, que allá la Providencia se gobierna por reglas muchas veces contrarias a los medios. Cuando quiere, ni observa profesiones, ni se ciñe a estados, porque gusta de que se muestre suyo lo que es raro, y privativo lo que pudiera parecer común. Las Sagradas Escrituras son templos mentales que tienen para todos los que entran a sacrificar el estudio, abiertas las puertas de la inteligencia y verdaderamente no es el que los cultiva el que los penetra, sino los Padres que lo guían. Y, en fin, nunca puede ser osadía lo que es Salvación, ni extrañeza lo que puede ser ternura. No me detengo en los ejemplos de los que, no siendo eclesiásticos, han sido excelentes escritores de asuntos sagrados, en cuyo número pudieran incluirse entre otros un Prudencio, cónsul romano, que demás de sus *Poemas sacros* escribió las insignes obras de su *Apoteosis* y de su *Enabryidion*, y un Boecio, secular luz de Roma, que, siendo sublime teólogo, compuso el tratado de la SS. Trinidad y el que hizo contra los errores de Nestorio y de Eutiches; y sólo insinuaré aquí el de la famosa emperatriz *Eudocia* que, docta en las Divinas Escrituras, compuso el *Poema de la vida de Christo*, formado de versos de Homero, que por esto llamó *Homerocentra*, y mereció colocarse en la biblioteca de los Santos Padres, sin que ni lo distante del estado ni lo ajeno del sexo le impidiesen ni la aplicación del ingenio ni el discurso de la pluma a tan divino objeto. Maravilla sólo igualada de aquellas excelentes discípulas de S. Jerónimo, entre quienes sobresalió tan docta en las Sagradas Escrituras la insigne *Marcela*, que, después de la partida de su maestro a Jerusalén, era el oráculo a quien se recurría en Roma sobre cualquier dificultad de las Sagradas Letras.

Esta obra comenzó por empleo devoto en la Academia, que de ilustres ingenios se había formado algunos años ha de Matemáticas y de Elocuencia a mi cuidado, dando ocasión a ella el sacro tiempo de una Semana Santa en que se dio la descripción de la Divina Oración del Huerto por asunto. Fervor piadoso en que me empeñaron después a las siguientes, a la manera que en la Academia, que en la corte de Viena favorecía el grande emperador Leopoldo, dijo otras de la Sacra Pasión el padre Nicolás Avancini. Y aunque éstas son tan elegantes que no pudieran admitir paralelo, pudieron bien servir de ejemplo: que la grandeza de la guía no impide la firmeza de la planta.

En cuanto a las cuestiones que en el progreso de la Pasión Sagrada se ofrecen en algunos Pasos[123] y sucesos, he procurado seguir las inteligencias más genuinas y a los más graves Padres e intérpretes, acomodándome siempre a las que son más congruas para excitar el ánimo y mover el corazón para encender el afecto y enternecer la devoción, a cuyos efectos aprovecha más al alma lo patético del Misterio que lo crítico del discurso.

El primero que se ofrece de estos puntos es el de la multitud de los azotes que hicieron dar los judíos al Señor, cuyo número, aunque no consta cierto, siempre la común opinión de los Padres y el consenso universal de los fieles ha sido y es haber sido tan grande que lo han llegado a cerca de cinco mil. Las Revelaciones de Santa Brígida lo aproximan a éste, habiéndose[le] revelado que fueron las heridas que padeció el Señor cinco mil cuatrocientas y setenta y cinco. Las de Santa Magdalena de Pazzi afirman que fueron treinta pa-

---

[123] Stations of the Cross.

res de ministros los que se emplearon en esta ejecución (2). De que se infiere que no pudieron dejar de ser muchos los que pudieron repartirse en tantos. Varios intérpretes, entre quienes está expreso el insigne Cornelio, concuerdan en la diversidad de los instrumentos de la Flagelación, siendo unos de espinas, otros de cuerdas con puntas de hierro y otros de cadenas, lo que igualmente hace creer que sería numerosa esta crueldad. Y aunque modernamente un docto autor (3) pretende probar que sólo se ciñó al de cuarenta azotes, fundado en la imposibilidad de que excediesen los judíos de este número, asignado para el castigo de los delincuentes en el texto del *Deuteronomio* que cito en la Oración tercera, remito a ella al lector para el convencimiento de lo contrario. Y aquí sólo añadiré el argumento *ad dominen* que resulta de lo mismo que afirma después, en cuanto a la Coronación de Espinas, en que, haciéndose el reparo de no hallarse ésta impuesta por pena de ningún delito, disuelve este nudo con la rabia que hizo a los verdugos exceder los términos prescritos por la ley, conque a un mismo tiempo los hace contenidos y excedentes, atentos al precepto y transgresores. Sus palabras son: *Bulla henil sea Romanorum, seu Judaeorum lege supplicium huius modi fontibus ac reis infligebatur: sed Militari Licentia ac Feritate excogitatum*, con todas las ponderaciones con que prosigue sobre este tormento, que llama *immanissimo*. ¿Por ventura los que tan atrozmente confiesa que excedieron en una pena, sin alguna ley y sin orden alguno, pues afirma que ni aun Pilatos se la impuso: *a Pilato quidem ex sententia non indictum*, no excederían en la que estaba señalada por la ley? De esa manera quedan ociosas las estrictas circunstancias de haber debido ser un lictor solo el flagelante y de haber intentado Pilatos sólo la corrección del Reo, y no la atrocidad. Añadiré ahora también aquí el concepto que hace de la crueldad de esta Flagelación el elegante S. León Magno (4), diciendo: *Veras autem Domini passiones Esaias Propheta ipsius voce pronunciat, dicens: Dorsum meum dedi in flagella,* & *maxillas meas in palmas, etc.* En que se ve con cuánta eficacia prefiere entre las pasiones o tormentos del Señor el de los azotes. Juicio con que concuerda el del Angélico Doctor[124] (5), que, numerando los dolores del Señor correspondientes a cada parte de su Sacrosanto Cuerpo, aplica a todo el de los azotes: & *in toto corpore flagella*, los que no pudieran ocuparle todo si sólo hubiesen sido de tan corto número.

---

[124] Saint Thomas Aquinas.

Consuena el mismo santo con San Jerónimo, que pondera como universal esta Flagelación, con la enormidad de cortarle los azotes el Cuerpo Sacratísimo y el pecho: *Traditus est Iesus militibus verberandus, & illud sacratissimum corpuo, pectus que Dei capax flagella secuerunt.* Y para que se entendiese su copioso número, cita la profecía de David: *Hoc autem factum est, ut, quia scriptum erat: Multa flagella peccatorum.* Y no siendo bastante una corta flagelación a cortar el Cuerpo y pecho, se reconoce cuánto fue su exceso.

Entre los menos antiguos escritores es insignemente relevante el padre Jeremías Drexelio; y este gran autor en el tratado de la Pasión del Señor, que intitula *De Christo Moriente* (6), habiéndose hecho cargo del texto de *Deuteronomio* y del número de los treinta y nueve azotes de S. Pablo y, al contrario, referidas las revelaciones de Santa Brígida y Santa Gertrudis, pasa a establecer la sentencia que tiene por cierta con este epígrafe: *Sententia hic corta statuitur & explicatur,* y sus primeras cláusulas son éstas: *Es, pues, cierto lo que Cirilo Alejandrino, Crisóstomo, Augustino y otros afirman, que es el haber sido Jesús crudelísimamente azotado, lo que bastantemente se manifiesta por los Divinos Libros* (7). Y pasa a exponer algunos de los Sacros Vaticinios, que van ponderados en la Oración tercera; y habiendo referido el que de sí mismo hizo el Señor en S. Lucas (8), en que dijo que sería iludido y azotado, y que después de flagelado lo harían morir: *& illudetur & flagellabitur, & conspuetur, & postquam flagellaverint, occident eum,* concluye así: Calló el Señor la Cruz, pero no calló la Flagelación, la cual mezcló dos veces en sus palabras: *Siluit Dominus Crucem, sed non siluit flagellationem, quam sermoni bis miscuit.* De donde procede a formar el argumento del intento de Pilatos, semejante al que, sin haber visto entonces a este autor, formo en la Oración expresada, diciendo en su persona: Si a este reo lo castigo más blandamente, nunca mitigaré la plebe enfurecida: *Si reum hunc mitius vastigen, furiosam plebem nunquam mitigavero; non acquiescent ubi perfunctorie caesum spectaverint.* De que deduce que ninguna parte del Sacrosanto Cuerpo quedó sin azotes: impiedad a los siglos inaudita, *Nulla pars corporis verberibus vacua. Inaudita saeculis immanitas,* pasando a discurrir que los pontífices y fariseos sin duda incitarían con dinero a los verdugos para que en nada perdonasen a aquel reo: *Accedebant haud dubie pecuniaria promissa Pontificum & Pharisaeorum, qui milites incitabant, ne reo illi quidquam parcerent.* El mismo juicio hace Avinatri (9) del ánimo de Pilatos: *qui fuit* (dice) *ad sedandum animos Iudaeorum con-*

tra Christum. Con estas Profecías y estas autoridades, no sé cómo se trata de fábula la costumbre de pintar este cruento Misterio con varios ministros, ni de *commenticia* la pluralidad de los azotes.

Lo que sólo pudiera formar alguna duda, en cuanto a esta enorme multiplicidad, son dos reparos. El primero es el de la dilación del tiempo que en ella debía consumirse. Y a éste se satisface con la multiplicidad de los verdugos, que no dejarían momento sin golpe, avergonzando a la misma velocidad con el furor. El segundo es el del recelo que debieran tener de que muriese el Salvador a su ímpetus, como hubiera sucedido si no lo mantuviese su Divinidad, contra el deseo que los judíos tenían de imponerle la muerte ignominiosa de la Cruz, manifestado después en el alivio cruel que le prestaron en su portación. Y éste se desvanece con la misma resistencia que veían en el Sagrado Cuerpo del Señor, sirviéndoles lo que era Milagro de la Tolerancia de confianza de la atrocidad.

En este mismo Misterio se ofrece igualmente la cuestión de las dos columnas que se tienen a un mismo tiempo por constantes: la una pequeña de sólo tres palmos, que se venera en Roma en la iglesia de Santa Praxedes; y la otra, que refiere S. Jerónimo que se mostraba sosteniendo el pórtico de una iglesia, como padrón cruento de la sangre del Señor, de que estaba teñida (10). Por cuya contrariedad pensó Bosio (11) haber sido dos veces flagelado: una en la mayor y otra en la menor. Cornelio (12), aunque discurre que pudo ser atado el Salvador a la primera en la noche precedente y que allí fue iludido y azotado, también juzga ser parte de ésta la segunda, con cuyo sentir concuerda Jerónimo Natal en este Paso. Y éste pudiera parecer el más genuino, siendo más verosímil, que la columna grande verdadera se partiese, como reliquia tan sagrada, que el que fuese dos veces flagelado el Señor o que le mudasen de una a otra columna, pues para azotarle por pecho y espalda tenía la crueldad bastante modo. Pero Daniel Malonio, citado por Vicencio Avinatri (13), juzga que la menor fue a la que ataron al Señor por la noche en la casa de Caifás, sólo a fin de hacer más segura la custodia: *ut cautius custodiretur; vinctis post terga minibus, etc.*, lo que parece más congruente.

Sigue a este punto el de la opinión de varios escritores, que afirman que Simón Cirineo cargó solo la cruz, fundados en la palabra *tolleret*, de que usan S. Mateo y San Marcos, diciendo que viendo la debilidad con que el Señor se hallaba, lo obligaron a que llevase su Cruz, *ut tolleret crucem eius*, y en las de algunos Santos Padres, que aplican esta acción, como símbolo de la entrega que el Señor había de hacer de su Pasión a los que la habían de seguir con la cruz de sus martirios y sus penitencias. Y de este sentir son entre los intérpretes modernos Cornelio y Serry, que desprecia la costumbre de los pintores, que siempre figuran este Paso poniendo al Cirineo como compañero y no como absoluto portador del peso. Sin embargo, me ha parecido seguir la contraria, por todas las razones que en la Oración quinta se expresan, adonde igualmente me remito, esforzando aquí sólo la del universal consenso o juicio de los fieles en todos los reinos cristianos, donde este Misterio se pinta al Cirineo como compañero de la Cruz. Y aunque se ilude tanto el error de la pintura, no debe ser tan despreciable este testimonio como se discurre. Lo primero, porque siempre ha sido eficaz aun en las paredes de los edificios para las comprobaciones de la Historia, de que vemos algunos ejemplos en la de Ambrosio de Morales, príncipe de la española, en la pintura del rey D. Favila, a quien mató un oso, y en las de otros. Lo segundo, que siendo el uso de ella antiguo, no es menos digna de crédito que las medallas y las inscripciones a que tanta fe se suele dar. Lo tercero y muy poderoso, que no admitiéndose medio entre la verdad y la falsedad de un suceso, y mucho más de un suceso tan Sagrado, es cierto que si fuese la palabra *tolleret* únicamente significativa de la absoluta portación, fuera falsa la contraria inteligencia. Pues, ¿quién duda que, de serlo, en materia tan grave no hubiera tolerado este error la Iglesia, no sólo en todas las pinturas sino aun en los bultos que en los altares y procesiones se ven esculpidos? Lo cuarto, que las palabras de S. Lucas explican bastantemente las de los demás Evangelistas, diciendo que impusieron al Cirineo la Cruz para que la cargase detrás del Señor: *Imposuerunt illi crucem porrare post Iesum*. Si había de llevarla solo, ¿qué necesidad había de llevarla detrás del Señor, ni de que el Evangelista expresase esta circunstancia, que nada añadía al suceso, mayormente cuando era más natural que la cargase precediendo al Señor, como va dicho en la Oración? Lo quinto: que según Adrichomio, autor sumamente venerado y a cuya fe defieren de común consenso todos los autores, en la descripción de Jerusalén pone por menor el lugar donde se aplicó el Cirineo 237 pasos menores y tres pies y medio distante del palacio de Pilatos; de éste al sitio donde llegó la Verónica al Señor 191 y medio pie; y de aquí a la Puerta Judiciaria, donde cayó tercera vez con la Cruz, 336 pasos y dos pies. De suerte que, sumadas estas dos últimas estaciones, hacen 528 pasos, que distaba el lugar de esta Tercera Caída del de la aplicación del Cirineo. De que se manifiesta que, habiendo dado en tierra el Señor, oprimido del peso de la Cruz, había continuado con ella después de este socorro. Conque o se ha de negar la fe a un autor incontestable, o se ha de confesar que el Cirineo fue sólo compañero y no absoluto portador del Sacro Leño. Esta misma descripción sigue el P. Vincencio Avinatri, escritor tan moderno como singular, en su *Calix inebrians* ya citado (14), donde dice estas palabras: *Atque illine per 336 gressus & duos pedes ad Portam Judiciariam, ubi rursus cum Cruce lapsus est*. Movidos de estas razones son varios los antiguos y modernos que forman este juicio, principalmente Caietano y Baronio, y todos los místicos que tratan de meditaciones y solicitan las ternuras. El P. Luis de la Palma se hace el argumento de la Caída dada después de la aplicación del Cirineo, según los lugares del mismo Adrichomio; y, para adherir[se] a la opinión contraria, se ve precisado a contradecirlo, sin dar solución alguna a la fuerza de su vista y de su autoridad. Especial modo de traer la dificultad para no disolverla. No me admira menos la extrañeza con que el ya citado Avinatri sigue el mismo sentir, desentendiéndose de sí propio contra lo que había tan exactamente afirmado en las palabras que quedan referidas. El venerable P. Fr. Pedro de Ulloa, varón cuya doctrina no estaba muy inferior a su virtud, aunque a su estilo le sirve de elegancia su piedad, tiene por indubitable el que es común con algunos Padres que cita. Don Augustín Calmet, monje benedictino y célebre escritor sagrado muy moderno, en la *Vida de Christo*, que escribió en francés, pone ambas opiniones y se contenta con la neutralidad, conque, favorable a las dos, puede cogerlo para sí cada una. Lo que igualmente se me hace reparable es que, poniendo todos el suceso de la Verónica, o sea Berenice, después de la aplicación del Cirineo, y suponiendo que este encuentro fue al tiempo de caer el Señor con el peso del Sacro Madero, no adviertan que Simón no lo llevaba solo. En fin, cada uno podrá seguir la opinión que agradare a su juicio, que yo sigo las lágrimas más que las crisis y quiero los corazones más que los discursos en todo lo que no repugna a la evidencia. Este feliz Cirineo fue padre de S. Alejandro y de S. Rufo. Hízolo el Salvador santo y padre de santos porque no pudo dejar de merecer auxilios quien le fue auxilio ni de lograr la cruz quien la cargó.

Acompaña a los puntos precedentes el de la misma Verónica, si no abiertamente negado por el docto Serry, en el lugar que se cita en la Oración quinta, donde este sacro suceso se describe, tan dudado que parece que hace merced de la indecisión, por más que trae los autores y las bulas de los Sumos Pontífices que lo acreditan. A que sólo añadiré aquí las autoridades del expresado Adrichomio en el número 44 de su descripción de Jerusalén; de Beda, que refiere haberse enviado a Tiberio y sanándole su contacto de una incurable lepra; del libro manuscrito que del Sacro Sudario, en que se imprimió el divino rostro del Señor, se guarda singular en la Vaticana Biblioteca; de Constantino Porfirogeneto (15); de Gretcero (16) y de Cornelio (17), insinuando sobre todo los milagros de que este Celestial Lienzo ha sido místico instrumento referidos por Metodio, obispo de los tirios, antiguo cronógrafo; y Mariano Scoto (18). Esta Santa Mujer dicen algunos, por autoridad del *Evangelio de Nicodemo*, haber sido la misma a quien sanó el Señor de un profluvio[125] de sangre con sólo el remedio de la fimbria de su vestidura; y Dextro, que cita las actas de S. Marcial, primer obispo de Limoges, haber ido de la Galia a Roma donde, esclarecida en milagros, dejó la Sacra Imagen y pasó al Cielo. Él mismo le da la gloria de cordial amiga de Nuestra Señora. Pero estos testimonios son inciertos. No necesitan de ellos los antecedentes; y si éstos, siendo sobre tan clásicos, tan numerosos, no se creen, está inútil el escribir y ocioso el leer, y sólo servirá el mirar. Para una incredulidad total no hay sino abrir las tumbas y resucitar a los testigos. Este es el genio de aquellos escritores que llama *de puras negaciones* el M. R. P. M. Fr. Martín Sarmiento, singular lustre del Orden de S. Benito, en el segundo tomo (19) de su *Demostración crítico-apologética* del *Teatro crítico* del M. R. P. M. F. Benito Jerónimo Feijoo. Varones ambos para cuyos elogios desearía que en mí no pareciese correspondencia de la gratitud lo que sólo es deuda de la razón, consolándome con que su mérito está independiente del afecto y su fama no ha menester a la pasión, pues del modo que no está sujeta a las censuras, no está pendiente de las alabanzas:

> *Nec sumit aut ponit secures*
> *Arbitrid popularis aurae.* (20)

Omito aquí las cuestiones del vino mirrado que dieron al Señor, sobre que contendieron los dos más ilustres varones de su tiempo:

---

[125] This should read "flujo abundante."

el cardenal Baronio y Nicolás Fabro, consejero del rey cristianísimo Luis XIII, pretendiendo el primero haber sido suave y lo contrario y cierto el segundo, a que después cedió Baronio. La de la desnudez del Señor, que, aunque siente El Tostado haberse auxiliado con cierto lienzo o sea morales que tenía interiores[126] el Señor, y Santa Brígida, que uno de los soldados le aplicó un leve velo a la cintura, es la opinión contraria la común de los Santos Padres, en que es la principal la de S. Ambrosio, sobre que puede discurrirse que del modo que el Señor se encubrió, las veces que quiso, a los ojos de los que le encontraron, pudo hacer invisible en su Crucifixión lo que del Sacrosanto Cuerpo no convenía al pudor dejar desnudo. Callo igualmente la cuestión del número de los Sacros Clavos, en que el común sentir es haber sido sólo tres, aunque por las revelaciones de Santa Brígida y por graves autores se afirma haber sido cuatro, lo que no repugna y se conforma con el famosamente venerado bulto, que en Burgos se adora. Y lo que sólo advierto es que los varios [clavos] que se han tenido por constantes o han sido supuestos o se han formado con fragmentos o contacto de los verdaderos, en que siempre la reverencia ha sido a un mismo tiempo el dueño y la certificación de la Reliquia y la fe ha podido pasar por testimonio. Dos dicen que colocó el gran Constantino, [uno] en un freno y [otro] en su morrión para seguridad de sus victorias. Uno se refiere que, arrojado al mar Adriático, sirvió de llave a la frecuencia de sus tempestades y es célebre el que se venera en Milán.

En cuanto al lugar o modo de la Crucifixión, esto es, si se ejecutó en la Cruz tendida en tierra o elevada en el aire, me remito a lo expresado en la Oración sexta, en que seguí la opinión de los graves autores que afirman el primero. Igualmente omito discurrir sobre la materia de la Sagrada Cruz, que, aunque, no con impía, con fabulosa aserción, dijeron algunos haberse formado de un árbol de triplicada especie, esto es, de palma, de pino y de ciprés, unidos de tres ramas, que un hijo de Noé, llamado Hionco, introducido en el Paraíso, sacó de él; y otros, de mayor autoridad (21), haberse compuesto por partes empalmadas de cedro y de los mismos pino y ciprés; y, en fin, otros haberse labrado de cedro, ciprés, palma y olivo, decantados en los célebres versos siguientes:

---

[126] This should read "lienzo espiritual que tenía interiormente."

> *Quatuor ex lignis Domini Crux dicitur esse:*
> *Pes Crucis est Cedras, Corpus tenet alta Cupressus*
> *Palma manus retinet, Titulo laetatur Oliva.*

Estos mismos se contienen más ceñidos en éste:

> *Ligna Crucis Palma, Cedrus, Cupressus, Oliva.*

Lo que, aunque alegóricamente aplicado por Cornelio, no tiene más que lo simbólico de firme, siendo lo más constante de su materia el que no consta, según Gretcero, Avinatri y otros: y [es] que quien le dio otra forma en el Triunfo le hizo otra materia del Honor. Éste es el que aun en la misma materia se reconoce en la continuada maravilla de la integridad, en que se mantiene individua[127] en medio de la innumerable división de sus partículas, siendo como un Manantial de Adoración y una Reliquia de Océano, nunca exhausta por el culto y jamás agotada por la devoción: siempre dividua a[128] los que la cogen y entera a los que la veneran, como lo expresa el cardenal Baronio (22). Y con esto, diciendo al milagro de la obscuración del Sol sucedida en la muerte del Señor, que el ilustre Serry, repitiendo a Orígenes, niega haber sido universal, limitándolo sólo a la Judea, esto es, que sucedió *super universam terram* [de] Judea. Porque, aunque en la Oración citada se dice lo suficiente contra un sentido tan violento, repugnado de[129] todos los Padres e intérpretes, me ha parecido necesario añadir aquí, con venia de tan docto autor, lo que reservé para este lugar sobre el desprecio que hace del testimonio de Flegón, liberto del emperador Adriano. Hizo éste en el libro 13 de sus *Chronicos Olympicos* mención bastantemente clara de aquella obscuración en el mismo día en que el Señor murió con estas palabras: *En el cuarto año de la Olimpiada 202 se hizo un eclipse del Sol máximo y sobresaliente entre todos los que hasta entonces habían sucedido: el día a la hora sexta de suerte se convirtió en tenebrosa noche, que se vieron las estrellas en el cielo y un terremoto en Bitinia arruinó muchas casas de la ciudad de Nicea* (23). Este lugar, sin detenerme en la computación por no hacer este prólogo más dilatado, lo traen varios escritores e intérpretes (24) por un testimonio, aunque profano, irrefragable de la universalidad de esta milagrosa

---

[127] This should read "única."
[128] This should read "divisible para."
[129] This should read "rechazado por."

obscuración y, novísimamente, el insigne Gravesón (25) como una de las principales pruebas de la Verdad incontestable de los Evangelistas contra los incrédulos, como lo son las noticias gentílicas, que concuerdan con las que escriben aquellos sacros historiadores de la fe. Y, sin embargo, le niega el expresado autor el crédito, diciendo que el expresado Flegón sólo se ha tenido por historiador, no por astrónomo. Como si para referir un eclipse u obscuración total del día, como refieren otros varios historiadores, fuese esta cualidad precisa.[130] Pero lo que más admira es la fuerza con que después le deprime el testimonio, con la nota de no haber advertido la maravilla de haber sucedido aquel eclipse en día de plenilunio, en que naturalmente era imposible. Porque haciéndolo antes ignorante de la Astronomía para la advertencia del eclipse, lo quiere después docto para el reparo del aspecto.

Lo que sí forma grave dificultad en esta milagrosa fatal obscuración es la facilidad con que se hicieron en medio de aquellas tinieblas algunas acciones, que requerían suficiente claridad para la vista, como la de la suerte sobre las vestiduras del Señor y la aplicación de la esponja con el vinagre a sus sagrados labios y otras, mayormente habiendo sido la lobreguez tan fuerte que mereció la ponderación con que se dijo que temieron los siglos una noche eterna.

Impiaque aeternam timuerunt Saecula noctim.

Lo que desvanece la opinión de algunos, que afirmaron no haber sido tan avara de luz la obscuridad, que no dejase algún resto de claridad al día. Y, a la verdad, si se atiende a la naturaleza de lo que se ve en las mismas sombras de la noche, cuando se halla asistida de las estrellas, como sucedió en esta obscuración, en que su luz, aunque trémula y corta, permite alguna vista a los objetos, parece que pudieron ejecutarse entonces aquellas acciones. Pero, supuesta la verdad de éstas y la realidad de unas tinieblas tan cerradas como las pondera el étnico citado, lo que puede componer esta antinomia de visión es entender que los primeros hechos insinuados se ejecutaron poco antes de la obscuridad y que el de la aplicación de la esponja se hizo al contrario muy poco después de haber fenecido el misterioso eclipse. Y aunque S. Mateo afirma que éste duró des-

---

[130] The inquisition censor inserted in the margin the word "maravilla."

de la hora sexta hasta la nona y que cerca de ésta, esto es, antes de ella, exclamó el Señor su desamparo, y que inmediatamente se le aplicó la esponja, es preciso que se entienda la duración de una y otra hora, no con la exactitud astronómica sino con la latitud con que arbitrariamente se suelen contar. Y aunque todavía resta a estas tinieblas otra sombra, como lo es la repugnancia de la dirección de la vista en las locuciones de los dos ladrones, y en las sacras palabras del Señor, que todas se hicieron durante la total obscuración, para disiparla, es de advertir que la mayor obscuridad, contraria a sí misma, mientras más crece más se disminuye, porque permitiendo verse más vivas las estrellas, produce negativamente una claridad, aunque corta, bastante para verse los cuerpos grandes por la mayor reflexión que éstos causan respecto de los menores, en cuya suposición pudieron en esta horrible obscuración verse las personas, aun a pesar de la magnitud de las tinieblas. En cuanto al horrible terremoto que acompañó a esta señal divina, y que igualmente limita el escritor citado a sola la Judea, podrá verse la Oración sexta, donde se dice lo bastante contra esta opinión. Y aquí añadiré sólo la raridad terrible de haberse abierto el mismo sacro monte del Calvario, al lado en que se puso el impío ladrón, en ruptura tan profunda que, arrojados en ella graves pesos, no se les percibe el paradero, según Adrichomio, lo que se ha juzgado como signo fatal del precipicio con que aquel perverso cayó al Abismo condenado, al mismo tiempo que el otro santo se destinó para subir al Cielo venturoso.

En cuanto a la edad y al año en que murió el Señor, parece que, según el cómputo que sigo en mi *Historia de España* (26), debió ser en el año treinta completo y en el treinta y uno corriente de la era vulgar, y aquello la del treinta y tres comenzado. El día fue el veinte y cinco de marzo, o en el equinoccio verno, como natural principio de los años, en que fue creado Adán, y la hora la sexta, en que pecó, porque correspondiendo el reparo a la ruina, el Segundo Adán regenerase lo que el primero destruyó y se opusiese la victoria de la Redención a la victoria de la culpa. Así, cuando gustó el primero la amarga dulzura del árbol vedado, gustó el Segundo la dulce amargura del árbol escogido y la Majestad pagó al mismo tiempo en que fue ofendida el crimen de su misma lesa Majestad, como lo pensó el agudo Eusebio (27) y lo expresó, sabio, Teofilacto: *Qua igitur hora Dominus hominem condidit, eadem & lapsum curavit*, y elegante lo cantó Tertuliano en estos versos:

> *Qua dic quove loco cocidit clarissimus Adam,*
> *Hac eadem redeunte dio volventibus annis,*
> *In stadio ligni fortis congressus Athleta,*
> *Extenditque manus poenam pro laude secutus,*
> *Devicit mortem etc.*

En lo que mira a las demás cuestiones que se ofrecen en tan Divino Asunto, parece que se hallan tocadas en la obra, si no con la destreza que deseara mi débil pluma, con el mayor aliento que ha podido aplicar su corto vuelo. Sé que no ha habido Sagrado Objeto que más haya ocupado los entendimientos en todo el imperio de la fe, ni que haya poseído los corazones en todo el reino de la devoción: que a Él se le han tributado la más enérgica elocuencia de los santos, la más aguda penetración de los intérpretes, la más viva elegancia de los predicadores y el fervor más ardiente de los místicos; que ésta es aquella plenitud de Gloria, *Pleni sunt Coeli & Terra*, que no parece que admite nuevo cuerpo de discurso. Pero si por esto no hubieran de poderse seguir estas guías, quedarán sus modelos, a fuerza de ser perfecciones sin tener copias y serían ejemplos para no permitir imitaciones. Si porque no hay Padre ni escritor que no traiga los lugares y las exposiciones de los Sacros Misterios hubiesen de dejarse los discursos, estarían inútiles los púlpitos y ociosas las exhortaciones. Si cada día nacen corazones, ¿por qué no han de nacer fervores? Si cada día se consagran altares, ¿por qué no han de consagrarse ofrendas? El estilo que he procurado usar es el que he considerado más idóneo para persuadir y mover, deseando que no haya sido en cada Oración tan corto como el de las homilías, tan difuso como el de los sermones ni tan ascético como el de las meditaciones. El Asunto no pide el expositivo sino el oratorio, pero sin usar de tesis o títulos retóricos, como los de Avancini, sino los de la misma Sacra Historia, porque aquéllos sirven más al aplauso del ingenio que al movimiento de la voluntad. En lo demás he aspirado a seguir el de los Santos Padres, todo a un tiempo compuesto y natural, rítmico y suelto, por cuya razón he puesto varios lugares en que se ve aquel oculto cuidado que lleva la proporción y eufonía o buen sonido de las voces: fuerza con que atacan los pensamientos para el tiro, por donde dijo S. Augustín que en todo lo que podía sufrir la modestia no omitía la armonía de las cláusulas: *quantum modeste fieri arbitor, non praetermitto istos numeros Clausularum* (28). No sé si lo he acertado. Allá lo juzgarán los corazones, que, yo, en posesión estoy de mis defectos. No pretendo gloria humana alguna, que ha días que tengo hecha cesión de la alabanza al aprovechamiento. No son estas obras para esperar premios caducos, que fuera muy mal negociante si por una sombra perdiera una luz y diera una eternidad por un instante. Elogio y devoción no puede ser. Fama y contrición no se componen. Si no fuera por la grandeza del Asunto, huyera más del aplauso que de la censura: porque aquél es peligro y ésta puede ser paciencia. Pero es preciso mirar por el fruto: porque vive la aceptación con el fervor y, al contrario, anda con la nota[131] la tibieza. El deprimir[132] estas obras es sin duda hacerse reos de la indevoción: es embotar la flecha para que no hiera y apagar la llama para que [no][133] encienda. Y así cada uno atienda sólo a lo que se dice; no al que dice; y vamos juntos, que yo soy el primero a quien me escribo y el primero que me leo. Sobre todo, pido a los que me acompañaren una misericordia de crisis para darme un perdón de devoción.

Notas marginales

(1) Isai. cap. 50, v. 4.5.

(2) Apud Cornelium in Math. c. 27, v. 26, pag. 524.

(3) Fr. Jacinto Serry, *Exercitationes de Christo*, eiusque Virgine Matre. Exerc. 52 a n. V.

(4) Sermo 15 de Passione Domini.

(5) Part. 3 quaest. 46 a[rt]. 5.

(6) Tom. 2. *Deliciar gentis humanae* p. 2, cap. 2.

(7) Hoc ergo certum est, quod Cyrillis Alexandrinus, Chrysosthomus, Augustinus, alii affirmant, Christum JESUM dirissime flagella tum. Quod e divinus voluminibus satis liquet.

(8) S. Luc. cap. 18, vers. 31 & seqq.

(9) Calix inebrains. De 2 Pass. Chris. Myst.

(10) Hieron. in Epitaph. S. Paulae.

(11) Lib. 1 de *Cruce triumphante*.

(12) In Math. cap. 27, v. 36.

(13) De 2 Passion. Myster. ubi supra.

(14) De 4 Pass. Christi Myster.

(15) Lib. 6 de *rer. inventorib*.

(16) Sintagma de Imaginibus. non manufact. cap. 16 & 17.

(17) In Math. c. 27, v. 32.

(18) S. Anton. p. 1, *Hist.* tit. 6, c. 25.82. Vincent. Bellonacens in *Hist. specul.* Bredenbach. Saligniac. F. Manuel de Villarroel, *Ephemer. Sacr.* tom. 1.

---

[131] This should read "notoriedad."
[132] This should read "rebajar."
[133] The inquisition censor inserted the word "no."

(19) Discurso 41, n. 726.
(20) Horat.
(21) S. Chrysost. Anastas. Sinaita, Ioan. Cantacrizenus apud Avinatri ubi supra.
(22) Quotidie dividua sumentibus, & semper tota venerantibus. Baron. & Spondan. Ann. 34, n. 42.
(23) Quarto autem anno 202 Olympiadis magna & excellens inter omnes quae ante eam acciderint, defectio Solis est facta. Dies hora sexta in tenebrosam noctem versus, ut stellae in Coelo vistae sint, terraeque motus in Bithynia Nicenae urbis multas aedes subverterit.
(24) Euseb. in *Chron.* ad annum Christi 33. Cornel in Math. c. 27, v. 45.
(25) Fr. Ignat. Hyacinth. Amat de Graveson, *Tract. de Vita, Myster.* & *Annis Christi*, Dissert. prolusoria § 1, pag. XII.
(26) Tom. 1, lib. 3, cap. 1.
(27) Tradat se ipsa maiestas pro crimine maiestatis. Euseb. Gallican. Homil. 11 de Pascha.
(28) S. Aug. l. 3 de *Doctr. Chr.* 20.

ORACIÓN PRIMERA.

La Oración del Huerto.

Si alguna vez, oh ilustres e ingeniosos académicos, si alguna vez, digo, llegó a temer mi débil pensamiento entrar en liza con valiente asunto, ha sido en ésta, en que el que se propone es un temor divino, tanto más terrible a la expresión cuanto más fatigado [2] en la congoja. Desmayo fuerte, ansia robusta y esforzada agonía. ¿Qué hará la vista donde el objeto tiembla? Donde el aire vacila, ¿qué hará el vuelo? Donde el Numen se aflige, ¿qué hará el culto?

¿Qué arte dará el mismo Arte para formar un discurso que debe ser una oración de la tristeza y un panegírico de la angustia de un Dios Hombre? Pues si el llanto de un étnico[134] filósofo (1) a la mejor pluma lusitana tuvo el costo de tan sublimes pensamientos, ¿dónde en la Tierra se hallará elocuencia que explique no lágrimas que lamentaban vulgares desgracias, sino el Sudor Sangriento que dio principio a librar de la eterna a los mortales y sintió en tantos el mayor malogro del mayor recobro?

En tan sagrado empeño, santa debía ser también la pluma, y después de haber leído en los anales de los ángeles todo lo que aun no cupo en los Misterios de los Evangelistas, tomar de memoria el

---

[134] This should read "gentílico."

corazón su pena y aprender de inteligencia la razón su asombro. Pero, pues quien propone tanto asunto es el sagrado tiempo que le ofrece, irá en forma de ruego la osadía y hará oficio de pureza el sentimiento.

Después que el Sol, pasado aquel grande equilibrio de la Esfera, el equinoccio verno, en el mes de Nisán de los hebreos, dando principio al año de su cómputo, convocaba [de primavera a] su Pueblo [3] a la celebración de aquel misterioso Cordero, que la estirpe israelítica sacrificó y cenó la noche de su liberación de Egipto, que ésa era su Pascua (2); y después que aquel Supremo Legislador de gracia, que hacía de cada ceremonia un nuevo Fénix, naciendo un sacramento donde moría una Figura, y para enseñarnos a obedecer cumplía lo mismo que innovaba. Después, digo, que en la sagrada institución del más Divino había fundado el mayorazgo de la Gloria, dejándose a sí mismo como finca, y trasladando el Cielo al ara, se nos había fijado de Deidad, resolvió pasar todas las luces del Cenáculo a las sombras del Huerto, llamado de Gethsemaní.

Yacía éste después de un torrente y a la falda de un monte. Todo formaba una topografía de la pena, en que hasta los lugares eran símbolos de los Misterios. El nombre del torrente era *Cedrón*, que en el idioma hebreo significaba ya obscuridad o ya tristeza, como que no podía pasarse sino por sombras a la mayor tiniebla y a la mayor agonía por tristezas. Era un torrente, que en un duelo présago de la muerte de su Criador, cortaba como luto el cauce. Y corría como llanto su raudal. El monte era el de los Olivos, todo en la falda guerra y todo paces en la cumbre, como que el Dador de la Paz había de obtenerla al mundo por el repecho del mayor combate. Era el principio del campo de batalla en la Pasión lo mismo [4] que en la Asención había de ser el Capitolio del Triunfo. Iba a hacer abismo de la humildad la falda el mismo Señor que había de hacer escalón de la Gloria la eminencia, a postrarse cerca de él fatigado en la tierra el que en su cumbre había de subir al Cielo vencedor. El Huerto era el de Gethsemaní, que significaba *huerto* o *prensa de óleo*,[135] porque lo había allí, como que en él se había de exprimir aquella Preciosísima Sangre que había de ser, como el Nombre de su Dueño, Óleo derramado de gracias y virtudes. Era ésta una casa de campo, o de heredad, cerca de la cual dejó el Divino Redentor a los ocho apóstoles, al abrigo de una cóncava roca, que hacia el lado

---

[135] This should read "molino de aceite."

del monte era un rudo camarín de aquel palacio de peñascos; y entró en ella acompañado solamente de los tres más grandes:[136] Pedro, Jacobo[137] y Juan, después de haber estado en aquel monte.

Descendió aquí invicto Atleta a la arena de la mayor lucha: aquí fue donde, uniendo en la Sacra Tragedia que iba a padecer, la prótasis a la Catástrofe, esto es, representándose en este alto principio todo el término de su Pasión, comenzó por la Oración el cruel contraste.

Todo era horror y asombro; la noche, que a pesar de una desmayada claridad, confundía los objetos; los árboles, que reducidos a frondosos bultos, cedían a la imaginativa sus figures (donde, cadáver el verdor, se tenía en cada hoja [5] su sepulcro), dividiéndose a ramos para abrir paso a la trémula luz que las pulsaba; el mismo silencio, que es la elocuencia del horror, porque habla desamparos y persuade riesgos; todo en lo natural conducía la tristeza con el séquito de los sustos y los miedos. No se oía más que el ruido del Cedrón, que hecho un clamor undoso resonaba en las grutas de aquel Huerto; ni se descubría más que confusamente la ciudad de Jerusalén, que ya se veía como un funesto teatro de la próxima muerte del Señor, cuyas fábricas formaban una perspectiva de sepulcros en que yacían, como cadáveres de la humanidad, sus habitantes. Pero excediendo a aquel conjunto de tristes aspectos un Horror Divino, lo admirable de la acción, que sagradamente lúgubre ejecutaba allí el Redentor del mundo, era el mayor motivo que lo hacía atónito. El cielo parecía que había fijado la rapidez del propio curso: las estrellas eran lágrimas de luz conglobadas en constelaciones de temor. La Luna parecía que apartaba el día que sustituía porque no llegase. Los vientos se podían juzgar suspirados del aire aun más que respirados de la tierra. En fin, toda la naturaleza parecía que presagiaba su amenaza y con un corazón leal a sus hechuras temía o su total estrago o su desorden; y el común terremoto y el eclipse terrible, que al día siguiente habían de ser extremos del universo confundido, asomaban al horror y a los espantos. Tenía ya [6] desde entonces todo lo inanimado aquella nueva alma del dolor con que, dejando a los humanos lo insensible, se les había hecho razón el sentimiento. Pero, sobre todo, aquellos purísimos espíritus, que eran celestiales ministros de aquel Divino Soberano, al ver que, he-

---

[136] This should read "mayores."
[137] This should read "Santiago."

cha humildad la Omnipotencia, había pasado su inmensidad a su aflicción, y que el Huerto era ya un Calvario anticipado, mudada en pena la felicidad y en llanto la armonía de sus mentes, eran, absortos, invisibles circunstancias de una acción en que, aprisionado en su obediencia su poder, habían pasado toda su fuerza a su dolor.

Luego que entró en el Huerto, vuelto a los tres discípulos, les dijo: *Triste está mi alma hasta la muerte: esperad aquí; velad conmigo; orad, porque no entréis en tentación.* Veía el Señor la que con la parábola del pastor herido les había predicho de su tímida fuga y dispersión. Veía el poder que tiene en los humanos la caída del que siguen, donde el vil temor de serle compañeros en la desgracia los hace cómplices de la violencia; y así los intentaba armar contra su debilidad con su oración. Fue esta tristeza hija de la naturaleza, mas no de la necesidad. Fue una congoja bien mandada, que obedecía a la razón, no al ímpetu de la Pasión. Quiso sentirla porque no contento con padecer, quiso sufrir la aprensión del padecer, adelantar una Pasión espiritual a la corpórea y hacerse un Crucificado de sí mismo con los clavos de sus [7] pensamientos en la divina Cruz de su obediencia.

Habiéndose luego apartado pocos pasos, se postró a orar al Padre Eterno. Fijó en la tierra el rostro y dio con toda la luz entre las sombras. La piedra en que insistía, con una transmutación de pena, pasó de peña a cera; antes, con una contraposición sagrada, se hizo un mármol racional al mismo tiempo que los racionales eran mármoles; y ablandándose reverente, dejó impreso en su concavidad su sentimiento: demostración que, como ejemplo de una insensibilidad doliente, imitaron las demás piedras del valle inmediato de Josafat, cinceladas de las sacrosantas huellas del Señor. Postrado, pues, así, dijo al Eterno Padre: *Padre mío, si es posible, pase de mí este cáliz. Pero no se haga como quiero, sino como Tú lo has ordenado.* Mientras así oraba el Divino Maestro, dormían los discípulos. Cobarde sueño, digno precursor de la futura fuga. ¡Oh sagrados Discípulos, qué mal cuidáis los ojos, pues tan a pena vista os los ha podido robar la confusión! Volvió el Señor a ellos y les dijo: *¿De manera que no habéis podido velar conmigo una hora? Velad, y orad, porque no entréis en tentación. Mirad que, aunque el espíritu está pronto, es débil la carne.* Debían armarla con el ruego, que es fuerte malla contra el riesgo. Era la oración la puerta que debían cerrar al enemigo y, dejándola abierta, sólo cerraban la que habían de abrir para el socorro.

Repitió segunda Oración el Divino Señor [8] al Padre Eterno y repitió segundo recuerdo a los Discípulos; y hallando que se habían ido con el peso del dejamiento más a fondo en el piélago del sueño, los dejó sumergidos en sí mismos y volvió al tercero y más prolijo contraste del horror. Aquí, ¡oh querubines! Aquí, ¡oh sapientísimos espíritus! Decid vosotros lo que oyeron absortas vuestras luces, si acaso eran ya luces las sombras de la pena. Aquí, corrió el Divino entendimiento la cortina a todo el teatro de su cruel Pasión. Allí salieron por un lado los desprecios altivos y las osadías sacrílegas, por otro las postraciones arrastradas y los duros golpes, las espinas flecheras de las sienes y los azotes destrozadores de las carnes; y en el fondo del horrible prospecto se mostraba la Cruz, ya aterrando con el peso, ya tendida, amenazando con los clavos, ya descuadernando enarbolada y ya acabando toda la vida, fija en el Calvario. Aun más cruel reinaba en todas partes la atroz ingratitud de los mortales, que resistiendo toda la inmensidad del beneficio y malogrando toda la infinidad del precio, era la cruz del corazón. Veíala allí acompañada del séquito infernal que le formaban el impío ateísmo, el tenaz judaísmo, el Alcorán frenético, la idolatría bárbara y la cismática herejía: mazmorras de ceguedad formadas por los mismos rescatados. A vista tan funesta, así afligido (si es lícito meditar reverentes, aun con la ilustración de los intérpretes, lo que oraría [9] aquí el Señor, pues no hay a prueba de inmensidades expresiones), puede la devoción pensar que dijo así:

> [Oración del Señor al Padre Eterno] Ya, Omnipotente Padre mío, que por vuestra voluntad y la mía descendí de vuestro eterno seno a unirme a la naturaleza humana para cumplir la mayor obra de vuestra misericordia, que quiso que un Dios fuese[138] satisfacción del hombre y que el mismo tomar la humanidad fuese preludio de salvarla, haciendo su milagrosa unión una redención adelantada. Ya que me habéis dejado en poder de ella misma para sentir como hombre[139] lo que ha de servir para redimirla como Dios,[140] es preciso que parezca en el temor lo que he de parecer en la Pasión: que resista lo mismo que deseo para hacer de la congoja de la misma aversión ofrenda de la voluntad. Veo que no ha de quedar arte de herir que no ejecute en mí la iniquidad, ni

---

[138] Next to "fuese" the inquisition censor wrote "humanado pusiese la."

[139] The inquisition placed "como hombre" in parentheses and wrote "unido a ella."

[140] The inquisition censor placed parentheses around "como Dios."

modo de padecer que no sufra mi inocencia: que cuanto tienen de vergonzoso el escarnio, de afrentoso la ignominia, de violento la envidia, de horrible la crueldad y de doloroso los tormentos y la muerte está prevenido contra mí. Argumenta todo este padecer la viveza de una imaginativa, que cuanto es más infinitamente clara está haciéndose más infinitamente[141] tormentosa, pues ya, antes de expirar, me hace morir; y la delicadeza de un compuesto, que, mientras más perfecto, es [10] más sensible, conque me está sirviendo lo divino para lo paciente y las perfecciones para los dolores. Veo que han de ser los ministros de mi Pasión los mismos que debieran serlo de mi Gloria, que el linaje de la fe se ha hecho la estirpe de la incredulidad y que los descendientes de Abraham, de Isaac y de Jacob, esto es, de los mismos que me creyeron esperado, serán los que me han de crucificar venido. Veo cuánto han de padecer por mí unos testigos de mi Divinidad, que han de firmar con su sangre sus declaraciones y dar su vida, porque venza mi causa. Pero lo que más que todo me fatiga es el malogro que la atroz ingratitud de los mortales ha de hacer de todos mis tormentos, que todas mis lágrimas no han de enternecer a su dureza, que todos mis golpes no han de mover su obstinación y todas mis llagas no han de herir sus pechos. Que he de gemir, he de padecer y he de morir por quien a cada instante ha de crucificar para perderse a quien se crucifica por salvarlos; y que lo mismo que los va a redimir, ha de ser lo que más los ha de condenar. ¡Oh amado Padre mío! ¿Así ha de morir tu Hijo unigénito? ¿Así se ha de perder el precio de su Sangre? Y queriendo salvarlos a todos, ¿no han de ser eficaces mis anhelos con quien nada puede negar a mis deseos, porque me he de conformar a tu Justicia, que pide el castigo de los que han de aprovecharse de [11] mis ruegos? ¡Oh terrible agonía: ser empeño de un Dios el redimir y conato del hombre el malograr! ¿Es posible, que con toda mi Divinidad manifestada, ha de haber ídolos? ¿Que con toda mi Sabiduría predicada ha de haber bárbaros? ¿Que han de nacer al lado de la verdadera Ley los falsos dogmas y los herejes han de tener mi Nombre para despedazarlo? ¿Que después de mi Cruz ha de quedar Infierno? Y en fin, ¿que a Cielo abierto no han de encontrar con su feliz puerta tantos réprobos? Ea, Eterno Padre mío, *pase de mí este Cáliz, si es posible*, formado de mi Pasión para mi Sangre. Este cáliz en que he de ser yo mismo la bebida. *Pero no se haga mi voluntad, sino la Tu-*

---

[141] The inquisition censor placed parentheses around both uses of "infinitamente" and wrote in the margin the word "excesivamente."

ya. Veme aquí postrado como reo a tu Justicia por los hombres. Ve aquí, Señor, mis brazos a las cuerdas, mi espalda a los azotes, a las espinas mi cabeza, mis manos y mis pies para los clavos y todo mi Cuerpo para que lo fijes en la Cruz. Ata, descarga, azota, hiere, corona y crucifica: que todo esto se debe a quien paga un mundo de delitos a una Justicia Omnipotente. Así me pago yo a mí mismo ofendido conmigo mismo castigado. ¡Oh amor inmenso vuestro, oh amor mío! ¡Cómo se vale aquí de la Justicia la Misericordia y para dejar al hombre todas enteras las piedades, carga a un Dios todos enteros los rigores! ¡Oh mortales! ¡Y cómo, aunque fuisteis[142] vosotros otros christos, [12] nunca pudierais corresponder lo que debéis, pues, si padecierais, fuera siempre en pago de mi Amor y yo padezco a vista de vuestra ingratitud! Pague, pues, tanto quien tanto ha querido. Venga, pues, Eterno Padre mío, el cáliz: que anhela la bebida el labio y está sediento el corazón. Pase luego, no ya de mí, pase por mí. No se dilate un momento mi muerte, que amo a Dios y es preciso que quede bien lo inmenso de constante y que sea todo divino lo paciente. Pase de mí para que muerta la misma muerte, vuelva triunfante a tu divina diestra.

Así nos permite el mismo Señor meditar lo que oraría para que la reverente osadía del discurrir se haga a nuestra manera de pensar un eficaz modo de encender. Pero, dejando intacta su inmensa fortaleza, permitió, para más padecer, que volviese la agonía. Llevábalo el ímpetu del Amor al deseado remedio de su sagrada muerte y toleraba a la naturaleza el sentimiento de su fin para manifestar su unión. Anhelaba la universal Salud y gemía la grandeza de la pérdida. Iban y venían en un flujo y reflujo mental las ondas del Amor y la tristeza, del deseo y la aversión, de la fortaleza y del temor: ondas terribles, como que la tormenta era divina. En tan inmenso combate ganaba el horror tierrà y lo desalojaba la constancia. Volvían a la carga los dolores y los desbarataban [13] los anhelos. En esta fuerte angustia, este rudísimo contraste, esta cruelísima agonía constituido el ánimo del Redentor, llevando los espíritus de una a otra parte con ímpetu la sangre,[143] penetró los delicados interiores vasos y rebozando por los poros salió al ámbito del Sacrosanto Cuerpo en gotas de funesto sudor, que llegó a correr hasta la tierra. ¡Oh cuánta de-

---

[142] The inquisition censor placed "Y cómo, aunque fuisteis" in parenthesis and wrote "que solo siendo."

[143] A reference to physical, not holy, blood.

bió ser una congoja que pudo suspirar hasta en las venas! ¡Cuánta la aflicción del pensamiento, que pudo en conceptos de horror discurrir de Jesús por todo el de su Iglesia! No podía sudar otra cosa que sangre la misma fortaleza. En el lúgubre principio de aquel cruento día de Pasión no podía tener más que un oriente sangriento un sol paciente. ¡Oh divino valor, que siendo Omnipotencia, te afligiste tanto! Envió el Eterno Padre un ángel que confortase su humanidad, en cuya acción todo lo que lo califica de hombre la asistencia del socorro lo publica Deidad la clase del ministro. Fue éste, según algunos, el príncipe de los mismos ángeles: Miguel (3). Como que en proporción de fortalezas no podía confortar al Numen sino el que lo había defendido; asistir al Unigénito, si no el primero de los serafines (4). Rompió éste en forma humana el Éter y abriendo un camino al día por la noche con una luz precursora del consuelo, arrojadas por una y otra parte las tinieblas, llegó postrado a su Criador y dijo así: [14]

> [Oración del Ángel al Señor] Ya, oh Christo, Eterno Dios y Señor mío, que, para que se cumpla la voluntad de vuestro Padre y vuestra, ha llegado aquella hora en que se da la señal para el combate de vuestra Pasión y vuestra humanidad comienza el padecer, por donde pudiera acabar el redimir, haciendo principio del estadio el que pudiera ser término de la carrera. Me destina el Altísimo a que visiblemente conforte vuestra angustia, esto es, a que aprenda de vuestra tristeza vuestro alivio y vuestro Consuelo de vuestra agonía. Porque ¿cómo podrá, Señor, luz inferior iluminar su Sol? ¿Cómo fuerza finita corroborar vigor inmenso? ¿Cómo el que adora consolar al Numen? Dictad, Señor, lo que a Vos mismo he de decir; y en un divino círculo de fortaleza nazca de vuestra constancia por vuestra inspiración lo mismo que ha de volver a ella por mis voces. Así de la manera que el padecer es vuestra voluntad, es preciso que sea el confortaros vuestro magisterio. De vuestra Cruz futura he de sacar la victoria de vuestro horror presente, y con la Sangre que se ha de derramar en aquella ara, he de enjugar las gotas de la Sangre sudada en este Huerto. Tenéis visto, Señor, cuánto vale una Redención, que ha tenido por costo una Divinidad que ha atravesado por una inmensidad para venir al mundo; una Pasión, con que habéis de recuperar el imperio del género humano, [15] que os usurpó el Demonio; una Sangre que ha de ser el riego de los mártires; una muerte que ha de ser la vencedora del Infierno; y una Cruz que ha de ser la pobladora de la Gloria. Sabéis que pudierais triunfar con el

poder, pero vuestra Providencia ha de resplandecer en unos medios, que sean milagros de sus fines, domando con la Humildad a la soberbia, con el desprecio a la ambición, con la debilidad la fuerza y con los tormentos los deleites: antítesis de Sabiduría, puestas para las demostraciones de la Omnipotencia. Esperando tenéis allí a los pasados padres, que os ejecutan por vuestras promesas; y allí previstos los futuros santos, que os claman por vuestras bondades. Sin esta grande obra, ¿qué ejercicio tuviera vuestra Misericordia? ¿Qué difusión vuestra piedad? Pues sin los esplendores de los santos, en que con una generación eterna fuisteis engendrado, estaría como falto de luces el templo de vuestra eternidad. No las necesita la vuestra inaccesible, pero de la manera que, sin necesitarlas, gustasteis de tener tantas imágenes de vuestro Ser, gustáis ahora de tener tantas hechuras de vuestra Pasión. Esa terrible ingratitud, que tanto aflige a vuestro Amor, estará ventajosamente compensada con el agradecimiento, que tanto ha de exaltar vuestra clemencia. ¿Cuánto más será hacer dioses tantos escogidos que el que por sí se [16] pierdan tantos réprobos? ¿Cuánto más os agradarán los que darán por Vos sus vidas que lo que os afligirán los que os negarán sus cultos? ¿Cuánto serán más poderosos los que poblarán los desiertos de su santidad que los que desterrarán de los palacios vuestro Nombre; los que defenderán intacta vuestra fe que los que la intentarán destrozar con sus errores; los que publicarán vuestra Ley con sus milagros que los que mantendrán su barbarie con sus ídolos? El dolor de vuestra Santísima Madre y Reina nuestra, que tan inefablemente angustia vuestro ánimo divino, está todo anegado de su maternidad. Pues sabe que tan inmenso título se lo escribió tan infinita pena y allá está confortada de vuestra fortaleza para imitar vuestra resignación. Triunfad, Señor, venced y armaos de vuestro divino concebir para vuestro divino padecer y recibid el agrado con que vuestro Eterno Padre acepta esta Oración, en que todo os entregáis a su voluntad, por el mayor aliento en vuestra angustia. Admitid estas palabras mías como inspiraciones vuestras, pues aunque no puede ser interior e inmediatamente movida vuestra mente gloriosa (por sí misma ilustrada sobre todos los ángeles) quiere vuestro Eterno Padre que exteriormente os sirvan a vuestra agonía de conforte. Vos sois, Señor, quien queréis confortaros por mi medio. Hechuras son mis expresiones [17] de vuestra fortaleza. Centellas son que queréis ver sensibles de vuestra eterna luz: columnas de vigor, que se ponen a la exterior fábrica de vuestra humanidad, no porque las necesite vuestro esfuerzo cuando es el hombro que sostiene el Cielo y la fuerza que conforta los querubes, sino porque os sea agradable este mi ministerio, que por orden de vuestro Eterno Padre dispensativamente ejerzo y humildemente os ruego me inspiréis. Vuestra es, Señor, la Virtud, vuestra la Fortaleza, vuestra la Gloria. ¡Oh, Señor Infinito, cuánto es vuestro Poder! Pues ya desde ahora, con temer el rigor de la muerte, la vencéis, y con sujetaros al furor del Infierno, lo arruináis!

Vengan aquí aquellos maestros de la virtud desnaturalizada, y artífices de la humildad soberbia. Vengan los xenones, los sénecas y los demás secuaces de la Estoa y vean la falsedad con que quisieron desterrar de los hombres a los hombres, esto es, las pasiones inferiores del ánimo de los humanos. Vean a la misma Virtud sujeta al temor, a la misma Sabiduría aseguradamente expuesta a la agonía, enseñándonos que las pasiones son propiedades y no vicios: que son criadas, que debe gobernar; no enemigas, que pueda apartar, ni compañeras que debe negar el racional espíritu. Bien que en el Señor, según decir de los teólogos, no estuvieron éstas como en los demás [18] hombres, esto es, como movimientos involuntarios de la parte inferior o del temperamento, porque siempre se reconocieron tan súbditas a la alta jurisdicción de su sagrada voluntad, que por eso eran unas pasiones sabias, y unas, subalternas superiores, que hacían las veces de las naturales, llamadas por esto *Propasiones*.

Vengan, en fin, aquellos bárbaros prudentes, aquellos valientes temerosos y delincuentes rectos, que, por evitar un trabajo cogían el mayor y por no saber sufrir la vida o tolerar la muerte, se la daban. Vengan, digo, los catones, los brutos y otros, que fueron a un tiempo ejemplo y escándalo de la sabiduría humana, y vean si es fortaleza, si es constancia un despecho cobarde, que no es otra cosa que un miedo que excede a su peligro y, por no verle, huye hasta allí mismo donde lo forma precipicio. Vean aquí al Hijo del Dios de los Ejércitos sufriendo y haciendo su mayor fortaleza de su mayor paciencia.

Vean por otra parte aquellos impíos literatos y escritores blasfemos (5), que, al contrario, osaron notar de demasiada timidez esta tristeza y vean cómo fue una tristeza fuerte y una angustia heroica, deliberadamente tomada por el Redentor, que quiso no sólo cargar los tormentos sino los temores que, por librar sus mártires del peso de sus sustos, se los puso al hombro de sus fuerzas; que por esto, del modo que su muerte fue la Redención [19] Universal de todas las muertes, fue su temor la redención particular de todos los temores –de los temores, digo, de sus santos– y su Sangre sudada hizo en sus corazones lo que su Sangre derramada obró en sus almas. Así de la manera que subsistía su humanidad debajo de la Divinidad, subsistía su angustia debajo de su Gloria, pues como tomó la naturaleza sin la culpa para destruirla, tomó el temor sin la flaqueza para superarla. Cogió lo horrible para dar lo agradable y recibió lo amargo para inspirar lo dulce. Este fue el gozo de Esteban en las piedras, la serenidad de Lorenzo entre las llamas y la alegría de Vicente entre las brasas; el valor de los tiernos infantes a vista del cuchillo y la constancia de las débiles vírgenes en los ecúleos. ¡Oh necios! ¡Oh blasfemos! ¿Cómo habían de ser más fuertes los efectos que la causa? ¿Cómo había de repartir lo heroico quien no tuviese lo constante? ¿Cómo había de distribuir el Sol las luces a sus astros si no tuviese en sí los esplendores?

Mas no fue sólo éste, aunque tan misterioso, horrible temor el que causó tan gran congoja, ni sola esta congoja la que produjo tan prodigioso efecto. Fue entre todas las causas principalísima la ya insinuada de la terrible ingratitud de los mortales. Es ésta el seminario de todos los vicios y la fuente de todas las malicias. Ella fue a quien tuvo por madre la Soberbia, pues para con Dios no pudo [20] el Ángel pensar el serle igual sin serle ingrato. Siéndole hechura, no pudo dejar de atropellar el beneficio para pasar hasta la ofensa, ni enderezar la mano al trono sin apartar la vista de la cuna. Él mismo se era el beneficio y él mismo fue el agravio. Fue ésta, digámoslo así, como una creación de los pecados, pues de la manera que la del universo fue en Dios una difusión de su bondad, al contrario fue la ingratitud en el Demonio una inicua difusión de su malicia. Así en el archivo de un árbol prohibido, con escritura de serpiente, hizo traspaso de ella al hombre, sin dejarla. Así puso la alcuña de la ingratitud allí donde estaba el solar del beneficio, prohijando de ingratos a los que quería vincularse de herederos. A todo el hombre lo hizo una enciclopedia de desagradecido y los senados y potencias se formaron monumentos vivientes del desconocimiento de su espíritu. Hízolo Dios su imagen: allá va el beneficio de la creación y en éste se incluyeron muchos. Tocoles a presente por sentido. Diole para el palacio de la vista esas tapicerías de los astros, colgadas de las inmensas bóvedas de las esferas y, lo que es más, esos carros de luz en que triunfar de las tinieblas por las calles del día y de la noche. Para el cabineto[144] del oído, estos violines de las aves, tocados con los volantes arcos de sus alas. Para los perfumes del olfato, esas fragantes pomas de las flores, encendidas de [21] las ardientes ascuas de sus hojas. Para las delicias del gusto, esas dulces viandas de los frutos, sazonadas de mano de los tiempos. Y para la suavidad del tacto, esos descansos de plumas y esos abrigos de martas, despojos del aire y de los bosques. Fundole para la grandeza de la vida los mayorazgos de los elementos, y para el gobierno del ánimo el imperio de la Razón, guarnecido de las fuerzas de las ciencias. Y sobre todo lo hizo el altar y la imagen de sí mismo. Todo esto comprende el beneficio de la Creación.

Hízose esclavo del Demonio y para libertarlo es necesario que venga ahora todo un Dios y cuente un infinito precio sobre la mesa de una Cruz. Allá va el beneficio de la Redención. Desgaritose la mayor parte de los redimidos, perdiendo el camino para el Cielo y te llamó entre tantos, oh cristiano, previniéndote en las paradas de los siglos las guías de los Padres para que te conduzcan por la senda de la fe. Y éste fue el beneficio de la vocación y todos éstos sin el costo de los ruegos, haciéndote las mercedes allí mismo donde no podías pretenderlas. Vaticinado éstas desde la Eternidad para católico, prevenido has estado de inmortal desde la Gloria. No para en esto sino que cada instante te es una nueva creación, que te produce; una continua Pasión, que te redime; y una vocación repetida, que te llama, siendo cada momento una mano que te [22] preserva de un Infierno. Y éste es el beneficio de la conservación: cuatro dádivas, cuyos infames desconocimientos son los cuatro elementos de la ingratitud. Desagradecido eres a cuatro perfiles de dureza y pérfido de cuatro costados de malicia. Tienes la fe cadáver, enterrada en el sepulcro de la culpa, y las virtudes encadenadas en las prisiones de los vicios. ¡Oh cuántos son los que esta ingratitud condena! ¡Cuántos son los que le malogran a Christo aquella Cruz, aquella Expiración, aquella Sangre! Y esto es lo que más impele la que suda.

El mismo lugar, que fue lloroso teatro de esta primera escena de la cruel Pasión, espiritual patíbulo del alma del Señor y sangriento estadio de su primera carrera, fue proporcionado testimonio del sentimiento de esta abominable ingratitud. Era ésta un áspid acostumbrado a penetrar sagrados huertos y un gusano hecho a

---

[144] This should read "imperio."

atreverse a reservados árboles. Y así era consecuente que las olivas de un Huerto fuesen las que acordasen los leños de un Paraíso y que el desagradecimiento, que allá compuso el triunfo de la culpa, se hiciese aquí el despojo de la angustia; que la que allá venció osadía, acá fuese castigo; y la que pasada en el primero padre logró el dolor que la hizo redimir, futura en los siguientes postreros, ocasionase la congoja que la hizo llorar. Así en una misteriosa contraposición se comenzó en un Huerto a reparar lo que en otro se comenzó [23] a perder. Allá se arruinó el hombre por una infinita ingratitud y acá se levantó por un amor inmenso. Allá se perdió por la soberbia de elevarse a Dios y acá se recobró por la humildad de abatirse hasta reo. Allá cayó por la inobediencia de un loco precepto y acá se levantó por la obediencia del más riguroso orden. Y en fin allá fue una delicia el origen de la tragedia del género humano y acá una agonía fue el principio de la esperanza de su gloria. ¡Oh si la vista de la meditación fuese corpórea y lo espiritual bajase a lo sensible! ¡Cómo veríamos brotar en aquel huerto al divino riego de aquellas cruentas gotas una primavera de gloriosas flores! Allá se verían los lirios, desabrochando candores de vírgenes. Acá las rosas, rompiendo púrpuras de mártires. Allí los nardos, exhalando fragancias de virtudes. Aquí los claveles, ardiendo por hojas caridades. Allá sobresaliendo cedros de incorruptibles ánimos y palmas de triunfantes constancias. Y acá creciendo la mirra de mortificados penitentes y los laureles de sabios doctores. ¡Oh peregrino Huerto! Y cuánto debes a aquel cruelmente suave y ásperamente dulce rocío de la sangre de Christo! ¡Oh cómo fue este fenómeno divino de su pena un sudor que formó la que vertió el cuerpo de su Iglesia y aquella lluvia fue a un tiempo la fecundidad y el campo de su fe!

Considerad ahora, señores, llevando por la [24] senda de lo incomprensible lo atendido, esta exhalada sangre, este rojo tesoro, infinitamente más precioso que todas las púrpuras del Eritreo y todos los rubíes de Ceilán. Y ved, que si con tanta reverencia admiraron atónitos los étnicos los sudores de sus mentidos númenes, aun cuando presagiaban engañosos terribles trabajos, como lo notó de los de la Guerra Civil de los romanos el discreto poeta de *Farsalia*:

Urbis que laborem.
Testatos sudore Lares.

Si la sangre que fingió el mejor de los latinos vertida en gotas de las raíces que se arrancaron del árbol, que había crecido sobre el túmulo de Polidoro, hijo infeliz de Príamo:

> *Hinc atro linquuntur sanguine guttae,*
> *Et terram tabo maculant*;

fue a un tiempo asombro horrible y aviso saludable para Eneas, a quien apartó de aquel puerto enemigo el gemido y la voz del muerto príncipe:

> *Heu fuge crudeles terras, fuge littus avarum.*

Si mereció esta sudada sangre el mejor sacrificio que pudo hacer aquel gentil héroe a la sombra de aquel troyano, que lo libró desde el sepulcro, ¿con cuánta veneración, con cuánto asombro, con cuánta gratitud deberá tocar sin comprender el pensamiento, no ya un sudor de falsos númenes, de insensibles fementidas estatuas (presagio infiel de no evitados [25] males) sino el de un verdadero Dios y hombre, primer paso de la Redención del universo, en que era toda la pena para el Numen y toda la felicidad para nosotros, no ya una sangre del hijo de un gentil monarca, libertadora de una corta armada, sino una sangre del Hijo de Dios vivo, redentor de todo el linaje de los hombres? Y pues ni la comprensión tiene las alas hechas a vuelo de misterios, ni los ojos paralelo al sentimiento ni el corazón gratitud al nivel del beneficio, suplid (os vuelvo aquí a invocar), oh brillantes espíritus, todo lo que falta a la expresión y enmendad todo lo que yerra a la ignorancia; y elocuentes gloriosos, haced que continúe vuestro influjo todo lo que aquí cesa mi rudeza.

[viñeta]

Notas marginales

(1) El Heráclito defendido por el P. Vieyra.

(2) Pascha, o Pascua, significa en la lengua hebrea el tránsito o pasaje que el Ángel exterminador hacía por las casas de los egipcios, matando los primogénitos en la noche referida, de donde se dio al cordero el mismo nombre.

(3) Cornel. in Luc. c. 22. V. 40 ibi: Alii tamen ut Franc. Luc. putant Angelum hunc suis se Michaelem hic enim summus. Angelus, quem decebat Deo puta Christo, hoc officum prestare.

(4) Idem Cornel. ubi supra l. 46, ibi: *Verum verius est, Michaelem est Primum inter Seraphinos*, etc.
(5) Lutero, y sus secuaces.

[26] ORACIÓN SEGUNDA.

El Prendimiento y los jueces.

Celebrada ya en el teatro del más feliz Huerto el primero triste acto de la más misteriosa Tragedia, doliente preliminio de la acción más divina, lagrimoso vestíbulo de la más alta Fábrica, entra a ver deseosa y resistente la [27] memoria la primera escena de la angustia, el primer artículo del sufrimiento y la primera estancia del dolor. ¡Oh sublimes espíritus!, vosotros, que comenzasteis a deplorarlo inmensamente sentido, comenzad a influirlo inmensamente lamentado. Dictad lo que llorasteis, si acaso en vuestras inalterables mentes, a fuerza de estar impreso en el asombro, no se ha borrado en la congoja.

Solicitaban los príncipes de los sacerdotes aprehender dolosos a Jesús para matarlo crueles y el proceso formado a la captura se fundaba en los dichos de las aclamaciones, que declaraban delitos de milagros. El siervo del Centurión en Capharnaum, la doncella cananea junto a Tiro, el paralítico de la Probática, los panes de los cinco mil hombres en la ribera del mar de Betsaida, el ciego de Siloé, el mozo de Naín, el hermano de Marta y, en fin, los vientos reprimidos, los mares imperados, los demonios expelidos y todas las naturalezas dominadas eran las principales culpas de la causa. Inventar falsos crímenes es el más alto grado de la iniquidad, pero acusar prodigios, sólo en la nación de las obstinaciones se ha encontrado. Levantarse nublados contra el sol, frecuente osadía es de los vapores, pero querer obscurecerlo a luces y formársele nubes de esplendores, nueva maravilla es de la maldad. Los que tuvieron cara para adorar por Dios un metal mudo, un mármol frío, hacen [28] escrúpulo de pertinacia el creer todo un Dios vivo, adorado hasta de los sepulcros y los imposibles. *¿Qué hacemos?, dicen, ¿por qué este hombre hace muchas señales de divino. Si lo dejamos ir obrando milagros, no habrá quien no lo crea y los romanos vendrán y nos despoja-*

rán de nuestra tierra. Roma cargaba todas las culpas de cuanto ejecutaba la Judea y sin embargo ella se estaba quieta porque todo era pretextar la malignidad con el temor, escudar la rabia de la corrección con el recelo del Estado y cubrir la envidia de la adoración con el manto del Demonio; y cuando fuese verdad aquel temor, ¿qué motivo más vil que el de negar un culto por un miedo y un Ser Eterno por un poder caduco? ¡Oh frágil respeto! ¡Y cuánto harás contra la más sólida Justicia! *Muchas señales hace este hombre*. Conque, porque da muchas pruebas de Deidad ¿lo intentáis hacer morir de malhechor?

Sabía esto aquel discípulo rebelde: el traidor Judas. Ya dije: aquel Demonio humano, aquel Infierno vivo por quien estaban ya las sugestiones cansadas de verse superadas.[145] En fin, aquel mortal, que hecho una junta de todos los vicios, era ya una enciclopedia de todos los daños. Salió de aquella casa en que un vaso de fragancias consagradas y dos urnas de lágrimas vertidas a los pies de Christo habían valido a una mujer un empíreo de gracias derramadas, [29] y de donde había visto el mayor ejemplo de la penitencia y la bondad sacó el mayor asombro del pecado y de la iniquidad. Mal dije que salió: cayó, no ya del Cielo, con todo el Cielo en sí, y fue, acabado de estar dentro del día, a vender el Sol a las tinieblas. Llegó a los escribas, y ajustó el trato de entregarles, donde le hallasen seguro, a Jesé-Christo; esto es, de descubrir a quien andaba manifiesto y asegurar a quien por sí estaba ofrecido. *¿Qué queréis darme, y yo os lo entregaré?* les dijo el pérfido. ¡Oh inicuo! ¡Qué subastación tan delirante! Acabar de prometeros la misma riqueza y buscar quien os dé premio ceñido. Estaros dando Cielo y Tierra y pregonar si hay quien dé más de Abismo y pena.

Acaba, les dijo, de celebrar la Pascua con nosotros y está ahora en Gethsemaní orando con tres de sus discípulos. Buena ocasión. Menester es ir bien armadas, que, aunque inerme y pacífico, es mucho el séquito de su veneración. Por lo menos los suyos pueden ocurrir en su defensa y, lo que es más, tiene mucho poder sólo su vista. ¡Ah, fatuo! ¿Qué resistencia pudiera hacer solo un semblante que no fuera Divino, ni qué armas pudieran servir contra una fuerza que advertías eterna?

---

[145] Judas and the Devil are found together in the depths of Hell; the Father and Son are together in Heaven. Christ as man is to God what Judas as man is to the Devil.

Armáronse, fueron y entraron al Sagrado Huerto, convocados de aquel general de la traición. Llegó éste y saludó a Jesús. Llamolo Maestro, y le dio el ósculo: prevenida [30] señal de la perfidia, áspid de halago y puñal de caricia, tanto más terrible cuanto más suave. Tente. No llegues, torpe. ¿Lo publicas Maestro de la Sabiduría y lo imaginas ignorante del engaño? ¿Cómo te atreves a poner los labios de la apostasía donde aun no osan llegar los ojos de la fe? Respondiole Jesús: *Amigo, ¿a qué has venido?* Palabras en que con una sagrada ironía lo convenció de su traición. Mostraste amigo, ¿y vienes a entregarme? ¡Buena fidelidad, encubridora de traiciones! ¡Buen respeto, medianero de ignominias! Habiendo sido testigo de los milagros, vino a hacerse delator de la Divinidad. Habiendo sido discípulo de la Virtud, se hizo maestro de la falsedad. ¡Oh qué de ventas ej[e]cutó en sola una! Vendiose al Demonio y fue traidor de su corazón, de quien le dio la posesión. Vendió a Christo a los escribas y fue traidor de Dios. Vendió el Sacrosanto Cuerpo a su pecho y fue traidor del Sacramento. Vendió el rostro a sus labios y fue traidor de los ángeles que en Él se miraban. Vendió la fe a la envidia y fue traidor de los Apóstoles que la poseían. Vendedor fue infernal y universal traidor. Lucifer primero de los hombres y demonio mayor de los abismos, pues llegó a hacer lo que el mismo del Averno aun no ofreció a otro. Sabía el Señor a qué había de venir, y le pregunta a qué venía. Le había hecho la predicción, y le pregunta el cumplimiento; y es que la interrogación de la benignidad [31] era convencimiento de la culpa. Era una posición que hacía la Misericordia para ver si lo podía librar de la sentencia que le prevenía la Justicia. Quería que confesase arrepentido el que sabía que había de condenarse contumaz. Viéndolo así, le repitió claramente su delito, diciéndole: *Judas, ¿con el ósculo entregas al Hijo del Hombre?* Nuevo toque fue con que quiso reducirlo y primera conminación que le hizo para castigarlo. ¡Oh impudente traidor! ¿Es posible que a quien era preciso que fuese Dios para conocerte, no le temieses para condenarte? Salió entonces Jesús al encuentro a aquella compañía del horror. Salió sin esperarlos como que se adelantaba la Víctima al cuchillo y el Amor tenía ya impaciente el Sacrificio. *¿A quién buscáis?* les dijo, *A Jesús Nazareno*, respondieron. Entonces fue cuando les pronunció el Señor aquella grande voz, que le sirvió de rayo, diciéndoles: *Yo soy.* A esta expresión cayeron luego sin sentido en tierra. Fue ésta una cláusula de la Divinidad y un período de la Omnipotencia. Fue el nombre de Dios. Dígalo allá la zarza, que lo oyó y guarda hasta ahora en láminas de luz sus caracteres. *Yo soy el que Soy*, le dijo allí a Moisés, porque es el que solo es por sí. Es el que no pudo dejar de ser. Es el que siempre fue. Es todas las cosas y ninguna, y su Nombre es todos los nombres y ninguno. Conque les dio con toda la carga del Poder, en que no tuviera con [32] qué empezar la indignación si no hubiera hecho que fuese esta voz un amago interno del castigo porque le iba a la Redención todo el honor. ¡Oh ciegos contumaces! ¿No veis cuánta es la fuerza del que vais a encadenar, pues sólo un acento suyo es vuestro estrago? ¿Qué general, asistido de un ejército, con sola una voz ha dado en tierra con el enemigo? ¿Qué monarca tiene las sílabas por armas? ¿Qué príncipe castigó jamás con sólo un eco? Aún no fue esta orden para confundiros y sólo bastó el Nombre para derribaros. Sabed, inicuos, cuánto podrá hacer de Juez quien tanto puede ejecutar de reo. ¿Qué hará cuando os juzgue quien tanto puede hacer cuando es juzgado? Cayeron de espaldas, no de frente, porque los perversos no ven de cara la vida futura y ponen a la espalda la redención pasada. Cayó con ellos el traidor. Poco tenía que caer quien ya era precipicio, pero podía esta caída recobrarlo de la otra y aún no quiso entender a los despeños.

Permitió entonces el Señor que se levantasen los postrados y, por esto, vueltos en sí de delirantes, se pusieron en pie, con la razón más sin sentido y la experiencia más sin escarmiento. ¡Oh insensatos! Troncos vivientes y mármoles de carne que no sentís aun lo mismo que acabáis de padecer. Si animaran las plantas y los riscos, ellos temieran el golpe una [33] vez padecido a la segur, o huyeran el impulso experimentado ya en la ruina. Volvió el Señor a preguntarles quién era el que buscaban, desnudándose de aquella invisibilidad o desconocimiento que llaman *Aorasia*, con que quiso ocultarse al principio a los soldados para hacerse de incógnito más manifiesto. Y ellos le repitieron que a Jesús Nazareno. Y cuidadoso de la seguridad de sus discípulos, les dijo *que los dejasen ir libres*. Imperio más que ruego, con que quiso atender a no exponer a aquéllos por quienes se exponía, porque no eran del caso de la Pasión los mismos que eran objeto de la Redención. Firmes ya los impíos en su conocimiento, llegaron a prenderlo. ¡Oh más que fatuos! ¿Vais a postrarlo porque os levanta? ¿Pues? Y si os hubiera dejado en ese deliquio del terror, ¿no hubierais ido allá a ser los presos de aquellos mismos de que sois ministros? Cercáronlo como los canes a la caza (1), asaltáronle como los leones a la presa (2), no echando menos ni en la rabia el diente ni en el grito la garra ni en los oprobios el rugido. Llegaron muchos a un tiempo a asir aquellos celestiales brazos, como compitiéndose el furor por preferirse en la crueldad. Cada ímpetu era un golpe de trato que descuadernaba los preciosos músculos. Cada cuerda un hilo que rompía las delicadas carnes. Esto era estrechar la inmensidad y atar la Omnipotencia. Cada lazo era funesta copia [34] de aquel nudo divino de la eterna hipóstasis que ligaba la Majestad a la vileza, el Trono al patíbulo y toda la Gloria a la ignominia. Recibió allá la forma de siervo y aquí empezó a vestirse la de reo. Comenzó a hacerse el delincuente de la humanidad porque cargó todos los crímenes de la malicia. Empezó a parecer el oprobio de todo el orbe porque se revistió de las afrentas de toda la razón; y sus manos, ceñidas a la espalda, eran ya todo el peso de sus hombros. Aquí dio el primer paso en el carro de la osadía la perfidia y sufrió el primer golpe en el camino del tormento la Humildad.

¡Oh divino Señor! Mirad que es mucho lo que falta y ved cuánto será si ya están agotados los escarnios. ¿Qué será la conclusión del padecer si es tanto el principio del penar? Cada cuerda de esas que os oprimen es ya un correo de los dolores que os esperan. Círculos de congoja, que estrechan toda la esfera de la vida. ¿Posible es que haya habido prisiones para esas manos en quienes están las libertades y que de las que tienen la máquina del universo se vea arrastrado su Hacedor? ¿Cómo no hacéis, Señor, que bajen todas esas legiones de la milicia del Empíreo a acabar esas nadas empeñadas en acabar a su Criador y a fulminar esos gusanos escarnizados en destrozar al mismo Cielo? ¿No veis cuánto [35] lamentan veros atado de facineroso, llorando con lágrimas de luz esos horrores? ¿Cuánto sienten el verse también ellos atados, de obedientes, gimiendo sobre su sentimiento su paciencia? Ve allí a Pedro, que no se ha contenido y, pudiendo tan poco, aspira a tanto porque no le ha sufrido el celo tan osado agravio. Allí ha cortado a uno la oreja y, según va, juega con dos espadas y no ha de pararle hombre a su valor. ¡Mas, ay! Que ya oigo, Altísimo Señor, lo que a vuestro discípulo decís: *Cesa, Pedro. ¿Juzgas por ventura que no pudiera yo pedir a mi Padre mi defensa y que me pondría ahora aquí más de doce legiones de sus ángeles? ¿Cómo quieres que se hayan de cumplir las Escrituras?* Cumplid, Señor, y dejadnos llorar lo que cumplís, que es imposible ver arrastrado y combatido en un flujo y reflujo de empellones un Hombre Dios. ¿Qué digo un Dios? Un Rey. ¿Qué digo un Rey? Un

Grande, un Noble, y no arrastrar el corazón por la misma vereda del dolor.

¡Oh inmensa bondad del Redentor! Restituyó la oreja a Malco y le dio toda la luz, que no sanaba por mitad los hombres ni obraba a medio hacer las maravillas. Confiriole una salud universal. Curolo con herirlo y, atravesando el pecho el beneficio, le prestó toda la vida la Piedad. ¡Oh benignísimo Señor, con qué facilidad mudas los hombres! ¡Oh cómo sólo Tú sabes el secreto eficaz de transformarlos, [36] pues a sólo un agrado se remudan de almas y se visten de nuevo[s] corazones![146] Cura, Señor, los oídos de nuestro ánimo de las heridas de los vicios que destierras para que oiga las voces que le inspiras. Mandó al momento a Pedro que restituyese también a la vaina el acero y, volviéndose a los ministros del furor, les dijo: *¿Por qué habéis salido a prenderme prevenidos de lanzas y otras armas de la manera que pudierais a un ladrón? Todos los días estaba manifiesto enseñando en el templo y no me habéis llegado; ¿y ahora venís armados contra quien ni se oculta ni defiende, porque, para cumplir las Escrituras, os hace voluntario la gracia de prenderle?* ¡Rara protervia! Ni esta benignidad ni aquellos dos milagros fueron capaces de alumbrarlos, porque tenían la ceguedad a prueba de esplendores. Arrojó a tierra los soldados y los levantó. Sanó al siervo herido. Y, siendo esto favorecer a sus enemigos con prodigios, debieran tratarlo más suaves, siquiera porque se había puesto contra sí mismo de su parte. Mas no fue así, porque antes llevaban al Altísimo Señor como al mayor de los facinerosos a presentarlo con grande clamor ante el príncipe de los sacerdotes, cual si fuese aquel joven traidor el pérfido Sinón, que habían cogido los pastores de Troya para conducirlo ante su rey, como dijo allá el poeta:

Ecce manus juvenem interea post terga revinctum
[37] *Pastores magno ad Regem clamore trahebant Dardanidae.*

Pero, a mirarlo bien, esos cordeles son aquellos mismos lazos de Adán, aquellas penas con que el Señor se atrae aquellos postreros que han de llevar una liberación en cada nudo; y cada mano aprisionada es una palma que, comprimida, se levanta en eminencias de Poder y atada produce ramos de triunfo.

Apenas vieron los Apóstoles aprisionado a su Maestro, aprisio-

---

[146] We opt for a reading of *de nuevos corazones* over *de nuevo [los] corazones*.

nados también ellos del temor, se dejaron arrastrar de su mano con un ímpetu que les formó la fuga más veloz. ¡Oh sagrados discípulos! ¿Así desamparáis a vuestro Maestro? ¡Oh sublimes ministros! ¿Así dejáis vuestra Deidad? Sin duda que no son vuestros cuerpos sino vuestras sombras las que huyen, pues ¿cómo pudierais huir de donde está vivo si es Él mismo el que lleváis sacramentado? ¿Cómo hay recelo de la muerte donde está toda la confianza de la vida? ¿No os ha acabado el Señor de asegurar que nadie ha de ofenderos? ¿Cómo con el salvoconducto os escondéis, y con la firmeza titubeáis? ¿Tan fácilmente han podido borrar las armas creencia que habían esculpido los milagros? Permitidme que os reconvenga de valientes. ¿Dónde está aquel preguntar, si esgrimierais los aceros, *Domine, si percutimus in gladio?* ¿Dónde se os han ido los corazones, que no los encuentro en vuestros pechos? ¿No veis que así condena más al Señor vuestra fuga que sus enemigos [38], pues creerán más a vuestros pies que aun a sus labios? Pero ya veo que quiere guardaros a ocasión más necesaria, pues ahora sólo podéis acompañarlo inútiles contra la obstinación y después lo habéis de demostrar gloriosos a la Fe. Ahora sólo pudierais ser testigos de su muerte y después habéis de serlo de su triunfo.

Así llevaban al Salvador, tirado de las cuerdas, siéndole menos duras las piedras en que daba de ojos que las manos que le estrechaban las espaldas.

Es la envidia vicio e infierno a un mismo tiempo. Áspid que a sí mismo se muerde y veneno a que a sí mismo se atosiga. Es la tirana de la virtud y la enemiga de las excelencias. Es la hermana del amor de sí mismo porque es el odio de los otros; y así es la soberana negativa, pues si la otra quiere ser siempre superior, ésta no sufre que los demás lo sean. Es una segunda alma del inicuo y un segundo delito original del hombre. Parece que es lo mismo ser humano que envidioso. Es el estrago de los parentescos la ruina de las compañías y el abatimiento de las ciencias. Fue la progenitora de la muerte y la destructora de la fraternidad. Parece que Caín la puso a censo y la dejó en vínculo a los siglos. Si el otro brilla, se anochece. Si el otro sube, se despeña; y si se decanta, se ensordece. En fin, si se adora a otro, le forma [39] del altar el sacrificio y le asila en los milagros los cuchillos. Reinaba ésta como en su propio trono en los ánimos de los escribas y príncipes de los sacerdotes. Y si sola era capaz de las mayores impiedades, ¿qué haría acompañada de aquel odio rabioso que, en vez de enmienda, había en ellos producido la corrección de sus maldades? Aborrecimiento de la luz de la verdad que tienen todas las sombras del error. ¡Qué arduamente se quita cuando está debajo del dosel el vicio! Pues no logró desclavarlo la mano de una predicación omnipotente.

Así esperaban a Christo en el palacio del pontífice Anás, suegro de Caifás, entonces sumo sacerdote, los demás príncipes, escribas y señores de aquel infame pueblo, como ministros impacientes de la víctima, previniendo las lenguas de segures. Con la noticia de su prisión dieron albricias a la ira por tener ya reo de sus furores al que tanto habían temido juez de sus maldades. La muchedumbre aglomerada era una inundación del atrio, que con los cuerpos parecía que se llevaba las columnas, donde era cada susurro un viento y cada movimiento una borrasca. El grito repetido de las guardas, el desordenado tropel de los soldados, el sonante ruido de las armas, la trémula luz de las linternas formaban un teatro de la confusión, abierto para el prólogo de la tiranía en la [40] tragedia de la inocencia. Atravesaron con Jesús la multitud y, habiéndolo presentado a Anás, deseoso éste no de hallar el camino sino el tropiezo a la verdad, no la firmeza del juicio sino el precipicio del juzgado, le preguntó cuáles eran los discípulos que le seguían y cuál la doctrina que enseñaba. A que respondió el Señor: *Yo he hablado manifiesto al mundo. Siempre enseñé en la sinagoga y en el templo adonde concurren todos los judíos: nada hablé oculto. ¿Qué me preguntas? Pregunta a los que han oído lo que les he hablado. Ellos son los que saben lo que he dicho.* Apenas iluminó el aire la invisible luz de estos acentos cuando, recogiéndose todo el Averno al pecho de un inicuo, hizo de la misma fuga del temor el mayor asalto del atrevimiento. Levantó el impío el brazo y descargó (¿qué digo? tiembla el corazón, delira el alma y muere el pensamiento) con la mano armada del acero una terrible bofetada sobre el divino rostro del Señor, diciéndole: *¿Así respondes al pontífice?* ¿Dónde está la honra de Dios, que se ha descuadernado en este golpe? ¿Dónde está la majestad del Cielo, que la ha precipitado esta osadía? ¡Oh universo! ¿Qué haces, que se ha cometido el mayor delito contra tu Monarca? ¡Oh Naturaleza! ¿En qué piensas, que le han destruido el respeto a tu Hacedor? ¡Oh Padre Eterno, a tu Hijo Unigénito se le ha hecho la injuria más sacrílega! [41] ¡Oh, cómo pasa de lo infinito lo que sufres! ¿Por ventura, Señor, permíteselo decir a mis asombros, importa más la salvación del hombre que todo el honor de un Hombre Dios? ¿Así atropella tu amor por tu veneración? ¿Qué imagen es ésta, ya borrada, que expones por ella la de tu Deidad? ¡Oh, Jesús altísimo! ¿Esta afrenta, en lugar de vengarla con la sangre de todos los hombres, la toleras para redimirlos con la tuya y aun la haces parte para la honra eterna que les buscas? ¡Oh Bondad inefable!, que formas de la mayor injuria recibida camino al mayor beneficio prevenido.

Sintió el Señor el infinito atroz agravio y dijo al impío: *Si hablé mal, declara en qué. Y si bien, ¿por qué me hieres?* Mayores tormentos, mayores penas habían de formar los Azotes, las Espinas, los Clavos y la Cruz, pero éstos habían de ser estragos e ignominias ejecutadas en el Sagrado Cuerpo; y este golpe parece que lo fue en el alma, siendo el rostro el espíritu visible y la animada imagen de todo el compuesto: el extracto del hombre y el compendio de toda su forma. La Cruz, en que había de tener su auge la Pasión, había de hacerse el meridiano de la Gloria. Se había permitido patíbulo para ser Trono. Se había dejado ser afrenta para ser insignia y había sido instrumento de perdición para ser Estandarte de Triunfo. Pero la horrible bofetada fue una perpetua ignominia que nació [42] agravio y durará deshonra: golpe vilmente eternizado en las inmortalidades de la infamia.

Así fue en el Señor la Cruz de su respeto, y los impresos dedos del impulso los Clavos atravesados de su honor. Así fue la que entre todos los dolores le debió las expresiones de la queja. Y aquel inmóvil sufrimiento, que fue callado mármol a los escarnios y a las percusiones, se hizo lamentable eco de este golpe, pero de suerte que, porque no lo sintiese la resignación ni lo entendiese allí el amor, fueron sólo preguntas de razón los que pudieran ser gemidos de la pena o indignaciones del honor. Venga ahora Catón y ostente la tolerancia de la bofetada que le dio un osado; y venga el mismo Séneca —en esto no advertido, como no ilustrado— y diga si es semejante aquel sufrimiento al de Jesús. Verán ambos que aquél fue una ironía de la vanidad, una paciencia de la soberbia y una máscara de la magnanimidad, que fue una serenidad de la altivez y una falsedad de la constancia. Despreció Catón la injuria porque se creía superior a todas las injurias. Y aunque el conservar libre el ánimo contra la ira hubiera sido alta virtud, debiera serlo tolerándola como padecida, no despreciándola como no llegada: juzgándose capaz, no impasible a los agravios. Esta superioridad debía ser de vencimiento, no de exención; de roble [43] que contrasta al viento, no de Olimpo, adonde no llegan los vapores; de nave, que vence tempestades, no de cielo, que desprecia rayos. En fin, debe ser victoria de la humildad, como en el Redentor, que pudiendo dominar en las injurias como Dueño, quiso hacerse triunfante como Siervo.

Enviolo luego Anás al impío yerno, el infame Caifás, para que él con más acuerdo lo juzgase, porque el que con más pasión lo perseguía, teniendo toda la razón de la justicia en el motivo de la perversidad. Y habiéndole presentado a Jesús, deseosos éste y los demás colegas de tener pruebas que pareciesen suficientes para la muerte del Señor, hicieron buscar testigos que las depusiesen. Brotó el palacio falsedades y la Iniquidad, para hacer la guerra a la Justicia, levantó un ejército de testimonios. Si tanto hacía la malicia, ¿qué harían la malicia y la lisonja? La una, que todo lo comete, y la otra, que todo lo finge: dos contrarias las más amigas de la sinrazón: la una, que nada teme, ni juzga que debe, y la otra, que todo lo cree y espera deberlo: dos vicios que son los dos polos de la esfera de la malignidad. Pero con todo esto no se hallaban concordes los testigos. Es la mentira la consanguínea más extraña y la parecida más disforme de las otras y, así, no conviniendo en circunstancias ni aun a los mismos que deseaban la calumnia, [44] les satisfacía la impostura, porque hechos árbitros de la misma Ley eterna, deseaban una falsedad verdadera que les hiciese una malicia justa.

Presentáronse entonces en aquel tribunal tumultuario de injusticias algunos a quienes parecía que llevaban concluyente la verdad. Declararon que habían oído decir a Jesús que en Jerusalén *destruiría aquella maravilla de su templo y que dentro del breve término de solos tres días erigiría otro hecho sin el trabajo de las manos*, dicho en que todavía discrepaban varios. Necios, que no sabiendo la lengua de las Predicciones, querían deponer de los Misterios; que no viendo el alma a los oráculos, los medían al cuerpo de las voces. ¡Oh combinación de la malicia!, que con las mismas letras de los dichos compones otros nombres de sentidos. Ésta es la falsedad mayor, que entonces miente más cuando parece estar más verdadera. No advertían que podía ser Templo el que era Deidad ni que, disuelto como humano, se podía restituir como divino. Acusaban inicuos lo que ignoraban ciegos, y resistían obstinados. Pero, aun cuando el Señor hubiese hablado de sólo ese prodigio material, ¿quién les dijo que quien reedificaba cadáveres no pudiera resucitar fábricas? ¿Que no obedecieran prontos los mármoles a quien servían temblando los sepulcros? Y si aun hubo liras fabulosas, que creyeron que labraban [45] muros, ¿por qué no había de haber voces divinas, que erigiesen templos?

Callaba entonces el Señor porque quería tener ese otro padecer de la inocencia y en otra pasión intelectual[147] tener también atormentada a la razón y crucificada a la verdad. Era Vida, era Verdad y era Camino; y quería que no le quedase título al Poder que no lo sacrificase allí el rigor. Y de la manera que como Vida se entregó a los que habían de destrozarle la existencia al cuerpo, como Verdad toleró a los que inventaban la falsedad a las acciones y como Camino se hizo mudo a los que le torcían la senda a las palabras. Quería el inicuo pontífice pretextar con las pruebas la maldad y ésta era la mayor. ¡Cuánto menos sería dar la muerte que justificarla! Que eso era hacer una justicia hipócrita de la Verdad y fundar una razón encubridora de un exceso; poner el escándalo de ejemplo y vestir lo terrible de atractivo. ¿Cuánto menos perverso fue un Nerón descubierto que un Tiberio reservado? ¿Y cuánto menos daño hizo un Atila cruel que el que ha hecho después un Maquiavelo engañador? Es la malicia de éstos como la bolsa de Demóstenes, en que llevaba su veneno, ocultando lo horrible en lo precioso. Dejar un delito con su cara de maldad es hacerlo aborrecible a la Naturaleza, pero enmascararlo de virtud es ponerlo amable a la justicia. [46] Dejar a la sima con su figura de profundidad es hacerla espanto de la planta, pero cubrirla de firmeza es asegurarla de despeño. El que tienta a llama descubierta es menos demonio que el que enciende a sugestión tapada. Así era aquel príncipe de los verdugos, aun más que de los sacerdotes: peor en pretextar justicia que lo fuera en ejecutar de una vez la atrocidad.

Era Caifás quien se había empeñado en la muerte del Señor, con que corría a cargo de su pasión su causa. Era el que había dicho *que uno muriese porque no pereciese todo el pueblo*. De esta manera hay impíos tales que hasta lo divino se les hace perverso entre las manos. Así le fue aquella expresión antídoto de profecía, que se le hizo veneno de dictamen; antorcha de verdad que se le volvió sombra de error: toda luz en el alma y toda tiniebla en el sonido, porque hay inicuos que tropiezan en plano y con el sol en la mano se despeñan. Al oír, pues, el tirano pontífice el testimonio del templo destruido y reparado, se levantó ardiente y puesto en medio dijo al Divino Reo: *¿Qué respondes a los que testifican contra ti?* Deseaba el convencimiento en la respuesta, no el descargo: que cuando la pregunta es golpe no busca el escudo sino el pecho. Pero callando el Salvador

---

[147] A reference to the passion suffered on behalf of reason and human truth.

para hacer de la paciencia preludio a la verdad, le repitió el pontífice: *Conjúrote* [47] *por Dios vivo que digas si tú eres Hijo de Dios.* ¡Oh pérfido! ¿No te ves descubierto? Si no has de creer, ¿qué es lo que anhelas? Buscas lo que no quieres hallar, y ruegas lo que no has de recibir, porque sólo deseas lo que has de calumniar. Fue así porque respondiéndole el Señor: *Tú lo has dicho. Pero yo os digo que, después de esto, veréis al Hijo del Hombre sentado a la diestra de Dios y viniendo sobre las nubes del Cielo.* Entonces con una complacencia enfurecida rasgó sus vestiduras, diciendo a aquella infernal junta: *Blasfemó. ¿Qué necesidad tenemos de testigos? Ya habéis oído la blasfemia. ¿Qué es lo que os parece?* A que ellos respondieron con clamor unánime *que era reo de muerte.*

A esta voz, como si hubiese sido un trueno del Averno, precursor de una borrasca de tormentos, se desató una lluvia de irrisiones. Comenzó así a inundarse de ellas el rostro del Señor, que arrebatado de un torrente impetuoso de salivas iba dando en las peñas de los golpes. Impelíalo una bofetada a la otra orilla del escarnio y lo recibía otra que lo arrojaba al fondo del dolor. Ya era aquel divino semblante cadáver desconocido de hermosura, fluctuante entre reflujos de inmundicia. Estaba ya ciego de esputos y, no contentos los atroces con aquella tempestad de afrentas, le vendaron aquellos bellos ojos, de quienes aun no merecía ser copia el mismo Sol y, como al loco más contenible, le [48] herían en el rostro con las palmas, diciéndole: *Profetiza, adivina, Christo, quién es el que te ha herido.* ¡Oh Divino Paciente! ¿Qué agua de llanto bastará a lavar este rostro en que es cada rasgo una inmensidad de perfección, por más que en cada arrepentido las fuentes de ambos ojos, como las del Nilo, formen inundaciones de ternura que corran por una eternidad de penitencia?

Pero entre tanto padecer eran al Salvador más terribles tres solas respuestas de un querido que todos los insultos de los impíos, en que los temores eran más agresores que las osadías y las debilidades más fuertes que los ímpetus. Tres inconstancias del amor más sensibles que todas las tenacidades del estrago y tres fugas del susto más dolorosas que todos los asaltos del rigor. Allí está Pedro, que todo lo ha causado. ¡Cómo se compadece, oh grande discípulo, tanto seguir con tanto abandonar, tanto querer con tanto desdecir! ¿Dónde está aquel asegurar que, si fuese preciso morir con tu Maestro, no lo negarías? ¿Dónde está aquel valor con que intentaste defenderlo en el Huerto? ¿Dónde aquellas dos espadas para pelear por la

Inocencia? ¡Rara mudanza! Quien tuvo fineza para osar morir no la tiene para declarar y quien tuvo aliento contra una compañía armada de soldados no la tiene contra dos sirvientes despreciables. Y es que allá estaba en un Cenáculo, que fue [49] Trono del mayor Misterio, y en un Jardín, que fue la campaña del mayor combate; y acá se hallaba en un palacio, que era la residencia de la iniquidad y la habitación de la lisonja. Son éstos por la mayor parte los climas de la tiranía y las escuelas de la mentira, donde hasta las paredes influyen malicia y los cabinetos[148] enseñan falsedad. En ellos cada losa es un precipicio, cada mármol un escollo y cada dosel una tiniebla. Son la antiperístasis de la política: todos esplendor en el ámbito y todo obscuridades en el centro. Son la perspectiva del poder, que en los primeros términos ostentan la ley, la integridad y la justicia, y en los lejos ocultan el favor, la ambición y la injusticia. Allí están prevenidas las palabras ambiguas, las respuestas dilatadas y las resoluciones engañosas. Allí se ven pendientes máscaras de virtudes para ponérselas al interés de estado y velos de razones para cubrir la tiranía del dominio. Estos, no todos, son los palacios ordinarios. ¿Qué sería el del más inicuo de los príncipes? Así lo temió Pedro y así negó a su Maestro. Pero como estaba acercándose a las luces de Christo aun más de lo que lo apartaban los temores del peligro, como se separaba de la constancia sin perder de vista la misericordia y, en fin, como se hallaba, digámoslo así, dentro de la esfera de actividad de los espíritus del Salvador; y, lo que es más, como lo miró el Señor con una vista inefablemente [50] compuesta de acusación y queja, de indignación y amor, envolviéndole en el enojo los auxilios, tan veloces que parece que el sentimiento de la ofensa se le hizo ruego de la conversión; no bien hubo acabado la negación tercera y oído el canto del ave, que es el reloj de pluma de la aurora cuando, acordándose de la sagrada predicción, desató en llanto un océano de arrepentimiento y, huyendo de las sirtes del palacio se hizo al mar de su pena; y salió fuera: dejó a Christo negado por hallarlo en su dolor compadecido. Pero ésta una redención adelantada que libraba todo el precio de la sangre en toda la amargura de las lágrimas. Estrenó el Señor el perdón y parece que permitió que tropezase el que había de levantar, aprendiendo de sí, a los que cayesen. Quiso hacer que fuese ejemplo de la piedad del que había de ser modelo de la fe. Así, en medio de los contrastes de la incredulidad,

---

[148] This should read "imperios."

triunfó de los errores de la apostasía y enseñó al mundo que no hay delito a prueba de la misericordia. Y Adán, David y Manasés, príncipes de los mayores lapsos condolidos, coronaron su séquito con el príncipe de todos los creyentes perdonado.

Asomó el Sol hacia el Oriente con el semblante todo desencajado de astro y el día todo desfigurado de esplendor, sin parecer los rayos porque se los habían robado [51] los horrores, y sólo casi en poder de las horas las esferas. Y ansiosos los príncipes de los sacerdotes, señores y escribas de la muerte del Señor, lo condujeron luego a su consejo, donde le dijeron que les declarase si era Christo, esto es, el Ungido o el Mesías. A que respondió así: *Si os lo dijere, no me creeréis; y si os preguntare, no me responderéis, ni me dejaréis de perseguir. Sin embargo os digo que dentro de breve se sentará el Hijo del Hombre a la diestra del poder de Dios. Luego eres Dios*, le replicaron todos. *Así es, como decís, porque lo soy*, dijo el Señor. A esta declaración clamaron fieros: *Con esto, ¿qué necesidad tenemos de testigos, pues acabamos de oírlo de sus labios?* ¡Oh malvados! ¿Cuántas veces lo habíais oído de sus obras? ¿Por ventura no eran voces bastantes sus virtudes? ¿No eran informaciones suficientes sus milagros? ¿No eran testigos sin repulsa los sepulcros? ¿No era filiación legítima la eterna, que constaba en la ejecutoria de su Omnipotencia? Pero estaban tan sordos a las voces como ciegos a las maravillas, teniendo los ánimos embriagados con el cáliz de oro de Babilonia, esto es, con la obstinación de su soberbia. Y así, levantándose la proterva Junta, condujeron al Salvador ante Pilatos, presidente, por el Romano Imperio, de Judea porque no teniendo jurisdicción para condenar a muerte a alguno, les era preciso recurrir al tribunal de aquel poder [52] que dominaba el Reino.

Entonces fue cuando aquel pérfido que había vendido al Redentor, viendo que se hallaba ya con su muerte a la vista, despechadamente arrepentido, pasó adonde los príncipes de los sacerdotes y les volvió los treinta dineros recibidos, diciéndoles: *Pequé, entregando la sangre del Justo*, a que ellos respondieron: *¿Qué nos importa eso a nosotros? Hubiéraslo visto.* ¡Oh inicuos! ¿Tenéis declarada la inocencia y continuáis el proceso de la culpa? ¿Veis que está tasada esta injusticia en una eternidad de pena y decís que no os importa esta partida? Temió aquel perverso cuando había perdido ya el temor. Confesó cuando no iba a intentar la confesión. Sólo pudo ser pena igual a su delito su pecado. Sólo pudo castigarse el vender con el desesperar, no habiendo en las leyes de la muerte decisión para el caso de su enormidad. Con este despacho de la temeridad se salió y fue al campo a buscar su postrero precipicio. Conducíanlo con su funesto séquito los remordimientos devorantes, los horrores espantosos y las furiosas desesperaciones, que todas eran las Alectos, las Tisífones y las Megeras, que le agitaban el espíritu; y las Harpías y las Quimeras, que le devoraban la conciencia. Y, en fin, hecho el delincuente y el testigo, el reo y juez, el condenado y el verdugo de sí mismo, por una cuerda se dejó [53] caer hasta el Averno. Hay quien diga que se despeñó porque la dicción hebrea, que significa suspenderse, es equívoca con la significación de despeñarse. Pero bastante profundidad se tiene un lazo para ser despeño. Demás de que la expresión latina, que añade la voz del mismo lazo, no parece que permite otro sentido. Así pudo decirse de él que, aborrecido del Cielo y la Tierra, quedó pendiente entre uno y otro: *Coelo terraeque perosus, inter utrumque perit*. Y aun el aire no hacía caso del contacto porque lo había ya repelido en el suplicio.

Negó Pedro y vendió Judas. Arrepintiéronse ambos. Pero en el uno fue el arrepentimiento un dolor de ternura y en el otro un sentimiento de terror; en el uno una congoja de esperanza y en el otro una agonía de despecho. Más que cometer el agravio es desesperar de la Clemencia porque la culpa ofende a lo Infinito, la desesperación lo niega y con una blasfemia de desahucio pone mayor inmensidad en el delito que en el Numen. Hacer fiadora a la Misericordia del pecado es gran maldad, pero es mucho mayor publicarla salida del perdón.

¡Oh príncipe de los inicuos! ¿Por qué has desconfiado de aquella Bondad que te ha sufrido? ¿Cómo te había de repeler de su Misericordia quien no te repelió de su Divino Cuerpo? ¿Cómo no te había de admitir el [54] arrepentimiento verdadero quien te admitió el ósculo fingido? (3) Comprose con esta vil moneda un fatal fundo; con este precio de muerte un campo de sangre, que eso quiere decir *Haceldama*, destinado al entierro de los peregrinos, que Santa Elena dedicó en arqueado común sepulcro de los que allí muriesen, a cuya tierra comunicó el Cielo la virtud de hacer incorruptibles los cadáveres, reduciendo las carnes a cenizas: venerado origen de la que hoy forma el Campo Santo en Roma, a donde la hizo transportar aquella sagrada emperatriz (4).

Todo esto es, señores, lo que Christo padeció en sola una noche, que se hizo negra lágrima de la más triste historia; y las congojas, [55] que apenas cabían en su espacio sucedidas, cupieron padecidas en su pecho. Noche la más funesta de las noches: que no parece que se compuso de instantes, sino de Dolores: que libró en sus horrores sus tinieblas; y con una duración de penas se hizo una eternidad de sentimiento.

¡Oh escarnios, venerados del mayor respeto! ¡Oh golpes, dignos de las mayores víctimas! ¡Oh afrentas, cultivadas de la mayor adoración! Y cómo, toleradas en Christo, fuisteis los maestros de las humildades y los vencedores de todas las soberbias.

¡Oh misericordiosísimo Señor! No permitáis que dentro de esta fuente de congojas [56] quedemos sin el baño de la Gracia; que dentro de esta cosecha de amarguras nos estemos con la esterilidad de los dolores; que con todo el precio de las penas quedemos sin la liberación de los delitos; que todas vuestras ansias sean finezas perdidas y misericordias malogradas y nosotros seamos unos redimidos inútiles y unos solicitados expelidos. Allá tenéis gimiendo a Pedro. Y pues tanto hemos cogido lo que niega, dadnos algo, Señor, de lo que llora. Pues tanto le imitamos en merecer vuestros enojos, le imitemos en merecer vuestras piedades. Seguíos a vos mismo y no seáis menos de implorado que lo que fuisteis de sentido; y, pues os acompañamos de doliente, dignaos de alentarnos de benigno, porque si para seguiros no nos da vuestro mismo desmayo los alientos, se ahoga el corazón, muere el discurso y se sepulta el pensamiento.

[viñeta]

Notas marginales

(1) Quoniam circumdederunt me Canes multi. Psalm. 21, v. 17.
(2) Sicut Leo rapiens, & rugiens. Ibid. v. 13.
(3) S. Leo Magnus Serm. 3 de Passione.
(4) Adrichomius n. 216. Cornel. in Math. c. 27, v. 8.

[57] ORACIÓN TERCERA.

Pilatos, Herodes y la Flagelación.

¡Qué bien le estuviera a la maldad no ser tan fecunda como aspira! Por lo menos tuviera esa bondad el suspenderse. Pero ella es una obstinada de infinita y tiene su grandeza en su despeño. Es lo más grave de cuanto desciende y así aumenta la velocidad mientras más cae. Y si es [58] siempre difícil detenerse comenzando a arrojarse, en ella es imposible para cuando empezó a precipitarse. Así habían los judíos comenzado la mayor iniquidad y cada instante adquirían nuevo incremento al lapso del furor. Hasta aquí habían llevado al Redentor a las acusaciones. Ahora lo intentan conducir a los tormentos. Va como nave agitada del océano, ya arrojada a éste y ya a ese otro escollo en que chocar. Pero ahora veréis, señores, cuánto es el ímpetu de la malignidad, que donde hasta en las rocas de los jueces hay blandura para salvarlo, hay en las olas de la calumnia atrocidad para perderlo.

Así, hecho ministro y verdugo todo el pueblo, y la más santa ciudad del universo transformada en horrible mazmorra del Criador, llevaron, como ya se ha insinuado, a Jesu-Christo ante el pretorio o tribunal de Poncio Pilatos. Subiéronlo por la grande escalera, que conducía al propileo o galería del magnífico palacio, donde lo esperaba. Lleno el espacioso atrio de armadas guardas –que había pagado el empeño u obligado el orden– de perversos judíos, que convocaba la novedad o estimulaba el odio, y de obstinados príncipes de sacerdotes, que irritaba la envidia e inspiraba la crueldad, parecía un circo de fieras que asaltaban desde abajo con los ojos y despedazaban con las lenguas al Señor.

[59] Sobre ellos formaba en el aire otro atrio de abismo el Príncipe de las Tinieblas con sus tropas. Allí volaban invisiblemente manifiestos sus espíritus, transformados en alados dragones, en silbantes sierpes y monstruos horribles, tan propios del concurso que parecía que no lo sugerían: lo copiaban. Unía Satanás en su infernal ánimo el orgullo de imperar en los jueces y el abatimiento de temer al Reo. Inspirábalos, como que los huían, y asaltaba al Señor, como que lo temblaba.

Entre tanto no quisieron los pérfidos hebreos subir al pretorio por no contaminarse pisando un tribunal gentílico, que era lo mismo que estar siendo la peste y pretender huir el contagio, ser la corrupción y horrorizarse de la mancha y hacer la muerte melindre del sepulcro. *¿Qué acusación traéis contra este hombre?* A que ellos respondieron: *Si no fuese malhechor, no te lo entregaríamos.* Replicoles Pilatos: *Pues si es malhechor, juzgadlo vosotros según vuestra ley, que yo en nada de eso me interpongo. A nosotros no nos es lícito matar a alguno,* respondieron. ¡Oh fatuos! ¿No advertís lo que están implicándose vuestras mentiras? ¿No os era lícito por vuestra misma ley apedrear al blasfemo? ¿No acababais de condenar por tal a Christo? Pues, ¿cómo no le habéis dado esta muerte? ¿Cómo ahora no se la dais, permitiéndooslo el mismo presidente? Y es que no tenía [59] elegida ésta el Salvador y así nunca pudisteis conseguirla. No queríais la muerte que no podíais decretarle y queríais la que no podíais imponerle, que era la de la cruz, más afrentosa porque por vuestra malignidad permitida se cumplía lo que había determinado la Bondad Divina ya apiadada. Rehusáis el condenar al Redentor, como incapaces. Rehúsalo también Pilatos, como recto. Luego por ambos está libre: por vuestra inhabilidad y por su repugnancia; y, con todo esto, es tal vuestra maldad que queréis que por ambos muera: por vuestro empeño y por su convivencia.

¿No acabáis de oírle decir que Él es eterno Hijo de Dios, que se sentaría a la diestra de su Majestad y vendría sobre trono de nubes a juzgarlos a ellos y a todo el orbe de la Tierra? Pues, ¿por qué no lo acusáis de tan suprema confesión? ¿Por ventura es menor delito hacerse Dios del universo que rey de Judea? ¿Es menor alteración la de usurpar el ara que el imperio? ¿No le sería bien fácil hacer vasallaje lo que era adoración, y súbditos los que ya eran víctimas? ¿Por qué no continuáis acusándolo de que ilumina los ánimos y fulmina los vicios, de que corrige vuestra iniquidad y abate vuestro orgullo, que da luz a los ciegos, salud a los leprosos y vida a los cadáveres, que su planta es lazo de las ondas, su vista es cárcel de los vientos y su voz es rayo del Averno, que ha dicho que fue primero que Abraham y mayor que Jonás y [61] Salomón, que vence a los demonios, que excede a los profetas y supera aun a los mismos ángeles? ¿Por qué, si consideráis étnico al juez, no lo acusáis de hacerse más poderoso que su Júpiter, más sabio que su Palas, más casto que su Diana; que impera en su Neptuno, aprisiona a su Eolo y que debela a su Plutón; y, en fin, que –lo que jamás había podido su Tonante–[149] hace repasar las almas su Leteo, revocarles el paso y subir a las auras restituidas? ¿De nada de todo esto le culpáis, oh inicuos? Y es que teméis hacer fe la acusación y la sentencia confesión, dando motivo a que se adore al Reo y se convierta el juez. Y por lo menos receláis que os oiga la Omnipotencia y envíe a que os confundan los milagros.

Viéndose así los impíos repelidos de la resistencia de Pilatos, discurrieron asaltarlo de político y rendirlo de contemplativo. Era Pilatos un juez que tenía la justicia pared en medio de la ambición y

---

[149] A reference to Jupiter.

en quien vivía la integridad a discreción de la lisonja; que extendía la bondad sólo hasta los linderos de la conveniencia y la constancia hasta los confines del temor. Por esto la primera calumnia con que levantaron el clamor contra el Señor fue la de haberlo hallado alterando su nación. Y en esta acusación, los engaños de que lo argüían eran las virtudes que le experimentaban. Eran el predicar la exacta observancia de la [62] ley divina; el enseñar aquel sublime modo de alejarse de sí mismos para llegarse a Dios y de identificarse por el amor con los demás; el formar de las parábolas racionales símbolos de la doctrina y de la Gracia, ya haciéndola semilla fecunda o estéril, según el terreno de los ánimos, ya formándola tesoro del Cielo guardado en arcas de esplendor, adonde no llegan el robo del vicio ni las destrucciones del Infierno, ya pintándola viña tan agradecida a los operarios últimos como a los primeros, ya constituyéndola lámpara luciente o extinguida, conforme el cuidado o descuido de las vírgenes prudentes o las necias, ya labrándola erario de talentos, colocados a grande lucro o sepultados en omisa pérdida, ya haciéndola nupcial vestidura sin que ninguno pueda entrar al convite prevenido; y otras todas divinas semejanzas que sólo tenían por objeto la Verdad eterna y sólo eran camino hacia el Empíreo; y esto era persuadir la impostura y alterar el estado. Y es que para el reino de la malicia son imposturas las virtudes y en el imperio de la mentira son siempre tumultuantes las verdades. ¿Cuándo no ha alterado la luz a las tinieblas y el Cielo no ha excitado enemigos al Infierno? Los tratos para el engaño eran las persuasiones para la rectitud y las artes para la turbación de las provincias eran reglas para el sosiego de las almas. Una modestia, toda soberanía; [63] una castidad, toda luz; un desasimiento, todo abnegación; una muchedumbre, toda misericordia con un perdón, que era influjo del arrepentimiento porque no la irritaban los pecadores, sino [que] la atraían. Y, en fin, una divina santidad de vida, que tenía como atributos las costumbres y como misterios las acciones. Eran los modos con que los impíos, hechos los impostores de la misma impostura, querían persuadir rebelante a quien experimentaban Dios de la quietud, haciendo sedición la misma paz.

Prosiguieron diciendo que aquel hombre prohibía dar el tributo al césar. ¡Ah, malignos! ¿No lo oísteis cuando pretendisteis tentarlo con la imagen esculpida en el dinero, que debía darse al césar lo que era del césar y a Dios lo que era de Dios? ¡Estrecha prohibición de dar tributo el mandamiento de entregarlo! ¿No lo visteis pagando el siclo tan puntual que lo pidió a un milagro para darlo a un cobrador? Exacto: hasta poner de mina el mar, labrar en plata el agua y acuñar en peces la moneda. No contentos con esta acusación, pasaron los impíos a testificar que intentaba hacerse rey. ¡Oh inicuos! ¿No os acordáis del tiempo en que, antes que nacido en Belén, quiso ser registrado en el Imperio, y que en la numeración de Augusto depositó obediencia para el reinado de Tiberio? ¿No observasteis cuán poco se ha [64] valido de los feudos de los reyes de Oriente y cuán vanos dejó los celos del maligno Herodes? ¿Qué? ¿No había en las sumisiones de tres príncipes con qué empezar los vasallajes de un estado? ¿Quien se hizo adorar desde un pesebre no sabría hacerse obedecer en un dosel?[150] ¿Qué necesidad tenía de alterar lo que podía dominar? ¿No podía levantar ejércitos invencibles el que los podía hacer vulnerables? Y, cuando le resistiesen los vivientes, ¿no pudiera fundar un imperio de resucitados? ¡Ah, qué malos estadistas sois del Cielo y qué poco entendéis de eternos cetros!, pues juzgáis que había menester conmover pueblos el que era legítimo Rey del Universo. Rey era verdadero porque le había dado su Omnipotente Padre todos los confines de la Tierra de región a región y golfo a golfo y, ¿qué era la Tierra para quien tenía por provincias las esferas? Pero no había venido a quitar reinos terrenos quien había descendido a dar los celestiales. La luz no quita las otras hermosuras: las aumenta. El Sol no deshace los demás astros: los ilustra. Viene el de Jesús oculto entre los eclipses de hombre y siervo y así deja lucir las majestades de los Tronos. Si viniera con el fausto, ¿cómo había de sojuzgar a la Soberbia? Eso sería venir a auxiliar al Averno, no a vencerlo. ¿Cómo había de estar la imitación sin el ejemplo? ¿Cómo había la Humildad de [65] hacer la copia si no se ofrecía original? Allá en el Cielo venció con el poder porque no había de restituir al Ángel Rebelde con la misericordia, pero acá debía triunfar con la depresión porque había de exaltar al hombre caído con la Gracia.

    Preguntó entonces Pilatos al Señor: *¿Por ventura tú eres el rey de los judíos?* A que el Señor le respondió: *¿Dices esto de ti, o te lo han dicho otros?* Quiso de esta manera hacerle recuerdo de ser ésta calumnia de judíos, que era a un tiempo el insulto y el asilo de su iniquidad, a que siempre recurrían de acogida. De que exasperado algo el gentil juez, dijo al Señor: *¿Soy yo acaso judío?* Esto es: ¿soy

---

[150] This should read "dosel o antepuerta, la del procurador Pilatos."

yo de tu nación, para saber si en ti reside algún derecho a su corona? ¿Si la sangre de sus antiguos reyes alienta en ti el cadáver de su reino? *Mi reino*, expresó entonces el Señor, *no es de este mundo. Si fuese de este mundo, mis gentes combatirían ciertamente para que no fuese entregado a esos judíos. Pero vuelvo a decir que no es de aquí mi reino. ¿Luego tú eres rey?* Dijo Pilatos. *Tú lo dices.* Respondió el Redentor: *Es cierto que soy rey. Para esto nací. Y vine al mundo para hacer creer la Verdad. Todos los que son del séquito de la Verdad oyen mi voz. ¿Qué es la verdad?* Dijo el juez. Y salió al propileo a expresar su resolución a los inicuos acusantes. Fue ésta una sabia confesión divina del Salvador, en que [66] a un mismo tiempo afirmó que era Rey y negó que lo quería ser; que lo era por naturaleza y que no lo quería ser por el poder; que siendo Hijo de Dios como lo había confesado, era preciso que fuese dueño de todo el universo; y que, viniendo a dar el Reino del Cielo, no venía a quitar el de la Tierra; que, aunque el imperio de todo el orbe que la forma era suyo debido, no quería que fuese suyo ejercitado: que por esto todos los que contiene eran una tenencia de mundo, despachada en la secretaría de la Eternidad; y un Feudo terreno dado con la investidura del Rey del celeste.

Aquí fue donde los príncipes de los sacerdotes y los principales del judaico pueblo esforzaron el contraste con nuevas tropas de infames calumnias del Divino Reo. Valiéronse, como antes, de su misma confesión y, así dirían: *Ve aquí, Oh grande presidente, cómo Él mismo declara contra sí y afirma que es Rey nuestro. Mirad si nuestra acusación es falsa, cuando él mismo nos sirve de testigo. No teniendo ni origen ni elección por donde serlo, blasona que lo es, contra los mismos que debían saber la una, o haber hecho la otra; y es que se tiene allá fundado un cetro de ambición en los sufragios de las imposturas. Quien esto hace, ¿qué no habrá cometido? Todos los milagros de su Virtud son otros tantos crímenes de su ficción. Obras han sido de su Magia, y ahora hasta tú mismo eres su* [67] *encanto. Aquel perdonar pecadoras, aquel comunicar con publicanos, aquel conmover los pueblos, ¿cómo pueden ser acciones de quien se publica Hijo de Dios? Esto es hacer un monstruo de Virtud y engaño. Esto es perder la religión, perder el reino y perder el dominio del Romano Imperio. No, no; no es justo que consientas, Oh juez rectísimo, tanta ruina. Cree nuestros testimonios, pues van autenticados de sus dichos, y castiga sus hechos, pues están condenados de nuestras leyes y las tuyas.*

Oídas estas y otras acusaciones en que alegaba la blasfemia por parte de la obstinación, volvió Pilatos al Señor y le dijo: *¿No oyes cuántos delitos son los que te imputan? ¿No respondes a nada de lo que te acusan?* A esto fue a lo que sólo respondió con la paciencia. No necesitaba la luz de satisfacer a las tinieblas y fuera desaire de la Omnipotencia el llegar a las manos con la nada. Veía el romano presidente en el Señor aquella Majestad Altísima que, aun cubierta de su modestia, se descubría en su semblante; aquella Sabiduría profundísima que, aun contenida de su juicio, se conocía en su discurso; y aquella Elocuencia eficacísima, que, aun recogida de su concisión, se manifestaba en sus palabras. Y así quedaba atónito de su Humildad, de su Paciencia y su Silencio; y, conociendo que era éste el más enérgico defensor de su Inocencia, vuelto a los inicuos príncipes y a las [68] infames turbas, les pronunció resuelto *que no hallaba para condenar a aquel hombre causa alguna*. Debían saber esta respuesta porque era la misma que les daba su conciencia, pero tapándole los labios, repitieron con mayor esfuerzo *que había conmovido al pueblo, enseñando sus seductoras reglas desde Galilea hasta aquella grande corte*.

Apenas oyó Pilatos que había predicado el Señor en Galilea y supo que había nacido allí, lo remitió a Herodes Antipas, tetrarca o príncipe de aquella provincia, que por la celebración de la actual Pascua se hallaba entonces en Jerusalén seguido de sus grandes y sus tropas, para que como a súbdito suyo lo juzgase. Estaban enemigos, y deseaba a costa del Señor hacer las paces. ¡Oh altísimo sufrir: andar hasta de obsequio el padecer!

Era este príncipe hijo de Herodes Ascalonita, de aquel cruel monstruo que ni perdonó la inocencia en los niños ni a su sangre en su familia. Y porque no falte rasgo a su retrato, era este mismo Antipas el que, incestuoso idólatra, había sacrificado la mayor cabeza de entre los nacidos de mujeres a una mujer inicua. Lleno de la noticia de las virtudes y de las maravillas del Señor, había antes juzgado que era el mismo Bautista que había resucitado no haciéndosele difícil que, con un imperio de inmortalidad, quien [69] restituía a otros la vida se la reinspirase a sí, y deseaba volver a conocerlo renovado y ver algún milagro que en su presencia ejecutase. ¡Necio deseo de un poder soberbio! Como si los milagros se hiciesen para la curiosidad del que los pide o para la vanidad del que los obra, sin advertir que estos prodigios son sólo unos socorros que da la Omnipotencia a la naturaleza destituida. ¡Rara ambición de grandes, mandar a los mismos que saben mandar los elementos! En la verdad quería verlo no para conocerlo Divino sino para observarlo raro: que hay muchos que solicitan lo famoso para imponerles lo notado.

Al momento que el romano dio el orden de llevar al Señor a este tetrarca, comenzó el clamor militar: *A Herodes. A Herodes,* siendo el grito y el ímpetu las dos alas de la crueldad, que le ponían para el vuelo de la ejecución. Así conducían al Dueño de los Cielos, que se había hecho un inmóvil veloz, un firme arrebatado, cuyo celestial Cuerpo, en una tempestad de angustias, era impelido ya por uno y ya por otro viento del Desprecio en el golfo de los tribunales.

Pusiéronlo atado en la presencia de Herodes y luego que se lo presentaron, le hizo varias preguntas sobre los delitos de que lo acusaban y, especialmente, sobre el de la jactancia de la majestad, a que no dio respuesta alguna el Redentor. Fue éste un modo de [70] responder en que el Silencio fue juez de la pregunta y castigo con el desprecio a la curiosidad. Indignado entonces aquel príncipe o, en la verdad, teniendo por fatuo al Salvador, mandó que, como a tal, le pusiesen una blanca vestidura. Juzgó lo contrario que Pilatos. ¡Oh variedad de humanos juicios! Allá para aquel presidente fue el silencio admiración y acá para este poderoso fue irrisión. A aquél le fue sabiduría y a éste le pareció locura. En la misma cándida ropa se veían estos dos extremos. Era una paradoja de traje a un tiempo el más sublime y el más vil. La misma que servía a los príncipes como insignia del esplendor y a los pretendientes como señal de su ambición, llamándose por esto *candidatos.* Servía también a los insensatos por ludibrio de su desvarío. Conque a un mismo tiempo era una realidad y una ironía de veneración. Y en este sentido se la vistieron al Señor. Mejor estaba de tumultuante serio que de rey risible. Hasta aquí había padecido su Poder, habiéndolo acusado de sedicioso; y ahora padece su Sabiduría, tratándolo de delirante. Esto fue hacer la sombra burla de la Luz, y la ceguedad escarnio de la perspicacia. Pero no, ¡Oh ignorante tetrarca! No es escarnio esa alba vestidura que le pones. Advierte que lo adornas, no lo infamas; que vistes su inocencia de su copia; que ese nítido traje es un candor tejido de purezas [71] que le arma bien al Cuerpo de su Gloria. Mas ¡ay! Que es tiempo de que pene para que triunfe y ya vuelven al Divino Reo ante el juez vacilante. Presentáronlo ansiosos de acabarlo y los demonios iban aun más burlados que el mismo iludido, viendo declarada la inocencia con la vuelta. Dijo entonces Pilatos a los príncipes de los sacerdotes:

No sé cómo os entienda. Este hombre ya me lo habéis repetidas veces acusado de tumultuante y no le habéis probado culpa alguna. Antes en cada calumnia le calificáis una inocencia y yo en cada palabra le califico una virtud. Delante de vosotros le he preguntado sobre esos delitos y, por más que los acriminéis, no le hallo causa alguna y menos la halla Herodes, a quien, como a su propio juez, lo he remitido; y aun siendo, como es, Príncipe de vuestra nación, más inteligente en vuestras leyes, ve aquí que nada he encontrado en Él[151] *digno de muerte.*

Era antigua costumbre del judaico pueblo que en el solemne día de su Pascua se diese libertad a uno de los reos que presos en la cárcel estuviesen prevenidos para oblación de la justicia: memoria de aquel favor divino tan mal correspondido, con que el Altísimo había libertado a los hijos de Israel de la egipciaca cautividad. Y deseoso Pilatos de librar al Señor de la terrible furia de aquellas crueles fieras, subrogando a sus garras [72] otra presa, eligió a este fin el hombre más facineroso, cual era Barrabás; cierto de que, puesto en parragón con el Señor, votaría el pueblo por Jesús. Puso al cotejo la mayor maldad con la mayor Virtud, la Luz con las tinieblas, los beneficios con los daños y los milagros con los delitos. Confiaba en el pueblo, antes venerador de sus prodigios, todo lo que desconfiaba de sus príncipes y, aun para con éstos juzgaba suavizarlos, haciendo que perdonasen como a inicuo al que los irritaba de inocente. Mas ¡ay!, que te engañas, tímido presidente. ¿No ves que, si condenan al perverso, se condenan? ¿Que una maldad ha de configurar con otra y que por una consanguinidad de Infierno han de amar más a un hombre demonio que a un Dios hombre? ¿Qué necesidad tiene tu poder de su elección? Ellos le acusan de que ofende al césar y al Imperio; y ellos y tú son los que más lo exautorizan: ellos porque tanto te desprecian y tú porque tanto los respetas. Díjoles, pues, así: *Costumbre ha sido vuestra dar libertad en este día a un delincuente. ¿A quién queréis que se le dé: a Barrabás, o a Jesús, que se dice ser Christo?* A este tiempo ve aquí que llega al juez, que ya estaba sentado en tribunal, una criada, con quien envió a decirle su mujer que nada hiciese con aquel Justo, porque acerca de Él había visto mucho en la quietud del sueño. Visión que, [73] aunque algunos graves autores atribuyeron al Demonio, que, temeroso de su ruina, por el cono-

---

[151] Pilate acknowledges Christ within the context of God since Pilate is already informed about the Messiah and what He represents.

cimiento del Mesías, solicitaba ya impedir su muerte, (1) es más probable sentir de otros ilustres Santos Padres (2) que fue inspirada por el mismo Dios, que quiso añadir este testimonio más a la inocencia de su Eterno Hijo y que, como en la Creación una mujer persuadió al marido para la muerte, en la Pasión persuadiese otra al suyo a la salud (3) –palabras de Augustino[152]– pues no necesitaba el Príncipe infernal semejante influjo cuando pudiera haberle prestado a los judíos a favor de Christo. ¿El que tenía en su mano su furor no podía imperar en su piedad? ¿Con aflojar la sugestión no podía desahogar el ímpetu y con torcer los corazones no podía encaminarles los afectos? A esta mujer de Pilatos puso el supuesto Dextro el nombre de [Claudia] Prócula, hallado en el *Menologio*[153] de los griegos, que la creyeron santa; y aun hay famoso intérprete que conjeture haber sido la Claudia que mereció la memoria de San Pablo, que envía a Timoteo sus veneraciones. Constituidos, pues, los empeñados príncipes en el conflicto de la elección que les dio el juez, temieron luego el lance y, suspendiendo un rato la respuesta, todo fue solicitar la plebe, concitar arrebatados su furor, coger las manos y asegurar, pretendientes de Abismo, sus sufragios. Vueltos luego a Pilatos, le clamaron: *¡No queremos que se dé libertad a éste,* [74] *sino a Barrabás!* ¡Oh cuántas veces se prefiere en el mundo un Barrabás a un benemérito! ¡Y cuánto ha que es achaque de fariseos el repeler al útil y emular al digno!154 Repitió, pues, a aquellos el romano presidente: *¿Qué queréis que haga con el Rey de los Judíos?* A que ellos alzaron el enorme grito, diciendo: *Crucifícalo.* Pues, *¿qué delito ha cometido?* Replicó el presidente. Y viendo que crecía la rabia a la medida de la resistencia, clamando con más ardiente esfuerzo *que lo crucificase,* dio el que le pareció último paso para sosegarlos, repitiéndoles: *Yo no hallo causa alguna para darle muerte; y, sin embargo, porque os logre aquietar, os lo volveré bien corregido.*

Mandó luego que azotasen al Señor para que esta cruel pena acallase la judaica rabia. ¡Oh juez errado! ¡Oh falso político! ¿Así intentas librar al inculpado? Por no condenarlo, lo condenas; y, por no darle la muerte, ¿vas a adelantársela? Si no le hallas delito, ¿cómo le das castigo? En esta sentencia tú eres el primer reo. Convicto estás de la misma piedad con que juzgas librarlo, y la declaración de

---

[152] St. Augustine.
[153] A martyrology, or historical account of the lives of religious martyrs.
[154] This should read "emular al indigno."

su inocencia es confesión de tu injusticia. ¿Qué arte has hallado para unir liberación y pena, y desposar la equidad con el rigor? ¿Piensas que se contentará la atrocidad con este medio? ¡Oh cuánto se engaña tu temor sin conocer que ese tormento más das al suplicio [75] y que el discurrirlo ahora no es guardarle la vida, sino añadirle muerte al inocente!

Admitieron luego los furiosos judíos este contado de crueldad y, bajando al Señor al atrio del palacio, se previnieron del más terrible aparato de la Flagelación. El concurso era igual al empeño de la ira. Las guardas romanas, formadas en círculo, coronaban el área, armadas de los dardos y las lanzas y, autorizadas de las águilas y de los lábaros, como si tuviesen de quien defender a quien, todos anhelaban destrozar. En medio de toda esta infinita muchedumbre se desnudó de su mano aquel Altísimo, a quien no fueran manto capaz el Sol ni túnica digna las estrellas.[155] Tened, Señor, no acabéis de despojaros: que no hay pena mayor en todo el reino del pudor ni vaivén más sensible contra el Trono de la Castidad. ¡El Rey de la Gloria desnudo a vista de un mundo de malvados! ¡Aquel arcano de perfecciones, aquel Misterio de hermosuras descubierto a los elementos y a los hombres! ¡Oh Dios! ¡Y cuán grande es un Amor que no repara en poner a la vergüenza su Deidad!

Entregó luego el Redentor las manos a las cuerdas para que le atasen a la Columna, que había de ser el patíbulo de aquel tormento. Prevenidos los crueles verdugos, esto es, los lictores, que eran los ministros de los jueces romanos, no sólo de las varas que [76] traían en los haces o fasces, que coronaba en medio una segur, insignia del poder de la vida y de la muerte porque mandaban azotar primero con las varas a los que después crucificaban sino de otras especies de horribles azotes, que algunos afirman haberse compuesto de espinosos vástagos y agudas rosetas,[156] de nudosos nervios y duras cadenas y, auxiliados, como es preciso concebir, de otros gentiles que los manejasen, comenzaron la descarga de los fuertes tiros con que intentaban batir al Redentor y la tempestad de retorcidos rayos con que anhelaban fulminarlo. Pero, inmóvil a todo, parecía un mármol asido a otro mármol y otra Columna atado a la Columna; y una Columna que sostenía los arcos del Cielo al su-

---

[155] In this euphuistic metaphor, reminiscent of Góngora, the light of the astral body is insufficient to block the light of Christ's nakedness.
[156] This should read "agudos clavos de roseta."

frir los impulsos de la Tierra. Escollo de paciencia en aquel piélago de la ira, opuesto a las resacas de los golpes: viviente Roca, que, mientras más deshecha de los ímpetus, se quedaba más entera a los asaltos. Rígidas varas, cueros durísimos, férreos abrojos, pungentes escorpiones, plomados cordeles y fuertes cadenas eran todo el avío de la atrocidad, tan sangriento y mortal que no eran azotes, sino volubles flechas y flexibles lanzas que, con las heridas excedían el blanco a que se dirigían. Ya contundían la cándida piel, ya desangraban las divinas venas, ya cortaban y ya arrancaban las carnes purísimas. No había ya Cuerpo y [77] había percusión; y una herida era el objeto de otra herida. Era esta horrible acción una lluvia de azotes a que correspondía otra de sangre; y aquel delicadísimo Cuerpo un cruento campo arado a surcos de fiereza. No chocan más las ondas en las peñas. No arrojan más las nubes el granizo ni hieren más al yunque los martillos que lo que descargaban sobre el Divino Inocente aquellos crueles. Cada golpe era una muerte cierta, como lo hubiera sido varias veces si la Divinidad no mantuviese lo que la humanidad no resistía. Así eran éstos unos milagros de tormentos, obrados para las resurrecciones del dolor. Y sólo su vitalidad mantenida debiera haber sido prueba de su Deidad manifestada. Sólo esto, oh pérfidos, debiera haberos convertido; y los que no lo seguisteis predicando las virtudes o no lo creísteis obrando los prodigios, debierais haberlo adorado sufriendo los estragos. ¡Oh Señor! Todo esto cometemos. ¿Pues tanto padecéis? ¿Todo eso sube la fábrica de nuestros pecados, que ha habido menester abrir tanto vuestra divina espalda en que se carga? ¡Oh serafines! ¿Todo eso veis y os quedáis sólo hechos ecos de esos golpes? Pero, ¿qué digo si vuestra misma Reina, la doliente Madre de ese Dios paciente, le ha seguido fiel compañera de su Redención y están viendo sus ojos tan atroz destrozo en su amado Hijo? Considerad, señores, cuánto [78] sería su dolor, pues, según revelación autorizada, aun al estallido del primer azote, herida en el corazón, desfalleció, ocupada de un desmayo horrible. Era un Dios Hijo el que tanto padecía. Era el modelo de la Hermosura y el Autor de la Inocencia; y era preciso que un Amor inmenso llevase el corazón allá a una inmensidad de sentimiento. Veíala allí el Señor y, por una repercusión de angustia, le eran aquellos mismos golpes unos azotes reflectidos que le arrancaban toda el alma. Y aunque hay moderno (4) que diga que siendo ley del Deuteronomio (5) la de que sólo se diesen a los que delinquiesen cuarenta azotes, como afirma el Apóstol que le dieron (6) menos uno, no pudo exceder de este número el de los que el Redentor sufrió. Sin embargo de este estilo, señores, deben seguir el juicio y la veneración de universal consenso de los fieles, como fundado en el más genuino sentido de las profecías. ¿Cómo se entenderían aquella herida sobre herida que predijo Job (7): *Concidit me vulnere super vulnus*? ¿Aquella larga flagelación (8): *Et fui flagellatus tota die*? ¿Aquella multitud de azotes que había de sufrir en forma de pecador o siervo: *Multa flagella peccatoris*? (9) ¿Y aquella espalda cargada de un edificio de dolores, previsto todo por el Real Profeta?[157] *Supra dorsum meum fabricaverunt peccatores* (10), que en el [79] idioma hebreo se explica con la dicción *Charescis*, que traduce la versión que dice (11) *araverunt aratores dorsum meum*; ¡Aráronme toda la espalda! ¿Aquellas universales llagas, que predijo Isaías: *Et nos putavimus eum quasi leprosum, et percussum a Deo, et Humiliatum?* (12) ¿Aquel haber de ser, no sólo herido, lo que pudiera entenderse de solos los clavos y la lanza, sino repetidamente todo contundido y todo deshecho, que sólo puede concebirse de una flagelación muy numerosa: *Vulneratus est propter iniquitates nostras, Attritis est propter scelera nostra*, que previno el mismo sacro oráculo y otros divinos dolorosos vaticinios de este lacrimoso alto Misterio? ¿Cómo habían de haber entendido los Padres e Intérpretes[158] lo copioso de su estrago, pues sólo el elegante Sedulio (13) en su sagrado poema describe la espalda del Señor cortada de los crueles azotes: *Et fectus terga flagellis*? ¿Cómo hubiera sido tan ponderado este tormento si no hubiera llegado a ser tan dilatado? ¿Cuándo las geminaciones no han sido expresiones de la multitud? Verdad es que era regla sagrada aquel pequeño número de azotes, pero eso fuera aquí sujetar a los rumbos las borrascas y reducir a sendas los despeños. ¿Cómo había de intentar Pilatos mover a compasión los pérfidos judíos con una corta flagelación común, ni mostrarlo tan acabado con ella, que fuese prodigio de crueldad, [80] para ser extremo de lástima? ¿Cómo podía imaginar que en moneda de suplicio valiese el azote por la cruz, si aquél no tuviese el precio del estrago? ¿Qué regla es la que guardaron los furores? ¿Qué ley había para hacer las bofetadas y los golpes preludio a los suplicios? ¿Los escarnios y las espinas precursoras de los clavos y las cruces? ¿Qué orden para condenar al

---

[157] A reference to Salomon.
[158] Body of sacred texts.

Justo declarado y para matar al Omnipotente manifiesto?[159] Y, sin embargo, todo esto lo habían ejecutado y lo ejecutaron en obsequio de su rabia. Los que atropellaban al Imperio en la persona de su magistrado, ¿cómo no habían de atropellarlo en la imagen de sus leyes? ¿Qué más podían hablar éstas que lo que declaraba aquél? No, no: todo excedió infinitamente lo legítimo donde todo pasó inmensamente de lo humano.

Así, pues, azotaron al Señor; y así sufrió invencible tan cruel combate: tan callado, que sólo La que lloraba era la Sangre y las que gemían sólo eran las varas. Cada preciosa llaga era una rosa de Pasión más dolorosamente admirable que la que brotó allá tal vez de la sangre vertida de un robusto León: rosas divinas producidas de la Sangre del León de Judá. Cada una era un misterioso múrice,[160] de cuya púrpura se había de teñir para el cuerpo de la Iglesia en la oficina de la Redención en manto [81] de la Gloria. Y si hubo púrpura a cuya vista cualquiera otra, o por inferioridad o por respeto, convertía en cenizas los carmines, meditad, señores, cuánto más a vista de la de estas llagas sacrosantas habrán debido parecer menores todas las que hicieron los garfios en los mártires y labraron en los penitentes las cadenas. Antes éstas fueron tan grandes porque aquéllas les fueron modelos.

¡Oh Señor de angustias! ¡Oh Rey de dolores! Dadnos, ya que no el tormento, las contemplaciones del tormento, pues sólo haciendo divinos nuestros corazones pudiera ser paralelo nuestro sentir a vuestro padecer y tener digna la compasión de la fatiga. Parece que solo vivís de Redentor y se os han hecho espíritus las penas y respiraciones las congojas. Esas profundas llagas labios purpúreos son, que con retórica de Sangre nos persuaden el arrepentimiento; oídos, que nos ha abierto la Misericordia para alcanzar el perdón. De esos crueles azotes nosotros hemos sido los ministros. Más os han herido nuestras culpas que sus ramales. ¿Quién ha visto que atormente el mismo para quien se atormenta, y que destroce el mismo por quien se padece? Allí. Allí estuvimos todos más presentes de ingratos que los verdugos de fieros y más fieros de inicuos que ellos de incrédulos. Pero, oh Paciente Misericordioso, pues tuviste

---

[159] The inquisition censor circled the words "al" and "manifiesto" and wrote in the margin "a el que debieran confesar."

[160] Molusk or shell native to the Bay of Cádiz, from which the Phoenicians, and later the Romans, extracted the purple dye that came to symbolize the blood of Christ and the color of imperial robes.

previstos [82] nuestros delitos, también tuviste previstas nuestras lágrimas. Haced que, pues aquéllos entraron en parte de vuestros azotes, entren éstas en parte de nuestra Redención; que puedan más los arrepentimientos que los golpes: no sean de mejor condición las culpas que los llantos. Mézclense éstos con vuestras heridas: no haya quien los separe; y mirad, Señor, que lloramos vuestra Sangre para que perdonéis nuestra maldad.

Notas marginales

(1) S. Cypr. Serm. de Pass. S. Bernard. Serm. 1 de Pascha. Lyranus, Cartusianus, et Caietanus.

(2) Origenes, S. S. Hilar. Hieronim. Chrysost. Euthym. Theophilact. S. August. S. Ambros. et alii apud Cornel. in Math. cap. 27, v. 19.

(3) In nativitate mundi uxor ducit virum ad mortem, in Passione Christi uxor provocat ad mortem. S. Aug. Serm. 121 de Tempore.

(4) Jacob. Hyacinth. Serry, *Exercitatione 52.*

(5) Cap. 25.3.

(6) Ad Corinth. 2, c. 11.

(7) Job. 16.15.

(8) Psalm. 72.14.

(9) Psalm. 31.10.

(10) Psalm. 128.14.

(11) Cornel. in Math. c. 27, v. 27, pag. 525.

(12) Isai. c. 535.

(13) Bibliotheca Patrum tom. 5.

[83] ORACIÓN CUARTA.

La Coronación de Espinas y lo ejecutado después de ella.

Hasta aquí, oh devotos señores, ha combatido el Salvador contra las armas del tormento y del desprecio. Ahora se va a ceñir de sus Laureles. Y así os convoca su congoja a que asistáis [84] con lacrimosa pompa de dolores a una función divina, que ha de ser la proclamación del menosprecio y la Coronación del sufrimiento. Concurrid reverentes y, para acción tan alta vestíos de lágrimas, adornaos de suspiros y acompañaos de meditaciones.

Es el escarnio la muerte del respeto y el sepulcro del honor. Es la ruina de la estimación y el precipicio de la caridad. Es una soberbia cubierta de risa, una ira disfrazada de ludibrio y una crueldad enmascarada de alegría; y, por esto, más ofensiva que la altivez, más nociva que el enojo y más enorme que la atrocidad. Es mucho peor afrenta que la afrenta porque la seria hiere, la risible aniquila: aquélla agravia al que desprecia, dejándolo de humano; ésta lo deprime pasándolo a la nada. Esto es lo que intentaron ejecutar con el Señor aquellos bárbaros ministros, animados de los judíos que imitaban.

Juntaron luego toda la compañía pretoriana o de la guardia de Pilatos y llevaron al Señor a una sala de su palacio donde segunda vez lo despojaron de sus vestiduras, cuya inconsútil túnica, que se hallaba conglutinada con sus dolorosas llagas, no desnudándose sino arrancándose de sus puras carnes, pareció que se llevaba consigo todo el cuerpo, siéndole una nueva flagelación que dio nuevo riego de Sangre al campo de la [85] Redención. ¡Oh inicuos! Si intentabais vestir al que queríais constituir un Rey de burla de la risible majestad de un manto irónico, ¿por qué inmediatamente no le aplicáis el vil adorno? ¿Por qué le hacéis buscar y le dejáis poner sus vestiduras? Y es que deseabais duplicar la crueldad duplicándole la desnudez, porque aquel mismo desnudarlo de traje había de ser un vestirle de tormento. Sobre la especie de estas Sacras Espinas es vario el parecer de los autores, entre cuyas opiniones es la más cierta la de haber sido de junco marino, en que debe admirarse la singularidad con que lo niega el gran Baronio, afirmando carecer de ellas éste vegetable, cuando al contrario tiene a su favor el ocular testimonio de los que han visto la celestial Corona en la grande corte de París, que ostenta por su mayor gloria tan alta reliquia, según firme aserción de un docto moderno ya citado (1).

Vistieron consecuentemente al Salvador de una clámide purpúrea, como risible inauguración de la ignominia. Era ésta un breve manto o sobrevesta roja de las que llamaban *aivaphas* los antiguos, esto es, dos veces teñida del múrice y la grana, de que usaban los soldados en la guerra para que, disimulando el color la sangre que vertiesen las heridas, no sirviese de horror para el combate el ejemplar del golpe: aliento de cobardes, [86] formado de la ignorancia de los valerosos. Sirviéronse de esta vestidura aquellos insolentes para duplicar la irrisión en hacerla suprema y hacer con ella Rey al Salvador. Y, habiéndolo colocado en un indigno asiento, que erigieron en trono del desprecio, le ciñeron de la Corona, que formaron de los duros cambrones prevenidos.

Salid ahora, oh hermosas hijas de Sión, y ved a vuestro glorioso eterno Salomón ceñido del diadema con que se inauguró en el día de su Coronación. ¿Qué atroz mudanza es ésta? ¿Quién ha hecho tan cruel catástrofe? ¿Ésta es aquella corona de esplendores y esas duras espinas son las preciosas piedras que la adornan? ¿Éste es aquel manto de gloria y esa vil púrpura es el augusto traje que lo cubre? ¿Éste es aquel cetro de oro y esa caña risible es la real insignia que lo forma? ¿Éste es aquel majestuoso trono y ese vil asiento es la fábrica elevada que lo erige? ¿No veis cuánto va de una coronación a otra? Aquélla fue la unión de la Deidad y el hombre y ésta es a su Divino Cuerpo toda la desunión de su compuesto. ¿Así se hace ludibrio de la Omnipotencia y se vuelve ironía la Verdad? Mas ya veo que impelidas, oh devotas afligidas mentes, de un dolor valiente, os arrojáis a vindicar a vuestro Rey y, volviendo la ironía en la Verdad, hacéis defensoras las víctimas del Numen. Pero tened: no les [87] lleguéis, que esto ya lo hubieran hecho los ángeles que lo lamentan, y es que reprimen las seráficas iras que los mueven y hacen del celestial coraje su obediencia. Hasta ahora habían los impíos judíos atormentado a su Altísimo Monarca la Virtud con los delitos. Habían combatídole la paciencia con los golpes; habían destrozádole la humanidad con los azotes y le habían violado todo el Magisterio con las blasfemias; y ahora le arrastran todo el honor con las irrisiones; y le despedazan toda la Majestad con las Espinas. Tenían éstas todo lo que habían menester para saetas: lo penetrante de la punta y lo rígido de la materia las hacía tan crueles que eran horror para las manos aun las mismas que eran deseo de los corazones. Y así, no atreviéndose aquellos verdugos a manejarlas libremente, dieron poder a las horquillas con que las trataron. Y aun así hubieran sido compasivos si aquí hubiese parado la fiereza. Pero no contentos con poner la Corona, la estrecharon de suerte a la cabeza que se veía clavada, no ceñida; y las sienes, atravesadas, no oprimidas, de sus puntas. Fue ésta una Corona mortal y un diadema homicida, labrado de crueldades y cincelado de destrozos: un tiempo Laurel y cadena para el triunfo del horror. Por eso apenas la apretaron a la divina frente y la penetraron las espinas. ¿Qué digo? Que desmaya el [88] pensamiento; cuando se estremeció todo aquel sacrosanto delicado compuesto de su Cuerpo y, solamente mantenido de la inmensa constancia de su Espíritu, pudo no desfallecer de la inmensa fuerza del dolor.

Es la cabeza el origen de los nervios y la fuente de la sensación. Con que, insultar tan atrozmente la del Redentor fue poner la segur del ímpetu a la raíz de la sensibilidad. Cada espina era un dardo y un rayo que lo hería. Cada una era el solar de los tormentos y la alcuña de las aflicciones. Cada herida imprimía su dolor y, en una compañía de muerte, tenía con las otras mancomunadas la congoja. En fin, cada una era una fuente de Sangre que descendía de aquella alta cumbre del celestial ánimo a inundar el profundo valle de las culpas. Así parecía aquella Divina Cabeza un Nilo cruento que, fecundando el campo del Amor, descargaba, no ya por siete bocas, sino por setenta y dos, que tantas eran las espinas en el mar de la Misericordia. ¡Oh Señor expirante! ¡Oh Numen doloroso! ¿Así os han puesto esa Cabeza, que es el Trono de la Sabiduría y el Alcázar de las Virtudes; el depósito de vuestros pensamientos y el camarín de vuestros eternos Misterios? ¿Esa Cabeza cubierta del inmenso velo[161] de la Divinidad? ¿Cómo es esto, Señor? ¿Debajo del diadema de la Gloria que la adorna se ha atrevido a ponerse la Corona del tormento que la oprime? ¿Y entre [89] las mismas luces han osado ponerse las Espinas? ¡Oh corona, cruel a un tiempo y divina, tejida también a un tiempo de puntas y esplendores! ¡Oh Espinas misteriosas, que sois juntamente para el Salvador y su futura Iglesia un ímpetu, que contrasta la fábrica de su Cabeza y un cerco que ha de guardar el campo de su fe, un ataque que estrecha sus sienes y una defensa que ha de fortalecer sus mártires. ¡Oh puntas penetrantes, arqueros de la Redención, escogidos en la milicia del dolor! Así parecía el Señor no ya Rosa, que está entre las espinas por naturaleza, sino Lilio, que se ve ceñido de ellas por virtud. Manso Cordero, que cercado y detenido entre cambrones, se subroga, no ya a la inocencia de un obediente Isaac, sino a la malicia del hombre rebelde: preludios de mejor infinito Sacrificio en el sagrado Moría del Calvario. Espinas son, de que han de brotar flores, de que se arme el cuerpo de la Iglesia; y lirios, que fructifiquen su terreno. Pero ¿qué digo? ¿Cuándo se ha visto que las flores fortalezcan y que las azucenas amurallen? ¿Que los atractivos aparten y que las hermosuras horroricen? ¿Que fortifiquen las fragancias y que guarnezcan los matices? ¡Buen muro por cierto, fabricado de hojas, y buenas armas, labradas de colores: fuertes defensas, que las penetra la vista y las rinde el olfato! Más pareciera gana de perderse que diligencia de [90] municionarse. Pero con todo eso está muy bien la paradoja

---

[161] The inquisition censor placed in parenthesis "cubierta del inmenso velo" and wrote in the margin "que ocultó inmenso."

y no me retracto de los términos. Pues si hay flores que nazcan entre espinas y lirios que estén entre cambrones, ¿qué mucho que en una escuela de aspereza aprendiesen el arte de guarnecer y de circunvalar? Y esto es por lo que dijo allá la Esposa que la fortaleciesen de flores: *Fulcite me floribus*, y por lo que el Esposo aplaudió su vientre amurallado de azucenas: *Vallatus liliis*. Así, señores, esas Sacras Espinas que allí ciñen la divina cabeza del Señor, todo lo que ahora hieren, siendo puntas de tormento y de Pasión, defenderán después cuando le formen flores de Virtud y sean azucenas de Pureza.

Así de la manera que fue esta Sacrosanta Corona un concento de todos los dolores, fue una enciclopedia de todos los triunfos. Fue cívica porque fue insignia del esfuerzo con que el Señor salvó a los futuros ciudadanos de la Gloria en las batallas del Averno. Fue mural porque fue timbre del valor con que asaltó el muro del mundo fortificado del Demonio con los baluartes de los vicios. Fue obsidional porque libró otras tantas plazas como corazones del sitio que les había de poner el León del Abismo con la circunvalación de la concupiscencia y los ataques de las tentaciones. Y, en fin, fue triunfal porque venció al Infierno [91] y a la muerte, y conquistó el imperio de la humanidad, llevando encadenadas las pasiones. Mas ay! Que aun con todo eso se están en ella quejando los símbolos de los tormentos y gimiendo los blasones las heridas: que es mucha Sangre la vertida y no entienden de jeroglíficos los parasismos. Así salía tan copiosa de todo el ámbito de la cabeza que, cubriendo los ojos y los oídos, quedó hecho el Salvador un Amor, ciego de su fineza y sordo a nuestra ingratitud. Por eso los cristianos de la naciente Iglesia, con una reverente austeridad, jamás quisieron adornarse, aun en las menores solemnidades, de guirnaldas (2), como que no tenían cura las flores de parecer donde estaban en el ara las Espinas, ni de ceñir delicias cuando coronaban tormentos a su Dios.

Pusieron luego en su Divina diestra, en apariencias de cetro, una vil caña para perfeccionar así toda la alegoría de la afrenta. No contentos con la enormidad de esta ironía, arrojaban al Sol de su hermoso congojado rostro los inmundos vapores de sus impías salivas, como unos tributos de la osadía para una Majestad de menosprecio y, percudiéndole la cabeza a golpes de la caña, interioraban en ella las Espinas, fijando nuevamente, como con un martillo vegetable, aquellos vegetables clavos que la penetraban. Así se puede meditar que le dijeron: Salve, Rey de los [92] Judíos, heredero de los antiguos monarcas de Israel; mejor que David y mayor que Salomón, como lo has dicho. Ve aquí la proclamación que te hace Judea y la investidura que te da el imperio. Ve aquí la púrpura, que tanto mereces, la Corona que tanto has aspirado y el cetro que también manejas. ¡Qué bien te esté ese real manto que te adorna y ese brillante diadema que te ciñe! A esto sube quien tanto ha exaltado su nación y quien ha hecho milagros por servicios. Ve aquí los tributos que te da nuestro respeto, y las oblaciones que te rinde nuestro amor. Y aquí le herían el Divino rostro con repetidas crueles bofetadas. ¡Oh bárbaros, oh atroces, que estáis diciendo la mayor verdad y ejecutando la mayor malicia! Si iludís, ¿por qué atormentáis? Si atormentáis, ¿por qué iludís? ¿Cuándo han merecido penas los delirios ni cuando los suplicios se han acompañado con las risas? Si era locura la pretendida Majestad, bastaba sola la irrisión para destruirla. Pues ¿por qué añadís a la ironía la crueldad? ¿No veis que estáis creyendo con lo que castigáis lo mismo que negáis con lo que reís? ¡Antítesis maravillosa en la retórica del Infierno! ¡Singular contradictoria en la lógica de Satanás! Burla, y aprecio; risa, y seriedad: todo juego en lo aparente, y todo atrocidad en lo real. Ironía es de la ironía vuestro obrar porque el castigo está haciéndose [93] estimación del delito y el desprecio se forma confesión de la Verdad. Así parece que lo quiso el Señor: porque de la manera que en el primer pecado recibió el hombre dos deleites, el uno por la corpórea percepción de lo vedado y el otro por la mental complacencia de lo que aspiraba, esto es, por el gozo de la fruta y por la soberbia de la ciencia, así fue necesario que se satisficiese con dos penas: la una por el dolor corpóreo de las puntas y la otra por la espiritual aflicción de las afrentas. Esto es: con la angustia del golpe y con la humildad de la irrisión. De esta suerte –¡oh Jesús mío, oh dulce Redentor!– en uno y otro modo Vos sois el único blanco de todo el padecer. Vos solo sois el que podéis formar otra gloriosa antítesis de congoja y Gloria y hacer que reine dentro de la tormenta la serenidad. Pues si la sangre, que es la elocuencia del dolor, no hablara, y con voces de heridas no pronunciara cláusulas de angustias, pareceríais transformado y no paciente; y nunca la queja fuera el órgano del sentimiento. ¡Oh torpes demonios, qué brutos están vuestros incendios! ¿No veis esa inmensa Humildad que se hace mansedumbre aun con la iniquidad? ¿No advertís esa infinita Paciencia (3) que se hace sosiego aun con la turbulencia? ¿No reparáis en esa firme constancia que se hace inmovilidad aun con el choque y ese alto

[94] Silencio (4) que le hace sufrimiento aun con el mismo estrago? Virtudes, que si no las tuviesen bien conocidas vuestras sugestiones, pudierais disculparos de insensatos. Pues, ¿cómo os blasonáis triunfantes a vista de las mismas vencedoras? ¿Qué importa que en la Pasión sea todo tormentos, si es todo victorias el Paciente? ¡Qué vergüenza! Caso es de no parecer de afrentados en el mundo y aun de huiros del Infierno, si fuera posible hasta la nada, y de hacerse vuestra fuga nuestra libertad.

Así triunfaba el doloroso Salvador y así nos enseñaba a triunfar. Así nos eran en su divina cabeza sus Espinas una redención de los sentidos y una penitencia de los pensamientos. Aquellos hermosísimos ojos, prevenidos para luces del empíreo, lacrimosamente obscurecidos, nos eran el rescate de la vista; aquellos celestiales oídos, hechos para las armonías de los ángeles, atrozmente inundados, eran la paga de las torpes músicas; y aquellas sienes, torneadas para el diadema de la Gloria, cruelmente penetradas, eran la liberación de las coronadas ambiciones; y, en fin, toda la interior fábrica de aquella celestial Cabeza, formada para la iluminación de los Cielos, horriblemente destrozada, era la satisfacción de las perversas deliberaciones. ¡Oh cuánta es la inmensidad del delinquir, pues llega a ser tanta la inmensidad del padecer! No [95] porque con sola la moneda menor de una aflicción no hubiera podido un Divino fiador pagar toda la deuda, sino porque no contento con satisfacer, quiso pasar hasta enseñar; y que su dolorosa Pasión fuese no sólo la nave que salvase del naufragio sino la estrella que mostrase el rumbo. Quiso que nuestras limitadas mentes concibiesen, por lo repetido, lo que no podían comprender por lo infinito, y que las reiteraciones del buril abriesen las durezas de la lámina. Mas –oh dolor– ¿de qué mina es el bronce de los corazones, que no lo esculpen cinceles eternos? ¡Oh cuánta debe de ser la crueldad de la mazmorra, que hubo menester tanta repetición en el rescate!

Entonces Pilatos, que pretendía a costa de ser cruel el ser piadoso y mantener a expensas del agravio la justicia, contemplando el tumulto y galanteando la fiereza, mandó que le llevasen al Señor en el estado en que se hallaba para que, aplacados con su vista los furiosos judíos, perdonasen la vida a quien se la tenían quitada tantas veces, librando en la vista toda la compasión para que de espectáculo moviese más que de razón. Condujéronlo al punto tan débil que, la escalera, que constaba de setenta gradas, le formaba un ecúleo de cada escalón, principalmente ascendiéndola sin el equilibrio de los brazos, que llevaba en las prisiones de la [96] cuerda, con que, cada subir era un caer y cada altura un precipicio. Esperábalo el presidente en la galería de su tribunal. El atrio todo era un golfo de gentes, alterado con las resacas del ruido. Los fariseos y príncipes de los sacerdotes estaban con las frentes al cielo, disparando los ojos al elevado propileo. El aire se hallaba ocupado del Infierno de manera que el judaico concurso respiraba por átomos demonios. Constituido así el Señor al lado de Pilatos, era la tragedia y el teatro de la compasión. Era inmensa la lástima y, con todo esto, no se extendía hasta el confín de la crueldad. Eran aquellos impíos hombres sin corazones, conque los ojos no tenían adonde llevar a la piedad. Dijo entonces conmovido el presidente a los judíos: *Veis aquí este hombre*, que ya no es el hombre que acusabais, de manera que, a fuerza de herirlo y de iludirlo, no tenéis ya para qué herirlo ni afrentarlo. No hay ya en Él donde pueda caber un dolor más y la vida que aun tiene no es la que le habéis dejado, que es ninguna, sino la que Él se ha mantenido, que parece divina, según es inmutable; pues de otro modo era preciso creer que podía haber cadáveres con vida o vivientes sin animación. Hasta aquí había discurrido saciar una crueldad con otra y conduciros a la clemencia por el camino del rigor, de suerte que en una sustitución [97] impía de tormentos somos los dignos de ser condenados: vosotros por todo lo que habéis pecado y yo por todo lo que he permitido: delito piadoso, formado del deseo de no incurrir en el mayor. Bien pudiera yo haberlo desde el principio absuelto, pero he querido hacerlo con vosotros, y no sólo librar al reo inocente sino a los delincuentes acusantes. Apenas oyeron esto los pontífices y ministros, clamaron, repitiendo: *Crucifícalo. Crucifícalo. Recibidlo vosotros*, expresó Pilatos. *Y crucificadlo, porque yo no hallo en Él causa alguna para esta Sentencia*. Ya estaban poseídos de toda la crueldad. No era ya pasión, era otra alma de furor la que tenían. De modo que, con otros sentidos de infiernos, ni veían al Señor, ni oían al juez y, así dijeron: *Nosotros tenemos ley, por la cual debe morir, porque se ha hecho Hijo de Dios*. ¿Qué ley es ésa, oh perdidos, sino la de aquellas que tenéis escritas en las tablas de la envidia y explicadas con las interpretaciones de la iniquidad? ¡Oh cuánto os implicáis de malignos! Acabáis de decir que no os es lícito hacer morir a alguno y ahora afirmáis que tenéis ley para que deba morir Christo, que es lo mismo que publicar que no os es lícito y que os es lícito darle muerte. Aun más debe confundiros la culpa de que le acusáis: *Debe morir, porque se hizo Hijo de Dios*. Como que la luz necesitase de hacerse esplendor y la llama [98] de fingirse fuego. Esta culpa ponedla a los milagros. De ese delito argüid a las virtudes. De esa osadía acusad los beneficios. Ellos son los que lo han hecho Hijo de Dios. Ellos son para los que habéis de traer la ley. A ellos habéis de dar la pena, poniendo (si es lícito decirlo así) a la Omnipotencia en el tormento y a la Santidad en el patíbulo. ¿No habíais acusado por esto al inocente Reo de blasfemo, cuyo castigo eran las piedras? Pues, ¿por qué ahora le calláis el nombre de la enormidad y le omitís el modo del suplicio? ¿Por qué, si el mismo presidente os lo entregaba para que se lo dieseis, no aceptasteis la pena cuando anhelabais la crueldad? ¿Acaso los peñascos serían menos atroces que los clavos y el golpe menos afrentoso que la cruz, cuando antes aquéllos eran testimonios del mayor pecado? Mas ya estáis entendidos; y era que aquel castigo era particular de la Judea: ceñíase sólo a los límites de una nación; se estrechaba a una gente que, cautiva de Roma, hacía poco papel en el teatro de la Tierra y, por esto, deseabais una pena que fuese común en el Imperio; y con una infamia famosa queríais hacer con lo imperante del dominio más notorio lo enorme del delito. Si ya no es que, temiendo la indignación del pueblo, adicto a Christo, pretendíais descargar sobre el presidente la injusticia y hacer de la complicidad la excusación. Como si la [99] pretensión de la Sentencia no fuese la deudora de la Sangre y tres insultos de clamor no hubiesen sido tres crucifixiones de tumulto.

 Decían que no les era lícito matar a ninguno o porque, según algunos sacros intérpretes (5), la conquista de los romanos no les había dejado el derecho de la vida y de la muerte o porque, según otros, no podían en la Pascua ejecutarlo o porque la secta particular de los fariseos se la prohibía (6). Y, sin embargo, alegaban que tenían ley que la ordenaba, sin advertir que si era la del Levítico contra la blasfemia de que acusaban al Señor, ésta se limitaba a la lapidación, la cual ni la pedían ni la podía un gentil determinar, con que se valían de la que no querían y pedían la que no podían.

 Así permitía el Señor que, con una no penetrada predicción, solicitase a su muerte la fama que ignoraban de la Gloria, con la que le pretendían de la afrenta, porque, no sólo quería rescatar al hombre, sino al mismo instrumento del rescate. Quería redimir hasta la misma cruz, restituyendo al original el honor que había tenido la figura: cuando allá la serpiente elevada en el desierto fue prenuncio de su Sacrosanto Cuerpo exaltado en el Calvario. Así había dispuesto el Redentor que la que con la vista de la ignorancia parecía llena de las obscuridades de ignominia, [100] con el prisma, o el cristal triangular, de las tres más ínclitas virtudes, se viese adornado de los colores de la Gloria.

Había antes temido Pilatos un tumulto que no pudiese fácilmente serenar y al oír esta respuesta se le aumentó el temor con la calumnia. ¡Temor raro, hecho a prueba de verdades! ¿Ahora salimos con eso, tímido presidente? ¿No sabías desde el principio que la principal acusación era la de publicarse Hijo de Dios? ¿No te lo había dado a concebir en aquellas palabras, en que te expresó que *si fuese del mundo su reino, sus ministros hubieran combatido por su liberación? ¿Que su reino entonces no era de la Tierra? ¿Que era Rey verdadero? ¿Que había nacido y había venido al mundo para dar testimonio a la Verdad? ¿Que todo el que era del país de la Verdad oía su voz?* ¿Todos, énfasis de Omnipotencia y apuntamientos de Divinidad? Y con todo esto lo confesabas justo, y lo repetías inocente. Pues, ¿cómo podías tener por justo al que no creías celestial? ¿Cómo por inocente al que no reconocías divino? ¿Podían unirse inocencia e impostura, justicia y blasfemia? Y era que estaba en tu vista la claridad achacosa de la misma luz que resistía y eras Tántalo de verdad, que no bebías la fe porque sólo tocabas con los labios la razón.

No sólo temió entonces Pilatos el tumulto. Temió las palabras del tumulto. Temió el motivo de [101] la acusación porque no haciéndole en Christo novedad con lo inocente lo divino, ni lo verdadero en lo acusado, lo sospechó de dios[162] y, acostumbrado a creer generaciones celestiales en los suyos, presumió que podría ser hijo de aquellos de quienes podía ser origen y producción de los mismos de quienes podía ser ejemplo.

Por esto volvió al punto el vacilante juez a entrar en el pretorio y, deseando descubrir el principio que dudaba, dijo así al Señor: ¿De dónde eres? Pregunta a que sólo respondió con el Silencio, como que no necesitaba declarar lo que tantas veces le había ya advertido. Por otra parte, no quiso responderle porque, aunque lo mereciese el deseo, no lo merecía el modo del deseo y una piedad cruel quería pagar con una misericordia vengativa. Pudo descubrirse y no quiso librarse porque se entendiese que padecía por su voluntad y

---

[162] From Pilate's perspective, Christ is a god, not God.

que su muerte era cumplimiento de la de su Eterno Padre, no defecto de su alto Poder. Ínstale el presidente haciendo benevolencia de la exasperación por el deseo que tenía de librarlo y dijo así al Señor: *¿A mí no me hablas? ¿No sabes que tengo potestad para crucificarte y potestad para absolverte?* Quería así obligar al Redentor a una declaración que también lo obligase a su liberación. Hacíale persuasión la potestad con un énfasis que le acordase de su empeño. Quiso decirle así: ¿A mí [102] no me hablas, que hasta aquí he sido, aun más que tu juez, tu protector? ¿Que he sido, aun más que el árbitro de tu causa, el litigante de tu vida? ¿Que por salvar tu inocencia he puesto a todo riesgo mi piedad? ¿Que por librar tu virtud de un furor he expuesto a una sedición mi autoridad? ¡Singulares beneficios! ¡Extraños favores! Proteger con destrozos, defender con crueldades y honrar con irrisiones.

No había el Señor respondido a Pilatos a la primera instancia, pero viendo que se trataba de la potestad que presumía tener sobre su Divina Persona, no sufriéndole el celo de su Eterno Padre la superioridad a su Poder, volvió al momento por la Omnipotencia y lo desarmó con el Misterio. *No tuvieras*, le dijo, *potestad alguna en mí, si no se te hubiese dado de arriba.* Cláusula breve, pero inmensa. ¿Qué mayor declaración podía dársele de lo inescrutable? ¿Qué más pueden descubrirse los arcanos con las ignorancias que haciendo traslucirse los secretos por los velos? Dos luces le apuntó con sólo un rayo. Manifestole que había otro Poder mayor que el de su César, que era el suyo; y éste era preciso que fuese el de Dios, no habiendo imperio a competencia de Cielo, ni soberbia a prueba de Divinidad. Afirmole que ésta sola era la que podía haberle dado sobre sí la potestad y, siendo justo, hallándose [103] inocente, enseñando virtudes y haciendo maravillas, no podía dejar de ser infinito Misterio en la entrega lo que era sumo imposible en la Deidad. No pasó el Señor a más abierta explicación para con Pilatos porque estaba ya el negocio de la Redención en tal estado que para cumplirla era necesario reservarla y para adelantarla contenerla. Dejaba de declararse Dios por serlo y de lucirse dueño[163] por glorificarse vencedor. Quería ocultarse Majestad por ser Amor y esconderse claridad por brillar luz. No se apiadaba de los que no se apiadaban por compadecerse de los que habían de compadecerlo. Corresponden-

---

[163] Not an attribute of God, who sees all souls as free. Christ is not, nor wants to be, the master of our individual liberty.

cia era de la Justicia la negación de la Misericordia. ¿Qué hubiera hecho por librarlo declarado quien tanto había solicitado salvarlo encubierto? ¿Qué hubiera emprendido seguro quien tanto había anhelado vacilante? Por ventura veía el Señor también que, aun confesando a Pilatos toda la Deidad, con otra ocasión lo había de condenar; y no quiso que aumentase el pecado con no creerlo quien le tenía di[s]minuido con dudarlo. Piedad es negativa para el que tropieza no hacer mayor la caída, porque a menor despeño corresponde menor golpe; y es acortar de abismo el mismo aminorar de arrojo. Tenía algo de virtud y de verdad Pilatos y a ese poco de luz quiso corresponder con menos fuego. Es [104] infinita la geometría de la Misericordia, porque con una analogía de clemencia proporciona el favor a la bondad. Parece que en la esfera de la Divinidad este atributo es de centro y el de la Justicia de circunferencia porque en aquélla descansa y en ésta se agita: y que en el ejercicio de su Providencia sólo tiene ausencias de la piedad la indignación. Dondequiera que halla la virtud la premia: aun de su desgreño se paga y de su sombra se complace. Así se vio aun en los peores reyes de Israel, como fue Acab, de quien se compadeció aun cuando su penitencia pareció sólo dolor y no arrepentimiento. Parece que se inclina hasta tener respetos a la sangre y contemplaciones con la alcuña, como se declaró en Salomón, a quien difirió el castigo de la división de su Imperio hasta su muerte por los merecimientos de David; y aun entre los gentiles satisfizo con lo caduco lo caduco, porque, en las pagas de su remuneración, el que se contenta con el tiempo es sólo el que no lleva eternidad.

Así quiso proceder el Redentor con la cobarde virtud de Pilatos. Por eso continuó diciéndole: *Que era mayor pecado el que había cometido quien le había entregado a su poder*. Llama fue esta respuesta del Señor al combatido presidente que iba a hacérsele luz de la razón y quedó toda en fuego del deseo. [105] Era su integridad una virtud a medio hacer, su conocimiento una verdad de poco ser y su anhelo un empeño de corto talento. Ni perfeccionaba la justicia ni concurría con la claridad ni usaba del poder. Conque en una fatal mezcla de obscuridad y de esplendor, monstruo de bondad y malicia, fenómeno de luz y sombra, paradoja de perspicacia y ceguedad, horrorizado de la respuesta del Redentor aumentó la solicitud sin la resolución, buscando en los otros lo que tenía en sí con una autoridad cadáver de jurisdicción y una fuerza fantasma de poder.

Pero con todo esto quizás hubiera hecho constancia del temor si los inicuos príncipes de los sacerdotes y el pueblo de su maligno séquito, viendo que ya no bastaban las acusaciones, no hubiesen pasado hasta las amenazas y entre éstas no hubiesen producido la mayor, clamando al presidente: *Que, si perdonaba a Christo, no era amigo del César*:[164] dardo, el más penetrante en toda la armería de la ambición; rayo, el más fulminante en toda la esfera de la sujeción.

Es la dependencia la esclavitud de los libres y el cohecho de los íntegros. Es la cadena con que tiene el Demonio atado al mundo. Ésta es de tantas vueltas como estados. Una ata los ministros a los príncipes con la ambición. Otra estrecha los pretendientes a los ministros con la necesidad. Una [106] vincula los litigantes a los jueces con el derecho. Otra enlaza los desacomodados a los poderosos con el interés. Una vincula los negociantes a los ricos con la codicia y otra anuda los nobles a los nobles con la amistad. De la altura del poder unos temen la caída y otros anhelan el ascenso; y del término de la conveniencia unos recelan la pérdida y otros aspiran a la consecución. En fin, este inicuo lazo en todos es una flaqueza de los grandes, una villanía de los ilustres y una ignorancia de los sabios. Es una cobardía de los ánimos; y los que se resisten a la injusticia no se tienen contra su temor. Por no perder el favor pierden el Cielo y por no tener enojado al poder tienen por enemiga a la Justicia. Por esto allá en el Averno parece que es preciso que haya un infierno de poderosos y otro de dependientes, un abismo de césares y otro de Pilatos, en que con un recíproco destrozo se venguen los unos de los mismos que siguieron y los otros castiguen lo mismo que inspiraron. ¡Oh cuán pocos ha habido que hayan tenido constancia a prueba de la contemplación! ¡Y cuán pocos Calístenes, Sénecas y Papinianos hay que, por no ser oblaciones de la insinuación, han tenido vigor para ser víctimas de la crueldad! Ningún príncipe hubo que entendiese mejor este arte de tiranos que Tiberio, que todo lo llevaba al Senado, en que era el [107] tribunal tercero del cabineto[165] y la autoridad medianera de la iniquidad. Muchas veces son peores los dependientes que los malos príncipes porque, sin saberlo éstos, se les rinden aquéllos y sin noticia de la tiranía les entran por los ojos la lisonja, como sucedió aquí al ambicioso presidente.

El recelo de un desagrado Real[166] injusto es una ofensa a su ra-

---

[164] Cesar Tiberius.
[165] This should read "imperio."
[166] A reference to Cesar.

zón. Crimen es de lesa majestad de su fama, en que el que más le teme más le agravia. Es una deslealtad del respeto y una traición del rendimiento, que entrega a la deshonra la opinión y lo hace de contado injusto por no ofenderlo disgustado. Es una acusación de la condescendencia, que lo arguye en la razón por agradarlo en el efecto.

Quieren los soberanos exceder con la majestad la Omnipotencia: porque dejan sin albedrío al ministerio y ponen en prisiones al consejo. Son ellos solos los príncipes y los ministros y con un estanco de poder quieren tener todos los juicios. Conque, formando un imperio irracional, todo lo que quitan de libertad se quitan de gloria y a fuerza de ser amos, no son reyes. ¿Qué honor es mandar a los que no pueden dejar de seguir? En el ara de la majestad, el que la inciensa sin arbitrio no es el idólatra, sino la víctima; y el vasallaje no es culto, sino estrago.

[108] Ésta es la dependencia en los ministros seculares. ¿Qué será en los sagrados cuando el púlpito está atado al dosel y la entereza se rinde al agrado. ¿Cuando con una ambición de complacencia, por mantener el oído, desamparan la conciencia? Un sacro orador es un embajador de la Verdad y no debe tener por conductora a la lisonja. Celebrar al oyente es preferirlo de asunto y poner la cátedra inferior al banco. No por esto ha de notar al que manda y, por huir del aplauso, dar en la censura: medio hay entre la corrección y la alabanza, pues que la discreción sabe, sin dejar de ser advertencia, ser blandura.

Acometieron, pues, los judíos a Pilatos con la poderosa arma de la atención al César y, no contentos con la amenaza del mayor desagrado, pasaron a la del mayor de los delitos, esto es, el de la lesa majestad, diciendo: *Si perdonas a éste, no eres amigo del César, porque el que se hace rey se opone al César*. Y sin embargo, aún le duró deseo de salvar al Redentor. Aún buscó la última débil malla con que armarse al golpe. Era su virtud una integridad agonizante, a quien aún quedaba una boqueada de justicia. Y así sacó al Señor del cabinero[167] al tribunal, llamado en griego *Lithostrotos* y en hebreo (7) *Gabbataba* y, siendo ya la hora de sexta, esto es [109] el mediodía, les dijo a los judíos: *Veis aquí a vuestro Rey*: palabras que, en vez de contenerlos con la creencia del juez, los irritaron más con el oprobio de la culpa. Eran una Sentencia a un tiempo de la Majes-

---

[167] This should read "habitáculo."

tad y la traición. *Veis aquí vuestro Rey*: veis en el estado en que lo ha puesto vuestra atroz impiedad, cual es el respeto con que le servís, la fidelidad que le prestáis, los tributos que le habéis ofrecido y la Corona que le habéis ceñido. Ved en su irrisión vuestra deshonra, en su tormento vuestro estrago y en su acusación vuestro delito. Ved, si no es vuestro Rey, qué Poder tiene para levantarse quien aún no tiene voz para quejarse y, si lo es, qué acción ha hecho para entronizarse quien aún no la ha mostrado para introducirse. Yo por vuestro Rey lo tengo, por su inocencia y vuestra iniquidad. Más verosímil es que sea Rey un Justo que el que sean verdaderos tantos impíos: que aquél tiene de contado la soberanía de la Razón en el imperio de la Santidad y éstos la vileza de la falsedad en la jurisdicción de la calumnia, y no usarais de esta malicia si no conocierais aquella Majestad. El mismo empeño del furor es el testimonio del carácter. Todo esto valía sola aquella voz y, sin embargo, clamaron más enormes, prorrumpiendo en éstas: *Quítalo. Quítalo. Crucifícalo.* Antes querían que lo quitase [110] que el que lo sentenciase, como que la vista del Reo era el imposible de la condenación. Antes querían no verle que crucificarle: porque era crucificarse a sí mismos el mirarle. Volvió Pilatos a decirles: *¿A vuestro Rey he de crucificar?* Tente, inadvertido presidente, que pecas más mientras más sirves. De la cumbre de la Justicia el que más la asciende más cae, si no llega. Del término de la Verdad el que más se acerca se aleja más, si no le toca. Repitieron por último aquellos atroces: *No tenemos otro rey que el César.* Esto es, a Herodes, que lo era por el mismo César. ¡Oh perversos! En caso que el que acusáis llegase a serlo, ¿más queríais un césar gentil que un Rey Divino? ¿Más una vil servidumbre que una noble libertad y más un terrible castigo que un misericordioso beneficio? Apenas oyó esto el contemplativo presidente, rendido a los ataques del temor y de la complacencia, dio la inicua Sentencia, entregándoles al Señor para que lo crucificase y, para que constase a los tumultuantes príncipes de los sacerdotes su propia integridad, se lavó las manos, expresando que *estaba inocente de la Sangre de aquel Justo y que a ellos les quedaba todo el cargo.* Estilo fue esta vindicativa ceremonia de los hebreos, a quienes quiso seguir el juez injusto. Con estas mismas voces se vindicó Daniel en el juicio que iba a hacer de la inocencia de Susana. *Limpio estoy,* dijo, *de la sangre de ésta* (8). [111] Esto parece ¡Oh juez errado, que quisiste aprender en tu descargo, pero ¡qué mal discípulo que fuiste! Así estudia la malicia la pureza. Con unos mismos términos dice de memoria las reglas e impugna los sentidos: acierta las palabras, y las yerra. ¡Oh cuánta es la diferencia entre una y otra ejecución! Aquel íntegro juez se libró de la sangre y la libró. Se vindicó y la vindicó. Condenó falsos delatores sin el temor de verlos poderosos y su sangre fue la limpieza de sus manos y tú quisiste librarte de la Sangre del Justo y la vertiste, purificarte y te teñiste y, en fin, seguiste a los falaces acusantes por el miedo de verlos tumultuantes y de considerar un poderoso. Aquél tuvo valor, aun de particular, para notar de fatuos a los hijos de Israel porque, sin juzgar ni conocer la verdad, condenaban una castidad; y tú, siendo príncipe, no tuviste aliento para repelerlos, sabiendo que, sin conocer la inocencia, condenaban una Santidad. ¡Oh tímido! ¡Oh ambicioso! ¡Oh inicuo Pilatos! ¿Qué agua hay que pueda lavar manchas inmensas? ¿Qué cuenta tenía el corazón con la limpieza de las manos? ¿Qué poder había dado a la Naturaleza la Justicia para purificar con los elementos los espíritus? ¡Diabólica contradicción! Quitar la Sangre con la Sangre y purificar la culpa con la culpa; reconocer injusta la Sentencia y presumir ser justo el juez. ¿Qué tránsito hallaste para pasar [112] la inocencia del Justo a la maldad del que la oprime? ¿Qué invencible coacción te precisaba a consentir tanto delito? ¿No tenías soldados con que oponerte al pueblo, como lo hiciste en otro caso? ¿Para qué admitiste gobernar a los que no podías contener? Mucha ambición y poco esfuerzo vuelo es sin alas y aliento sin espíritus. Pero aun no necesitabas de tanto valor; bastaba el mismo pueblo contra sí. ¿Cómo, si respetaba tanto al César, había de atropellar a su gobernador? Eso sería adorar al original y despreciar la imagen; por incensar al numen, conculcar el ara; y hacerse reos del mismo crimen que acusaban. ¿Cuánto más enemigos del César serían ellos si tumultuasen contra tu respeto? Y, cuando aun lo temieses, (9) ¿no había arte en tu política con que por lo menos diferir la Sentencia y dar tiempo al fuego del furor para apagarse? (10) Y, en fin, ¿cómo, al dar razón de tu gobierno al césar Tiberio, escribiste que habías crucificado a Christo, oprimido de la importunidad de los judíos y que era en la verdad un varón santo y divino? ¿Cómo le referiste sus virtudes y milagros como lo que pasó en su muerte y se dijo de su Resurrección? (11) Y todo con tanta aseveración que Tiberio lo llevó al Senado para que se recibiese entre sus númenes, como lo hubiera decretado, aunque todavía ciego, [113] aquel emperador, si no se hubiesen opuesto aquellos ministros; y, con todo eso, prohibió con pena de muerte (12) la acusación de los cristianos. ¿Con qué cara de integridad pudo confesar el más vil juez que por respeto de la instancia del acusante injusto había sentenciado al Reo inocente? ¿Con qué aliento de honor pudiste unir en tu implicada relación la Santidad de éste y tu bajeza?

Dejamiento de poder fue éste tan extraño que hubo sagrado genio que (13) juzgó que jamás había querido Pilatos seriamente salvar al Redentor y que todo el proceder de su intención había sido una trama de artificio para tejerse una tela de justicia. Pero desvanece este juicio el sacro texto, que es divino padrón de la verdad con que quiso la liberación; y cuatro instancias hechas a favor de la inocencia eran mucho desear para fingir. No es jamás el engaño tan parecido a la sinceridad ni la simulación tiene tantas facciones de la realidad. Artificio que se fía a voluntad ajena más es profecía que artificio. Velo que tantas veces se expone a que se rompa más que ocultación es desperdicio. Aquel cuidado que interpuso en querer conocer de la causa que le habían formado los infames príncipes ante el pontífice Caifás, sin aquietarse a sus despachos; aquel desprecio que hizo de los delitos de que los acusaban, y especialmente del de la usurpación [114] de la corona, exceso indispensable para la rectitud que blasonaba y para la dependencia que temía; aquel conformarse con el juicio que hizo de su inocencia Herodes, y argüir con él a los inicuos; aquel concepto que formó de que preferiría el pueblo la libertad de Christo a la de Barrabás; y, en fin, aquella solicitud de la liberación en fuerza del conocimiento, que tuvo de ser la envidia el artífice de la acusación (14); eran muchos testigos que deponían de la ingenuidad contra la fraude; y es que la inclinación de un claudicante genio le hacía que dejase componer la justicia con la complacencia y la integridad con la malicia: paradoja de falsa política, que pretende unir la luz y las tinieblas y enlazar la inocencia y la calumnia. El complacer a dos contrarios es un estelionato de benevolencia[168] en que se vende un favor a dos agrados; y, así, a ninguno sirve el que sirve a ambos. Es una neutralidad parcial a un tiempo y enemiga de los dos. Quiso Pilatos parecer íntegro y en esto mismo fue más injusto, porque, peleando por la inocencia, se puso al lado de la iniquidad. Conocía más y, así, erró más. Tres grandes sentimientos del pecado hallo en la Pasión divina del Se-

---

[168] This should read "una falsedad de aparente benevolencia."

ñor: los dos inútiles por exceso de los afectos bien contrarios: el de Judas por temeridad y el de Pilatos por temor; pero el tercero infinitamente provechoso, [115] como fue el de [San] Pedro, por exceso de humildad. Quiso Judas parecer arrepentido y Pilatos ostentarse justo; y en ambos la penitencia y la justicia son su infierno; y quiso [San] Pedro ser arrepentido y justo, siendo humilde; y se logró, porque su penitencia fue su Cielo. Otros tres pecados veo en sólo la injusticia de Pilatos: (15) la exención de Christo lo hacía reo en la jurisdicción; el desorden del tumulto lo publicaba culpado en el proceso; y la inocencia del Señor lo manifestaba delincuente en la Sentencia; y, sobre todo, Pilatos era el reo de sí mismo y su corazón el tribunal de su conciencia. Sentencia fue la suya que dio contra sí propio y sentencia sin duplicación. ¡Terrible caso! ¡Nacer la condenación al mismo instante de la Redención y abrirse el Infierno al tiempo de cerrarle!

No expresan los Sagrados Evangelistas el tenor de la Sentencia y sólo tienen por tal la entrega que hizo el temeroso presidente del Señor a los judíos, pero por anales antiguos hay quien la refiera en esta forma: (16) *A Jesús Nazareno, tumultuante de la nación, rebelde al César y falso Mesías, como por testimonio de los principales de su gente está probado, conducidlo al lugar del común suplicio y con ludibrio de regia majestad crucificadlo en medio de los ladrones. Vayan los ministros y prevengan las cruces.* Autorízalo un insigne [116] intérprete pero no se conforma con el juicio constante de Pilatos. Alegar Rey en la expresión al inocente Reo, y contradecirlo en la Sentencia, hacerse el juez el abogado de la Majestad en la defensa y ser en la decisión el repelente, mucha contradictoria era para cierta. Y aun así pasara por coacción de la violencia antes de la resolución. Pero haber escrito llanamente el título que lo afirmaba Rey: *Jesús Nazareno, Rey de los Judíos*; haber resistido la corrección del mismo título con tal firmeza que, al pretender los impíos la reflexión de declarar como impostura del Reo el Real carácter, diciéndole que no escribiese *Rey de los Judíos*, sino que Él mismo se decía Rey (17), respondió manteniendo severo su escritura; hace del todo inverosímil la expresada Sentencia. Si en ella había ponderado ya la falsedad del título arrogado, ¿para qué habían de pedir que la expresase ni cómo había de negarse Pilatos a la enmienda?

En fin, la Sentencia que verdaderamente dio este perverso juez fue, si se atiende a la Verdad Eterna, Sentencia de absolución divina al mundo y de suplicio perpetuo a la judaica gente. ¡Oh cuánto en ella cupo de glorias y castigos! ¡Cuántas exaltaciones a la Iglesia y cuántas ruinas a Jerusalén! ¡Cuántos triunfos se decretaron en ella a los invictos mártires y abatimientos a los pérfidos [117] judíos! Cargó Pilatos a cuenta de los inicuos príncipes de los sacerdotes su injusticia. Indignidad no vista: amenazar el juez de su Sentencia al acusante. Hizo obediencia la jurisdicción y miedo el poder. Conque publicándose forzado de los insultantes, se hizo ministro del tumulto y escribiente de la atrocidad, *Vosotros lo veréis allá*, les dijo. ¡Singular vergüenza del Imperio! ¿Cuánto más lo ofendía rindiéndose inferior a los súbditos que absolviendo superior al Reo? ¿Cuánto mayor delito era abatir la representación de un soberano injustamente que librar justamente a un inocente? Aquélla era una ofensa de contado sin excusa y ésta era una calumnia incierta con mucha defensa.

A este tiempo exclamaron los crueles judíos, prorrumpiendo en estas despechadas voces: *Caiga su Sangre sobre nosotros y sobre nuestros hijos.* ¡Horrenda imprecación! Sólo el pedir la Sangre era caérseles; y la pretendían. Sólo el exponerse a la ruina era arruinarse; y la querían; y a sabiendas de precipicio se arrojaban. Si esto de ser demonios fuera oficio y no pena, de ellos lo aprenderían sus espíritus. Quiso Lucifer ser semejante a Dios, mas sin Abismo; y ellos se le oponían protestándolo. No imprecaron los protervos secuaces, que cayese sobre ellos la Deidad, y fueron diablos; y los impíos hebreos pidieron que viniese sobre ellos y sus hijos; y [118] eran hombres, con que los superaban en el arte de demonios. Sangre Divina fue con quien sobre ellos se vino su Cielo. ¡Oh cuánto debió pesar sola una gota, pues no han podido sostenerla en tantos siglos! Carga fue con que se hicieron astillas sus provincias y se les hundió toda la tierra a sus pisadas. Prófugos caínes por la Sangre de un inmenso Abel. Nunca oyó mejor la Eterna Providencia voto alguno. Nunca fue más liberal la Divina Justicia de castigos. Pretensión fue que con solicitudes de rigor mereció mercedes de ruina. Así quedaron desde luego previniéndoseles las edades de desdichas. ¡Oh ciegos! ¡Como si fueseis capaces de entrar la vista en los espacios del futuro, veríais en él todo el lienzo de vuestros estragos! Por allí descubriríais a Tito tomando los puestos a Jerusalén para circunvalarla y ocupando el terreno máquinas, catapultas y arietes, que son los dardos que han de herir el cuerpo de sus muros. Por allá derrotados los defensores en el sangriento telón de sus surtidas; en más lamentable perspectiva, volviéndose allá los hijos al vientre de las madres, que se alimentan de sus corazones y viven de sus muertes. Por acá, faltando la muralla y entregándose al enemigo los sitiados: cautivos, de que triunfa el hambre en el carro de la desesperación. Por allí, crucificados cada día en la campaña más de quinientos hombres y, en [119] una fatal inmensidad de estrago, faltando espacios y sobrando cruces, faltando cruces y sobrando cuerpos (18); y, en fin, desolada Jerusalén, destruido el Templo[169] y en montes de cadáveres hechos los hombres sepulcros de los edificios. Así veríais, oh malvados, debelada repetidas veces vuestra gente pérfida por las armas de Adriano (19) y vuestro falso mesías (20) destrozado. De esta suerte, sentenciados por vosotros mismos, en un talión de ruinas pagaréis la muerte con las muertes, la ira con las iras, la afrenta con las afrentas y con los desprecios el Desprecio; y con una expulsión del universo ni aun los desiertos os serán destierros. Ni reino ni corte ni templo os quedará; y sólo seréis nación para ser odio. ¿Cuánto mejor os estaría aniquilaros para ser olvido que durar descendencia para ser oprobio?

Apenas, pues, obtuvieron la cruel Sentencia cuando, como en una victoria de la iniquidad, sucedieron a los clamores los aplausos: júbilo de furor y celebración de atrocidad con que se daban parabienes del mayor delito y hacían blasones de la peor resolución. Así triunfaban los perversos, coronados de demonios, a quienes, con los mismos que ceñían, no les hacía falta lo visible. El estrépito del concurso para ver el enorme suplicio, el grito de los fariseos para incitar la diligencia atroz, el tropel de los [120] verdugos para conducir la Cruz terrible, todo formaba un horrible espectáculo en que se veían sobre el haz de la Tierra los Abismos. Ea, lictores, dirían los pontífices, acudid prontos a la ejecución, que para castigar el mayor crimen aun es tarde la mayor presteza. Por último, proferirían otros, venció el celo del pueblo la resistencia de Pilatos y el ardor de la justicia obtuvo contra la tibieza del juez. ¿Qué hubiéramos hecho con un hombre que iba ya a trastornar nuestra veneración y, no contento con fingirse Rey, era impostor de Hijo de Dios? Éste ha sido el mayor servicio que se ha podido hacer al César y la más grata víctima que se ha debido sacrificar a nuestra religión. ¡Qué traza! Expresarían otros. ¡Qué traza aquella de Mesías! ¡Qué porte aquel de Soberano! ¿Éste podía ser el Señor prometido a la fe de los patriarcas y el anunciado por la voz de los profetas? ¿Cómo se había de prometer al que no se ha querido recibir? ¿Cómo no se

---

[169] A reference to the Temple of Salomon.

ha sabido defender el que nos había de imperar? Todo este impío agregado de motivos no era más que una hipocresía de la envidia y una transformación del odio. No les hería tanto el sospechar a Jesu-Christo Rey cuanto el recelarlo Dios. Más los horrorizaba la opinión de su Divinidad que el concepto de su Poder. Más temían a sus grandes maldades, que los acusaban y los habían de acusar inicuos, [121] que a los milagros que podían exaltarlo Soberano. Deseábanle el suplicio por quitarle la Gloria. Temblaban sus virtudes, no sus fuerzas; y querían hacer esta condenación remedio de la suya. ¡Oh pertinaces! ¡Oh malignos! ¡Oh cómo estáis haciendo ciencia la ignorancia y, con lo mismo que no podéis tenerla, la enseñáis! ¿Cómo podéis no saber lo que esos mismos profetas tienen prevenido? Aquel herido y humillado por nuestros delitos, aquel en cuyo Sacrosanto Cuerpo no había de haber sanidad desde la planta del pie hasta el ápice de la cabeza, aquel que había de cargar nuestros dolores; y todas las demás sagradas predicciones de quienes fue el único blanco el que allí veis, ¿no os están convenciendo la perfidia? ¿No importan más los milagros que lo acreditan Dios que los desprecios que lo niegan Rey? ¿No veis que esa misma incompatibilidad que lo repele es el Misterio que lo prueba? ¿Cómo había de vencer a un enemigo que es todo soberbia si no con un esfuerzo que fuese todo humillación? Para vencer a la soberbia era necesaria una contraria de Virtud, no de potestad; una enemiga de espíritu, no de violencia; como lo es solamente la Humildad. Para destruir la inobediencia no era proporcionada una opuesta de imperio, sino de reducción. No había Dios de triunfar para sí con el Poder sino para el hombre con la Misericordia antes. El hombre era el que había de [121] vencer con Dios. Por eso su rebeldía no había de sojuzgarse con la Majestad, sino con la obediencia; y la que el hombre solo debía interponer inútil era preciso que la interpusiese útil un Hombre Deidad. De otra manera pudiera, a nuestro modo de expresar, quejarse de Dios el Demonio, que ya desde Job se tenía permitido el aliento de alegar, diciéndole: No niego, ¡oh justo Arbitro de todas las cosas!, *Que eres dueño del hombre por el Poder, pero yo lo soy por el pecado;* (21) *que es Tuyo por la naturaleza, pero es mío por la inobediencia. A Ti se te debe por derecho. A mí por el delito. Tuyo es por la obra; y mío por la voluntad.* El reino del Demonio no es mecanismo de fuerza, sino espiritualidad de ardid. Su malicia es su imperio. Los vicios son sus gentes; sus engaños, sus armas; y sus tentaciones, sus ataques. Conque la cautividad que logra es la del alma; y así era preciso que la que había obtenido contra un Dios con las culpas, la destruyese un Dios con las virtudes; y que el triunfo fuese pureza y no violencia. De otra suerte, se quedaría el hombre con su iniquidad; y se vería la feral paradoja de verse libre y cautivo a un mismo tiempo y de estar con la corona y entre las cadenas. ¿Qué hiciéramos con esplendor y sin virtud? ¿Con la majestad y sin la Gracia? ¿Cómo se había de redimir un mundo cautivo sino con el contado de un [123] precio Divino?[170] El rescate no es obra del Poder, sino de la Misericordia. ¡Oh impíos malditos! ¿No veis ese compuesto de Justo y de Reo; ese concento de Virtud y estrago; esa unión de maravillas y de penas; esa identidad de dolores y de sufrimientos, y esa compatibilidad de muerto y de viviente? ¿Con las virtudes puede haber engaño ni con los milagros puede avenirse la impostura? ¿No es preciso que sea toda Divina esta tragedia y que haya mucho Cielo un tanto arcano? Y es que, con un ateísmo de malicia, os empeñáis en el Abismo a ciencia y paciencia de despeño.

Hasta entonces había suspendido Pilatos la soltura del facineroso Barrabás, que ya habían pedido por ver si la vacilante defensa que hacía del Señor y la infinita distancia de aquel delincuente al inocente Salvador podían persuadir su prelación. Pero viendo que habían sido inútiles todos los medios discurridos, ejecutó la liberación de aquel malvado. Conque salió libre la maldad y quedó condenada la inocencia; y, en fin, fue preferido a un Dios un Barrabás. Estas son las fragilidades de los diablos: que se enamoran de almas indignas y de prendas feas para levantarlas de los burdeles del desprecio hasta los doseles de las estimaciones.[171]

¡Oh Redentor del Mundo! ¡Cómo se debió estremecer toda vuestra Sagrada Humanidad al oír la atroz Sentencia de su muerte [124] y al ver el cruel patíbulo de su destrozo! Si allá en el Huerto aun de preludio fue agonía, ¿qué será donde está de ejecución? Si meditado se hizo Sangre, ¿qué será donde todo es Sangre padecido? ¿Cómo ha podido ser el Rey de la Gloria el delincuente y el Juez del Universo el sentenciado? ¿Cómo puede haber valido la sangre de todos los hombres la gota menor de la de un Dios? Si no es ya, que se ha puesto en la balanza la Misericordia y Vos mismo estáis pesando contra Vos. ¡Oh cómo al ver Pasión tan inmensa lloran los ángeles océanos de lágrimas mentales! Y como, si hubiera

---

[170] A reference to Christ, and not to gods or something divine, as a synonym for delightful or marvelous.

[171] The inquisition censor placed parenthesis around this entire sentence.

muerte en lo inmortal, ya hubieran fallecido de pena sus espíritus y se hubiera hecho un sepulcro de luz todo el Empíreo. Veis cómo ya los ministros previenen la Cruz, a que ya están fijando el corazón aquellos clavos. Veis los martillos, que ya os los penetran por la vista y, más cruel que todo, aquel empeño que los está excediendo más terrible, haciéndose la rabia una alma de furor, que se ha infundido al cuerpo de la envidia. ¡Oh Juez, sujeto a la Sentencia de vuestros mismos reos! ¡Oh Rey, expuesto al patíbulo por vuestros mismos dominados! ¡Oh Dios, entregado al suplicio por vuestras hechuras! Nosotros somos los que habíamos de ser los sentenciados y vuestra Sentencia nos absuelve. Nosotros los que merecíamos pena infinita y vuestra pena nos [125] merece inmensa Gloria. Incluidnos, pues, Señor, en vuestra cruz[172] futura, para que esta muerte que queremos padecer de dolor de vuestra muerte os ayude a llevar la que vais a padecer de ansia de nuestra vida. Cómplices somos infinitamente desiguales de esta Sentencia: Vos, porque habéis querido cargar nuestra maldad; y nosotros, porque no hemos querido cargar vuestra Cruz. Llevadnos, Señor, con Vos a vuestro suplicio, para que nos llevéis después a vuestro triunfo.

Notas marginales

(1) Serry ubi supra.
(2) Hinc vel maxime, Pharisaei Dominum agnocere debuistis: patientiam huiusmodi nemo hominum perpetraret. Tertullian. lib. *de patientia* cap. 3.
(3) Clem. Alexandr. lib. 2. Tertul. *de coron. mil.* cap. 1. Baron. Anno 34.
(4) Christus calumniis appetitus silentium detulit triumphale. S. Ambros. Serm. 17 in Psal. 118.
(5) Rupertus. S. Thomas, Iansen. Suarez, et alii apud Cornel. in Ioan. cap. 18, vers. 31.
(6) Josephus sillus Gorionis lib. 4. *Histor. Judaic.* cap. 6.
(7) *Lithostrotos*, compuesto de la palabra *Lithos*, que significa piedra, y *strotos*, cubierto, que significaba el tribunal formado sobre mármol. *Gabbatha* significa lugar alto.
(8) Daniel c. 13, v. 46. S. Maximus.
(9) Josephus Antiq. Jud. Lib. 18, cap. 4.
(10) Cornel. in Math. c. 27, vers. 24 ibi: sea stolide hoc dicit timidus, excors, leporinus & ignavus Praeses. Cur enim, O Pilate, populo iniquo non resistis? Nole quaerere fieri judex, nisi valeas virtute iniquitates, ait. Ecclesiast. c. 7.6, etc.
(11) Pilatus ad Tiberium Imperatorem retulit de passione & resurrectione CHRISTI consequentibus que virtutibus, quae vel per ipsum palam facta fuerant, vel per discipulos etc. Paul. Orosius lib. 7. *Hist.* c. 4.

---

[172] Not a reference to the Cross on which Christ died.

(12) Pilato de Christianorum dogmate ad Tiberium referente, Tiberius retulit ad Senatum, ut inter caetera sacra reciperetur etc. Euseb. in *Chronico* anno Christi 38 apud Cornel. in Math. c. 27, v. 26.
(13) Rupertus apud Cornel. loco citato v. 15.
(14) Sciebat enim quod per invidiam tradidissent eum. Math. 27.18.
(15) Cornel. in Math. c. 27, vers. 30.
(16) Iesum Nazarenum subversorem gentis, contemptorem Caesaris, & falsum Messiam, ut Maiorum suae gentis testimonio probatum est, ducite ad communis suplicii locum, & cum ludibrio regiae maiestatis in medio duorum latronum cruci affigite. Ilictor, expedi cruces. Adricomius in *Descript. Ierusalem* pag. 163.
(17) Dicebant ergo Pilato Pontifices Iudaeorum: noli scribere Rex Iudaeorum; sed quia ipse dixit: rex suum Iudeorum. Joan. cap. 19, vers. 21.
(18) Joseph. Lib. 6 *de bello Iud. Spartian.* in Hadriano. cap. 10. Euseb. 4. hist. 6. Véase mi *Hist. de España* t. 1, l. 4, c. 5, col. 1092.
(19) S. Hieron. in Dan. 9.
(20) Barcochebas.
(21) Euseb. Gallicano Homil. 11.

[126] ORACIÓN QUINTA.

La portación de la Cruz.

Este es, oh lacrimosos oyentes, el último preludio del mayor tormento, la escena inmediata de la mayor catástrofe. La Cruz es la que va a la Cruz; el patíbulo es el que va al patíbulo; la Sangre se encamina al cuchillo; el [127] precio va a buscar la Redención; y, en fin, Christo se lleva a Christo; el exanimado al falleciente: CHRISTO con la Cruz a CHRISTO en la Cruz; y toda la Pasión a la Pasión. Este es el mayor acompañamiento que han visto los Cielos: una entrada del dolor y un triunfo de la Expiración. Implicado concurso, y confuso espectáculo formado de los más opuestos asistentes. Extraordinaria mezcla en que el odio de los fariseos, la crueldad de los ministros, la ira de los soldados, la compasión de las mujeres y la suspensión de los circunstantes componían un séquito de rabias y de lágrimas, un concurso de gritos y sollozos y un tropel de horrores y de asombros, los más funestos y los más contrarios que se han visto en toda la extensión de las pasiones. Pero lo que más admiraría a los devotos ánimos, si las meditaciones fuesen ojos, sería el ver por una parte el instigante furor de los demonios y por otra el reverente llanto de los ángeles, en que caminaban a un tiempo Infierno y Cielo, por una disposición la mayor que ha salido de la Divinidad, permitidos aquéllos y contenidos éstos para el acto mayor de la Misericordia y la Justicia; y, lo que sobre todo mueve con un éxtasis de adoración y de ternura, separada y unida al numeroso séquito la Soberana de los Ángeles, que, substituta de Misterios y compañera de Dolores, lleva [128] a sus hombros a la cruz y a su Hijo, con tal Angustia que, a ser transmisibles sus tormentos, pudiera recogerlos, y con tal constancia que, a no ser Divina su paciencia, pudiera influirla. Acompañada va de aquella santa tropa de llorosas mujeres, que más que sus pasos, siguen sus Angustias e imitan su aliento. Oh Señor y cuánto te debemos, pues de tanto somos la causa y el fin a un mismo tiempo. ¡Oh Dios! Que esto, aun más que querernos, es deificarnos, pues parece que sólo se pudiera hacer por otros dioses. Asistid, pues, tiernos circunstantes. Venid puros, que ya os juzgo benditos, pues en el mismo concurrir la misma asistencia es ya dolor y el mismo dolor ya es eficacia. Andad con los corazones y pisad con los labios; y cada paso sea un manantial de lágrimas con que caminéis congojas por Estaciones de aflicción. Ea, señores, a seguir la Cruz: que va un Dios cargándola y es preciso que lo alivie el dolor todo lo que lo ha agravado la malicia y que en un equilibrio de Justicia sostenga al arrepentimiento todo lo que la culpa está pesando.

Desnudaron, pues, los impetuosos ministros al Señor de la risible púrpura. Quitáronsele el vil cetro y sólo le dejaron la sangrienta Corona para que no muriese al arrancársela. Aquí fue ya donde comenzó a mudar de teatro la crueldad y en una contraposición de blandura y rigor le deseaban una [129] conservación que fuese ruina; y, más furiosos en el descanso que en el tormento, querían hacer a la piedad administradora de la atrocidad. Queríanle una muerte de Cruz, no de extinción, para que la infamia de la condenación se les hiciese honra de la acusación. Anhelábanle una muerte más allá de la vida y a sí mismos pretendían fundarse una justicia más allá de su suplicio.

Por otra parte, el mismo Satanás, al ver en el Señor una tolerancia, que ya pasaba de Virtud, asomándosele por entre lo paciente lo Divino y entrando en cuenta con su Infierno, acabó de temer su destrucción y, con un arrepentimiento peor que la maldad, quisiera ya no ser Demonio para serlo más. Pero no era ya tiempo, porque los inicuos judíos habían ya tomado posesión de Abismo y no lo habían menester para ejercerlo. Veía cuánto, por los pocos que allí ganaba, le alcanzaba la Redención en los infinitos que perdía y, enfadado de sus sugestiones, aborrecía la misma iniquidad que le agradaba, porque se complacía de la culpa y se horrorizaba de la obra. Sentía ya otro género de fuego en que, si antes lo devoraba la Justicia, ahora lo abrasaba la Misericordia; y advertía que ya no eran los patriarcas, no eran los profetas ni los demás justos los que lo vencían, sino que era todo un Dios el que se le había cargado para consumirlo. Veía la Cruz, [130] y, en vísperas de espanto, estaba ya horrorizando terrible la que había de huir triunfante.

Impusiéronla los judíos al Señor y, oprimida del grave leño la delicada espalda en que el azote no había dejado donde estar el peso, se debe meditar cuántos serían el estremecimiento, el dolor y la congoja de su Sacrosanto Cuerpo y ánimo Divino. Las llagas no toleraban ni aun sólo el contacto. ¿Qué sería la carga? Los nervios no resistían aun sola la impresión. ¿Qué sería el destrozo? ¿Cómo había de haber fuerzas si tanto se habían exhalado los espíritus? ¿Cómo había de haber aliento si tanto se había contrastado el corazón? Todo trémulo y todo deficiente el Redentor del Mundo, sólo se veía en aquel divino agonizante Cuerpo un andar formado de Caídas, y un respirar compuesto de desmayos. Si vacilaba el paso, era una cuerda la que lo afirmaba. Si se inclinaba la celestial Cabeza, eran, tirados los cabellos, los que, llevándose tras sí los caídos bellos ojos, la elevaban.

Así caminaba el Dios paciente, pero con todo eso había allí otro peso mayor que lo agravaba y, en una contrariedad de sufrimiento eran dos mayores cruces las que lo oprimían, esto es: la del peso de las culpas de los pecadores y la del de las penas de los santos. Llevaba aquélla para redimir (1) [131] a los unos y ésta para enseñar a los otros. Aquélla era satisfacción; ésta era ejemplo. En la primera se le cargaba el mundo; en la segunda sostenía el Empíreo; y ambas eran una Cruz a dos haces de Redención. ¡Oh cuánto a un tiempo pesan, aunque en modos contrarios, por una parte un culpado pensamiento y por otra una enseñada tolerancia, pues dan en tierra con toda una Deidad! Este es el principado que lleva en sus hombros el Rey de los dolores (2). Esta es la esfera, que mantiene en su espalda el verdadero atlante de los Cielos (3). Esta es la puerta que para abrir la Gloria carga el Sansón Divino. Este es el haz de amarga mirra que forma el símbolo del celestial Esposo: (4) y, en fin, éste es el otro misterioso haz de leña con que sube el Eterno Isaac al monte Calvario. Copia adelantada al mismo original: imagen finita de un modelo inmenso en que no pudo efigiarse todo el bulto porque no se podían copiar luces con sombras. Allá llevaba la víctima la hoguera. Acá cargaba el ara y era el Numen. Allá paró el sacrificio sólo en obediencia. Acá quiso pasar hasta el cuchillo. ¡Oh Padre, Omnipotente cuanto hiciste por nosotros, pues por el contacto de lo inescrutable casi nos haces incomprensibles! Si allá fue la mayor prueba de la mayor fe conducir al sacrificio un primogénito, ¿qué Amor sería el que os hizo conducir a él vuestro Unigénito?

[132] Ea, señores, ésta es aquella procesión de Cruz para que mucho antes os había convidado el Redentor (5). Este es el Original a cuya medida, guardada en el archivo de su ley, quiere que saquen todos la cruz que cada uno ha de cargar, negándose a sí propio; y con todo eso, es convite en que sobran las cruces y faltan los hombros. Son aquéllas las obligaciones de los hombres. ¿Qué mucho que sean muchas más que las ejecuciones? Son las coronas y las grandezas los cargos y las riquezas y, lo que es más, las prelacías. ¿Quién, de aquellos idólatras que tiene la Fortuna, tiene un imperio como carga y no como ambición? ¿Quién posee una dignidad como peso y no como soberbia? ¿Quién maneja un empleo como gravamen y no como injusticia? ¿Quién adquiere tesoros como opresión y no como avaricia? ¿Quién manda las almas como fatiga y no como descanso? Y ¿quién sigue los claustros como sujeción y no como licencia? Así caminan los mortales, sin advertir que la cruz que les toca es mucho más pesada cuanto más la alivian y sin ver que el Infierno, por la mayor parte, no es otra cosa que una horrorosa estancia de pesos mal cargados.

Por otra parte, éste es aquel triunfo de la santidad en que acompañan a su Redentor todos los sagrados héroes de la Iglesia. Martirios, penitencias y mortificaciones [133] forman en todos un ejército de cruces que son imitaciones para ser ejemplos y, en una mutua casualidad de alivios, se conforta el Original con confortarlos: carga, porque carguen; y sufre, porque sufran. Ni al Maestro le pesa ya la suya con el vigor de los discípulos ni a los discípulos la propia con la paciencia del Maestro. Así se concilia lo suave del yugo con lo áspero de la opresión y lo leve del peso con lo grave de la carga; y es que en la estatura de la Gracia levanta aun el menor auxilio la mayor congoja. No gravitan los cuerpos en sus centros; y como las penas se hacen elementos, no pesan, aunque se hagan crueldades. ¿Qué importa que sea peso la cruz que abate, si es el Amor fuego que eleva? ¡Oh qué espectáculo de sufrimientos y trofeo de abatimientos y victorias! ¡Oh Augustino![173] ¡Y qué elegante disuelves es-

---

[173] St. Augustine.

ta antinomia de la admiración! (6) *Si lo ve la impiedad, grande ludibrio; si la piedad, grande Misterio; si lo ve la impiedad, grande ejemplo de la ignominia; si la piedad, grande monumento de la fe; si lo ve la impiedad, se ríe de un Rey que lleva por cetro el leño del suplicio; si la piedad, venera a un Rey que carga un madero en que ha de fijarse a sí mismo y que ha de fijar en las frentes de los reyes: despreciable para los ojos de los impíos en el*[174] *mismo en que ha de estar glorioso para los corazones de los santos.*

Así surcaba el [a]grav[i]ado Salvador el campo [134] de la paciencia con el arado de la Cruz, siendo a un tiempo el Labrador y la Semilla, que en cada Caída se arrojaba para producir la Redención. De esta manera iba dando a la tierra el grano del dolor con el llanto de la Sangre para coger con la exultación del triunfo los haces de la Gloria (7).

Así cargaba el Señor aquel tormentoso altar de su holocausto, en que ya era sacrificio adelantado al sacrificio; y así, al repetir las cadentes postraciones, parecía que, reverente de sus Caídas, caía también la misma Tierra, porque hasta la veneración la fuese angustia; y, que en una correspondencia de desmayos no podía sostener firme a quien veía vacilar Divino. Si caía el apoyo, ¿cómo se había de tener la máquina? ¿Cómo había de fijar la planta de ellos si así temblaba el que la sustentaba de la mano? Fénix era Divino que llevaba aquel leño aromático de Gracia, como a la palma el otro, al monte donde lo había de hacer hoguera en que abrasarse amante por nosotros para renacer de sí glorioso. Éranle allí las alas los deseos, los batimientos las Caídas, el aire los suspiros, el sudor la llama; y todo un sacrificio de fatiga ofrecido al sol inmenso de su Eterno Padre. Veíalo su altísima Divina Majestad desde el Empíreo y entonces le era más exaltado cuanto más rendido. Conducíalo más veloz al Trono cuanto más débil [135] caminaba al patíbulo. Sosteníalo la Divinidad, y lo dejaba. Cargábalo el Amor y lo oprimía. Los ángeles le daban la mayor asistencia en no ayudarlo. Servíanle de familia y no de auxilio. Advirtiendo entonces el tierno llanto de las mujeres de Jerusalén que le seguían, vuelto constante a ellas, les dijo: *Hijas de Jerusalén, no lloréis sobre mí, sino sobre vosotras mismas, y sobre vuestros hijos, porque veis aquí que ya vendrán los días en que dirán: Dichosas las estériles y felices las que no parieren de sus vientres y no alimentaren de sus pechos. Entonces comenzarán a decir a*

---

[174] This should read "lo."

los montes: Caed sobre nosotras; y a los collados: Sepultadnos. Porque si esto hacen en el Leño Verde, ¿qué se hará en el árido?[175] Esto es: si esto se hace con un Hombre Dios, que está brotando virtudes divinas, ¿qué se hará con hombres demonios que están áridos de toda piedad? Si esto se ejecuta con el mayor Justo, ¿qué se ejecutará con los más pérfidos? Esto es lo que debéis llorar, porque lo llorarán estos inicuos y sus postreros eternamente; no lo que no sabéis llorar y no os aprovechará sentir. Es éste un llanto de la ignorancia y un sentimiento de la superfluidad que ni conoce lo que gime ni le puede servir lo que lamenta.

Había andado el Redentor en todo el período de su Pasión, según el cómputo de los espacios que mediaban desde el Cenáculo al Huerto y a las demás partes adonde [136] fue llevado, más de cuatro mil pasos (8), que ajustan una legua geográfica. Había medido su Sacrosanto Cuerpo toda la distancia que había desde su perfección hasta su estrago. Sostenía una Cruz de quince pies en el tronco y de ocho en los brazos. Llevábala arrastrando por la debilidad de las rendidas fuerzas y éste era otro mayor tormento, porque, sirviendo cada encuentro de un impulso, no sólo le era fatiga sino choque, con que no sólo [a]grav[i]aba sino hería. Viendo entonces los impíos que la Cruz iba a quitarlo de la Cruz y que la muerte iba a absolverlo de la muerte, repitiéndose aquí la cruel cautela con que al principio lo atendían, violentaron (*) a cierto hombre que venía del campo, a quien al nombre de Simón se añadió el de Cirineo, como natural de la Cirene, que en Chipre erigió Ciro, o de la Líbica, de quien la provincia cirenaica tomó el título; a que cogiese la Cruz para aliviar al expirante Redentor. Sentir es de un ilustre intérprete (9) que desde entonces la cargó éste solo, fundado en las palabras de dos Evangelistas y de varios Padres. Pero se opone el uso universal en que el pincel o la escultura son los padrones de la devoción, en que se copia aquel auxilio como socorro del aliento, no como traspaso de la carga. A que favorecen las palabras de otro sagrado Evangelista (10), que parece que explica a los demás, [137] diciendo que obligaron a Simón a que cargase la Cruz detrás del Señor: & *imposuerunt illi Crucem portare post eum,* pudiéndose entender los sacros textos que usan de la palabra de llevar, *ut tolleret crucem Iesus,* y los de aquellos Padres, en el sentido de llevarla ayudando, no quitándola. No era aquella crueldad para eximirla, que eso sería li-

---

[175] This should read "¿Qué no harán en el seco?"

brar a quien sólo intentaban socorrer y socorrer con un alivio que le dejase todo lo que era afán, sin llegar a lo que podía ser expiración. ¿Qué dijera la piedad si se pintase al Señor en este paso sin su Cruz, esto es, al Redentor sin su Pasión? No parece muy propio que estuviera, digámoslo así, desairado el amor sin su tormento; y estaba el del Señor tan fino que no es posible que quisiese estar un instante sin su pena. Si después que le ayudó el feliz [de] Cirene, dio la segunda, y la tercera Caída, según constante autor (11), ¿cómo pudiera ir libre de la Cruz? ¿Cómo pudiera haber caído sin su peso ni haber padecido el abatimiento sin haber sentido la opresión? Si el lugar en que se afirma que se aplicó aquel auxiliante al Redentor distaba menos del palacio de Pilatos, de donde salió, que los de aquellas Caídas, ¿cómo pudieron no ser posteriores al auxilio? Y si lo fueron, ¿cómo pudieron dejar de ser con la Cruz a los hombros y, consecuentemente, haber sido el Cirineo solamente compañero [138] y no total sustituto de la carga? Por ventura, ¿no es más fácil reducir las palabras de los demás Evangelistas a las de San Lucas que las de este santo a las primeras? Pues el llevar la Cruz el Cirineo, que es lo que expresan, puede entenderse en compañía; ¿y el llevarla solo detrás del Señor no es sentido tan propio de las otras? ¿No es más congruente el preceder los instrumentos del suplicio al reo que al contrario, del modo que también le preceden los ministros? Sobre todo, nunca es útil a la devoción lo que puede entibiarle el fervor de la piedad, ni es bien por apurar una crisis histórica dudosa apartarse de la ternura mística efectiva. Grave es la autoridad del Milanés Sagrado Cicerón,[176] que es la que parece más contraria, afirmando que *Primero cargó el Señor su Cruz para entregarla a los mártires, que la habían de erigir como trofeo.* (12) Mas, ¿quién dirá que estos celestiales atletas la cargaron solos cuando su Eterno Jefe iba siempre el primero, como modelo de lo que ellos habían de tolerar como sus copias? Considérenlo allá los juicios a quienes pertenece decidirlo.

Así procedía el doloroso Dios, cuando ve aquí, señores, que aquella sagradamente célebre mujer, la tierna Berenice, cuyas piadosas manos, mejor que los cabellos que colgó la otra bárbara en el profano templo de su Venus, son constelación del culto en [139] el Empíreo, viendo el bello afeado rostro del congojado Altísimo lleno del polvo y las salivas que se habían atrevido a mezclarse con aque-

---

[176] St. Ambrose of Milan.

lla pureza de su sudor precioso y aquel vertido tesoro de su divina Sangre, rompió esforzada, como luz de fervor, la obscura nube de los ministros y soldados, que no la osaron impedir. Salió al encuentro pronta. Llegó reverente. Arrodillose humilde; y limpió pura el rostro del Señor, que la admitió benigno. Angustia fue, que despejó a la angustia; afán, que reparó el afán; y amor, que consoló al Amor de manera que, en correspondencia de finezas, quiso el mismo Señor quedarse Imagen en quien también se había adorado Original; y con una remuneración de maravilla, en pago del Lienzo, fue a dejarle el Rostro. Esta amante mujer es la que con alguna inversión tiene el común nombre de Verónica; y éste es aquel misterioso Sudario,[177] que, transferido a Roma, es celestial depósito del templo de San Pedro, donde se muestra al pueblo reverente como insignia del más Santo de los Jueves (13).

Esta, en fin, fue la lacrimosa senda por donde subió el Salvador del Mundo a la cumbre del mayor tormento; y ésta aquella derrota por donde guió la nave de la Redención. Esta fue la Vía Láctea de la pena, formada de peñascos por estrellas; éste el camino que anduvo el Divino Orfeo [140] con la lira de la Cruz al hombro para sacar del Averno la Eurídice de la naturaleza humana, muerta por el áspid que ocultaron las flores del Paraíso; éste el Zodiaco de la congoja, en que corrió el Sol de Justicia la eclíptica de la Misericordia por signos de Estaciones; y éste el paralelo del dolor, que formó, para ponerse en el Ocaso del Calvario. Allí estuvieron nuestras culpas, obstando[178] ásperas y pesando graves al paso y a la espalda del mismo Señor que las iba a redimir: piedras de obstinación, más duras que las que encontraba, y leños más pesados que el que sostenía. Allí estábamos ya, ¡Oh afligido Salvador mío; y antes de ser éramos delincuentes al mismo tiempo que éramos redimidos! Nada os perdonamos de tormento, al mismo instante que todo nos lo ibais a perdonar de iniquidad. ¡Oh ciegas concupiscencias, que no veis todo lo que oprimís! ¡Oh vicios terribles, que nada dejáis que atormentar! Oh cuánto somos, oh congojado Redentor, más crueles que los mismos crueles, pues aquéllos o no os creían, o publicaban no creeros Divino, pero nosotros, creyéndoos Dios y blasonándonos cristianos, os herimos. Aquéllos no imaginaban que los estabais redimiendo; y nosotros, sabiendo que nos redimisteis, os atormentamos.

---

[177] Peralta confuses *Sudario* for *Lienzo* here.
[178] The inquisition censor wrote in the margin the word "molestando."

¡Oh extravagante modo de creer: la fe en las voces y el ateísmo en las acciones! ¿Qué digo en las acciones? En los [141] corazones (14). ¡Oh cuánto para el castigo de lo inicuo será circunstancia agravante lo cristiano! No, Señor, no sea así, mi Dios: que esa Cruz que lleváis tiene virtud para hacernos creer; y esas Caídas que os causa son recobros con que nos levanta. Ea, señores, al Calvario, al Calvario: que ya lo sube nuestro Dios, y es preciso pedir a su constancia nuestro aliento; y que veamos cómo nos redime para ver cómo lo hemos de adorar. Guardemos qué sentir: que nos queda mucho que llorar.

Notas marginales

(1) Vere langueres nostros ipse tulit, & dolores nostros ipse portavit, etc.
(2) Et factus est principatus super humerum eius. Isai. c. 9.
(3) Coelifer Atlas Axem humero torquet. Claud.
(4) Fasciculus mirrhae dilectus meus mihi. *Cantic.* c. 1.
(5) Si quis vult venire post me abneger semet ipsum, & tollat Crucem suam & sequatur me. Math. c, 16, v. 24. Luc. 9.23. Mar. 8.34.
(6) S. Aug. *Tra.* 117.
(7) Euntes ibant & flebant mittentes semina sua: venientes autem venient cum exultatione, partantes manipulos suos. Psalm. 125.
(8) Vide Cornel. in Math. c. 27, v. 31 & Adrichom.
(*) Esto significa la dicción *angariare*, y no *alquilar*. Véase a Cornelio in Math. cap. 5, v. 40 & cap. 27, v. 32.
(9) Cornel. ubi supra.
(10) S. Luc. cap. 23, v. 26.
(11) Adrichomio en el *Teatro de la Tierra Santa*.
(12) Id factum est, ut prius ipse Crucis suae trophaeum erigeret; deinde Martyribus traderet erigendum. S. Ambros. in c. 23. Luc.
(13) Methodius Episcopus apud Marian. Scotum in *Chronico* anno 39. Baronius anno 34, cap. 116. Spondanus eodem n. 42. Cornel. in Math. c. 27, v. 32 & alii apud Serri, *Exercit*. 43. Bullae quinque Pontificum.
(14) Dixit insipiens in corde suo, non est Deus. Psal. 13.

[142] Oración Sexta.

La Crucifixión.

Hasta aquí, oh tiernos ánimos, ha podido en la pena acercarse lo expresado a lo indecible porque hasta en lo divino hay sucesos en que se permite tratable lo infinito, pero ahora llega al auge el dolor porque llega al extremo la Pasión. ¿Cómo, si el amor [143] llega al fin, no ha de llegar al fin el sentimiento? ¿Cómo, si muere el objeto, no ha de morir también el pensamiento? Falta la voz, desmaya el discurso y expira el corazón. ¿Qué modo puede haber para decir donde no lo puede haber para comprender? ¿Cómo sabrá estar más allá del vivir el expresar? ¿Cómo puede pasar del animar el describir? En otras ocasiones no se halla explicación, pero se siente. En ésta ni se puede significar el dolor bastantemente ni bastantemente se puede sentir: tan infinito se está en las palabras como en los afectos: que los pechos humanos no están hechos a la medida de Penas divinas. Para decir algo de tan inefable asunto sería necesario un diccionario de Empíreo y una elocuencia de ángeles. En la tragedia del Criador, ¿cómo dolores creados serán los actores? Para el teatro de un sentimiento eterno, ¿cómo serán pinceles angustias caducas? Para el coro de un lúgubre Cielo, ¿cómo serán voces lamentos terrenos? ¡Oh Señor, qué confusión es esta mía! ¡Qué intento el de unir la devoción y la temeridad; combinar el desmayo y el aliento; concordar la indignidad del labio y la reverencia del espíritu; y juntar el mayor temor con el mayor anhelo! Pero, pues habéis querido muchas veces obrar por los medios contrarios vuestros fines y hacer que la debilidad [144] sea máquina de la Omnipotencia, permitid mi fervor y, pues en un tiempo admitisteis el humo de las reses, admitid ahora al sacrificio de mis voces y haced que bajen como fuego las inspiraciones. Dictad, Señor, un dolor que sólo vos podéis influir; y quede en cuenta de Misterio el sentimiento.

    Yacía el Calvario al occidente septentrional de Jerusalén, adonde se salía por la Puerta Judiciaria. Parece que fue destinado para lugar de los mayores actos. Sepulcro fue de Adán, dícenlo Santos Padres (1), para que el que fue urna venerable del primero fuese patíbulo sagrado en que la Sangre del segundo se hiciese vida de su eternidad; para que fuese mesa del rescate el que había sido depósito del cautivo; y el que había ocultado a los siglos las cenizas del que fue el origen de la ruina del mundo mostrase a las gentes los dolores del que fue el principio del recobro. Altar fue de Abraham (2), en que quiso hacer el mayor sacrificio de su fe para que el que había de ser ara efectiva del infinito Original se previniese siéndolo de la obediente adelantada copia. Fue ilustre entonces con el nombre de María, que significó el vaticinio de su asignación. *El Señor proveerá* (3), dice en el idioma hebreo. ¿Qué más había de expresar la predicción? ¿Qué más timbre podía tener por renombre que el de una Misericordia? [145] ¿Qué protección mayor podía dársele por título que el de una Omnipotencia? Pues una y otra proveyeron el reparo de la mayor ruina, la abundancia a la mayor destitución y el remedio del más grande mal. En otro sentido significa *Tierra de doctrina*. ¿Qué mejor enseñanza podía salir de ella que la de la ciencia de la eternidad? ¿Qué mejor cátedra podía leerse en ella que la de la Cruz? ¿Qué mejor Liceo podía establecerse allí que el de la casa que en su espacio, esto es, en el de Sión, edificó la misma Sabiduría para sí? (4) En otra inteligencia tiene las interpretaciones de *mirra* y de *temor*; y con razón. ¿Qué mayor amargura que la del patíbulo? ¿Qué mayor incorruptibilidad que la del Sepulcro? ¿Qué más santo temor que el de la adoración? ¿Qué mayor reverencia que la del mayor culto?

Aborrece el Demonio, por cuenta de los Misterios, no sólo las Virtudes sino los Lugares; como que, por un contacto de Cielo, le sean tormentos; y por una compañía de triunfo le sean cadenas. Así este Sacro Monte, desde que fue veneración, le fue mazmorra; y parece que, vengándose de la reverencia con la infamia, tentó a los hombres de desprecio y consiguió que fuese lugar de públicos suplicios en que los huesos de los reos le hiciesen tan horrible por la afrenta del castigo como por la memoria de los delitos: conque [146] de padrón de reliquias se hizo monumento de ignominias, sin que a esto pueda oponerse el uso de la república judaica, que sólo practicaba las penas de la lapidación y combustión (*), de que no podían resultar aquellos fúnebres viles despojos. Porque la de la crucifixión la aprendió después de los romanos; la de la degollación, ya sus príncipes la practicaban, como un Herodes lo ejecutó con el mayor de los nacidos, y después otro con el mayor de los Jacobos; y aun de la misma lapidación podían ser horribles restos los funestos fragmentos de los cuerpos. Conque de todos éstos era ya aquel collado infame campo, en que estaba sembrada esta cosecha de la muerte; y ésta era la razón de aquel nombre que, de apellido de suplicio, pasó a ser título de culto, subiendo así el mismo lugar de sitio de vileza a hacerse solar de adoración. Así quedó hecho: *Un monte de Dios, un monte fértil en frutos de Cielo, un monte coagulado de partes de luz; y un monte, en que agradó al Señor hacer que habitase en él hasta el fin de los siglos su Poder* (5). ¿Que mucho que hiciese un Dios lo que pudo hacer solo un filósofo, habiendo dejado Sócrates venerable la cárcel en que estuvo? ¡Oh retórica de la Omnipotencia, que persuades Misterios con antítesis de disposiciones!

Habiendo, pues, llegado aquí el Señor, [147] comenzó a subir el repecho de aquel Monte, que se hacía inaccesible de afrentoso e insuperable de terrible, con la nueva fatiga de montar lo pendiente quien aun no podía caminar lo llano. Toda la falda era despeño al pie rendido y toda la cumbre abismo al corazón paciente. Ascendiola el congojado Redentor; y luego al punto le dieron los impíos ministros a beber el vino que tenían prevenido, mezclado con amarga mirra, según lo afirma San Marcos y según lo acostumbraban con los que habían de crucificar para corroborarlos a la tolerancia del suplicio: muerte bebida para alargar la del castigo. No era esto confortar al reo sino al tormento, pues el mismo aliento del sufrir era duración del padecer. Otro Evangelista (*) dice que lo mezclaron con hiel y, siendo más natural que la mirra pareciese hiel por la amargura que el que ésta pareciese mirra, discurre un grande intérprete (*) que esta última goma fue la que sirvió a la mezcla. Gustó el Señor el fatal vino; y no quiso beberlo: no porque la amargura o la corrupción en que lo habían puesto fuesen motivos de repelerlo en quien tenían tanta aceptación todas las ansias. No podía ser tan delicado el labio en quien estaba tan valiente el pecho. Así, omitiendo otras interpretaciones, parece que esta repulsa fue un desprecio que hizo del vil restaurante, o porque estaba inútil en su aliento [148] o porque no la quería en su fatiga. ¿Por ventura quien fue confortado de un supremo espíritu en el Huerto podía admitir el serlo en el Calvario de unos impíos? ¿Alientos divinos podían deberse a pérfidos humanos? ¿Para qué había de beber en la Pasión un tedio quien le estaba bebiendo todo el cáliz?

Desnudaron luego los inicuos al Señor de su inconsútil túnica, arrancándosela de las dolorosas llagas con que había vuelto a estar conglutinada; a que llegándose el tormento del movimiento que causaron en las Espinas de la frente, fue ésta una nueva Flagelación y una segunda Coronación, que repitieron las crueldades del azote y los cambrones. Extendieron con pronta diligencia el sacrosanto cuerpo del Señor en el duro lecho de la Cruz. Aquí fue donde casi desfalleció toda la Naturaleza y, hecha un universo de dolor, parecía que en Él se hacia una Creación de sentimiento. Los ángeles divididos en jerarquías de aflicción, los Cielos movidos en esferas de llanto, los luminares previniendo el luto de las luces, la Tierra vacilando en los puntos de sus quicios y hasta el mismo Monte comprimido en la prensa de sus peñas, eran familia agonizante en el duelo de su Autor. Pero, sobre todo, la Soberana Madre, que vio extender al Divino Hijo –aquí muere la voz y se sepulta el discurso; que no puede expresarse lo que no [149] puede concebirse– hubiera expirado del Dolor, si no la quisiera por compañera del tormento y no la tuviera por administradora de la Redención. Las santas mujeres que la acompañaban, siendo imitadoras de sus virtudes, era preciso que fuesen copias de sus sentimientos, con que formaban un océano de lágrimas en que era la tormenta el mismo Norte. El Monte era una Jerusalén de confusión. El Abismo y la Gloria, ambos abiertos, eran los opuestos teatros de donde se veía la mayor tragedia: aquél para instigar el mayor combate y ésta para esperar el mayor triunfo. Los judíos, pisando sobre el Infierno, eran demonios; y los demonios, volando sobre el aire, aun no lograban ser judíos. Era éste el acto mayor que había visto ni que podría ver en toda su extensión la Eternidad. Ni la Divinidad le había hecho mayor ni le podría recibir mayor la Humanidad. Después de un Verbo eternamente generado, no pudo verse otra acción mayor que un Verbo, como hombre, agonizante. Era éste para el Señor el cumplimiento de las profecías y el blanco de todos los Misterios; el término de todos los milagros y el compendio de todas las virtudes.

Mas ¡ay, Oh infinito dolor! Mas ¡ay! ¡Oh inmensa pena! Que ya se previenen por seis crueles ministros las cuerdas para estirar al [150] Redentor los pies y manos sacrosantas, los clavos para atravesarlas y los martillos para penetrarlos. Tened. ¡Oh Eterno Padre! Tened, Señor: mirad que se ofrecen todos los ángeles a tomar cuerpo para pagar por vuestro Hijo que toda la Naturaleza se presenta a morir por su Hacedor, y da todas las criaturas por su Sangre. Pero, ¿qué hace en esto si no puede vivir sin su Criador?. Ved que es vuestro Hijo y está toda vuestra Esencia en su Persona; que es vuestra Sabiduría y está todo vuestro Poder a su cuidado; que es el que os dio en Belén toda la Gloria[179] y el que en el Jordán os mereció todo el Amor; que es el mismo a quien repetisteis esta divina complacencia en el Tabor; y el resplandor que allá esparció, el mismo que contiene aquí; que es el que engendrasteis en los esplendores del Empíreo y a quien disteis el dominio de los confines de la Tierra; que va a atravesarse vuestra Luz y a crucificarse vuestra Gloria. ¡Oh Justicia infinita, que no te aplacas con menos que con la Cruz de un Infinito! ¡Oh rigurosa expiación, que no te cumples con menos que

---

[179] This refers to the eternal glory of God in Heaven. The reasoning is that this concept was, since the Beginning, already in God's mind; in Glory, and the three persons of the Trinity, time does not exist or stop, but rather there is an eternal present.

con la víctima de un Dios! ¡Oh inmenso Amor, que no te satisfaces con menos que con la entrega de un Inmenso! Quieres no que lo maten, sino que muera; no que lo atormenten, sino que padezca; no que lo afrenten, sino que sufra. Dejas lo malo que no quieres porque hay Albedrío [151] y coges lo bueno que quieres porque hay Misericordia. Odias el inicuo instrumento que permites y amas la justa fábrica que quieres. ¡Qué elegante lo dijo el Magno León! No fue voluntad de que lo crucificasen la misma que tuvo de que muriese ni procedió de un mismo espíritu la atrocidad del delito y la tolerancia del Redentor. Porque a las manos de los impíos no las movió imperante, sino [que] las admitió paciente; ni, previéndolo, obligó a que se hiciese lo mismo a que vino para que se hiciese (6). Obra toda esta fue de vuestro Amor. Más fe, Señor, parece que es menester para creer vuestra dilección que vuestro Poder: que éste os manifiesta la Deidad y aquélla os la hace dar; éste exalta vuestro honor y aquélla humilla a vuestro Hijo; el uno lo hace Soberano y la otra lo ve crucificado. Hasta este alto rigor, que permitís para satisfaceros, obra es de vuestro Amor para librarnos, que ya sabemos que esto no lo dejara ejecutar vuestra Justicia si no se lo hubiera pedido vuestra Misericordia. ¡Oh divino Jesús! ¿Qué te importaba nuestra Redención? ¿Sin nosotros no te quedabas Verbo Eterno? ¿Sin nuestras inutilidades no tenías en Ti todas tus glorias? ¡Oh cuánto has querido padecer, pues vas a padecer la misma ingratitud de tanto amar y van de compañía con los clavos los mismos por quienes se te previenen [152] las heridas! O no pensamos que te herimos, y no creemos la ofensa o, si lo pensamos y lo hacemos no creemos la Deidad. ¡Oh cuánta debe ser la deuda del salido, pues es tanta la paga del Fiador! ¡Oh cuánta la pena del delito, pues es tanto el aparato del perdón! ¡Oh cuánta la malicia, pues tanto muere el Numen! ¡Oh cuánto el Infierno, pues tanto suda el Cielo! ¡Oh cuán doctos que somos en la ciencia de la insensibilidad y cuántas ventajas hacemos a los mármoles! Mas no, Señor: ya estamos liquidados; ya el llanto nos anega y este golfo es la tabla que nos salva. Vengan para nosotros estos clavos; vengan estos martillos; vengan los destrozos y dolores y, quedando para Vos sola la potestad de redimirnos, pase a nosotros la atrocidad de atormentaros. Mas, ¡ay!, que ya os ajustan los impíos las terribles puntas a un mismo tiempo a pies y manos y ya descargan los furiosos golpes. Dieron los primeros y, resonando desde la Tierra hasta el Empíreo, fue toda la inmensidad el eco del ruido. Revolvieron los llantos de los ángeles, por reflexiones. Sonó el Limbo a lamentos y el Infierno se abrasó a terrores. Estremeciose todo el sacrosanto cuerpo del Señor de suerte que casi pudo serle expiración este principio. Son los pies y las manos los extremos de la máquina toda de los nervios. La perfección de aquel Sacro Compuesto hacía más [153] delicada su textura, con que la ruptura en su fábrica era preciso que aumentaste el estrago en su sentido y que, destrozadas las fibras, diesen aviso de su muerte al alma.

Prosiguieron la atrocidad de su obra los martillos y quedó el Redentor fijado al cruel patíbulo, teniendo en tal silencio a los dolores y en tal inmovilidad a las congojas que, con una mutualidad de transfixión, parecía que la Cruz se había también clavado al Redentor. ¡Oh cómo este sacro tormentoso leño, consagrado ya por el contacto de su paciente Redentor y animado por su mismo Amor, mejor que las falaces encimas de Dodona por su falso Júpiter, parece que le habla así doliente![180] ¡Oh Altísimo Señor, autor de toda la Naturaleza, que has querido que sea yo el árbol redentor en el Calvario, de aquel en que se perdió el hombre en el Paraíso, para que de patíbulo de tu Expiración me transforme en imagen de tu culto y de insignia de la mayor afrenta me haga capitolio del mayor triunfo! Mi cruz es, Señor, la que hoy se crucifica a Ti; y mi dureza, menos firme que tu inmóvil Paciencia, es preciso que se fije a Ti para que, enternecida, no se liquide en llanto del mismo dolor que te produce y deje de ser Redención por ser lamento. Pero, pues he de ser estandarte de tu victoria, quisiera ahora ser escudo de tu vida [154] para que la copia fuese defensa del Original. Mas, pues es imposible dejar de ser Pasión y muerte, muramos ambos: yo del dolor de ser el ara y Tú del anhelo de ser sacrificio. Muramos para que viva el mundo, se llene el Cielo y se glorifique tu Divino Padre.

¡Oh penetrantes clavos! ¿Qué cruel mina fue la que produjo el fatal hierro que os sirve de materia? ¿Qué maligna fragua la que os aguzó las duras puntas que os prestan la forma? ¿Cómo ha dado la tierra parto alguno contra su Hacedor y ministra lo horrible contra lo mismo que horroriza? ¡Oh cómo, si pudierais expresaros, responderíais que ha sido vuestra mina nuestra iniquidad y que han formado vuestra fragua nuestras culpas, que rehúsan la crueldad, pero que no pueden excusar la acción porque no puede resistirse el hierro en el tormento cuando está el imán en el paciente; que los

---

[180] Here the Cross speaks.

llama el mismo a quien penetran, porque si el Numen no se ofreciera al ara, ¿quién pudiera hacerlo sacrificio? Si el invulnerable no atrajese la punta, ¿quién pudiera herirlo?

Ahora, pues, considerad, señores, bien esos sagrados pies y esas divinas manos, pagando en la moneda que acuña el dolor cuanto los nuestros deben en la que ha labrado el desvarío. Aquí los pies del [155] Redentor lo llevan a la muerte y los nuestros se van a la delicia. Aquéllos andan todo el camino del tormento y éstos corren toda la senda de la culpa. Aquéllos son a un tiempo los pies y el camino del Cielo y éstos son asimismo a un tiempo los pies y el precipicio del Averno. Aquéllos pisan todo el lagar de la Redención y éstos conculcan todo el campo de la Gracia. Aquí las manos del Altísimo pulsan crueldades y las nuestras empuñan ambiciones. Aquéllas se destrozan dolientes y éstas se halagan delicadas. Aquéllas nos labran las virtudes y éstas nos tejen las maldades. Mas no juzguemos, no, que aquellos sacros pies, clavados como están, no podrán hundirnos al Abismo y, digámoslo así, de una punta trastornar el universo; que esas divinas manos, atravesadas como se ven, no podrán fulminarnos al Infierno y echar del mundo al Mundo a una señal. Allí están conculcando. Allí están fulminando a esos mismos inicuos que las hieren. Un despeño es a que los arroja, cada ímpetu del brazo; y un rayo, que los consume, cada golpe del martillo.

No, Señor, no sea así en nosotros: que esos clavos son flechas que vuestro Amor ha labrado para herirnos y no podéis errar el blanco si le tiráis también [156] la herida. ¿Cómo pueden dejar de acertar si se van los corazones a las puntas? Llaves son, que habéis forjado para el Cielo; y no pueden dejar de abrirlo si en ellas va también la puerta. Tres divinos dedos de que, no ya el mundo, el Autor del Mundo, está pendiente. Tres potencias del alma del dolor y tres rayos del trisulco del Amor.

Fijaron luego los impíos verdugos sobre la Cruz el título de la solicitada inicua causa de la muerte del Señor, que le nombraba:

JESÚS NAZARENO
REY DE LOS JUDÍOS.

Título que, involuntariamente voluntarios le pusieron. Habíanlo resistido absoluto porque les sonaba a verdadero; y querían refundirlo en la aserción del mismo Señor que calumniaban. Como si aun cuando la hubiese hecho en el sentido que acusaban, no fuese más cierta porque la hacía quien la demostraba. Manifestábase Deidad verdadera y le argüían de que se decía falso Rey, como si las aras no fuesen dueños de los Tronos y los milagros no fuesen amos de las Majestades. Había resistido el inconstantemente firme juez mudar la inscripción porque, a pesar de su temor, le reconocía lo real; y porque quien hizo que profetizase un atroz [157] la Redención, hizo que declarase un tímido la Dignidad. Así anda sacando Dios verdades de falsos archivos y escribiendo justicias con injustas plumas. Obró aquel ambicioso la razón y la perdió. Así hay virtudes que Dios no agradece y hazañas que no sirven. Pásanse de méritos y se accedan de vicios. Cómo de esas buenas acciones andan por los suelos en los apartamientos de la Inmortalidad.[181] Qué de devociones, qué de limosnas, qué de trabajos, qué de elocuencias, qué de magnificencias y qué de proezas yacen malogradas porque pusieron las miras a otros blancos o porque quisieron desposar la virtud con el delito: monstruo de consorcio en que la unión con la bondad causa mayor horror que la malicia. Juntar el Cielo y el Abismo, subir el Infierno al Firmamento y bajar las estrellas a las llamas, trastorno es que no lo pensaron los gentiles. ¡Oh ciegos inicuos!

JESÚS NAZARENO
REY DE LOS JUDÍOS.

Publicaba el título; y no veíais que el mismo que era constante lámina de su Majestad era eterno padrón de vuestra infamia. Rey era verdadero de la Naturaleza. Rey de los Cielos y la Tierra. Rey, cuyos ministros son los reyes y cuyos consejos son los imperios. Rey, que cría los vasallos [158] y que produce los tributos. Cuya corona es la inmensidad y cuyo cetro es la Omnipotencia. Rey, cuyos decretos han obedecido los elementos. Cuyos órdenes han oído los sepulcros. Y cuyos bandos han temblado los Abismos. Rey, en fin, que cuando saldrá a campaña, pondrá en el sol su tienda y cuando entrare en su corte tendrá hecho con mármoles de Gloria su palacio. Este es, oh impíos, vuestro Rey. Este es por quien, como hijos de Sión, os debíais alegrar de adorarle por vuestro Rey. Si lo veis ahora en el patíbulo a que lo habéis traído, ya lo habíais visto con el Poder que os ha mostrado; y debíais no haberlo antes negado y ahora ve-

---

[181] Expression of an absolute concept that refers to eternal life and historic human memory.

nerar lo que ignoráis por lo que habéis sabido. Obras de Omnipotente y tormentos de débil, virtudes de Numen, y penas de Reo debéis conocer que eran Misterios, no flaquezas; que la misma contrariedad del estado está probando el arcano de la acción; y que es otro milagro del Poder el mismo abatimiento de la Majestad: que un reo no puede elevarse a hacer maravillas por su agrado y un Dios puede bajarse a sufrir atrocidades por su Amor; que el mismo a quien vuestros profetas predijeron Rey es el que anunciaron doloroso. Pero, oh bárbaros, oh ignorantes malignos, que no lo conocéis porque os cegáis; y, [159] así, lo tenéis hecho Rey de tormentos y congojas. ¡Oh Crucificado Soberano! ¿Qué cruel Trono es el que os forma este patíbulo? Oh Señor, que es inmensa la fuerza con que os oprime y todo lo humano no se puede valer de lo Divino; que por más que es vuestra voluntad ese tormento, con voluntad y todo os es Expiración y, en fin, estáis ya atravesado en el cruento lecho de esa Cruz, comenzando a dislocarse el Sacrosanto Cuerpo y empezando a inundar el Calvario la Divina Sangre y a acabar de exhalarse los nobles espíritus.

Oh lacrimosas hijas de Sión, mirad ahora cómo sucede pena a pena y muerte a muerte, cómo hay grados en lo mismo inmenso y se hallan aumentos en lo mismo infinito! Cómo los clavos pueden ser más clavos y la Cruz se puede hacer más Cruz. Esto es: la Cruz en el aire más dolorosa que en la tierra y la elevación más atroz que la extensión. ¡Tormento raro! ¡Estrago inefable! Ser más cruel el sostener que el arruinar. Ni se me diga que hay varios que sientan que la Crucifixión se hizo hallándose el sagrado madero levantado, porque la razón me obliga a lo contrario. Si Christo es el Autor que sigo, ¿cómo he de convenir con menor luz? Si el mismo Señor se hizo aquellos misteriosos [160] vaticinios en que afirmó *que se atraería a sí todas las cosas cuando fuese levantado de la tierra y que convenía que se elevase, como su gran Legislador*[182] *elevó la serpiente en el desierto*; si estas exaltaciones dicen la acción presente de la elevación y ésta no puede hacerse sino de lo ínfimo a lo alto, desde la tierra al aire; si la serpiente no fue exaltada sino después de haberse clavado o unido a la cruz en la tierra! ¿qué mucho que se conciba como se significa por más que no sea resolución la inteligencia? Así sigue mi corto vuelo excelsas plumas (7). Ya, pues, comienzan a erigir la Cruz sagrada. Todo es un caos de voces en el pueblo y un piélago

---

[182] Moses.

de lágrimas en las mujeres. Todo es una algazara de furor en los escribas y todo un tropel de atrocidad en los ministros. Unos levantan sobre las espaldas el grave tronco y al paciente Dios; otros sostienen con las altas horquillas los tendidos brazos; otros erigen con las fuertes cuerdas toda la cruel máquina, y otros ajustan al hoyo profundo el inferior extremo. Con todo este aparato de suplicio vacila el patíbulo y el Cuerpo flamea. Qué es ver, oh Santo Cielo, fluctuando el Redentor en ondas de hombres y, hecha la Cruz la nave y el árbol, naufragando a vaivenes en el divino golfo [161] de su Sangre. Todo acabó de destrozarse el interior compuesto. Toda le fue contando la crueldad hueso a hueso y nervio a nervio la perfectísima estructura. Nada quedó en su lugar sino el dolor. Nada quedó en su ser sino el estrago. Cargando todo el peso sobre los sacros pies y pendiendo de las divinas manos fue preciso que se rasgasen las heridas, conque sostenido o pendiente, fue otro destrozo lo que podía ser apoyo. Añadíase en la congoja del Divino Corazón a la inmensidad del dolor la de la afrenta del suplicio, a la vista del mismo mundo que estaba manteniendo. Era ésta otra Cruz del honor, que le hacía derramar la Sangre de su Gloria: porque, aunque no lo necesita la Deidad como grandeza, lo cobra siempre como culto. Pero todavía aun le faltaba que padecer más ignominia. Si se pudiese hacer morir al alma, no pudiera ser con instrumento de más corte que la afrenta. Crucificaron con su afligida Majestad a dos ladrones, que parece que los escogieron en toda la generación de los facinerosos para que tuviesen bastante infamia que prestar al que deseaban darle la mayor. Afrentar a uno solo es declarar el delito personal, pero afrentarlo entre otros es hacer clase la maldad y publicar naturaleza la ignominia. *Reputarla* [162] *entre los inicuos* (8), mayor vituperio fue que reputarlo inicuo. Y aun no quedó aquí la sacrílega impiedad porque, como si fuese el príncipe de los perversos, lo colocaron en medio de los dos, dándole una superioridad de delito y una preeminencia de castigo para que precediese en las publicidades del ultraje.

Creció éste en tal extremo que, con una gradación de enormidad, comenzó la blasfemia donde acabó la atrocidad. Qué bien el Magno León: *Vosotros, príncipes de los judíos y doctores de la ley, ni heridos de la impiedad de la conciencia ni mitigados con la ejecución del delito, añadíais a las puntas de los clavos los dardos de las lenguas.* Unos, al pasar, moviendo la cabeza con una crisis de irrisión, le decían: *Tú, que destruyes el templo de Dios y lo reedificas en tres días, sálvate a Ti mismo. Si eres hijo de Dios, desciende de la Cruz.* Otros, que eran los príncipes de los sacerdotes, con los escribas y principales: *A otros hizo salvos y no puede salvarse a sí mismo. Si es Rey de Israel, baja ahora de la Cruz y te creeremos. Y si confía en Dios, líbrelo, si quiere, pues ha dicho que es Hijo de Dios.* ¡Oh blasfemos obstinados! Y cómo merecéis más que nunca el nombre que en otra ocasión os dio el mismo Señor que ahora iludís, cuando os dijo: *¡Ay de vosotros, escribas y fariseos! ¡Ay* [163] *de vosotros, guías ciegos y necios!* Pues si estos blasones os dio cuando erais sólo hipócritas y con falsa virtud engañabais al pueblo, ¿cuánto más dignos sois de ellos ahora que sois atroces y con verdadera crueldad lo concitáis? Si entonces erais ciegos porque perdíais a los hombres, ¿qué seréis ahora que matáis a un Dios? Si entonces erais necios porque no entendíais las leyes, ¿qué será ahora que no entendéis de los milagros? Si no sabéis de alegorías misteriosas, ¿qué habláis de profecías? Ahora veréis cómo se destruye el templo de ese Sagrado Cuerpo combatido y, dentro de tres días, se reedifica triunfante. ¿Qué necesidad tuviera de descender de la Cruz quien, si hubiera querido, no la hubiera ascendido, pues aun a los que habían bajado al sepulcro hizo que subiesen a la vida? ¿Cómo no pudiera librarse en el Calvario descendiendo poderoso quien, si hubiera querido, se hubiera librado en el Huerto abatiéndoos terrible? ¿Cómo os postrara ahora, venciéndoos con todo su Poder, quien tanto os postró examinándoos con sólo un *Yo soy*? ¡Oh cómo ahora debo retorceros la irrisión? Si a otros hizo salvos porque quiso, ¿cómo no pudiera salvarse a sí mismo si quisiese? Si la premisa es cierta, ¿cómo podéis negar la consecuencia? Si es evidente la potencia [164] en lo primero, preciso es recurrir a la voluntad en lo segundo. Allá visteis que pudo salvar a otros y que quiso, pero acá, ¿de dónde sabéis que quiere salvarse y que no puede? Si de las figuras y de las profecías os debía constar la Cruz y de ninguna su descenso, ¿cómo queríais que bajase tímido para falsificarlas el que había de permanecer constante allí para cumplirlas? Oh ciegos, cómo estáis obscureciéndoos con las mismas luces y dando de ojos con las mismas guías. Verdad es que: *Si hubierais conocido al Dueño de la Gloria, no lo hubierais crucificado* (9). Pero, ¿cómo lo habíais de conocer si no lo merecíais descubrir? No lo habíais conocido porque no lo queríais conocer, haciendo de las maravillas cegueadades, de las virtudes odios y calumnias de las intimaciones. En la secretaría de la Gracia no se despachan los privilegios de la Luz, si no, entra la obscuridad los memoriales.

No está obligado Dios a no permitir la iniquidad de quien no pide la Misericordia. Eso sería quitar los albedríos. Sería quitar sus difusiones. ¿Qué mérito tenía vuestra ceguedad para alumbrarla? Por ilustrar a los que le ofendían, ¿había de dejar de iluminar a los que le habían de servir? No advertís que no vino a salvarse, sino a salvar al mundo? Decís que [165] baje de la Cruz y le creeréis. ¡Qué atroz mentira! ¡Qué promesa tan falsa! ¿Quién sale por fiador de este pacto? ¿Vuestra fe? Si estuvo salida cuando la ejecutaba Lázaro resucitando muerto, ¿cómo ha de ser abonada descendiendo vivo Jesé-Christo? ¿Acaso lo asegurará vuestra justicia? Si se excepcionaba con Belcebú cuando arrojaba los demonios, ¿cómo se allanaría cuando descendiese de los clavos? Estas blasfemias, ¿no advertís cómo las tenía prevenidas entre llorosas armonías vuestro Rey Profeta, cuando dijo *que todos habían de iludir al que crucificáis y, moviendo la cabeza, le habían de injuriar, diciendo: Si esperó en el Señor, líbrelo y lo haga salvo, pues lo ama*? (10) ¿No os acordáis que las había predicho entre sentencias místicas el Sabio cuando en vuestra cabeza dijo así: *Si se nombra Hijo de Dios y se gloría de tenerlo por Padre, veamos si son verdaderas sus palabras y tentemos en lo que le ha de suceder. Si es verdadero Hijo de Dios, sin duda que Él lo amparará, y lo librará de las manos de sus enemigos. Arguyámosle con las contumelias y tormentos. Probemos su Paciencia y condenémoslo a muerte torpísima* (11), concluyendo el vaticinio en vuestra damnación: *Todo esto pensarán errados porque los cegará su iniquidad*? ¿Puede haber más clara predicción de [166] vuestro error? No es prevención, sino la misma realidad. No son sus cláusulas espejos en que os veis, sino bultos en que os animáis. Sucesos hay que no se refieren pretéritos tan propios como éste se expresó futuro. Así, oh afligidos concurrentes, se maldecía a aquel Señor en quien se bendecían todas las gentes. Así se vituperaba a aquel Eterno Verbo a quien alababan todos los ángeles. Así se oprobiaba a aquel Omnipotente Autor, a quien aplaudían los Cielos de los Cielos. Así se aludía a aquel Altísimo, cuyo Nombre es la Imagen a quien: *Hincan la rodilla el Cielo, la Tierra y el Infierno*; aquel Hijo de Dios para cuyas bendiciones se hicieron las llamas de un horno caracteres brillantes que las escribían; y el que era inefable aun a la elocuencia de la adoración, era risible a la blasfemia del Desprecio. ¡Oh Paciencia divina! ¡Cómo no ponías mordazas de fuego a aquellos labios, que sólo pronunciaban palabras de Abismo! Hasta a los dos ladrones cundió la peste del ultraje y comenzaron a injuriar al Salvador. De suerte que, los mismos infames quisieron ser censores de la infamia y los mismos castigados fueron a hacerse jueces del suplicio. ¡Inmensa tolerancia sufrir ignominias de los mismos que eran la ignominia!

No era inferior la que padecía el Señor [167] en sus sagradas vestiduras porque, como si hubiesen heredado sus tormentos, ellas también sintieron los destrozos; y las que sirvieran de Divinas reliquias a los serafines se hicieron arrastrados fragmentos de los milites. Ganancia de codicia, partida en aquella compañía de crueldad. Despojos de inocencia, recogidos en aquel combate de malicia, Más dignos de veneración que los mantos de los mentidos dioses y las púrpuras de los soberbios imperantes. Pusieron a la suerte la inconsútil túnica para que se cumpliese la sacra predicción, que singularizó su indivisión; y para que, aun así, fuese tejido padrón de la Deidad del Dueño, que, rescatada después por la Divina Madre, es hoy culto espléndido de Tréveris. Así se dividieron las sagradas ropas del que viste de luz los querubines y en cuyo séquito traen libreas de astros las esferas; del que adorna de plumajes canoros los aires y borda de fragantes verdores las campañas. Pero, lo que más que el destrozo de sus vestiduras le afligía era prever desde entonces reducido a piezas de creencia el traje de la adoración y en retazos de sectas partido el culto. Consideraba cómo se llevaba uno el Paganismo para vestir sus ídolos; cómo se había de coger otro el Mahometismo para adorar a su impostor; otro la herejía para [168] lucir a sus secuaces; y, otro, en fin, el Judaísmo para deformar a sus profetas; cómo los tiranos al corte de las espadas habían de romper los mártires; y cómo a la fuerza de los garfios intentarían destrozar el vestido de oro de su reina, esto es, su Iglesia. Reconocía cómo a esta inconsútil, indivisible y una, habían los cismas de sortearla, poniéndola al dado del litigio, en que el pretenderla entera era partirla.

Al verse entonces el Señor con las dos crucifixiones, de vida y de honor, hizo que los milagros, allí donde se aludían, le admirasen y que la luz convenciese con respuesta de sombras a las ceguedades. Negó el Sol su esplendor o, a expresarlo mejor, se la negó a él su Autor. ¿Qué mucho que el que fue símbolo de su gloria en otra cumbre, en ésta fuese figura de su pena? Vivía de su resplandor y era consecuente que falleciese de su obscuración. Vestía de sus rayos y, sin ellos, era preciso que quedase desnudo de fulgores. Colgose de luto el aire todo y las esferas fueron etéreas bóvedas en que se sepultó toda la luz. Lloró el Firmamento lágrimas de estrellas que, para hacer el día más obscuro, se vieron más lucientes en las constelaciones. Así fue ocaso todo el Mundo porque toda la Gloria era [169] ya noche. No procedió este fatal eclipse, como se ha imaginado comúnmente, por interposición, aun milagrosa, de la Luna. Milagro aun fue mayor, pues el traer este planeta desde el lugar opuesto en que se hallaba, celebrando entonces el pascual plenilunio, era menor acción que la de degradar de sol al sol, quitándole la presidencia de la luz o suspendiendo el movimiento a su sutil materia o substrayéndole ésta a su brillante globo, como fue necesario que sucediese, siendo demostrativamente imposible que un cuerpo como el de la Luna, mucho menor que el de la Tierra, impidiese la luz del Sol a todo un hemisferio, pues, aunque puede ser total en una parte de él, no puede ser en todo él universal; y aunque pudiera ir impidiendo la luz del Sol sucesivamente a varios climas, era preciso que fuese descubriéndola a los antecedentes. Pudo haber Dios amplificado el globo de la Luna, de suerte que pudiese obscurecer todo el Sol a un hemisferio, del modo que la sombra de la tierra obscurece a la Luna en esta forma; pero ¿para qué había de multiplicar milagros si es más maravilloso hacer por sólo un medio lo que se puede hacer por muchos y tirar de un rasgo de Poder todo un prodigio? Era ya la hora de sexta del día natural [170] o la duodécima del nuestro civil, como que no debía dejar de estar el Sol en la mayor altura de su sentimiento cuando el de Justicia se hallaba en el mayor auge de su pena. Duraron las horribles tinieblas hasta la hora nona porque hasta el número del tiempo fuese entonces símbolo de los atributos del Autor, siendo la Justicia, la Misericordia y el Amor los tres artífices de la Redención, y paralelo de las leyes, cumpliéndose todas tres en la de Gracia. ¡Oh bárbaros tenaces! ¿Esas tinieblas no os dan en los ojos para hacerse luces? ¿No sabéis lo que es día ni advertís cómo se ha entrado en su jurisdicción toda la noche? ¿Cómo puede dejar de ser por el funeral de un Dios tan grande luto? ¿Este obscurecido luminar puede haber dejado de ser Sol sin ser su hechura? Si fue tan gran prodigio el detenerse en un combate, ¿qué será el desfallecer en un suplicio? Si fue tan singular maravilla el retroceder al deseo de un Rey, ¿qué será el extinguirse al tormento de un Reo? ¿Quién le quitó tan fuera de sazón y tan a tiempo el movimiento y, en un millón de mundos de esplendor que tiene (*), pudo apagar antorcha tan inmensa? ¡Oh insensibles, que habéis apostado con las sombras y les ganáis todo el caudal de las obscuridades! ¡A vuestras almas puede enviar el Infierno [171] por tinieblas!

¿Mas cómo, oh genios lacrimosos, he asignado por hora de la cruel Crucifixión la sexta, que es la que afirma un sacro oráculo, (12) cuando otro (13) asigna la tercia? Nudo ha sido éste que han solicitado desatar diversas sabias manos, ya atribuyendo a error de escritura esta disonancia, como fueron los gloriosos Hierónimo[183] y [Santo] Tomás, ya numerando la Crucifixión desde los clamores con que la pidieron los judíos, que fueron en la tercia como lo sintió el luminar de Augustino[184] en cuya sacra pugna parece que podrá hacer las paces la Razón, advirtiendo que estando el día natural del sol dividido en las cuatro partes, que son las canónicas, la tercia comprendía las tres horas que se numeran desde la nueve hasta las doce comunes; de manera que, acabando ésta en la sexta, comenzó aquel sagrado cruento acto de nuestra Redención tan inmediato al principio de la sexta, que, en un confín horario, lo que para un aspecto pareció pertenecer a la jurisdicción de la tercia desinente, pareció a otro tocar a la de la sexta iniciante (14), lo que se manifiesta con la expresión de la hora *Quasi Sexta*, de que usa el Sacro Texto.

Así iban de concierto los escarnios con las Penas, las maravillas con las [172] contumacias y las congojas del Señor, ansiosas de ser víctimas, andaban a competencia de pasiones. La Deidad toleraba la idolatría del encono, en que se sacrificaba el mismo Numen al ídolo de la crueldad. El honor gemía en el tablado en que lo degradaban las ceremonias de la afrenta. El Amor padecía los tiros con que lo herían las flechas de la ingratitud. Y la vida sufría las muertes con que la destrozaban los golpes del dolor. Pero aún mayor tormento era al Señor la vista de la angustiada Madre, que, inmediata a la cruz, era otra Cruz mayor de un divino ánimo. Es tal la naturaleza del amor que parece que se padece más en lo que se ama, si padece. Parece que se aumenta el alma en el afecto y por eso se aumenta también en el dolor. Y si esto es así en las humanas dilecciones, ¿qué sería en la inmensa de la Madre Divina de un Divino Hijo? La misma infinidad del objeto se hacía infinidad del sentimiento. Era éste una Omnipotencia de Aflicción que hacía cuanto quería del Espíritu.[185] Atravesaban los clavos al Hijo en la Cruz, pero a la Madre toda la Cruz la atravesaba. Era allí su sacro penetrado

---

[183] St. Gerome.
[184] St. Augustine.
[185] The Virgen, as Mother of God, possesses absolute omnipotence as mediator, since her desire and will are never different from those of God.

corazón a un tiempo el paciente y el patíbulo de su Corredención. Terrible trance, en que hasta la constancia se ponía al [173] lado de la pena porque le hacía durar todo lo que la conseguía sufrir. Confortábala el Hijo que moría, pero la confortaba para verlo morir. ¡Oh Reina celestial! Y cómo en una imitación de precios cuanto cuesta a vuestro Hijo redimirnos os cuesta a Vos el asistirlo! ¡Cuánto vale haber parido a un Dios! ¡Y cómo aquel gozo no se paga con menos que con esta Angustia! Allá paristeis sin dolor al Redentor porque era privilegio de vuestra pureza y acá producís la Iglesia con tormento porque es carga de vuestra clemencia. ¿Quién ha de consolaros, si en Vos el mismo consuelo es el que muere? Mas ¿qué elocuencia puede haber que exprese esta agonía? ¿Qué descripción que muestre esta Aflicción? Idos, discursos; idos, figuras; idos, tropos: que todos sois mudos para lo indecible. Pensamientos, salid del pensamiento. Razones, no paréis en la Razón: que todas sois ignorantes a lo incomprensible. Venid solamente, desmayos; venid, lágrimas; venid, dolores: que solos sois la retórica de los tormentos.

A este tiempo prorrumpió el Señor en la primera luz que pronunció. Hasta entonces había callado porque quiso que el Silencio fuese otro milagro de la tolerancia y otra oblación del sacrificio y ahora comenzó a proferirse porque quiso [174] que la voz fuese otro Misterio de la acción y otra manifestación de la Deidad. Era Redentor y quiso ser Maestro. La Cruz era patíbulo y quiso hacerla Cátedra. El Calvario era campo del mayor combate y quiso hacerlo escuela de la mayor Doctrina. Expresó aquellas palabras dignas sólo de que las dijese un Dios amante: *Padre, perdónalos, porque no saben lo que se hacen.* Mostrarse abogado del delincuente el ofendido y no sólo remitir el agravio sino rogar la venia, acto es el más heroico de la Santidad. Pero no sólo rogar la venia sino pretender la fortuna al ofensor; no sólo tener abiertos los brazos para recibirle, sino prestar los hombros para levantarle; y, en fin, pedir por los mismos deícidas; sólo pudo hacerlo quien redima también el deicidio; sólo pudo pedir por los crucifixores quien había amado la Crucifixión. ¡Oh Misericordia de mi Redentor! Y cuánta es tu extensión, pues cabe en tus arcanos hasta la inmensidad de tus injurias. Así quiso salvar a los mismos que le eludían la potestad Divina de salvarse. Así pidió el perdón para todos y lo otorgó a muchos. De suerte que, grande parte de los mismos que pronunciaron aquel despecho, que fue la más enorme de las imprecaciones, en que pidieron que *su Sangre cayese sobre ellos* para arruinarlos, [175] lograron que en una contrariedad Divina cayese sobre ellos para levantarlos, numerándose entre los tres mil que la predicación del Primer Apóstol condujo al bautismo: *Dispuestos a morir por aquel mismo que habían pedido ya crucificar* (15). Decreto fue de tan grande súplica el primero de todos los perdones que alcanzó la Cruz y hubiera obtenido el de todos si le hubiese pedido como Dios, no pudiendo negar el Padre los ruegos que presenta el Hijo. *No sabían lo que se hacían*, porque no quisieron saberlo y no se permitió que lo supiesen. No sabían los Misterios porque no creyeron los milagros. No sabían de las luces porque calumniaron las virtudes. No sabían toda la Deidad, pero sabían toda la inocencia. Por esto fue más grande el amor del Redentor: porque dejó lo que sabían y se valió de lo que ignoraban, aunque uno y otro sin excusa; lo primero por lo sumo de la malicia y lo segundo por lo tenaz de la incredulidad. ¡Oh piadosísimo Señor, cómo clamáis contra vuestra misma Sangre y cómo aquí el Abel es el que pide el perdón de quien le hiere! ¡Oh cuánto esta oración tiene de aliento! Pues nos deja entender, ¿cómo pediréis por los que os piden si así pedís por los que os niegan? Confesamos, que os hemos crucificado y [176] lo lloramos; e inferimos ¿cómo perdonaréis a los crucifixores dolorosos, si así queréis que se perdonen los crueles? *No sabemos lo que hacemos* cuando os ofendemos y, aunque os conocemos, compensamos el conocimiento con el llanto. La culpa es locura, no impiedad; es fragilidad, no negación; obcecación y no crueldad, pues sabéis bien que débiles como somos por la naturaleza, seríamos con vuestra Gracia mártires por la creencia.

Había comenzado a amanecer aquel Sol doliente al uno de aquellos criminosos y con rayos de Sangre le formaba ya una aurora de Misericordia. Porque no sólo cesó en los oprobios del Señor sino que se hizo defensor de su respeto. Proseguía el inicuo compañero en la irrisión diciéndole: *Si eres Christo*, esto es, el Mesías, *sálvate a Ti mismo y a nosotros*. ¡Blasfemia diabólica! ¡Iludir en el suplicio y herir en la agonía! Reír con boqueadas y argüir con tormentos! Qué bien le rebatió el primero, diciéndole: ¿Es posible que ni aun en este estado sepas: *Temer a Dios, hallándote debajo del mismo suplicio? ¿No adviertes la grande diferencia que hay: Entre nosotros y este Justo? Porque nosotros recibimos lo que merecen nuestros delitos, pero éste no ha hecho mal alguno.* Y volviéndose rendido al Señor, le dijo: *Señor, acuérdate de* [177] *mí cuando fueres a tu Reino.* ¡Oh ruego que vales un Cielo, qué breve cláusulas una eternidad! ¡Oh ladrón de glorias, que salteas luces y robas empíreos! Y es que te acaba de dar la llave el mismo Dueño. ¿Quién te dijo que Jesé-Christo tenía ese Reino? ¿Quién te explicó de reo lo que aun no supieron entender los príncipes? ¿Quién te advirtió de que ese Reino era el de su eternidad? ¿Qué otra cosa veías que un Hombre en el patíbulo, que tenía las penas con las ventajas de las irrisiones, para pasarlo de compañero del suplicio a Rey de la Gloria? ¿Por ventura eran las Llagas esplendores, diadema las Espinas? ¿Acaso era púrpura la desnudez y la Cruz trono? ¡Oh conversión Divina! *Confesó el Ladrón lo que negó el Electo*[186] (16). Afirmose el reo en lo que vacilaron los discípulos. Vieron éstos transfigurado a un Hombre en Dios y titubearon y éste vio transfigurado un Dios no sólo en Hombre sino en Reo y le creyó. ¡Maravillosa creencia! Fe excitada de dolores en vez de milagros; y es que era el mayor el no necesitarlos. Adoración nacida entre blasfemias en vez de aclamaciones; y es que era la mayor el no tenerlas. Perspicacia adquirida entre las ceguedades en lugar de luces, porque era la más clara el no ostentarlas. Veneró la Majestad en la afrenta, y reconoció el [178] Poder en la flaqueza. Víctima fue de la Víctima, y ofrenda de la Ofrenda. Fue el primero que recogió la Sangre: estrenó la ocasión y la acabó. Compendio fue de méritos y epítome de santidad. *Aún no llamado y ya escogido. Aún no siervo y ya amigo. Aún no discípulo y ya maestro* (17). No puso la Deidad en condición sino en causal. No dijo si eres Dios, acuérdate de mí, sino que pidió que se acordase porque lo era. No rogó con cláusula irónica, como el malvado compañero, que le librase el cuerpo sino con petición mística que le absolviese el ánimo. Con méritos de Calvario pretendió exaltaciones de Paraíso y desde el suplicio aspiró al Trono. Fue el segundo Abraham, y fue el primero. Creyó aquél a un Numen descubierto. Este a un Dios oculto. Aquél le vio imperante, éste obediente; aquél entre glorias, éste entre tormentos. Creyó aquél contra la promesa, éste contra el suceso. Apóstol fue momentáneo y eterno: testigo, que eso es mártir, de lo que no veía y por eso el de más vista; y doctor de lo que no había procesado y por eso el de más ciencia. Hizo el Señor brillar entonces la segunda luz de la Misericordia y la primera de la Gracia en aquel divino decreto de: *Hoy serás conmigo en el Paraíso.* ¡Qué de Gloria reducida a una palabra! ¡Qué [179] de inmortalidad ceñida a un momento! La primera dádiva de un Dios no podía dejar de ser

---

[186] The denials of St. Peter.

un Cielo. El primer brote de la Redención no podía dejar de hacerse Salvación. Como había tenido el Señor un compañero de la cruz, parece que quiso tener otro del triunfo. Así venció su brazo a un Demonio, que fue el ladrón que robó al hombre un Paraíso, con un hombre que fue el Ladrón, que le robó otro a Dios. ¡Oh celestial creyente! Pues de facineroso os augurasteis príncipe y vais a hacer entrada a poseer un Reino, admitidnos en vuestra familia. Entrad primero, mas no solo, que no parece bien sin séquito una pompa.

Mas no se juzgue, no, que esta Misericordia deba ser apoyo de la iniquidad. No ha de dar la piedad ocasión a la impiedad. La confianza dolosa poco dista de la desconfianza despechada. La esperanza nociva es una desesperación adelantada. Esperar el oriente de la Gracia en el ocaso de la vida no lo hizo el ladrón ni pudo valerse de la confianza el que nunca tuvo la noticia. Conque jamás puede ser paralelo el que jamás fue semejante. Fíese del ejemplo el arrepentimiento, no la obstinación: que no se hacen las clemencias para alientos de las perversidades. ¿Quién tendrá aquella fe? ¿Quién logrará [180] aquellas circunstancias? ¿Quién puede hacer derecho de un favor? Aquel término en el feliz Ladrón no fue la última hora: fue la primera de la vida de su santidad, la primera de su conocimiento y la primera de su fe y, tan ilustre que, a haber tenido antes la luz, ya hubiera sido un astro superior del Evangelio. Ya hubiera sido apóstol entre maravillas quien lo pudo ser entre dolores. No es esto, porque no se deba confiar en el extremo, sino porque no se confíe hasta el extremo, porque, en la Misericordia, todo lo que tiene de cierto el Poder de ejercerla, tiene de incierta la voluntad de conferirla; y allá en el comercio de la Inmortalidad se dan mal los caudales a riesgo de instantes.

Hasta aquí había el Redentor manifestádose Hombre con el ruego y Dios con la promesa. Había pedido el perdón y decretado el Reino usando en las palabras el estilo que había usado en los milagros, porque las voces eran otros milagros de la Redención, como los milagros habían sido otras voces del Poder: que allá rogó en Lázaro como Hombre y concedió en el leproso como Dios. Quiso luego mostrarse Cabeza de su Iglesia, encomendándola a su Madre en la persona del Discípulo.[187] *Mujer*, le dijo, *ves ahí a tu hijo* y, encargando a éste su respeto: [181] *Ves ahí a tu Madre*. ¡Rara extrañeza

---

[187] St. John.

de un Hijo Deidad! ¡Singular despego de todo un amor! Todo antes volcán y todo ahora yeso. Todo antes cariños y ahora austeridades. ¡Oh Señor, permitidme que os diga: ¿dónde están aquellos panegíricos de su hermosura? ¿Dónde están aquellas expresiones en que no quedó flor ni ave ni astro con que alabar su perfección? Si allá la elogiasteis como Paloma anidada en las rupturas de una peña (18), ¿no se ve acá entrañada en las Llagas de vuestro Sacrosanto Cuerpo, inmóvil peña a sus Dolores? Si cuando nació el Mundo os asistía celebrada componiéndolo, ¿no os acompaña acá regenerándolo? Mas, ¡ay!, que fue preciso que aquí sucediesen a los afectos los despegos y que en una proporción de penas, destituido el Hijo del amor del Padre, lo estuviese la Madre del amor del Hijo. No era tiempo de caricias, sino de combates; no de ternuras, sino de constancias; que estaba crucificado el Amor y era fuerza que también el cariño agonizase. ¡Qué mucho que no lo explicase si todo se lo habían ocupado los humanos y hasta a la misma Madre le llevaban! No fue ésta la vez primera que mostró el Señor esta misteriosa austeridad, que allá [182] entre las turbas de un auditorio que lo aplaudía, prefirió al amor de la Madre el de los hombres y tuvo por más bienaventurados los dóciles corazones que le oyesen que los maternos pechos que lo criaron.

Entre tanto era el dolor el primer móvil de la Redención y así corría el tiempo a siglos de aflicción y mientras más destruía más duraba. Estaba ya en el ara la Víctima en ceniza y aún no estaba satisfecho el Numen. ¡Oh Señor! Y cuán cruelmente imitaba la inmensidad de vuestro Ser vuestro sentir, pareciendo que ese mismo dolor era otro espíritu de Pasión unido a Vos en otra Hipóstasis[188] de sentimiento. Si os reclinabais, era la Cruz el lecho. Si os inclinabais, eran las Espinas los descansos. Todo era una enciclopedia de congojas: la vista tenía por saetas los horribles rostros de los crueles ministros, de que cada uno era una medusa de furor; el oído recibía por golpes los dísonos silbos de los blasfemos fariseos, de que cada una era una serpiente de irrisión; el olfato padecía por choque los fétidos vapores de los inmundos huesos del Calvario; el gusto se hirió con la amargura de la mirra y había de atravesarse con la acedia de la esponja; y en fin el tacto fue el que cargó con todos los [183] impulsos del estrago. De suerte que vuestro doloroso Sacro Cuerpo no tenía sentido sin fatiga ni nervio sin tormento.

---

[188] A reference to the Holy Trinity.

En esto todo era para la vista, para la vida y para el ánimo destitución y desamparo. Ni la humanidad podía sufrir tanto ni la Divinidad la mantenía más. El Alma Sacrosanta tenía en medio de la Gloria la Pasión: toda en el centro sombra de pena y toda luz de bienaventuranza en la circunferencia. ¡Destituida asistencia, desamparada unión y agonizante impasibilidad! Aquí fue donde exclamasteis, Oh expirante Redentor, con voz grande: *Dios mío, Dios mío, ¿por qué me habéis desamparado?* No porque estuvieseis dejado allí de la Deidad, sino del socorro. No porque estuvieseis separado de la unión, sino del Consuelo. Tenía para Vos el Sol del Padre la claridad sin el calor y estaban suspensos en los rayos los alivios porque estabais disfrazado de Reo y os juzgaba así como os hallaba. Deidad eterna erais, pero, si habíais estipulado la obligación, ¿cómo os habíais de valer del privilegio? Si habíais contraído el homenaje, ¿cómo os había de servir la Majestad? Con todo esto, por más destituido os teníais en los muchos que se habían de destituir de la divina mano de vuestro Padre y de la vuestra y que habían de desamparar vuestro [184] culto, pues a todos representaba quien por todos pagaba: desamparadores de su mismo amparo y desertores de su misma protección. Os quejasteis dejado porque no nos dejase. Más sentíais nuestro olvido que el vuestro. Más os dolíamos que vuestro dolor y más os compadecíamos que vuestra Pasión. Deseabais vuestra eternidad más de lo que os afligía vuestra muerte y ésta fue la mística sed que pronunciasteis original de la material que padecisteis.[189] Era ésta la más cruel que podía sentir la humanidad. Agotado el pecho, gastadas las venas, secas las fauces,[190] anhelante el labio y, en fin, consumido todo el húmedo vital que riega el cuerpo, era preciso que se hubiese hecho la sed otro estrago del aliento y, si es fuego el dolor que abrasa al que padece, era necesario que fuesen inmensas las arideces donde eran inmensos los ardores. Añadíase a la sequedad de vuestros labios la de nuestros corazones y ésa era la que más os angustiaba. Teníais sed de nuestra sed. Queríais beber nuestras lágrimas para que nosotros bebiésemos vuestros tormentos: beber todos nuestros afectos para que bebiésemos todo vuestro Amor. Pero los impíos, que os oyeron, os dieron a beber sus amarguras. Se os propinaron a sí mismos, [185] haciendo al vinagre

---

[189] A reference that the thirst of mysticism has its origin in the thirst of human matter, in which Christ is incarnated.
[190] This should read "faces o mejillas."

y a la hiel el agravio de representarlos y, no contentos con las afrentas de la voz, pasaron a las irrisiones de la acción ministrándoos en una bebida de corrupción un refrigerio de ironía.

Llegaba ya al último término la carrera del Divino atleta en el estadio de la Cruz. Tocaba ya al ocaso la luz del Sol paciente en la eclíptica de la Pasión. Ya instaban los desmayos, pulsando a la puerta de la Expiración. No tenía ya la vida donde poner a los alientos y, conociendo el Redentor el fin de aquella raya que era la última del combate y la primera del triunfo, dijo aquella sagrada palabra del *Consumado está*. Palabra que fue un compendio de Misterios, un extracto de profecías y una conclusión de maravillas, porque así se consumó el fuego del sacrificio, se acabaron los humos de los vaticinios y se ajustó el precio de la Redención. Siguió a ésta luego aquella grande voz con que clamó diciendo: *Padre, en tus manos encomiendo mi espíritu*. Fue ésta la mayor entrega que pudo hacerse ante el tribunal de la Divinidad: el mayor depósito que pudo encomendarse al mismo Dios. Diose la Deidad a la Deidad y se puso en las manos en que siempre estaba. No había menester ofrecerse y quiso entregarse para enseñarnos a rendirnos. [186] Fue a un mismo tiempo el sacerdote y la oblación, el sacrificio y el Numen. Encomendó a su Iglesia y encomendó a todos los hombres. ¡Qué mucho que los llamase su espíritu el mismo Señor que los tenía por su amor! Depositolo en el Padre para que se lo volviese en su Resurrección y depositó a los hombres para que se los volviese en la del mundo. Fideicomiso fue Divino a favor nuestro, en que con Nuevo Testamento encomendó a la fe de un Dios toda la herencia de una Gloria. Texto fue que dejó para que en la última entrega lo alegasen los santos como Ley y los pecadores arrepentidos como ruego. Clamor fue Divino: porque no podía ser hijo tan grande aliento de tan gran desmayo. No podía haber en antorcha agonizante tanto incendio. Fue Omnipotencia, aun allí donde estaba Expiración. Jamás dejó de la mano los milagros. Nació con uno y acabó con otro. Nació luz sin romper allá el cristal virgíneo, y murió fuego sin descaecer acá la vital llama. Dijo, en fin, aquella gran palabra y expiró. ¡Qué dolor! ¿Dónde estáis, inmensidades, que no socorréis a los lamentos? ¿Dónde estáis, eternidades, que no ayudáis a fallecer todos los siglos? ¿Dónde estáis, corazones, que no sepultáis todas las vidas? ¿Dónde estáis, cielos, que no ayudáis a [187] morir todas las luces? Aquí fue donde levantó el alarido el universo y toda la Naturaleza desmayó. ¿Cómo quedaron orbes sin su Autor? Los ángeles de paz lloraban tan amargos que se liquidaban en océanos mentales, pero superiores. Hubiera también expirado su Divina Madre si, ya que no pasó su Espíritu a su pecho, no hubiera manteníndose en Él su corazón. El velo del Templo se rompió en dos partes y dejó descubierto al Santo de los Santos. Rasgó el Altar su vestidura porque vio fenecer a la Deidad.[191] Partiose la cortina del ara porque se extinguía la potestad del sacerdocio. Al tiempo de morir el Numen, ¿cómo no había de gemir el velo que guardaba la Figura? Voló entonces del Templo, si se ha de creer a un grande santo (19), aquella misteriosa Paloma, que ya estaba acostumbrada a ser símbolo del Divino Espíritu, por que la que en el Jordán manifestó su Amor, en el Templo mostrase su aversión. Fuese del Judaísmo hacia las gentes porque huyó del deicidio hacia la adoración y dejó las crueldades por los cultos. Estremeciose todo el cuerpo de la Tierra con ímpetu tan grande que casi pareció aniquilación. No sólo se movió en su centro: pasó a buscarlo fuera y, para hallarlo, combatió a choques de orbes con toda la [188] plenitud del universo. Temblaron los mares con ruinas de golfos, conque en una compañía de vaivenes fluctuaban los montes y se caían los océanos. Las peñas se partieron y en idioma de mármoles vocearon fragmentos. Los demás terremotos quedan en las primeras bóvedas del edificio de la Tierra. Este pasó al Abismo: llegole al Infierno al corazón. Tembló todo el Averno y cogió a muchos demonios cada ruina. Desesperáronse las mismas desesperaciones y lamentáronse los mismos lamentos. Acabó Satanás de conocer su pérdida. Vio que se había dado libertad sin su noticia al mundo y que se le había ido de entre las llamas su poder. Sacudió la Tierra hasta lo que ya no era de la Tierra y, cuando amenazaba a ser sepulcro de los hombres, hizo liberalidad de los sepulcros. No sólo se libraron las almas, también tocaron su Redención los cuerpos de los santos, que salieron después de aquellas prisiones de la muerte para formar el séquito de la Resurrección de su Señor y ser un vaticinio de la futura universal. Así los grandes [San] Jerónimo y [San] Ambrosio (20). ¡Oh tenaz inmovilidad de los humanos que, como naturales del país de la dureza, sólo entendíais la lengua de las peñas; y lo que no os pudo mover turbado el Cielo, acabó de persuadiros [189] la Tierra sacudida. Fue necesario que se conmoviesen de terrenos los que no se pudieron alumbrar de espiri-

---

[191] The censor placed parenthesis around the last three words and "un Hombre Dios" is written in the margin.

tuales y que este grande estremecimiento fuese también terremoto de los corazones para hacerse movimiento de los ánimos. Por eso aun los que lograron este toque percutían los pechos, como señas de la concusión de los espíritus. Moverse toda la Tierra de sus quicios y conturbarse los fundamentos de los montes (21) vaivén es privativo del Divino sentimiento. Trastornar las cumbres y partir las piedras fuerza es reservada al tránsito de un Dios. (22)

Opinión es de moderna sabia (23) pluma, siguiendo la de Orígenes, no haber sido esta horrible terrestre convulsión ni la funesta obscuración del luminar primero universales, limitándolas sólo a la Judea, como a quien el delito hacía sola deudora del castigo. Pero flaquea el pensamiento y lo contrario es común sentir de sabios Padres (24) y graves intérpretes. No fueron sólo estos terribles fenómenos pena de la maldad que se mostraba. Hacíase patente entonces a los pérfidos y después había de persuadir a los creyentes. Era entonces horror de los tenaces lo que había de ser blasón para los dóciles. No se arruinó Jerusalén aun cuando [190] las piedras se partieron: resistieron las fábricas lo que no pudieron resistir los mármoles. Misterio fue sin duda de prodigio esta inhibición de movimiento. Había de ser testigo entonces de los mayores últimos milagros y había de ser después asunto de los mayores últimos estragos. Conque a un tiempo se reservó para testimonio de la Gloria y para escarmiento de la Ira. Difirió ésta la pena por hacerla más grande, que también tienen su vida los castigos y se alimentan de la dilación para crecer en el rigor.

¡Oh cuánto lograron de eternidad aquellos contumaces! Y, oh cuánto logró aquel feliz jefe que fue el astro precursor del día del Cristianismo entre las gentes: el Centurión ilustre, sagrado capitán de los creyentes que, alumbrado de sombras y atraído de terrores, confesó extraño lo que los propios resistían. ¡Pero, oh cuánto, señores, manó de luz aquella fuente celestial que el lado herido del Redentor difunto abrió para regar el campo de su Iglesia! Dudose si ya habría el dolor hecho el efecto de la muerte y, para hacer verdad cruel la fatal duda, uno de los soldados, que allí asistían, penetró con la lanza el costado del Cuerpo Sacrosanto. Brotó al momento los dos distinguidos arroyos de Sangre y de agua, que [191] fueron dos milagros formados de una herida. Ni la Sangre pudiera salir líquida de donde era ya coagulada ceniza de las venas ni el agua correr clara de donde no podía haberla de elemento. ¡Oh Señor y cómo aun de cadáver erais Dios y quisisteis brotar los sacramentos aun cuando no teníais los espíritus! Estaba ya dada la libertad al mundo y le quisisteis prestar la grandeza. Lo teníais redimido y le quisisteis adornado. Le habíais quitado las prisiones y le pusisteis la corona. ¡Oh cuánto os debemos de Cielo, pues tanto nos llenáis de luces!

Representó el agua del bautismo como principio de la Iglesia y de los sacramentos y la divina Sangre la Eucaristía, como fin de todos. No dijo el alto Evangelista que hirió ni atravesó la aguda lanza el sacro pecho, sino que lo abrió: reparo de Agustino (25). Habían estado dentro todos los arcanos y quiso que acabasen de salir como Misterios. Estaba allí la Divinidad, que se había quedado toda, aun habiéndose ido toda con el alma, y quiso que donde no estaban ya los méritos, se manifestasen los milagros. Fuerza de Amor, que aun no cabía donde ya no estaba el alma y rompió por el pecho en que aún quedaba. Fue puerta de Gloria que se abrió para sacarnos luces; [192] tesoro, que en rubíes y cristales, se arrojó para enriquecer la Iglesia.

Aún no se agota la reflexión en los Misterios, que son océanos en que cada gota es una inmensidad. Inclinó el expirante Redentor la divina cabeza antes de entregar el inmortal espíritu. Consentimiento fue para la muerte, no debilidad contra su fuerza. Fue un apartarle el escudo para que pudiese entrar el golpe; un llamarla Supremo para que llegase de obediente la que luego había de gemir cautiva y empezar con la voluntad de admitirla la Gloria de vencerla. Porque aun el morir como Hombre fuese un acto de ostentarse Dios. Y aunque, según las leyes de la Naturaleza y las ejecuciones del dolor, hubiera muerto, teniendo en sí mismo el príncipe y el súbdito la Divinidad impasible y la paciente humanidad, pudiera pedirse a sí mismo reinante la resistencia que quisiese falleciente, como lo hubiera conseguido (26). ¡Oh cuántos son los sentidos de esta acción! Inclinó la cabeza para inclinarnos el espíritu y la inclinó para señalarse el corazón, como que nos dijese: ¡Oh humanos! Aquí tenéis este sagrario de mi Amor. Entrad en él por esa herida para que os llevéis sus alientos y coloquéis allí vuestros ardores. Ejemplo fue de resignado y de obediente para [193] enseñarnos el arte de las resignaciones y las obediencias. Así, en fin, inclinó la cabeza, mirando al Occidente, hacia donde tenía la elección: hacia donde había de poner su Iglesia y hacia donde había de erigir su Reino (27).

Así quedó muerto en el Árbol de la Vida el que la daba a los que murieron por el de la ciencia. Así se sujetó a la muerte el Dueño de la Inmortalidad. Así expiró el segundo Adán amante, que inspiró el espíritu al primero ingrato. Ea, señores, a recoger la Sangre, que corre la fuente; a lograr el rescate, que se cuenta el precio; a entrar en el Cielo, que se abre la puerta. Este es todo el depósito de la Predestinación.[192] A coger virtudes, que se esparcen auxilios; a tocar eternidades, que se reparten salvaciones. Ea, dolorosas hijas de Sión, llegad, que el Calvario está hecho manantial de Misericordia, de donde nace un nilo de Gracias que va a descargar en un océano de glorias por las siete bocas de los sacramentos. ¡Ay adorado Redentor mío! ¿Adónde te has ido, que has dejado sin luz a las estrellas, sin sitio a la Tierra y sin vida al universo? ¿Dónde está aquella hermosura Divina, que eternizaba con mirarla y ahora es sólo palidez que desbarata al verla; aquel Poder inmenso, que excitaba cadáveres, coronado [194] de Glorias y asistido de ángeles, y ahora es sólo cadáver deformado de heridas e inundado de Sangre? Moriste por mis culpas y yo no muero por tu Amor. ¿Cómo, aunque fuera infinito, ha de haber llanto para mis yerros y para tus estragos? Si no acierto a llorarme caduco, ¿cómo acertaré a llorarte eterno? Sírvame y sírvanos a todos de lágrimas tu Sangre para que siendo la llorada y la que llora, ella misma correspondida se satisfaga amante y sea una doliente inmensidad de contrición el llanto para una cruenta inmensidad de Amor.

Notas marginales

(1) Origenes, Tertulian. S. S. Athanas. Epiphan. Augustin. & alii apud Cornel. in Math. c. 27, v. 33. Baron. & Spondan. anno 34, n. 33. Hieron. Natal in *Evangel*.
(2) S. Hieron. S. August. Beda, et alii apud Cornel. ubi supra.
(3) Dominus providebit.
(4) Sapientia aedificavit sibi domum, etc.
(*) De apedrear y de quemar los reos.
(5) Mons Dei, Mons pinguis, Mons coagulatus, Mons, in quo beneplacitum est Deo habitare in eo, etenim Dominus habitabit in finem. Psal. 67.17.
(*) S. Math. cap. 27, v. 34.
(*) Cornel. in Math. ubi supra.
(6) Non inde processit voluntas intersiciendi, unde moriendi: nec de uno extitit spiritu atrocitas sceleris & tolerantia Redemptoris. Nonenim impias surentium manus immisit [] se Dominus, sed admisit: nec praesciendo quod faciendum esset, coegit, ut fierei; cu tamen ad hoc carnem suscepit, ut fieret. S. Leo.
(7) S. Anselm. Laurent. Justinian Abielensis, Gretserus, Hieronim. Natalis & alii. Nihil definiunt Salmeron, Suarez, Lorinus, & Cornelius.

---

[192] This religious concept is compatible with free will as a divine mystery, and is incompatible with human reason.

(8) Et cum iniquis reputatus est. Lucae. 22.37. Et cum secleratis redutatus est. Isai. 55.12.

(9) S. Paul. 1 ad Corinth. c. 2.

(10) Omnes videntes me, deriserunt me: locuti sunt labis, & inoverunt caput. Psalm. 21.8.

(11) Gloriatur Patrem se habere Deum: videamus ergo, si sermones illius veri sint, & tentemus quae ventura sunt illi. Si enim est verus filius Dei, suscipiet illum, & liberabit eum de manibus contratorum. Contumelia & tormento interrogemus eum, & probemus patientiam illius Morte turpissima condemnemus eum. Haec cogitaverunt, & erraverunt: excaecavit enim illos malitia corum. Sapient cap. 2, v. 116 & seq.

(*) Es el Sol un millón de veces mayor que la Tierra, por observaciones modernas astronómicas.

(12) S. Joan. cap. 19.

(13) S Marc. cap. 33.

(14) Serry, *Exercit*. 56, n. 4.

(15) S. Leon. Serm. 11 de Passione.

(16) Euseb. Galliic. Homil. de Latrone beato.

(17) Euseb. Gallic. ubi supra.

(18) Columba mea in foraminibus petrae. *Cantic*. c. 2, v. 11.

(19) S. Ephren. Serm. de Passione.

(20) Monumenta aperta sunt in signum futurae resurrectionis S. Hieron. Iden S. Ambros. lib. 10 in *Lucam & Hilarius*.

(21) Commota est, & contremuit Terra: fundamenta montium conturbata sunt, & commota sunt, quoniam iratus est eis. Psal. 17. Qui commovet terram de locosuo, & columnae eius concutientur. Iob. cap. 9.6.

(22) Et ecce Dominus transit, & Spiritus grandis, & fortis subvertens montes, & conterens petras ante Dominum iuxta illus Domoni ad Eliam.

(23) Serry, *Exercit*. 56.

(24) S. Chrysostom. Theophilact Euthym. Pecul. Orosiuis, Didymus in *Catena Graeca*, Cornelius & alii.

(25) Non dixit; Perscussit aut vulneravit, sed aperui, os illic quod ammodo vitae ossium panderetur unde Sacramenta Ecclesiae manarunt etc.

(26) Quia mors ipsum metuens, ad ipsum non audebat accedere. Christus autem inclinato capite eam vocavit: antequam enim inclinasset caput, propius accedere verebatur. S. Athan. c. 6 ad Antioch.

(27) Cornel. in Math. c. 27, v. 49.

[195] Oración Séptima.

La Cruz triunfante.

Hasta aquí, oh devotos señores, ha procurado mi débil aliento llevar vuestra tierna atención por la senda del dolor. Ahora solicita conducir vuestra fervosa reverente admiración por el camino de la Gloria. Hasta aquí habéis [196] visto la mayor Virtud en la mayor tragedia. Ahora veréis en la misma tragedia el mayor triunfo. Este grande acto no es júbilo, porque vence haciendo. No es alegría, porque ha expirado el Numen. Pero es pompa, porque triunfa expirando. Es un gozo severo y un regocijo majestuoso en que está la mayor exultación en el mayor lamento. Es un llanto convertido en gozo: *Convertisti planctum meum en gaudium mibi* (1). Es una vestidura de tristeza cortada en gala de alegría: *conscidisti saccum meum, & circumdedisti me Leticia*; una cautividad vuelta en triunfo y un lamento transformado en canto: *Avertit Dominus captivitatem plebis suue exultabit Jacob & laetabitur Israel: ut cantet tibi gloria me* (2). Es una Cruz triunfante en que la muerte está vencedora de la muerte y la pena debeladora de la pena: la muerte inpermanente del Redentor glorioso de la muerte eterna del hombre dañado, la pena de un patíbulo amado de la pena de un Infierno horrible. Ya es teatro de solemnidad el que era monte de suplicio. Ya es templo del más sublime honor el que era estancia de la más torpe afrenta. Ya es ara del mayor Sacrificio la que era instrumento del mayor castigo. Trono es de Gloria [197] la que era mazmorra de tormento; corona de la mayor victoria la que era estadio de la mayor lucha; Árbol y bosque a un mismo tiempo: Árbol de la Vida que da en los sacramentos y bosque de las cruces que brota de los mártires; nave y océano: nave en que se salva el hombre y océano en que ha de navegar al Cielo; planta, cuyo tronco es la Gracia, las ramas virtudes y los frutos glorias; arca sagrada en que el Noé divino libró al mundo del diluvio de las culpas.

Siempre fue la Cruz el vaticinio de los mayores bienes y la figura de los mayores Misterios. Fue el hombre imagen de Dios y la Cruz fue imagen del hombre, para serlo de Dios. Hízose así numen del mismo de quien había sido copia. Borrose la primera y volvió a delinearse en la segunda. La creación del hombre y la misión del Verbo fueron dos líneas de Omnipotencia tiradas por las manos de la bondad y la Misericordia. La una fue unión de la naturaleza espiritual con la corpórea y la otra la Hipóstasis de la Divina con la humana. En ambas la superior cayó sobre la inferior, con quien se unió. Y de la manera que si una línea cae sobre otra sin cruzarse es preciso que se identifique con ella y que, al contrario, para no identificarse, es preciso que se [198] cruce, así, no pudiendo identificarse ni la naturaleza espiritual con la corpórea ni la Divina con la humana, fue necesario que ambas se abrazasen o se cruzasen con las otras y, no pudiendo cruzarse sino con la rectitud de otra Divina: *Quia rectum eft Verbum Domini* (3): *pes meus stetit in directo*: (4) & *dirige me in se-*

mitam rectam (5), fue preciso que una y otra unión se hiciesen una cruz de Creación la una y una cruz de Hipóstasis la otra y está tanto más admirable cuanto la línea fue más misteriosa. Cayó o se signó sobre nuestra naturaleza como línea infinita de luz: *Signatum est super nos lumen vultus tui*, para llenarla de esplendor. Cayó desde los Cielos o descendió como lluvia para regarla de Gloria: *Descendit sicut pluvia*. Mirad ahora, oh exultantes y felices señores, cuánto tiene de antigüedad la Cruz, pues frisa con lo eterno; cuánto ostenta de imperio, pues coge todo lo humano; y cuánto brilla de honor, pues luce todo lo Divino. Luz es de sombra, que ampara debajo de las alas de sus brazos: *Sub umbra alarum tuarum* (6). Arco es de defensa, que con ellos triunfa: *Et posuisti ut arcum aereum brachia mea* (7).

Con un contacto de divina parece que ha tenido un ser de inmensa. En todas partes se halla soberana y en todas significaciones se admira misteriosa. Si se [199] entra en el país de las figuras, allí está en el desierto, como símbolo de sí misma, exhalando una serpiente triunfante de serpientes. Nótese el paralelo. Allá se ve un remedio disfrazado de herida sin la herida y una vida en traje de veneno sin veneno, y acá un Dios vestido de culpado sin la culpa y un Redentor en traje de expirante sin la muerte.[193] Allá el mirarla era sanar y acá el crearla es salvarle. Allá sanaban los israelitas de los áspides y acá sanan los hombres de los vicios. Allí cura a los que han sentido el daño de las sierpes entre quienes andan y acá preserva para que anden sobre ella sin el daño (8). Parece que aun es más veloz la Cruz que el Evangelio, que en éste la fe camina por el oído y en aquélla vuela por la vista. Sólo el exaltarla libra. Sólo el verla convierte. Es el sol de las señales misteriosas que se propaga a instantes y mueve por los ojos. Si la atención penetra la selva de las profecías, allí está en la misma Jerusalén brillando como *Thau* en (9) las frentes de los que se libran de la angélica espada vengadora y allá en el Cielo signando a los electos de las tribus. Si Jacob contiende con el Ángel hasta obligarle a pedir paces, es la lucha de los brazos cruz de los esfuerzos y con ella puede ser valiente [200] con todo un Dios para apiadarlo. Si en la muerte bendice a los postreros[194] y prefiere al menor, como imagen de la futura Iglesia, posponiendo al mayor, figura de la omitida sinagoga, es la cruz de las manos la firma de la

---

[193] Next to the words "un Redentor en traje de expirante sin la muerte" the censor wrote "malsonantes y próximas a error."

[194] This should read "descendientes."

institución y se hace un nuevo testamento el mayorazgo. Si ora Moisés cuando Josué combate, es la elevación de los brazos emblema de la suerte y mientras en el aire el ruego está de cruz, el valor en el campo está de triunfo. Si Eliseo da la vida a un muerto infante, es crucificándose abatido al cadáver, figura de un Dios abatido a la Cruz para resucitar al hombre. Si pelea heroico el más famoso de los Constantinos, es la cruz desde el cielo el brillante fenómeno de la victoria. Si recobra a la España el gran Pelayo, es la cruz en la mano el rayo con que fulmina a los mahometanos: sacro blasón, venerado con el célebre renombre de *Cruz de la Victoria*, enriquecida aun más con los afectos que la adoran que con los diamantes que la adornan; cruz fundadora del imperio hispánico, que en una generación de cruces le ha formado una monarquía de noblezas. Y, en fin, si contiende fervoroso el más feliz de los Alfonsos, es la misma desde el éter el influjo purpúreo del triunfo. ¡Válgate cruz por leño, que en todo lo creado [201] tiene parte! ¿Qué mucho si al contemplarse bien es cruz de Omnipotencia el universo? ¿Por ventura esos eternos quicios del inmenso palacio de la Esfera[195] –el Oriente y Ocaso, el Septentrión y el Mediodía–[196] no se cruzan tan rectos que son la ley de la Naturaleza? Esa valla de luz que corre el sol,[197] ¿no corta a escuadra de esplendor aquellas sendas en que de un polo a otro alumbra a cruces? Si se descubren mundos, ¿no es una cruz de estrellas la que guía? Si caminan las naves los océanos, ¿no son los mástiles y antenas cruces de velas que las rigen? Si cultivan los labradores las campañas, ¿no son los arados cruces de agricultura que las surcan? Y, en fin, si cortan el ave y el pez los líquidos espacios en que habitan, ¿no son rápida cruz de aires y golfos?

Estas son las imágenes de esta triunfante eterna. Atended ahora, preclaros circunstantes de su pompa, las grandezas de su esencia. Es desde luego aquella fuerte torre guarnecida de los baluartes de los dones, de que penden mil escudos (10) de virtudes contra los ataques de los vicios; aquella Columna de Fuego que en la noche de la ignorancia humana conduce por el desierto del mundo a la tierra prometida de la Gloria; aquel Árbol escogido entre todos los de las selvas de las [202] gracias (11), a cuya fresca sombra descansa la

---

[195] Planet Earth.
[196] The four cardinal points.
[197] The sun as light, not as a planet or star.

Iglesia y de cuyo dulce fruto se alimenta; aquella vara que se labró en cetro y aquel báculo que se hizo consuelo (12). Cetro de un reino inmortal y consuelo de una inmensa pena. Ella es a un tiempo, en su sagrada representación, la Vida, el apoyo y el lagar de la Divina Sangre; el ara, la oblación y el Numen del eterno templo. Signo es místico, que allá en el Verbo se concibió Sabiduría, nació Misterio, combatió Pasión y brilló triunfo. Es la vara de que fue pendiente el racimo de la Tierra Prometida, no visto del Judaísmo que fue delante sino del gentilismo que le cargó detrás: discurso del grande [San] León [Magno]. Es todos los sacramentos en compendio. Lava creída y confirma fuerte. Absuelve indulgente, y alimenta Divina. Unge vital, consagra misteriosa y une fecunda.

Esta es la que aun entre los gentiles fue signo de Vida y la que aun donde no se había plantado ya estaba crecida (*). Esta la que en los lábaros aun de los étnicos emperadores, en que pendía de una cruz la tela del estandarte, llamándose *cántabrum*, era auspicio de sus triunfos. Esta la que aun en el reino de las fábulas imperó figurada de Verdad. ¿Acaso aquel robusto mástil de la ulísea [203] nave, a que, tapados los oídos, se ató el griego sabio héroe por librarse de aquel dulce naufragio de armonías en que los cantos eran más impetuosos que las ondas, no fue símbolo del árbol sagrado de la cristiana nave a que con vínculos de clavos se ató el Divino Numen, no ya por librarse, sino por librarnos del suave mortal canto de las falsas sirenas que nos pierden, de las fatales delicias que nos ahogan; naufragio que inunda a dulzuras y sumerge a encantos? Pensamiento es del más discreto de los Máximos (13).

Ella fue aquel refulgente árbol de verdaderos pomos de oro de espléndidas virtudes, no ya guardado sino horrorizado siempre del infernal dragón, que tímido lo huye; vital antídoto de aquel fatal que, fecundo de falaces fulgores, no ya prohibía sino ofrecía el sibilante monstruo; la penetrante flecha con que el divino Apolo hirió a ese horrible pitón de los abismos; el caduceo del verdadero Mercurio, mejor numen de la paz y la sabiduría.

Esta es la divisa del pueblo escogido, el escudo de las armas de Dios, el estandarte del imperio de Jesús, la alcuña de la nobleza de la eternidad y el solar de la estirpe de la Gloria. Es la [204] columna de la fe, el ancla de la esperanza y hoguera de la caridad; palma que tiene la copa en el Empíreo; laurel que ciñe toda la frente de la inmensidad; cedro del Líbano del cristianismo multiplicado en justos; oliva que anuncia la concordia a todo el orbe; fuente de misterios y océano de maravillas; toda la alegría de los santos, toda la confianza de los débiles y toda la armadura de los fuertes.

Pero mirad, señores, aquella sagrada pompa con que allí entra. El triunfo es, en que comienza a brillar desde el Calvario, infinitamente más glorioso que todos cuantos lucieron los Escipiones, los Pompeyos y los césares, en que iban los triunfantes más cautivos que sus debelados porque éstos lo eran de la desgracia y de la fuerza y aquéllos de la crueldad y la ambición. Ved cómo resplandece allí, asistida por uno y otro lado de esas dos sagradas hermosuras que la ostentan. La una es aquella sacra ninfa, en cuyos ojos la venda que los ciñe es toda luz y, al tiempo que los ciega, los alumbra. La Fe es, que va pisando sobre aras arruinadas y ofrendas esparcidas, cuyos fragmentos acompañan mordazas para hacer callar falsos oráculos y grillos para aprisionar fingidos dioses. Encadenados lleva [205] los impíos ateístas, los gentiles errados y los judíos pertinaces y allá en la densa nube del futuro tristemente aherrojados[198] los bárbaros idólatras, los mahometanos delirantes y los sectarios contumaces: tropas furiosas que en cuanto menos gimen más se hieren y a fuerza de la luz más se obscurecen.

¡Oh inicuas naciones de la incredulidad y pérfidos vasallos del error, vencidos con armas de llamas y destruidos con estragos de tormentos! ¡Oh cómo os desengañáis sin desengaño y escarmentáis sin escarmiento y con lecciones de pena aprendéis una ciencia de castigo! ¿Qué dierais por haber creído sin esperar a creer, cuando no creéis? ¿Por ventura aquella bondad Divina, que os crió, no ha sido siempre una eternidad de Omnipotencia, en cuya duración ha corrido el tiempo por milagros? ¿El Firmamento no anunciaba con gritos de luz las obras de sus manos? ¿Cada día no publicaba al subsecuente ese Divino Verbo que las hizo y cada noche no participaba a la otra su noticia? ¿Ha habido palabras de justos ni sermones de profetas cuyas voces no se hayan oído en todas las edades como predicciones de su Cruz? ¿Cada uno de vosotros no era una animada maravilla para su creencia? Dos creaciones tuvisteis: una [206] de Paraíso y otra de arca; y dos castigos: uno de Infierno y otro de diluvio; y ni el primero os logró mover ni el segundo os pudo escarmentar. Y vosotros, progenie de víboras malignas, pertinaces judíos, bien a costa de vuestra desesperación experimentáis a qué grado ha llegado siempre vuestra malignidad, pues os enfada-

---

[198] This should read "subyugados."

ban los milagros y os fastidiaban los perdones, siendo entonces, con una alternativa de Dios y Satanás, a un mismo tiempo el reino de las maravillas y el imperio de las idolatrías. Allí veis esas ruinas de Astarot, estos retazos de Moloch y esas cenizas de Baal, que sirven de trofeos a este triunfo y no han sido más que delirios de culto para ser verdades de dolor. Efímeros, infernales númenes, de quienes estáis siendo eternas horrorosas víctimas. ¡Oh cuánto allí van lamentándose atados al brillante carro un Jeroboán rebelde, un impío Acab, una perversa Jezabel y un Jehú inconstante, con los demás inicuos, más sucesores de los vicios que de las coronas! ¡Vergüenza rara de humanidad! Si no estuvierais entre incendios, ¡cuánto mayor fortuna os fuera ser ahora cautivos de la Cruz que haber vivido esclavos de becerros! Pero, oh inicuos escribas, rabiosos vencidos de ese triunfante Leño, que al mismo tiempo que [207] lo acabáis de hacer instrumento de vuestro furor, os está siendo trofeo de vuestra ruina. ¿Cuánto peores estáis de postreros que los que fueron peores de ascendientes? Vosotros pudierais ser alcuñas de los mismos de que sois estirpe. Peores estáis sin adorar demonios, porque estáis con vosotros; más perversos cuando no sois idólatras, porque sois deicidas. Andad, infames; id, obstinado; que cada milagro que no creísteis os está siendo una cadena que os arrastra y cada golpe con que heristeis un destrozo que os deshace. Intelectual parece el Triunfo, pero por eso mismo es más visible; que esa fe que os conculca es toda la Omnipotencia que os castiga.

Pero advertid allí, señores, esa segunda ninfa, que al otro lado de la triunfante Cruz la asiste, como que la forma; y se ilumina de ella, como que la ilustra. Hija es a un tiempo y progenitora de su luz: artífice y hechura de su Ser. La Gracia es, que habiendo sido Misericordia para que se exaltase, es Amor después que se ha exaltado. Es la misma Hermosura y la madre de todas las hermosuras; luz derivada y origen de todas las luces; toda a un tiempo candor y toda púrpura en el traje; sol, cuyos rayos hacen soles y cuyo calor produce incendios. [208] Acompañada va de todas las virtudes y todos los vicios lleva encadenados. El primero que gime debelado es el primero: el Príncipe de todas las culpas y el ascendente de todas las penas, que, a fuerza de extenderse, se aniquila; y, por lucirse, se obscurece; que, por ser omnipotencia, fue menos que la nada; monstruo cuyo parto fue Lucifer y cuya caverna es el Infierno. Siguiéndola van atropellados los Nembrodes y los Nabucos, los Sardanápalos y los Antíocos, que al lado de las flaquezas quisieron erigirse los altares y a la vista de las corrupciones recibir los inciensos, juntando en un monstruo de adoración males y oblaciones, gusanos y víctimas. Sucede allí, aunque en inferior grado de altivez, aquella vana tropa que antes idolatra de la ambición que la conduce. Ahora la hace baldón lo que fue culto. Siguen la Razón de Estado con todas sus razones confundidas y la Furia de la guerra con todos sus furores abatidos; y toda la caterva de locos coronados, de entumecidos poderosos e hinchados ignorantes que, a ciencia y paciencia de caducos y de insipientes, quisieran ser dioses y quieren parecer supremos y blasonar de sabios. Aún son peores esos que van con despreciable traje y en las pobrezas del vestido llevan las vanidades de la idea, más soberbios [209] de moderados que de altivos; despreciadores de los grandes y superiores de los soberanos, los filósofos cínicos y los orgullosos estoicos. Pero aún queda otra tropa más perversa que hace soberbia la humildad y engaño la virtud: los falaces hipócritas que hacen a la piedad tercera del orgullo y a la austeridad pretendiente de la exaltación. Veis allí la soberanía con que les lleva atados la Humildad, magnánima y modesta, triunfante y pacífica, que, sin negarse a los honores en la clase, vence las altiveces en el ánimo; que es la que hace los reyes benignos, los nobles moderados y los sabios recogidos; la que enseña que hay postraciones heroicas y abatimientos sublimes que han hecho imperantes más humildes que los súbditos y grandes más contenidos que los inferiores. Así la asisten reverentes un José, un Moisés y un David, que de la humildad de pastores llegaron a la grandeza de príncipes con toda la jerarquía de los héroes justos y de los verdaderos sabios. Estos son a los que dicta su celestial doctrina, ya demostrando a su Señor entre los pobres de un pesebre, aun menos que siervo, ceñidas las inmensidades a las hojas, los esplendores a las desnudeces, ya copiándolo entre las humillaciones del Cenáculo aun menos que oficioso: reducido [210] a los pies de los discípulos y transformadas las veneraciones en los ministerios; ya entre los desprecios del Huerto, aún menos que súbdito, asida la Omnipotencia a los cordeles; ya entre las afrentas del pretorio, aun menos que facineroso, estrechada la adoración a los escarnios y la majestad a los azotes; y ya, en fin, entre las ignominias del Calvario, aun menos que hombre, puesta en el suplicio la Justicia y fijada a la muerte la inmortalidad.

    Pero, oh cuánto horroriza a un tiempo y alegra ver arrastrada en el Sagrado triunfo esta otra fiera del bosque de los vicios que, áspid coronado de áspides, torvo el semblante y lívido el color, se roe a sí misma por roer y se despedaza por despedazar. Señas son de la Envidia, segundo monstruo de las culpas, primera muerte de los hombres, altivez apesarada,[199] ambición triste y vanidad cruel. Compuesto es de todos los pecados. Es una soberbia del deseo de la gloria, una codicia del caudal de las prendas, una concupiscencia de la hermosura de la dicha, una cólera de la exaltación del mérito, una gula del alimento del honor y una pereza del ejercicio de la complacencia. En parte es peor que la misma soberbia respecto de los hombres: que aquélla pretende exceder, ésta destruir; aquélla se contenta con ser adorada, [211] ésta se pasa a ser temida; aquélla se satisface con los obsequios, ésta aun no se sacia con las ruinas; aquélla fue la causa de la Pasión, ésta la ejecutora. ¿Qué fuerza de virtud no intenta quebrantar? ¿Qué esplendor de nobleza no aspira a obscurecer? ¿Qué altura de felicidad no anhela derribar? ¿Qué mérito de sabiduría no solicita difamar? Un solo silencio en mitad de los aplausos y un solo reparo en medio de los aciertos le basta para hacer enmudecer los unos y despreciar los otros. ¿Cuántos estragos no ha hecho en el mundo? Trofeos suyos fueron los Alcibíades, los Cimones, los Fociones y otros que yacieron despojos del ínvido ostracismo, en tanto número que casi no hubiera esta fiera dejado varón ilustre en Atenas si la Fortuna o la Parca hubiesen tomado la mano a su malignidad. Ni la necesidad la contiene, ni el servicio la acalla. ¿Qué no ejecutó con Temístocles, a quien tanto había menester la patria? ¿Qué con Escipión, que tanto había servido a la república? Ni la amistad la aplaca ni la sangre la obliga. ¿Qué no hizo la una con Augusto para con Marco Antonio y Lépido? ¿Qué la otra con César para con Pompeyo? ¿Que no atormentaron, a pesar de la una y de la otra, a Alejandro las victorias de Filipo y a Germánico las [212] estimaciones de Tiberio? Ella, en fin, es la madre de la mordacidad y la ascendiente de la sátira, el origen de las detracciones y la alcuña de los libelos. ¡Oh cuánto esa rabiosa fiera gime, hecha heroico trofeo de la Cruz! Pues nadie tuvo mayor caridad que la que triunfó en ella, dando la vida un Dios por sus hechuras. Este fue aquel Divino Amor que se tiró por flecha desde el Cielo y vino a dar el golpe en el Calvario, que con la misma llama que se enciende en sí arde en los hombres: hoguera en que se abraza el Empíreo y lazo que ata al mundo. Más fue amar allí a los envidiosos que a los enemigos, cuanto es más amar al mayor de los

---

[199] This should read "dolorida."

odios que al común, más a la raíz de todas las ofensas que a la ofensa y al extracto de todos los agravios que al agravio, aquella caridad, sin cuya alma todas las virtudes son cadáveres de heroicidad y sin cuyo incendio todos los dones son cenizas de luz (14), el principio y la plenitud de la ley (15). La que sola es todas las virtudes porque es la reina y el imperio, la fuente y el océano, la basa y la coronación de todas (16), la que vence a la envidia con sufrirla, la que la destruye con quererla y la que la aprisiona con dejarla.

Pero ¿qué torpe rostro es el de [213] aquella triste, que, sombra de sí misma, se ve allí aun más encadenada de su encogimiento que de su cadena, más presa de su miseria que de su desgracia? Sin duda es la Avaricia, la antítesis de los vicios, el todo y la nada en un compuesto, el dominio y la esclavitud en un sujeto, deleite de arcas, adoración de metal y ateísmo de la providencia, arpía de riquezas, furia de comercios. Idólatra de un numen, que con tenerle encerrado lo publica. Que antes de venir allí vencida se estaba cautiva y antes de verse destruida se estaba infeliz. Acompañada va de la inicua Usura, de la astuta Fraude, del vil Soborno y el Interés ansioso. Mas, ¡oh poder glorioso de la Cruz! ¡Oh invicta fuerza del Redentor Divino! Parece que no vino más que para debelar esta anhelante lamentable y que cuanto obró su Misericordia, todo fue una liberalidad de su grandeza. Diose a sí mismo y cuanto más bajó la altura de la Omnipotencia, subió más el valor de la fineza. Después de haber hecho mercedes de virtudes y socorros de milagros y concedídose por alimento de ángeles, no ya en figurado símbolo sino en Divina realidad y original eterno, se dio a sí mismo en precio inmenso. Dio su Sangre, como moneda de salvación, batida en el yunque de la Cruz. Dio su Gracia [214] como alhaja labrada en la oficina de la Gloria. ¡Oh infinita, oh incomprensible liberalidad! ¡Hasta dónde extendiste tus favores! ¿Cuándo se vio la prodigalidad de dar Deidades y regalar Empíreos? ¿Cuándo en fuentes de luz repartir dones? ¿Cuándo en sólo una paz dada y en una paz dejada prestar toda una inmensidad establecida?

Pero luego siguen allí aquellas dos cautivas, las más contrarias a un tiempo y más conformes, las más enemigas en los hechos y las más amigas en los desórdenes: la Concupiscencia y la Ira; la una, toda amor y toda suavidad y la otra toda cólera y toda crueldad; ambas las mayores ceguedades del ánimo y los mayores raptos de la pasión. ¡Oh cuánto ha sido el exceso de los mortales que las han idolatrado, erigiendo en númenes los más torpes vicios con los fingidos nombres de Cupido y Marte, en cuyos profanos templos se cantan como afectos las lascivias y como conquistas los estragos! ¡Oh cuántos se han llorado de ambos monstruos y cuánta lástima hacen a la memoria, barajados entre los Nerones y los Calígulas, los Sansones y los Salomones, el uno moliendo siervo y el otro idolatrando apóstata. Trofeos son de aquella castidad y aquella mansedumbre que supieron convertir Magdalenas y perdonar adúlteras, [215] de aquella Cruz que enseña a destruir con las penitencias los ardores y a contener los ímpetus con la paciencia. Así, en fin, triunfa su celestial Poder[200] de todos los demás vicios y todos los errores, acompañada de todas las virtudes y todas las verdades y así lleva aprisionado todo el Mundo y todo el Averno con su vista.

Salve, gloriosa insignia del mayor Triunfo, prevenida[201] de las Figuras[202] más sagradas. Tú eres aquella escala de Jacob que, tocando desde el Calvario al Cielo, hace bajar los auxilios y subir los espíritus; bajar los ángeles y subir los santos a la mansión eterna. Tú eres aquella vara de Moisés, con que herida la constancia de Christo, inmóvil peña a los tormentos, brotó el agua de la Gracia; tú, aquel escudo de Josué (17), que, levantado en alto, debeló al Príncipe del Abismo y a un tiempo el altar que se erigió en su victoria; tú, aquel ramo de (19) Abimelech, que, llevado al hombro del Señor, se ha hecho seguir de sus campeones para abrazar sus enemigos. Salve, compendio de celestiales maravillas; pirámide erigida para monumento del Rey de la Gloria; coloso, que, como imagen del Sol de Justicia, quedaste fija en el puerto de la dicha; mausoleo sagrado, construido en honor de la muerte de un Dios Hombre; faro, que guías [216] a los navegantes del golfo de este mundo con tus luces; templo consagrado a la Iglesia, más casta que la fingida Diana que veneró Éfeso; estatua del Verdadero júpiter, de quien fue el Fidias el Amor Divino; pénsil y muro de esplendor que coronas no ya una superba[203] Babilonia, sino todo el orbe cristiano que defiendes. Tú eres el sagrado trifulco del Verdadero jove para fulminar los gigantes de los vicios y la clava del hércules Divino para destruir la hidra de la culpa.

Tú eres la alegría en las tristezas, la felicidad en las adversidades, el alivio en los dolores, la esperanza en los desconsuelos, la ri-

---

[200] A reference to the Cross and God.
[201] This should read "prevista."
[202] The Trinity.
[203] This should read "soberbia."

queza en las necesidades, la resurrección de los muertos, la guía de los ciegos, la exaltación de los humildes, el abatimiento de los soberbios (19), el terror de los demonios, el arca de un inmenso precio, el ara y el templo de una víctima infinita, el trono y el imperio de un rey omnipotente, el estandarte y las armas de un eterno Dios. Por ti nos salve el que triunfó en ti, pues lo contrario sería ser redimidos y quedar esclavos, seguir la bandera y ser desertores, numerarnos en el ejército y ser enemigos. No lo quiera así tu Altísimo Triunfante. Antes, a vista de la insignia de su Amor, nos perdone la malicia de nuestra [217] ingratitud y no quiera perder el costo inmenso de haberla labrado por el descuido inmenso de no haberla seguido.

Notas marginales

(1) Psalm. 29, v. 12.13.
(2) Psalm. 13, v. 7.
(3) Psalm. 32, v. 4.
(4) Psalm. 25, v. 12.
(5) Psalm. 19.
(6) Psalm. 16, v. 8.
(7) Psalm. 17, v. 35.
(8) Super Serpentes & Scorpiones ambulabilis, & nihil vobis nocebunt. Lucae c. 10.
(9) Et signa Thau super frontes virorum gementium & dolentium super cunctis abominitionibus, quae siunt in medio eius. Ezech. cap. 9, v. 4.
(10) Sicut Turris David, collum tuum, quae aedificat est cum propugnaculis: mille clypei pendent ex ea, omnis armatura forcium. *Canticor.* c. 4.
(11) Sicut malus inter ligna Silvarum, sic dilectus meus inter filios: sub umbra illius quem desidera veram, sedi, & fructis eius dulcis gutturi meo. *Cant.* 2.
(12) Virga directionis, Virga Regni tui. Virga tua & baculus tuus, etc.
(*) En Cajamarca, donde se halló el célebre árbol formado de una muy perfecta cruz en Guamantanga, donde hay otro que produce cruces en lugar de ramos; y en Chile, donde se halló el crucifijo. Véase mi poema de *Lima fundada*.
(13) S. Maximus.
(14) S. Paul. 1 ad Corinth. 13.
(15) Plenitudo Legis dilectio. Idem ad Roman. c. 13.
(16) Charitas est Virtutum principium & finis: ipsa est radix, fundamentum, et fastigium. S. Chrisostom.
(17) Josue c. 8, v. 19.
(18) Judic. c. 9, v. 48.
(19) Ex S. Chrysost. homilia de Cruce sub fin.

[218] Oración Octava.

El Sepulcro y el Limbo.

Jamás se ha visto el espíritu más oprimido de Misterios, ni más deslumbrado de esplendores: que hasta los cultos se embarazan y se compiten las ilustraciones. Dos asuntos me impelen que, a fuerza de arrebatarme, me detienen; dos imanes me mueven que, [219] a fuerza de atraerme, me suspenden; con que se me vuelve confusión la luz y se me hace perplejidad la adoración. Por una parte me precisa el duelo; por otra me lleva la gloria. Por una me conducen las ternuras; por otra los éxtasis me elevan. Por una el sacrosanto cuerpo del Redentor, que expira, no concede espera a la asistencia; por otra el Alma Divina, que se aparta, no admite al culto treguas y sólo la Divinidad, que va y se queda, es poderosa para conciliar de inmensa lo que no puede componer de ferviente la meditación. Y, así, cediendo al imposible la veneración con otra inmensidad de imitación, quede el corazón en el Calvario y vaya al Limbo el ánimo; quede la devoción con el afecto y vaya el júbilo con el asombro.

Así, en tanto que el ardor contempla extático el glorioso descenso del alma victoriosa del Señor al seno abrahámico, siguiendo la eclesiástica serie, procuremos, reverentes señores, asistir postrados a aquellos adorantes oficios que, rendidos al Sacrosanto Cuerpo, son un duelo de triunfo y un funeral de gloria que se le consagra. No quiso el Señor que las afrentas pasasen la raya de la Redención ni tampoco que los honores excediesen del término de la virtud. [220] Ni permitió en el Calvario el abatimiento inmundo de los castigados cadáveres ni en el Sepulcro la superba pompa de las vanas cenizas. Nació en lugar humilde y a pocos días de pesebre lo hizo trono. Murió en la Cruz y a pocas horas de patíbulo la hizo altar. Siempre que fue necesaria la veneración, declaró la Majestad, allí donde no podía parecer soberbia. Así, en el Templo[204] enseñó Niño a los doctores y arrojó Juez a los vendentes.[205] Así, en la entrada oyó las aclamaciones y admitió las palmas y en el pretorio se manifestó Rey y se protestó Hijo de Dios. Había en Jerusalén dos señores

---

[204] The Temple of Salomón.
[205] This should read "mercaderes."

principales, ocultos discípulos del Salvador, y ambos se descubrieron en su sepultura. Más hizo muerto en ella que antes vivo. Más obró aquí compadeciendo que antes predicando; y es que allá combatía y triunfó aquí. Efectos fueron de su Cruz. Así comenzó el Árbol a brotar santos y empezó la bandera a alistar príncipes. Parió la muerte lo que había concebido la palabra y cogieron los dolores lo que habían sembrado los milagros. Antes los hizo devotos encubiertos la doctrina. Ahora los hace ministros declarados la Pasión. Ambos vivían poderosos: [221] Mayor maravilla fue resucitarlos de las arcas que a otros levantarlos de las tumbas. Era el uno José, cuya patria fue Arimatea, ciudad noble, no distante de Jerusalén, que antes se había llamado *Ramathaím Cophim,* o Ramá, esto es, excelsa: cuna que había sido de Samuel, acostumbrada a dar jueces y a producir justos; y se hallaba con la alta dignidad de senador o consejero. El otro era Nicodemo, aquél que allá al Salvador Divino inquirió los Misterios que no percibió oyéndolo y acabó acá de penetrar llorándolo. Fue el primero a pedir a Pilatos el cuerpo del Señor para darle decente sepultura. ¡Oh cuánto fue el valor de éste piadoso y cómo se hace fortaleza la ternura! A vista de aquellos enemigos, lamentar la muerte era delito. ¿Qué sería honrarla? Sentir al Señor crucificado era acusarlos. ¿Qué sería venerarlo Justo? Sin embargo, pasó constante a ver al Presidente[206] y le habló así:

> Nunca, oh preclaro juez, pasa el rigor la raya de la muerte. Es ésta la eternidad de la inocencia y el sepulcro de la envidia. Acaba con el blanco y con los tiros y deja todo el campo a la piedad. Si esto es así con la ira, ¿qué será con la razón? Si así [222] debe lastimar la muerte de Jesús Nazareno aun a los que la pidieron con la ceguedad, ¿qué será al que la resistió con el conocimiento? Muchos de los mismos que concurrieron al tumulto, batiendo sus pechos, mudaron ya sus corazones. Ya murió el Inocente y se ha saciado bastantemente de su Sangre aquel furor. Su Madre es Santa y está ya agonizante del Dolor. Era éste su Hijo único y aun lo era más de su virtud. Dejarla sin el consuelo de enterrarlo sería ejecutarse dos crucifixiones y hacer padecer dos inculpados. El caso es grave, el hecho repentino, la vista lastimosa y, así, concededle este alivio y permitid que se le deje el Cuerpo con quietud para que lo sepulte con decencia.

---

[206] Pilate.

Otorgó luego la súplica Pilatos, quizás porque labró del ruego la compasión, o hizo de su conocimiento su indulgencia o formó del respeto del pretendiente su favor o, lo más cierto, porque así lo dispuso el Redentor.

Acompañose así con el segundo príncipe y ambos descendieron reverentes el Divino Cuerpo. Entregáronlo al seno de su doliente Madre, en cuyo pecho se vieron dos cadáveres compitiéndose de muertes. No así Artemisa [223] lloró a su Mausolo; no así Casandra lamentó a su Príamo; no así Hécuba sintió a su Polidoro, como la Reina de los Cielos se afligió a la vista de su difunto Dios: que no son comparables a Dolores Divinos caducas angustias. Padeció el Señor una Crucifixión y el ánimo de la Reina Celestial padeció dos: la una en la Cruz y la otra en su regazo. Cesó la del Hijo y continuó la de la Madre. Herencia fue de estragos que aceptó con la espada que le atravesó el alma. Miraba las glorias del Triunfo pero la atravesaban las señas del combate. Limpió con sus lágrimas las Llagas o, a explicarlo mejor, limpió unas heridas con otras. Recibió los clavos, besó las puntas y los hizo dardos, de suerte que a no ser tan inmensa su constancia hubiera menester tres corazones para tres saetas. Adoraba en aquellas cruelmente dulces insignias lo mismo que había horrorizado y en la Sangre lo mismo que sentía, haciéndosele altares los Dolores y veneraciones las congojas. Abrazolo en su expirante pecho y toda se unió a todo el Santo Cuerpo con estrechez tan íntima que parecía otra alma de Amor que se le unía. Oh cómo aquí, por más que lo resista lo indecible, no puede contenerse lo afectuoso y entra a espaldas del [224] imposible el pensamiento para meditar que así diría:

> ¡Oh sacrosantos pies, dignos sólo de pisar mejores luces que las de las estrellas y que aun besan con adoraciones los querubes! ¡Oh manos Divinas, de quienes pende lo creado y lo posible y a cuya señal se movería todo lo inmenso y lo inmortal! ¡Oh pecho celestial, depósito sagrado de un corazón, que es la Deidad de todos los corazones y asiento de un Amor Divino! ¡Oh refulgentes sienes, que sois frente y corona, majestad y trono de la Divinidad! ¡O Sangre Preciosísima, líquida luz, que fuiste la vida del Sol de Justicia y animaste esplendores por espíritus! ¡Oh Cuerpo Sagrado, que has sido el original[207] de la misma hermo-

---

[207] This should read "Cuerpo."

sura y has de ser después la Gloria visible de los santos, por quien está envidioso lo espiritual de lo corpóreo; compañero de una Alma Sacrosanta y ambos subsistentes por una Divinidad eterna! Dios, Hijo de mis puras entrañas, ¿qué estado es éste, Señor, en que os lamento, en que las heridas, las Llagas, los destrozos y las palideces no dejan conoceros y es necesario que se haga fe la vista porque no es sentido? Hechura ha sido todo esto de los hombres y, sin embargo, es preciso amar, imitándoos, a los mismos que [225] me hacen morir compadeciéndoos. ¿Cómo, Señor, no me habéis llevado para el triunfo y me habéis dejado para el llanto? Aquí está vuestra sierva, vuestra Abigaíl, vuestra Judit y vuestra Ester. Hasta ahora he sido Madre: ya he quedado de Abogada. Ya habéis obrado el redimir. En adelante os resta el perdonar. Recibidme, Señor, para lo que me elegisteis. Auxiliadme para Cabeza[208] de vuestra Iglesia, como os dignáis que sea, y admitid mi pecho como urna adelantada ya a vuestro Sepulcro.

Así se hizo Sacrificio ofrecido al Sacrificio y oblación consagrada a la oblación, con tal constancia que, como lo expresaron dos insignes santos (1), si hubiera sido necesario colocar en la Cruz a su mismo Hijo, hubiera imitado a la conformidad la ejecución. Entregó a los sagrados asistentes los cruentos trofeos y mandó que hiciesen luego sus honoríficos oficios.

¡Oh cómo aun sólo el nombre de la Celestial Reina parece que era un contacto de santidad que propagaba con la voz la luz! Así la lagrimosa multitud de afligidas mujeres, que lamentaban la injusta tragedia, llorando sin llorar, porque sólo sentían la piedad y no la fe. Acompañaban a la Divina Madre [226] aquellas Marías, que eran las mejores tres gracias de su casto Numen. Era la primera entre todas para sepultar al Señor la que fue la primera para ungirle cuando allá le adelantó a los pies los aromas que habían de rendirse al cuerpo; y las demás, las que más consanguíneas de alma que de sangre asistían a la afligida Reina inseparables, orígenes de santos y alcuñas de apóstoles, la Cleofás y la Salomé veneradas. Ungieron el Sagrado Cuerpo aquellos devotos príncipes con tan magnífico respeto que pareció que su piedad se había derramado toda en ámbar. Estos fueron aquellos óptimos ungüentos, *fragrantia unguenis optimis*, a cuyo olor deben correr nuestros deseos. ¡Oh Arabia verdaderamente feliz, que mereciste dar al Sepulcro en bálsamos lo que tributaste

---

[208] Mother of the Church.

en inciensos a la cuna! ¡Oh igualmente dichosa Sidón, que lograste labrar aquel delicado lienzo, que fue cándida nube que cubrió el sol de aquel Sacrosanto Cuerpo, llamada por esto *Sindone*, tejida plana en que se estampó con púrpura preciosa su Divina Imagen y en que las señas del combate quedaron por blasones del trofeo. Esta fue el original de aquella vestidura de blanco lino[209] con que el varón que vio Ezequiel, señalando con la cruz las [227] frentes de los santos, destruía victorioso a los inicuos. ¡Oh qué glorioso duelo vio el Empíreo! No así manifestó Alejandro el de Efestión. No así llevó Arideo en diamantino carro el cuerpo de Alejandro ni así cargaban los soldados en sus escudos los de sus generales, como fue conducido el sacrosanto del Señor y cargado triunfante en hombros de su devoto heroico séquito. Llevábanlo visiblemente sus discípulos pero, aunque invisibles, más fervientes los celestiales espíritus que le asistían. Los serafines de paz, que allí habían quedado, formaban a un tiempo de sus alas la urna y los hombros para conducirlo y eran los concurrentes y las luces para acompañarlo. Aun más allá del Cielo se erigieron de pira las estrellas y todo el universo fue el concurso.

Consagró José de Sepulcro decente al Sacro Cuerpo un noble monumento que para sí había fabricado y monumento que, excavado en viva roca, era hijo cóncavo de un monte excelso, poco distante del Calvario. Ni antes ni después admitió otro huésped que al Señor. Esfera fue que no ocupó otro Sol. Observa siempre estilo de purezas lo Divino y así debió ser un virgíneo monumento paralelo de un claustro virgíneo. [228] Al nacer salió de estancia intacta y al morir se hospedó en otra. No debió ladearse con mortales el que era el Dueño de la Inmortalidad. *No necesitaba de propia sepultura quien no tuvo por sí propia la muerte* (2). Era un Sepulcro sustituto de Empíreo con ausencias de Gloria. Con su excelsa grandeza, ¿qué fueron todas las de las mayores maravillas de la Tierra? ¿Qué las pirámides, los laberintos ni los mausoleos? Vientos labrados y fantasías erigidas; cajas, en que guardó la muerte sus tributos y el tiempo no las quiso por alhajas. Esta sí fue verdadera Eternidad, pues quedará perpetuo el templo de su culto en que ni la magnificencia fue mayor ni la adoración es más ardiente, como que se peregrina al Cielo cuando se encaminan a sus altares. Fabricose en un huerto para que fuese mansión a donde hubiese de ir aquel Esposo muerto de Amor por nuestras almas (3): *Venias*

---

[209] This should read "el sagrado lienzo."

Dilectus meus in Hortum suam; aquel que era la fuente de los huertos de la Gracia: *fons Hortorum* (4). ¡Oh cuánto valía el de un Paraíso, pues lo que se perdió en él fue necesario que se cobrase en dos, comenzando en uno la Pasión de agonía y acabándose en otro de Sepulcro!

Puerta fue del noble monumento [229] un gran peñasco, que sin duda debió estar adaptable a su medida. La reverencia del séquito, la riqueza de la unción, la decencia del Sepulcro, la autoridad de los discípulos y la libertad de su asistencia formaban un cúmulo de circunstancias que eran para los fariseos otras tantas saetas que herían sus pechos y otras tantas llamas que encendían su rabia. La distancia que había entre el patíbulo y el duelo, entre la afrenta de la muerte y la honra de la sepultura, hacía que se hiciese la Sentencia condenación del condenante y el castigo suplicio del suplicio.

Y así habían ya pasado ante Pilatos y le habían representado con ardiente empeño: que habiendo predicho el Nazareno, según se decía, su Resurrección, debía recelarse que sus discípulos se llevasen el Cuerpo y así la confirmasen, haciendo de esta suerte milagro el robo y fama la impostura; que se hacía evidencia lo que era antes desprecio; que sin embargo no dejaba de ser expectación del pueblo y que ésta misma era ya de contado una inminencia en que estaba pendiente el cuchillo de la calumnia al cuello de la autoridad: *Que este último error sería peor que el primero*. Esto es, que la impostura de la Resurrección sería más nociva [230] que la del Reino y que así era preciso que se pusiese el sello del Imperio a la puerta del monumento y se enviasen vigilantes soldados que lo guardasen con toda la exactitud que requería tan singular custodia. A cuyo pedimento consintiendo el Presidente, que a todo estaba favorable porque a nada lo estaba, envió desde luego las guardas pretendidas al Sepulcro para el efecto que se discurría. Selláronle éstas prontas con el recelo de que no cargasen el cuerpo los que seguían a su Dueño y probasen con el robo la Resurrección. Singular providencia del Altísimo, que con el mismo dictamen de los enemigos quería confundirlos, haciendo prueba de la predicción la misma cautela contra el cumplimiento, pues aquel mismo sello con que se cerraba el Sepulcro había de ser testimonio de la virtud con que le penetraba el Sepultado.

Quedó la Celestial Doliente en una Soledad de Amor y un desierto de luz en que ni aun a sí se hallaba como aurora. Veíase sola en medio de la asistencia de su devoto y reverente séquito que, uniéndose a su llanto, era una compañía de Desconsuelo que le añadía la misma destitución que le quitaba, porque el mismo concurso de los sentimientos era despoblación de los consuelos, si no es ya por todo el imposible [231] de aliviar lo que no era posible comprender. Poco acompaña lo que nunca suple. Esta era aquella santa ciudad desamparada, que yacía sola llena de asistentes. Antes veía presentes los tormentos de su Divino Hijo, pero ahora, sobre tener presente la Pasión, carecía de la vista del Paciente. Había acompañádolo en el combate y ahora se hallaba sola sin el Vencedor. Ni el Cuerpo yaciente la alentaba ni la comunicaba el alma ausente. Todo el Sol se le había apartado de los ojos y así eran todo noche los afectos. Era esta Soledad infinita, porque era carencia de un Inmenso. Todo lo llenaba de Divino y todo lo desamparaba humano. Así sólo vivía la Celestial Madre de afligida. Servíale de corazón la misma pena, conque latía por espíritus congojas. Como había experimentado la maravilla de animar crucificada con la muerte, percibía el milagro de vivir exanimada en el sepulcro. ¡Oh qué perfectamente imitaba a su Señor! Quedó consigo el cuerpo y bajó toda el alma al monumento. Pero ya, oh fervorosos circunstantes, me arrebata el alma divina del Divino Cuerpo.[210] Ya, asistido éste en su sagrado duelo, nos llama a que la adoremos en su inmortal triunfo. Venid, pues; y descended con la contemplación allá, donde el bajar es ascender y la profundidad es [231] eminencia. ¡Oh glorioso descenso; y cuánto subes; pues te prefiere a su Empíreo la Deidad y te visita de depósito antes de ocupar aquel de Trono!

Luego, pues, que se separó el espíritu del Redentor, quiso dar parte de su eterna dicha a los padres y justos que en aquel sitio, que luminosamente obscuro era un interino de Paraíso,[211] había tantos siglos que hacían bienaventuranza de la espera. Era aquél un subterráneo templo del deseo en que los clamores eran oblaciones y no afanes, tan conformes con la diuturnidad que, a no ser víctimas del Numen, no fueran ruegos de la felicidad, conque con una impaciencia de Redención daban una priesta[212] de luz al Redentor. Descendió así este Divino Sol al noble seno. Penetró las cerradas estan-

---

[210] The soul of the Body was also human, and not only divine.
[211] This should read "suplía al Paraíso."
[212] This should read "presteza."

cias de la Tierra y, con golpes de rayos, descerrajó candados de diamante. Volviéronse auroras las tinieblas y se formó en medio de la noche el día. Hiciéronse constelaciones las cavernas, de que fueron estrellas los peñascos. ¡Oh cuánta envidia les tuvo el Firmamento! El Abismo se encimó de cielo y, a fuerza de esplendor, el centro pasó a ser circunferencia. Mucho más que todas estas iluminaciones fueron aquellas claridades, que es corto nombre el de la luz y limitado ser el de los astros para [233] expresiones de reflejos Divinos y de espirituales radiaciones.

Los ángeles, que a un mismo tiempo eran ejército de su Poder y familia de su luz, le añadían, sin aumentarle, unos fulgores que ellos solos pudieran ser luceros de aquel Sol: Empíreo asistente y Gloria volante de su pompa. Habiendo atravesado la claridad hasta el Averno, fue un insulto de esplendor que lo aterró. Gimieron los dañados a su vista y, de la manera que se hace más fuerte la sombra con la mayor luminosidad, se les hizo más terrible la pena con la mayor grandeza. Oyeron los cantos angélicos y se les hizo más dísono lamento la armonía. Conque con un infierno de luz, les fue el más grande tormento la más grande dicha. ¡Oh qué de gozos ocuparon entonces a aquellos inmortales candidatos de la Gloria! ¡Qué inmenso océano de júbilo los inundó! ¿Cómo puede haber expresiones para lo inexplicable si no hay idiomas de lo incomprensible? Sería menester una eternidad de panegíricos para una eternidad de exultaciones. Lo infinito y lo indecible ya son inmensidades ordinarias para tan grandes inefabilidades. Ignora el discurso cómo pudieran no anegarse si el mismo que hacía el naufragio no fuese la tabla. Ver llegado el día de su Gloria, si sólo la [234] tuviesen por anuncio, hubiera sido inexpresable regocijo. ¿Qué sería ver al mismo Dueño de la Gloria? Ver llegado el plazo de la mayor promesa que hizo un Dios, cumplidos los vaticinios de que ellos mismos habían sido los oráculos, acabadas las ansias de cuarenta siglos en que, contrarias a sí mismas, calculaban a eternidades los instantes y, en competencia de inmortalidades, vencidas las del mayor deseo por las de la más alta profesión, formaba todo un número de gozos que, a ser multiplicable su felicidad, fuera un concento de bienaventuranzas. Llegó, pues, el Señor y, si es lícito hacer del fervor inspiración, parece a la meditación que así diría:[213]

---

[213] Here begins Christ's lengthy speech.

Ya, oh hijos amados de mi Sabiduría[214] y hermanos coherederos de mi Gloria, en cuyos esplendores fui engendrado antes que fueseis, ya ha llegado el tiempo de vuestra redención. Ya os ha sido mi Cruz la llave cruenta con que os he abierto todo el Cielo y con la que he cerrado a los que os siguieren el Infierno. Vosotros habéis sido los que, con la robustez que os he influido, habéis tenido fuerzas para cargaros con un Dios y traerlo al Mundo. Por lo que miraba a [235] vuestro mérito, quise redimiros sin cautividad y levantaros sin la caída porque, aunque no erais dignos de la esclavitud, no erais dignos para la libertad y, aun ese mismo mérito, que no os hacía capaces de la servidumbre, era privilegio que os daba de la indemnidad. Todos juntos no podíais formar la más corta moneda para una paga que se debía a un Dios y sólo un Dios podía dar un precio inmenso. Pude haberos librado con sólo un suspiro de mi pecho, pero quise que conocieseis en la pena a lo que subía el rescate y en la Sangre derramada lo que era el fuego prevenido. Pude haberos dado la liberación con el Poder, pero a la culpa sólo la vence la virtud, no la violencia, que eso fuera dejar a la soberbia más altiva con la opresión que con su orgullo, porque aprendiera de su ruina su recobro y cogiera de lo violento de la victoria lo tirano de la obstinación. Juzgaron los judíos carnales que había de venir con pompa y grandeza de un imperante universal, haciendo interés de su nación la gloria de su príncipe y licencia de sus profanidades la imitación de sus placeres, como si el Cielo hubiera menester a la Tierra para imperio, ni la bienaventuranza necesitara del deleite para el júbilo. Veis aquí en mi Persona el gran [236] Misterio del inefable vínculo de dos naturalezas para que siendo verdadero hombre padeciese y siendo verdadero Dios satisficiese. Toda ha sido una Hipóstasis mi sacra venida. Uniose la Divinidad, tomándola en sí a la humanidad. Uniose la Omnipotencia a la Humildad y la impasibilidad a la Pasión. Por oponerse Satanás, hizo otras tres uniones. Se unió a la envidia de los escribas, a la ira de los fariseos y a la soberbia de los sacerdotes. Nací en un pesebre y morí en un Calvario: el uno la mayor pobreza y el otro la mayor afrenta. Manifesté mi Divinidad en mi doctrina, en mi virtud y en mis Milagros; y a estos testigos correspondieron la ignorancia, la iniquidad y la perfidia. Amé a los hombres hasta el fin y, no contento con morir por ellos determiné vivir con ellos, y en lugar de imágenes tenerles preferencias, no sólo para que habitasen con

---

[214] The inquisition censor placed parenthesis around "de mi Sabiduría" and wrote "confianza excesiva."

un Dios, sino para que también se hiciesen dioses y sus pechos no sólo fuesen altares sino númenes; favor que gloriosamente envidiaríais si no tuvieseis con vuestra realidad compensada su transformación. En una Oración sudé en Sangre toda mi Pasión. Sufrí ignominias, aun más allá de las expiraciones. Atravesaron las Espinas mis delicadas sienes, manteniendo su herir con mi durar. Oprimió [237] la Cruz mis hombros débiles, cargando en ellos más graves las culpas. Descuadernaron las cuerdas mi extenuado Cuerpo, haciendo mayor la desunión con no romperlo. Penetráronme los clavos pies y manos y sufrí en medio de la vida cuatro muertes. Expiré y, sin aliento que rendir, rendí el aliento.

¿Qué más pudo hacer este infinito Amor? ¿Qué mayor sacrificio pudo ofrecer para expiar un Dios al hombre que un Dios inmolado a un Dios ofendido? Tan inmensa debió ser la Pasión como el Amor, donde no pudo haber nada menor. Ved todo lo que me debéis en todo lo que me gozáis. Debeisme a mí para pagarme conmigo mismo todos. Pero ya, oh Gloria de mi eterno[215] Padre, donde se acabó el combatir, entró el triunfar. Cada afrenta me fue una adoración. Cada azote se me hizo un trofeo. Cada espina me ciñó una corona. Cada clavo me valió una palma. Cada llaga me brilla un resplandor y toda la Cruz se me forma un triunfo. Así venció el León de la tribu de Judá. Así salió del Fuerte la dulzura. Así se levantó el Gigante a correr la eternidad. Así reina por un leño un Dios. Así se glorifica vuestro Dios en vuestro consejo y así se muestra grande y terrible a sus vencidos. Así los pone como ruedas del carro de su triunfo (5) y los abate como aristas al viento de su [238] fuerza. Los destruye como el fuego que abraza las selvas y la llama que arrasa los montes. De esta suerte lo adorarán todos los reyes, le servirán todas las gentes y se bendecirán en El todas las tribus de la Tierra. (6) Venid, oh espíritus queridos Llegad, oh bienaventuradas primicias de mi Gloria Tirad cordeles de luz y prevenid bastante Cielo para una nueva Jerusalén, de que vosotros habéis de ser los edificios y los moradores. Preparaos como auroras de la gloriosa aurora que se ha de inaugurar por vuestra reina: aurora divina, que está tan llena de su Sol, que por sus luces se distribuirán las horas de la Gracia y se numerarán los años de la eternidad. Mucho haréis en servirle de pompa cuando aun mis ángeles no le son grandeza y sólo puede recibirla la Trinidad, que sólo puede coronarla. Disponed después el recibimiento de los que os han de suceder, que

---

[215] As an adjective "eternal" is not merely an attribute applied to the Father, but also to the Son and Holy Spirit.

a ésos yo los espero: no me esperan. Entrarán con la Gloria por delante y se traerán el Empíreo devengado. Vendrán con el Mesías, no en imagen sino en original.[216] La herida de mi pecho les ha abierto siete puertas de luz por donde han de entrar hasta mi Trono. Allá en la Tierra dejo los que, siéndoos sucesores, os han de ser primeros patriarcas de gente más electa que, sirviéndome a un tiempo de nuncios y testigos de mi Gloria, en [239] su sangre derramada han de mostrar mi Sangre recogida y llevarán mi luz para la Revelación de las gentes. Vendrá sobre ellos el Divino Paráclito, que en mi nombre les enviará mi Padre para que en Lenguas de Fuego[217] les enseñe las ciencias de sus dones. Trasladaré mi Iglesia a un pueblo de Verdad, que nunca faltará a su culto; a un pueblo que en sus martirios vencerá muchos faraones y en sus soledades peregrinará muchos desiertos; que en sus holocaustos no ofrecerá víctimas de animales sino Divinas Hostias en que será su mismo Dios el sacrificio. A un nuevo pueblo que, aun habiéndose criado entre sus dioses, jamás declinará a sus ídolos, cuando, al contrario, el pertinaz antiguo, criado con su Dios, siempre varió a Baal, y a vista del Cielo claudicó al Infierno. Dad, pues, eternas gracias a mi eterno Padre por haber visto ya a vuestro Redentor, a vuestro Formador, al Señor, que todo lo hace, que es Él solo que extiende los cielos y afirma la tierra, lo que ninguno puede hacer conmigo (7). Gozad de mi esplendor y de vuestra bienaventuranza. Ved en mi Eterno Padre, en mí y en el Paráclito, que de ambos procede, todas las cosas creadas, pues somos todo y nada de ellas; y todas las posibles, que a cada uno quisiéremos manifestarle.

Ved lo que os participaremos de nuestro Ser Divino, como [240] es lo eterno, como lo inmenso, como lo Omnipotente. Haceos, si no la Deidad misma, una deidad reverberada de su luz.[218] Venid adonde gozaréis de unas delicias que tendrán toda su variedad en su uniformidad; de una actividad que tendrá todo su ejercicio en su tranquilidad. Iréis a una región en que no entrarán los pungentes cuidados, los afanes solícitos ni las tristes penas. Poseeréis una tierra que no pisarán las fatales desgracias, los duros males ni los crueles dolores. Viviréis en una corte en que no habitarán los inciertos negocios, los engaños falaces, las anheladas pretensiones ni las tiranas dependencias. Adoraréis una Ma-

---

[216] A reference to the youth of the saints, who will go to Heaven in soul and body, without the punishment of original sin, which is to age or grow old.

[217] God in the form of the Holy Spirit.

[218] This concept is heretical, as is the entire paragraph placed in the mouth of God. It seems to have escaped the scrutiny of censors.

jestad para quien no necesitaréis de la interposición y a quien será todos los servicios su alabanza y todos los tributos vuestro amor; de quien cada vasallo será el privado; para quien el mérito será su gracia y de quien por vuestros ruegos se despacharán sus favores y por vuestras caridades sus milagros. En fin, veréis en aquel resplandeciente mundo lo contrario de este obscuro. Gozad ya el feliz fruto de mi venida, de mi Pasión y de mi Cruz. Celebrad el triunfo que he obtenido de la muerte y del Infierno por todas las inmortalidades de los siglos.

Acabó el Señor, sin acabar sus glorias; y fueron ecos de sus voces los himnos de los ángeles. Considerad, [241] señores, con qué acciones de gracias correspondieron aquellas refulgentes almas, teniendo por Maestro para inspirarlos al mismo que tenían por objeto para tributarlas. Qué agradecimiento sería el del primero padre,[219] que veía generado de su sangre un dios y a un mismo tiempo redimida la culpa y deificada la prosapia; cuál el de un Abel, que habiendo sido él también el adán de los inocentes y el primero padre de los sacrificios, miraba el arquetipo de quien sus oblaciones y su sangre fueron los primeros vaticinios; cuál el de un Abraham, que contemplaba cumplida la mayor promesa y premiada la más grande fe; cuál el de un Isaac, que advertía en su original[220] evacuada la más viva figura y en su obediencia ejecutado el más divino sacrificio; cuál el de un Jacob, que admiraba explicada en la Cruz aquella escala por donde subían ya como ángeles sus santos postreros. Meditad cuánta sería la gratitud de un José, que lograba postrarse ante el inmenso Dueño, de quien fueron símbolos prevenidos su persecución, su venta y su triunfo; cuál la de un Moisés, que adoraba en el Libertador del pueblo humano el celestial modelo de quien había sido corta copia y en la misma Cruz la luz de quien había sido sombra su vara obradora de prodigios y su serpiente artífice de vidas. ¿Cuáles serían las [242] gracias que rendirían reverentes al Señor tantos profetas que adoraban triunfante al que tan abatido habían anunciado? Pero, entre todos, ¿qué júbilos demostraría aquel que fue más que profeta? ¿Cómo resonaría en el concurso de los ángeles aquella voz que tanto clamaba en el desierto de los hombres; aquél que fue necesario, para no creerlo Dios, tenerlo al lado; y para no juzgarlo luz, ser su testigo? ¿Cómo cantaría, refulgente Cor-

---

[219] Adam.
[220] The body of Isaac.

dero en su triunfo, al que tanto lo señaló benigno allá en su vida? ¿Qué raptos de gozo serían los de aquel virgíneo esposo que vio nacer para morir por todos al que acababa de morir para reinar con tantos; consorte de la mayor criatura; compañero del Padre en el Hijo y del Espíritu en la esposa,[221] que fue él elegido por gobernador del que gobierna el mundo y dio genealogía al mismo Dios? ¿Qué piélago de alegría inundaría los santos corazones de los que adoraban Salvador al que habían producido nieto y dado de una aurora Inmaculada un Sol eterno? Y así, transformados en himnos sus fervientes ánimos, hacían sus alabanzas de su mismo Dueño, porque sólo en su luz podía hallarse su expresión. Así parece que sólo cantarían. ¡Oh refulgentes angélicos coros, en que cada uno de vuestros espíritus es un mundo de celestiales pensamientos [243] donde, formando allá toda su especie, tiene para vuestro Criador por descendientes alabanzas y por generaciones armonías, cantad ahora un cántico nuevo que no le hayan estrenado vuestras voces y tan perfecto como que lo estáis meditando desde que os dio el asunto vuestro Dios. Desde que nacisteis entre luces, hasta que ahora lo veis entre glorias, no se os ha ofrecido otro igual de sus Divinas obras. Alabar la Redención y desempeñar los redimidos; exaltar al Altísimo y ayudar a sus siervos, son dos empeños de que sólo pueden salir gloriosos vuestros cantos. Así podremos entonar con vosotros. Digno eres, Señor Dios Nuestro, de recibir gloria, honor y virtud. Digno eres de abrir los sellos del libro de la eternidad a los que te adoramos porque has muerto y no sólo nos has redimido con tu Sangre de todas las tribus, sino a todas las lenguas, pueblos y naciones (8). Así quedó el Señor glorificando a aquellas santas almas que, antes de subir, estaban ya en la cumbre de gozar y desde las profundidades de la Tierra pisaban ya las alturas de la Gloria.

Oh triunfante misericordioso, pues tenéis ya abierto el Paraíso, que por tantos siglos tuvisteis cerrado a vuestros santos, haced que imitemos las virtudes de [244] aquellos a quienes nos aventajáis en los favores; que no dilatemos el seguirlos, pues no nos dilatáis el poseeros. Pues nos mejoráis en la Ley,[222] haced que nos mejoremos en la vida. Pues no nos retardáis el veros, haced que no os retardemos el amaros y que la esperanza sea sólo virtud y no demora.

---

[221] The Virgen as the earthly bride of Joseph, not God.
[222] The Law of God.

Notas marginales

(1) S. Anselmus, S. Antonin. p. 4. Theol. tit. 45, c. 44, § 1.
(2) Ut quid illi propria Sepultura, qui in se propriam mortem non habebat? Serm. 133 de Temp.
(3) *Cantic.* c. 5.
(4) Ibid. c. 4.
(5) Deus meus pone illos ut rotam, et sicut stipulam ante faciem venti. Sicut ignis, qui comburit silvam: et sicut flamma comburens inontes. Psal. 82, v. 14, 15.
(6) Et adorabunt cum omnes Reges terrae: omnes gentes servient ei. Et benedicentur in ipso omnes tribus terrae. Psal. 71, v. 11.17.
(7) Haec dicit Dominus Redemptor tuus, et formator tuus ex utero. Ego sum Dominus faciens omnia, extendens caelos solus, stabiliens terram, et nullus mecum. Isai. cap. 44, v. 24.
(8) Dignus es Domine Deus noster accipere gloriam et honorem ut virtutem: Dignus es Domine accipere librum, et aperire signacula eius: quoniam occisus es, et redemisti nos Deo in sanguine tuo ex omni tribu, et lingua, et populo, et natione. Apocal. c. 4, v. 5.

[245] ORACIÓN NONA.

La Resurrección.

Si alguna vez salió del taller de la Omnipotencia obra inmensamente sublime, fue, oh generosos concurrentes, esta para cuya asistencia os llama, no ya mi tenue acento, sino toda la voz de la Sabiduría: fama Divina, cuyas alas son luces, [246] cuyo clarín es Gloria y cuyo aire es todo eternidad. El vencimiento de la Cruz fue triunfo de la culpa. Este es un triunfo de la culpa y de la muerte, conque es un duplicado de victoria y un compuesto de la Misericordia y del Poder. Aquél perteneció a la fuerza de la Redención; éste a la grandeza de la Redención y del Redentor. Aquel labró la corona; éste la puso. En aquél ganó el Atleta la palma de la Cruz; en éste fue el Atleta la palma de sí mismo. Aquél fue sólo visible a los entendimientos; éste lo fue a los entendimientos y a los ojos. Allá el Sol de Justicia estuvo en el eclipse de la muerte y acá en los esplendores de la vida. En los despachos de los Misterios y en las mercedes de las maravillas, los demás son el contexto; éste es la firma. Aquéllos son las cláusulas; éste es el sello. El máximo de todos los milagros llama la Iglesia al del más divino de los sacramentos pero, siendo uno mismo el Hacedor, éste parece que, si no podemos expresar que excede, podemos admirar que pasa, porque aquél se obró para los que creyesen; éste se hizo para que creyesen. Aquél fue un sacramento para el mundo; éste un sacramento para el Cielo. Aquél es un pan de los ángeles, porque lo desean; éste lo es porque lo gozan. [247] Aquél es alimento de la Gracia; éste es sustento de la Gloria. En el uno quiso ocultarse para emplear la fe; en el otro manifestarse para establecerla. Hasta el mayor Misterio de la vida del Redentor Divino, como lo fue su Hipótasis sagrada, tuvo su complemento en el mayor triunfo de su muerte. Este, que fue la mayor reunión que convenció a la Tierra, fue el testimonio de la mayor unión que asombró al Cielo. Allá nació águila de virgíneo nido, acá renació fénix de sí mismo. Allá fue Sol que amaneció al Oriente; acá tuvo el Oriente en el Ocaso.

¡Oh cuántas copias estuvieron prevenidas para este Original! Resurrección fue del mundo la misma Redención. Murió el Paraíso por un árbol y resucitó en el Calvario por un leño. Murió la inocencia de José en una cárcel y resucitó triunfante en un palacio. Murió la predicación de Jonás en un naufragio y resucitó libre en una corte. Murió el poder de Eliseo para hacer milagros y resucitó en su sepulcro para obrarlos. Murió la libertad de Israel en Faraón y resucitó en un desierto por Moisés.

Había ya pasado el tiempo la carrera del misterioso triduo de la separación de la divina alma del Señor, como lo había predicho a Nicodemo con la figura de los tres días y tres noches del triduo [248] de Jonás en el marino sepulcro de su monstruo; cómputo que, según el romano orden, en que el día civil corría, como el hispano, de una a otra media noche, se ajustaba, aunque parcial, desde el sagrado Viernes de la muerte hasta la feliz aurora del día Dominico (1), en que el Sol del Salvador amaneció, y habiendo en este espacio llenado de bienaventuranza las almas, que habían sido sagradas moradoras de aquel profundo país, determinó pasarlas a consumar su dicha en su Sepulcro. ¡Oh Rey Divino y cuánto imperio supo gastar entonces tu Poder! Penetraste solo, de Sol, aquellos senos impenetrables a creadas fuerzas y ahora los volviste a romper, acompañado de tus astros. Entraste de Redentor y ahora sabes salir de Salvador. Obraste en descender sólo un lucir, pero ahora hiciste en un subir mucho vencer. Hiciste ascender muchos triunfantes y volviste en sólo un esplendor con muchos soles. ¡Oh cuánto fue entonces el asombro del horrible Tártaro! Mayor espanto le fue ver evacuar el Abismo que ilustrarlo, ver la salida que el descenso. Así puede juzgarse que quiso el Señor que conociesen su triunfo porque se hiciese otra pena de los perpetuados la misma felicidad de los extraídos. ¡Oh cuánto, dirían despechados, oh cuánto [249] éramos, pues vemos hoy lo que perdemos! Este es el premio de Baal y de Astarot. Esta es la gloria de los Joves y de las Junos, de los Martes y las Venus. Estas son las estrellas en que nos prometían colocar. Estos los Elíseos a que nos ofrecían conducir. Estas las grandezas de la ambición y los deleites de la concupiscencia. Así ha hecho el mundo una trasmigración de Infierno, a que se han transportado sus imperios. Conque está hecho un orbe de fuego y un universo de tormento. Ve aquí cómo se ha vencido el que vencía y se ha engañado el que engañaba. Ve aquí cómo suben aquellos justos a las glorias para siempre y nosotros quedamos para siempre entre las llamas. ¡Oh eternidad feliz que aquéllos gozan, que aún hace más durable la eternidad terrible en que quedamos!

Condujo así el Señor aquellas santas almas a la sagrada mansión de su sepulcro, que hecha un preludio de Gloria, era un epítome del Empíreo y un extracto de la inmensidad. Penetraron sus rocas y, para más eternizarlas, les mostró aquel Sacrosanto Cuerpo que, yaciendo sepultado, estaba también triunfando de su sepultura. Hízoles ver felices lo que, sin volver a morir, no hubieran visto dolorosas: esto es, las señales ya entonces [250] luminosas del cumplimiento de sus funestas predicciones, de aquellos livores con que fueron sanadas, de aquellas heridas con que fue por ellas vulnerado. Besaron todas con labios mentales, pero más fervientes, las Divinas Llagas y adoraron con cultos estáticos al Numen difunto.

Había el Señor mandado a los ángeles, que reverentes le asistían, que recogiesen todo el purpúreo caudal de su Preciosa Sangre que, derramada en el Huerto, en la Flagelación, en las Espinas y en la Cruz, había sido el riego y era la cosecha de la Redención; había sido el sudor y era la corona del triunfo (2): tesoro de Pasión empleado para la ganancia de la Gloria; rosas esparcidas para la pompa de la Gloria, que juntasen los cabellos desasidos y cuanto del Sacrosanto rostro había disipado la crueldad. Fue esto recoger con manos de esplendor los esplendores y esplendores que eran los soberanos de todos los fulgores. Así debe considerarse que irían adorando como a lucientes númenes aquellas celestiales gotas que habían sido víctimas eternas. ¿Quién ha visto cargarse las luces y recogerse las inmensidades? No así los más solícitos enjambres vuelan a llevarse el rocío de la aurora en las flores que rápidas anhelan, como infinitamente más veloces volaron, refulgentes abejas, los [251] querubes a libar aquel cruento rocío del que era la flor del campo de la eternidad y de que se había de formar el panal glorioso del sansón Divino. Condujéronlo al Señor y reunido a sus preciosas venas animó al Sacrosanto Cuerpo con nueva hermosura. Soltó la Divinidad la luz y diole un baño de inmortalidad. Quedaron desvanecidas las tristes cicatrices, cándidos los livores y fúlgidas las palideces. Sólo las rojas señales de las cinco heridas permanecieron, como insignias de los vencimientos, para hacerse otros soles del Empíreo, formados de otra luz que no se comprende, porque no hay paralelo; ni se explica, porque no hay dicciones. Y luego al punto –aquí faltan las voces, se ciega el pensamiento y se arrebata la razón– volvió a unirse el alma gloriosa al Sacrosanto Cuerpo y lo Divino animado se juntó a lo Divino exanimado. Recogió la Divinidad, como con ambas manos, lo que tenía asido y separado. Resucitó el Altísimo. ¿Qué digo? Que todo se estremece el discurrir y ni aun el adorar es suficiente para el entender. Renovose el Águila y se vistió de eternas alas para volar inmensa. Renació el Fénix y se adornó de luminosas plumas para vivir eterno. Recobró el Sol la luz, que había obscurecídose a desmayos. Reparose el Trono, [252] que había reducídose a fragmentos. Redeificose en tres días el Templo, que había sido ruina en uno. Brotó el grano Divino que, cayendo en la tierra del tormento, se había deshecho para fecundarse. Hiciéronse otros mundos de alegría con otras esferas de esplendor. Formáronse otras armonías con otros conciertos de alabanza. No cupo el universo en sí y pidió otros espacios para el júbilo. Cada átomo era una lira y cada rayo un cántico. Los vientos eran los clarines y el aire del triunfo a un mismo tiempo. *Los montes y los collados cantaban los elogios del Triunfante* (3). *Las plantas y los ríos aplaudían con manos de esmeraldas y cristal la eterna pompa* (4). Así juzguemos con el sacro Apóstol, que diría el Señor: *¿Dónde está, oh muerte, tu victoria? ¿Dónde está, oh Lúcifer, tu estímulo?* (5) Ya triunfé de tus triunfos. Ya herí tus heridas. Ya te dejé cadáver de cadáveres y ya te hice infierno del Infierno. *Salvose a sí misma mi diestra y venció mi Sacrosanto brazo* (6). Juzgabais extinguir con mi Sangre mi Poder, y ha sido mi Sangre vuestro estrago. Pensabais abatir mi Majestad con mi Pasión y ha sido mi Pasión vuestra ruina. Imaginabais afrentar con vuestros ludibrios mi potestad y ha sido mi potestad vuestro ludibrio. Así cavasteis la profundidad en [253] que cayese y habéis caído en ella (7).

Antes, oh fatal muerte, te vencía vivo en otros. Ahora te he vencido muerto en mí. Antes podías decir que triunfaba de ti con el auxilio de mi Eterno Padre y ahora he triunfado sólo con la potestad de mi virtud. Antes, oh infierno horrible, te dominaba con la voz de mi predicación y ahora te he sojuzgado con el silencio de mi sepultura. Antes dabais ambos la muerte con la vida y ahora doy yo la vida con la muerte. Con la mía he dado y daré al hombre la eternidad que le habéis quitado con la vuestra. Aquellas glorias que ocultaba humano ya las muestro Divino. Aquella *sutileza* que ejercí al nacer penetrando cual luz el claustro virginal, aquella *claridad* que manifesté al brillar como Sol en el Tabor; aquella *agilidad* que actué al caminar las ondas en el mar y aquella *imposibilidad* que retuve al consagrarme Dios en el Cenáculo, ya todas las ha mostrado mi Divinidad. Veis aquí como el Segundo Adán resucita lo que el primero hizo morir y mi Resurrección actual divina es el modelo de toda la futura humana. Prueba es de la que yo he de dar para juzgar la que yo me doy para vencer. Ejemplo es de la que he de inspirar con los auxilios la que ahora he [254] obrado con los esplendores. Así haré que triunfen los cuerpos de aquellos justos que han triunfado de ellos. Así los haré otros espíritus, de materia que sea superior a la materia. *Refloreció la planta de mi Cuerpo con brotes de luz* (8). Ya el triunfo de mi Poder hace ver que fue su preludio el de mi Cruz. *Resucita, pues, oh Gloria mía. Resucita, cítara antes pendiente de mi Cruz. Resucita en la mañana de mis esplendores* (9) y llena de júbilo las eternidades.

Así resucitó el Señor y con un séquito de resurrecciones hizo resucitar también a aquellos santos padres que había sacado de las tinieblas de la Tierra, a que se unieron los que antes habían salido de la obscuridad de los sepulcros, conque agregándoles lo eterno, les comunicó al mismo tiempo lo triunfante. ¡Qué acompañamiento jamás visto en el mundo! ¡Qué pompa, nunca imaginada en los triunfos! Mezclados con los ángeles los justos, formaban un cortejo de soles más fúlgidos que el Sol, y componían una familia en que cada uno era el carro y el vencedor a un mismo tiempo.

Penetró al mismo instante el Salvador glorioso las rocas del Sepulcro sin romperlas, mejor que acá la luz penetra los cristales: que para lo Divino es [255] más que diáfano lo sólido y más que luminoso lo brillante. Tembló entonces la Tierra con portentoso ímpetu: saltos fueron de júbilo o postraciones de adoración. Resucitó ella también de movimiento, pues la que antes se había estremecido de doliente, difunta a la naturaleza, ahora se animó de gozosa, viva al culto. Estilo es de los Divinos actos que los que son horrores para el mundo sean Misterios para el Cielo: idiomas de un Señor que habla con voces de prodigios sus arcanos. *Si la Tierra se mueve cuando destilan los Cielos en presencia de Dios sus providencias* (10), ¿qué hará cuando ahora destilan a su mismo Dios? Tembló la Tierra en la Resurrección de Christo para hacerse símbolo de la del hombre. Sacudir los vicios, conmover los afectos, arruinar las pasiones y estremecerse los temores, señales deben ser de la resurrección de los espíritus. Allá en el Sinaí tembló la Tierra al darse una Ley de figura y acá tembló al darse una Ley[223] de Original. Terremoto fue éste más ilustre: que allá estaba muerto el mundo por Adán y acá resucitó con su Criador. Revolvió entonces la sepulcral roca, que hacía el oficio de marmórea puerta del monumento un ángel que apareció tan [256] refulgente que, a dos haces de luz se vio primero como encendido formidable rayo para aterrar las fieras guardas y, después, como benigno lucero para sosegar a las solícitas mujeres; rayo de quien fue nube el Poder y fuego la amenaza; joven celeste, todo incendió el semblante y todo nieve el traje. Juzgan que fue este celeste espíritu [el arcángel] Gabriel: que no podía ser otro el destinado por Dios para ser terror de sus rebeldes sino el que fue creado para ser su *fortaleza*. Así parece que el mismo que había sido embajador para anunciar que había de nacer su Dueño, debía ser el nuncio para avisar que renacía. Un ángel y una estrella le publicaron en el contorno de la cuna, y otro, que a un mismo tiempo fue el Ángel y el astro, le manifestó a la puerta del Sepulcro. Así concurrieron todos los elementos a la solemnidad de tan inmensa acción. La tierra movida y el aire impelente, el fuego en el rostro nítido del Ángel y el agua en la nieve del cándido vestido.

Cayeron a su vista casi exanimadas[224] las vigilantes guardas. ¿Qué hubiera hecho el brazo si así los postraba sola la presencia? Dígalo allá aquel campo en que uno solo quitó a Senaquerib inmensas tropas. No lo ejecutó así con [257] estos bárbaros el Ángel porque no intentó más que despejar el lugar a las Santas Mujeres,[225]

---

[223] A reference to the evangelists and Christ.
[224] This should read "sin vida."
[225] This refers to St. Mary Magdalene, St. Mary Cleophas, St. Mary Salome, St. Mary, mother of St. James, St. Joana, wife of Cusa, and to the Virgin Mary and many other saintly women who accompanied Christ, such as St. Veronica and St. Martha.

que habían de dirigir sus ansias al Sepulcro. Merecían el favor de ver y por esto se les dio la facilidad del inquirir. Este es uno de los artes del auxilio: allanar los caminos para conducirse hasta los términos: imán que tiene la senda para atraer la planta.

Acercábase entonces a la raya del día la noche y en amistad de vista se abrazaban las sombras y las luces. Tarde era para las tinieblas y temprano para las claridades. Era la acción Divina que se obraba la mayor fiesta de la Gloria, con que, en otro modo de solemnizar, los últimos instantes de la obscuridad hacían la víspera de los primeros júbilos del esplendor. De manera que, en un mismo día reinaba lo tardo y lo veloz del tiempo y la muerte de las sombras era un nacimiento de los rayos. Así se concilia aquella difícil oposición del *vespere* con el *lucessit*, del *Valde mane* y del *Valde diluculo* con el *Cum adhuc tenebrae essent* de los sacros oráculos: esto es, de la víspera y de la mañana, de las tinieblas y las luces; contrariedad que obligó a ilustres Santos Padres a discurrir que fueron varias las mujeres que llegaron al monumento y varias las horas en que [258] lo inquirieron. Pero, según lo advertido, fueron unas mismas y uno mismo el tiempo en que al principio concurrieron. Fue aquélla víspera de horas, no de día, porque cada momento lo formaba todo y porque siempre es de sí mismo víspera lo eterno. Aurora fue ésta la más bella y más alegre que vieron ni verán los siglos; aurora que produjo el día de la fe, que hizo abrir por púrpuras de rosas éxtasis de júbilos y por candores de lirios purezas de afectos; aurora en que resucitó el mundo a nuevo día; aurora que se levantó para ser copia del Hijo que renació triunfante y símbolo de la Madre que había de subir después gloriosa (11).

Apareció luego el Señor a su Divina Madre, porque la que para nacer eligió superior a todas las mujeres, era debido que al resucitar la viese primera, que la que al combatir lo había acompañado más que todos dolorosa, al vencer lo gozase triunfante antes que todos. No expresan esta aparición los sacros Evangelistas, porque no necesitaba referirse lo que era preciso entenderse. No ha menester el día decirse que hay aurora ni el Sol expresarse que hay Oriente. No quiso que advertiese a los Apóstoles de su triunfo, como lo hizo [259] con la Magdalena. Era soberana y no la quería nuncia. Era la voz de la Madre la del Hijo y no quería que anunciase lo que él mismo no anunciaba: que eso ya no era prevenirlos, sino aparecérseles. Era verlo en la Madre aun más que pronunciarlo en la noticia. Habían de ser incrédulos aun a la vista y no quiso que lo fuesen a su aviso: que aquello había de hacerse testimonio y esto hubiera podido parecer desdoro. Fue, en fin, a la Celestial Reina aquella misteriosa vista una resurrección[226] de viva, que imitaba a la de su Divino Hijo, que, por decirlo así, acababa su recobro donde había empezado su venida. Vio restituido a quien estaba viendo aún sepultado y puso el júbilo en mayor inmensidad que en la que había tenido la tristeza. Llevole el Señor todos los resucitados compañeros y se los presentó tan reverentes y gozosos que les fue un nuevo descenso, que si a la vista no les dio más luz, les dio más complemento a la alegría. Adoraron a la Reina y adelantáronle en la Tierra los homenajes que le prevenían en el Cielo. Al mismo instante, en el mismo confín de aquella noche, pasaron las devotas mujeres al Sepulcro y la primera que entre todas llegó a él fue la más diligente: la amante Magdalena. Claro [260] es que había de ser la primera en la solicitud la que era la primera en la ternura: que en las vehemencias del amor la herida es tan veloz como la flecha. Iluminose mucho y ardió mucho. No pudo precederla la soberana Madre en este anhelo. Dudaba la discípula y creía la maestra; inquiría la súbdita y veía la Reina; y, así, no necesitaba buscar lo que antes sabía que había de hallar, y lo que entonces estaba gozando. Acompañaban a la Amante las demás Marías, que lo eran la Jacobi,[227] la Cleofás y la Salomé y todas llevaban nuevo aparato de aromas con que volver a ungir el Sacrosanto Cuerpo. Juntóseles Juana, mujer que era de Cusa, procurador o tesorero de Herodes: rama virtuosa unida a tronco inicuo. Así [Santa] Serena lo fue de Diocleciano, que la martirizó con la hija y la sobrina, vírgenes gloriosas, y otras sagradas heroínas, en quienes la unión de los vínculos era mérito de la separación de los espíritus.

Llegaron anhelantes al Sepulcro y, viéndolo abierto Magdalena[228] sin la roca, dio por perdido el corazón y comenzó a clamar, diciendo: *Lleváronse a mi Señor. ¿Dónde me lo habrán puesto?* No se han contentado estos inicuos con quitarle la vida, sino que también le han querido [261] quitar la sepultura. Ha pasado la envidia del confín de la crueldad, pues donde no está el objeto, está el empeño; y donde nace la compasión, renace la impiedad. Sin duda que porque no lo roben los discípulos y publiquen su Resurrección, lo han

---

[226] A metaphorical reference to the Virgin, not to the Resurrection of Christ.
[227] A reference to the mother of St. James.
[228] Mary.

quitado o para hacer robo del mismo robo su atentado o para hacer acusación cierta de la malignidad lo mismo que era recelo incierto de la impostura. ¿Dónde hallaré el Divino Cuerpo de mi amado? O, a decirlo mejor, ¿dónde hallaré mi vida[229] para poder mantener mi adoración? Vieron todas al instante al Ángel. Temieron la hermosura y tropezaron en la luz. Incendio de gloria que no cabe, rompe el pecho. Torrente de esplendor que no pasa, inunda el ánimo. Siempre la superioridad se hace terror porque se entrega el alma a discreción y no sabe lo que hará el poder. Conociendo el celestial espíritu la consternación y el desconsuelo de la piadosa compañía, templó la gloria; y el luminoso rostro remudó luz y vistió risa. Alentolas, diciéndoles: *No temáis vosotras. Jesús, que ha sido crucificado y a quien buscáis, no está aquí porque resucitó, como lo dijo. Venid y mirad el lugar en que el Señor estaba puesto,* como que les quisiese así insinuar: no sois vosotras las [262] que habéis de temer. Dejad el horror para los que merecen lo horrible. Tiemblen los que se concuten[230] de la culpa, no los que están firmes en la virtud, que para éstos su temor es toda su seguridad. Aterrorícense de la ira del Señor los que han atormentado su paciencia y témanlo triunfante los que lo acaban de despreciar crucificado (12). Teman los que lo han de horrorizar de Juez, no vosotras, que lo habéis de celebrar de Padre. Teman a los ángeles sus enemigos, no vosotras, que tenéis vuestras virtudes compañeras de nuestros esplendores. Recordoles que había resucitado, como lo había dicho, porque no sólo quiso probar la Omnipotencia sino también autorizar la profecía. Añadioles mandándoles *Que fuesen veloces a anunciar a los discípulos que ya había resucitado su Señor, que los precedería en Galilea y que allí lo verían.* Quería el vencedor Altísimo que gozasen su vista donde no se turbase el triunfo con el temor. Era enemiga la Judea y débiles entonces los discípulos; y, así, les disponía todo el sosiego para que lograsen todo el júbilo. Quería manifestar la gloria de resucitado donde había tenido el gozo de nacido. No había sido allí aceptado y quiso enseñar a amar la patria aun con la ingratitud y hacer virtud cristiana lo que era honra [263] política: que no tiene la culpa el suelo inocente de lo que ejecuta pérfida la envidia. Si perdonó a los crucifixores, ¿cómo no había de perdonar a los compatriotas?

Tenía el monumento dos estancias: la primera era un corto ves-

---

[229] Metaphorical reference to the life of Mary Magdalene.
[230] This should read "congojen."

tíbulo y la segunda contenía el mismo Sepulcro del Señor en otro pequeño espacio, a que formaba marmórea bóveda la gruta ya elegida. Entró en ella Magdalena con su tierno séquito y, no hallando el Sacrosanto Cuerpo, continuó con el mismo los lamentos. Hallaron, sí, dos refulgentes ángeles que, vestidos de segunda nieve, guardaban, ya que no el Cuerpo, el inmediato Sepulcro ya evacuado, como que, siendo aun solo el lugar Imagen de la imagen, hacían culto la custodia. Repitiéronles ambos la misma noticia y el mismo orden que había dado ya el primero, añadiéndoles que se acordasen de la que les había prevenido en Galilea, diciéndoles: *Que convenía que el Hijo del Hombre fuese entregado a las manos de inicuos pecadores y crucificado y que al tercero día resucitaría*. Pero estaba ya la lacrimosa Amante[231] tan poseída de la pena que tenía en otro robo mayor el pensamiento que el que lamentaba. Y así, no creyendo entonces a los ángeles ni atendiendo a las luces, no acordándose de [264] las predicciones ni obedeciendo a los preceptos, corrió despavorida y toda enajenada y fue con las demás a dar aviso a los Apóstoles de cuanto había visto en el Sepulcro. Amaba el Señor tanto a la Amante, que le perdonaba hasta el amor: porque el amar tenía toda la culpa del no creer. Quería el Señor hacer las dudas pruebas y las incredulidades testimonios. Los demás prodigios habían sido solamente milagros. Este era milagro y misterio juntamente y hasta entonces el mayor milagro, y, así condenaba en aquéllos la obstinación en resistir y en éste permitía la continuación en vacilar. Sin embargo, la grandeza del aviso, la certidumbre de la predicción y el esplendor del Nuncio producían en aquella santa tropa un alborozo que, uniéndose al espanto, se hacía un nudo de gozo y de temor, un problema de creencia y repugnancia y una discordia de amor y de consternación para que no tenía fuerza que desatase ni solución que explicase ni comprensión que durmiese. Parece que se les lee el corazón. Dirían entre sí y aun se dirían: La palabra del Señor es verdadera, pero el tiempo del cumplimiento es ignorado. Si hubiese resucitado, ¿por qué no se había de haber manifestado sin esperar a hacerlo en Galilea y dilatarnos tan gran gozo? ¿A [265] quiénes podía descubrirse con mayor confianza? Si ha de resucitar para autorizar su fe, ¿por qué no lo había de ejecutar donde es preciso convencer? Necesario es suspender lo que no se puede penetrar. Mas también lo es asentir a lo que no se puede disputar. De es-

---

[231] Mary Magdalene.

ta manera fluctuaban los corazones y la misma grandeza del deseo se hacía cortedad del juicio, porque querían hacer discurso lo que era Misterio. Todo esto imaginaban en tan breve espacio como el que gastaron en correr a Jerusalén a ver a los discípulos. ¡Oh cuánto la pluma de la idea escribe más veloz que la que escribe!

Así participaron breves a los once sagrados Apóstoles la noticia de cuanto habían visto confundidas. Pareciéronles delirios sus palabras y a fuerza de maravillas dejaron de serles testimonios y al instante corrieron Pedro y Juan al monumento. Amaban más que todos y así fue justo preferirse a todos, pero se adelantó Juan más ligero. Era el uno el fundamento de la Iglesia, el otro el Águila,[232] y, así, era preciso que en materia de prontitudes se debiesen preferir los vuelos a las solideces. Llegó primero Juan al monumento y entró Pedro primero, porque entonces debía preceder la potestad. Vieron sólo el lugar con los sagrados lienzos que habían servido al sacrosanto cuerpo del Señor. [266] Entraron con el deseo y salieron con la admiración, y, así, hicieron éxtasis la vuelta y formaron sacrificio de la confusión. Quedó la Magdalena. Buscaba al Numen que no estaba en el ara y no dejaba el ara. Era la más solícita y más lenta, como que pretendiese que el templo le diese cuenta de la Imagen o que la Víctima le trajese la Deidad. Lloraba a mares, porque amaba a incendios. Era aquel llanto un análisis del corazón que daba un extracto de alma alambicada a un fuego de dolor. Quiso el Señor entonces despenarla.[233] No podía ya más la Amante, ni más el Amado, digámoslo así, porque llegaba ya a la vida el sentimiento y no era aquel júbilo para tanto pesar. Bastaba de nubes para tanto Sol y de lágrimas para tanto triunfo. Mientras corría el llanto, volvió la Magdalena al monumento e, inclinando a lo interior la vista, aunque turbada, como por ver si aun le respondía lo insensible, volvió también a ver los sepulcrales refulgentes nuncios, inseparables luces de aquel celestial fúnebre altar. Preguntáronle *por qué* lloraba. *Porque se han llevado a mi Señor.* Respondió ya casi agonizante y, advirtiendo la reverencia con que los ángeles miraban después[234] de ella, volvió el rostro [267] y vio al Señor en pie, pero tan preocupada de la pena que, no conociéndolo, lo juzgó hortelano y le clamó: *Señor, si tú eres el que lo has llevado, dime: ¿dónde lo has puesto y yo lo qui-*

---

[232] Saint John.
[233] This should read "alegrarla."
[234] This should read "detrás."

taré? ¡Éxtasis prodigioso del amor! Otro milagro era el dolor, que había transformado a la doliente. Era la que a sí misma no se hallaba y pensaba hallar a su Señor! No tenía fuerzas en su ánimo y presumía poder tenerlas para todos; y era que estaba dándole humos de omnipotente el mismo que buscaba débil y la cercanía del Triunfante le estaba comunicando ya lo poderoso. Díjole entonces el Señor: *María*. ¡Oh cuánta nube de congojas pudo disipar esta voz con sólo un rayo! Todo el sol del Señor entra en sola una luz cuando ilumina. Con sólo llamar rinde discípulos. Con sólo un mirar salva un apóstol y con sola una queja forma otro. Creaciones son de la piedad que producen mundos de Gracia, con sólo un *Hágase* de Misericordia. Abrió los ojos del espíritu Magdalena y conoció a Christo. ¡Oh cuánto la arrebató el júbilo! Fue a dar de un rapto en otro. Mudó el anhelo: no le empezó. Varió enajenación: no la acabó; pero la varió excediendo a la del sentimiento con la de la alegría. Venció una inmensidad con otra. ¡Qué [268] mucho si aquélla era suya, ésta de Dios! Buscaba el Cuerpo y halló la Deidad. Inquiría el Sepulcro y encontró el triunfo. Arrojose ansiosa a los sagrados pies del Salvador y fue a abrazarlos. Detúvola el Señor, diciéndole: *No quieras tocarme porque aún no he subido a mi Padre. Ve, y di a mis discípulos, que he de ascender a mi Padre y al suyo: a mi Dios y su Dios*. ¡Oh qué difícil prohibición! ¡Qué arduo motivo! No caben de pies los arcanos en las voces ni en las interpretaciones los sentidos. Si era porque no era digna de tocarle resucitado, ¿cómo lo permitió viviendo? Si era porque estaba ya glorioso, ¿cómo dejó después llegarse tan benigno? ¿Cómo se prohibió ahora tan rígido a la fe quien luego se permitió tan íntimo a la duda? Pero concédanse estas causas: ¿qué unión tiene con ellas la de aun no haber ascendido al Padre Eterno? Cesen, pues, las razones; que otro parece el sagrado motivo de la repulsa soberana. La culpa la tenía la Magdalena y su gozo era el impedimento de su gozo. Era éste inmenso y vio el Señor que no se saciaba de la gloria de abrazar y de besar sus sacros pies, queriendo desquitar con el júbilo todo lo que había perdido con la pena. Veía que tenía que hacer mucho de Misterios su Ascensión, que [269] tenía mucho que prevenir de testimonios su Verdad y mucho que proveer de luces su gobierno; y así parece que la apartó el Señor, como que así dijese: no quieras tocarme con todo el espacio que deseas ahora. No me detengan tus fervores, que hay acciones más precisas que hacer y no he ascendido a mi Eterno Padre por ejecutarlas. Después podrás lograr más breve lo que ahora anhelas tarde (13). Tradición es autorizada la señal que a la Amante dejó el Señor impresa en la frente de los sagrados dedos con que la detuvo. Así, aun cuando la repelió, la coronó. Aun cuando la prohibió, la iluminó. Todo lo que le quitó el despego le volvió el favor y todo lo que le tributaba a los pies pagó la mano. Quedó incorruptible la carne en el contacto, como hasta hoy se admira en su cabeza. Testigo es aquella sacra gruta de Marsella, que fue estancia de asperezas a su vida y ahora es constelación de riscos a su culto.

Habían sido las Santas Mujeres las más llorosas y las más devotas, prefiriéronse en el lamento y el amor y, así, quiso el Señor sosegarlas con el Consuelo y amanecerles con la luz de su presencia, prefiriéndolas en la alegría y en el premio. Siempre el que se adelanta a amar se adelanta a ser amado. Configuraciones [270] divinas tienen con las finezas los favores. El esplendor de la luz ama al del fuego. La gloria del gozar ama a la gracia de querer. En el mismo inquirir se tiene el inquirido y el buscar al Señor ya es encontrarlo. El fin es el principio y el término forma la carrera y, así, apareció inmediatamente a las tiernas afectuosas discípulas, encontrándolas en el camino al volverse confusas a Jerusalén. Raptos fueron de gozo con que se elevaron cayendo a los sagrados pies del Salvador porque eran cielo y el abatirse hasta ellos fue exaltarse. Mandoles el Señor *Que fuesen a avisar a sus hermanos,* que así se dignó llamarlos. *Que partiesen a Galilea y allí lo verían.* Arcano fue raro el de tanto mensaje cuando podía verlos y mandarlos. ¡Oh fuerza de Misterio! Para todos los demás bastaron las predicciones y aun para el de nacer le bastó un Nuncio. Para éste no bastaron los profetas, no fueron suficientes los ángeles y parece que ni aun el mismo Profetizado quiso ser bastante. Era mucho el Día y fueron menester muchas auroras: mucho el triunfo y eran necesarios muchos aparatos. Era mucha la Luz y no podían beberla de una vez los ojos. Pues aun a las mismas [271] que se prefirieron por el mérito de amor, se les comunicó por partes la misma prelación de la Fineza.

Entretanto, habían partido las ignorantes guardas del Sepulcro a dar cuenta a los príncipes de los sacerdotes de lo que había sucedido: de la vista del joven refulgente, del espanto que los aterró y de la abertura del Sepulcro; lo que oído por aquellos pérfidos, reconociendo llegado el caso que temían, persuadieron a los torpes soldados que publicasen que, hallándose dormidos, habían los discípulos de Jesús Nazareno robado el Cuerpo para divulgar que había ya resucitado, como lo había prevenido; a cuyo impulso añadieron el del dinero con que los sobornaron: persuasión la más elocuente que tenga el arte del empeño. ¡Oh inicuos obstinados! ¡Oh ciegos ignorantes! ¡Y cómo os estáis poniendo de parte de la verdad con la mentira y al lado de la razón con el engaño! ¡Oh cómo hacéis el cohecho testimonio y la ocultación descubrimiento! Hacer el sueño vigilancia y poner por testigos los dormidos, ¿quién lo ha visto? Si lo estaban, ¿cómo lo advirtieron? Y si lo advirtieron, ¿cómo lo permitieron? En lo primero, formáis un imposible. En lo segundo apoyáis un delito. Argos [272] dormidos, ni aun la fábula los pudo discurrir. ¡Qué agudo el elegante Severiano! (42) Hacían delito de los discípulos el Poder del Maestro. En la verdad lo perdieron los soldados y se les quitó a los judíos, pero los discípulos se llevaron a su Maestro no con el hurto, sino con la fe; no con el fraude, sino con la virtud; con la santidad, no con el crimen. Robáronselo vivo. No lo hurtaron muerto. ¿No habíais hecho el Sepulcro impenetrable? ¿No habíais aplicado insuperable la custodia? ¿No veis que el mismo imposible del robo está haciéndose muestra del Poder? ¿Cómo habían de atreverse a contrastar lo fuerte los que apenas tenían donde esconder lo débil? Los que andaban huyendo temerosos, ¿cómo habían de emprender osados? ¿Para qué habían de publicar resucitado al que nunca había de mostrarse vivo? Y si no se mostraba público, ¿cómo había de convencer Divino? ¿Qué utilidad habían de sacar de su impostura? Si atendían a la gloria que en su vida podían captar, ésta sólo les prometía las afrentas por honras, los desprecios por veneraciones y los suplicios por altares; sólo les ofrecía una fama de ignominia y un culto de tormento: buena cosecha de inmortalidad, sembrada [273] por las manos de la muerte; buen templo de honor, fabricado con materiales de irrisión. Si miraban a la futura exaltación de la Ley nueva, o la ignoraban ciegos o la sabían ciertos. Si no podían presumirla, eran insensatos; y si podían preverla, eran divinos y, no pudiendo ser lo primero, pues aun vosotros mismos los juzgáis astutos, es preciso que sea lo segundo; y es que para la brutalidad no hay raciocinio ni para la locura hay juicio; para la ceguedad no hay evidencia ni para la obstinación convencimiento.

¡Oh cuántas luces tocan a una Luz! ¡Cuántos Misterios tocan a un Misterio! Acaba Christo de hacerse visible a las discípulas y aún no se manifiesta a los discípulos. Acaban de creerlo aquéllas y aún no lo creen éstos bien. Ve que caminan dos dudosos. Era el uno Cleofás, hermano del glorioso esposo de su Divina Madre, padre y abuelo de dos grandes Apóstoles (15), y dirigen los pasos al célebre castillo de Emaús, distante de Jerusalén sesenta estadios, que componen cerca de dos leguas. Y para disiparles la vacilante niebla de su fe, se acerca a ellos y les pregunta incógnito: *qué era lo que trataban tristes, y lo que los afligía al parecer confusos.* Pasando [274] entonces la pena a admiración, le respondió Cleofás: *Tú solo eres extranjero en Jerusalén. ¿De suerte que no sabes lo que acaba de suceder en ella en estos días?* Hízose entonces el Señor ignorante de sí mismo, como que el mismo Sol quisiese informarse de sus luces, diciéndoles: *Pues, ¿qué es lo que ha pasado?* Hablábamos –respondieron– *de Jesús Nazareno, que fue varón profético, poderoso en las palabras y en las obras delante de Dios y todo el pueblo; cómo los supremos sacerdotes y nuestros príncipes lo entregaron al suplicio y lo pusieron en la cruz. Pero nosotros esperábamos que redimiese a Israel y éste es el tercero día que ha pasado esto y nada hemos visto, aunque es verdad que algunas de nuestras mujeres, que fueron a su monumento antes que amaneciese, no habiendo hallado en él su Cuerpo, nos han asombrado diciendo que vieron cierta aparición de ángeles que les aseguraron que vivía y, habiendo ido algunos de los nuestros al mismo monumento, hallaron cierto lo que referían, pero no le vieron.* Tan incógnito les estaba el Señor como el Misterio; tan oculta la Deidad como el oráculo; tan cerrada la vista como turbada la esperanza. No hacía estos disfraces el Señor ni con la ceguedad introducida, porque veían el cuerpo, ni con abstracción infundida porque realmente lo miraban, aunque [275] en otra figura (16); ni con inmutación del rostro celestial, porque estaba inalterable como ya glorioso; ni con fascinación diabólica, porque no era decente, siendo esta acción propia sólo del Señor, según diversos intérpretes sagrados discurrieron varios; sino con la facultad Divina de ocultar o retener en sí su especie o con la alteración de la luz, modificándola y variando sus propias reflexiones, como lo había hecho con Magdalena en el jardín.

Así se obscurecían los discípulos a vista de la claridad y así se desgaritaban con el Norte. Debían entender que la redención de Israel era de Abismo, no de imperio, y que su libertad había de ser celestial y no terrena. Debían tener una esperanza inmortal, no fluctuante. Habían esperado y no esperaban. Formaban un compuesto de creencia y duda, de confianza y disidencia en que estaba la incertidumbre del paso a riesgo de ser certidumbre de la caída. Examen fue el de las preguntas del Señor con que les quiso descubrir la llaga de la inconstancia. No quiso de una vez mostrárseles por no hacerles ceguedad la luz y porque no juzgasen fantasma lo que era Deidad. Corrigiolos severo como maestro. No los condenó riguroso como juez. Cariño fue la increpación, no horror; que el rigor de la [276] advertencia es un halago de la verdad y el reparo del que enmienda se hace elogio del que se corrige. Por esto les dijo así: *¡Oh inadvertidos! ¡Oh tardos de corazón para creer todo lo que han hablado los profetas! ¿Por ventura no fue conveniente que padeciese Christo y que entrase de este modo en su Gloria?* Para satisfacer a un Dios fue preciso pagar con el caudal de un Dios y el caudal fue preciso que fuese su Sangre: para que la muerte se venciese con la muerte y que la entrada en su reino se hiciese con el triunfo de su Resurrección. ¿Cómo el Vencedor había de quedar sujeto a la vencida? ¿Cómo la luz había de yacer rendida a las tinieblas? ¿Cómo la Gloria había de permanecer envuelta en la ceniza? Suspendió lo inmortal hasta ser Redentor. Espera fue: que se concedió de lo glorioso y luego que se cumplió lo recobró. Toda la Ley fue anuncio de su fe. Todos los profetas fueron sólo un Christo prevenido. En la pintura de sus voces, si Él era el original, ¿cómo no habían de ser sus esplendores sus diseños? En el libro de sus vaticinios, si Él era el asunto, ¿cómo no habían de ser sus rayos sus auroras? Así les fue explicando todas [277] las Escrituras, que eran oráculos de su Deidad: desde Moisés hasta los últimos profetas. Así fue el profeta de sí mismo y así fue el Numen y el intérprete. No hubo jamás incógnito más declarado ni oculto más patente. Todo a los ojos era sombra y todo a los entendimientos era luz y, acercándose al castillo, que era el término hacia donde dirigían sus pasos los discípulos, les pareció que el Señor caminaba a parte más distante. Aquí dice el sagrado Evangelista que fingió ir más lejos. Mas no se entienda, no, que esta ficción fue de aquellas que habitan en el país de la mentira. Fue una ficción de aquellas que connaturaliza en su reino la Verdad, porque sirven a lo que desea y conducen a lo que determina (17). Así finge la Retórica en sus figuras y la Pintura en sus colores y todas son ficciones a un tiempo y son verdades y, con todo esto, nada dijo el Señor en que afirmase proceder más lejos. Pudo ir al principio por otra senda que guiase a lugar más apartado y, aunque se juntó a los discípulos, pudieron entender que la recobraría, o por el traje o el acento que mudó, y pudo ser propio de pueblo o de provincia más distante y juzgar que caminaba hacia ella; conque toda la ficción vendría a refundirse en el concepto [278] de los mismos discípulos.

Verdaderamente hubiera ido más lejos si no lo hubiesen éstos detenido. Sabíalo el Señor porque lo veía y porque lo inspiraba, pero no lo obligaba porque les era libre. Caía la tarde y les amanecía. Poníase el sol y les nacía. Por esto le dijeron obsequiosos: *Quédate con nosotros, porque ya anochece.* ¡Oh místicas palabras! ¡Oh ruego devoto! ¡Oh urbanidad de Empíreo! ¡Oh Hospitalidad de Gloria! ¡Qué maestros hicisteis los discípulos y cuánto nos enseñan vuestras voces! *Quédate,* ¡Oh gran Señor! *Con nosotros.* Quédate en nuestras almas porque anochece a cada momento nuestra vida y anochece nuestra naturaleza a cada pensamiento. Mira que con la obscuridad de nuestra ignorancia puede perderse para nosotros en el camino del Cielo tu Gracia. Quédate con nosotros para que nosotros quedemos en Ti. Palabras son de sacramento y así lo fueron para los discípulos y la cena que al Señor le dieron copia fue en el castillo de la del Cenáculo. Comió con ellos para que le creyesen Hombre y no fantasma. Bendijo el pan y le partió y al mismo instante conocieron por el modo el Huésped. Descubrieron por el rayo al Sol. Hizo al pan su Cuerpo y era preciso que en él reconociesen su Deidad. Conque el mismo ocultarse con su velo fue [279] manifestarse con su Luz. Sentir es de sagrados Padres (18) haber sido esta bendición consagración y haber comulgado a los discípulos por el modo y la dicción en todo semejante a la que los Evangelistas veían en la Cena: por el tiempo, que fue en medio de esta misma; y por el efecto, que fue el de conocerle. Esta es la alta virtud de este Alimento. Este es el colirio de la vista eterna; este el conocimiento de la luz Divina. Desapareció luego el Señor. Sol era que tenía su oriente y su ocaso a su albedrío: astro que tenía sus luces y sus nubes a su voluntad. Nada resistía a quien la nada obedecía. Todo lo podía quien todo lo crió. Todo lo penetraba el que formó todo lo penetrante. Toda la plenitud del universo no podía ser obstáculo a quien todo el universo era dominio, a quien el imperio estaba más allá del universo y cuyo Poder se extendía aun más allá de la extensión. La misma materia sutil, la misma etérea, aun no igualaba su materia. La misma claridad, la misma luz, aun no podía competir con su luz. Las dotes de lo glorioso son privilegios, no necesidades; y, así, las tenía a su arbitrio el Sacrosanto Cuerpo. Ya se era denso para ser palpable; ya se era sutil para poder no serlo. Comía como humano y no lo necesitaba como celestial; [280] y aunque todo lo habían obrado ya los ángeles en las visitas que hicieron a Abraham, a Lot, a Jacob y a otros, en que no sólo se permitieron al contacto y la mesa sino aun a la lucha, ninguno pudiera ejecutarlo al fin propuesto. Este es el caso en que de dos contradictorias puede deducirse una verdad, pues de ser ángel el que representase al Salvador resucitado, debía no serlo, porque siendo aparente y afirmando que era el Dueño real, fuera preciso que engañase: imposible, que hace que no pudiera ser ángel por el fin, aunque lo pudiese ser por la aptitud. Tuvieron los milagros de la vida con el de la Resurrección una mutua causalidad de Omnipotencia, en que se autenticaban entre sí, pues ni el Poder de vivo pudo no ser el de resucitado ni éste pudo dejar de confirmar el de viviente. Así hizo de las mismas resistencias testimonios y de las mismas incredulidades evidencias y, así, habiéndolo visto más de quinientos felices testigos de su esplendor, que aún vivían cuando el Vaso de Elección lo aseveró (19), fueron más los cumplimientos que los vaticinios, más los ojos que las predicciones.

¡Oh elocuencia de luz y cómo expresas fuego! ¡Oh cuánto fue el que arrojaron las palabras del Señor en los pechos [281] de aquellos dos discípulos! Rayos fueron de voces, que prendieron la llama del afecto por el cristal de la doctrina; y es que era el mismo asunto el que explicaba: era el Profeta y el Profetizado y se enviaba la misma Ciencia al que aprendía. Por esto ponderaron mutuos los oyentes: *El ardor que habían sentido allá en sus corazones cuando el Señor les explicaba en el camino las sacras Escrituras.* ¡Oh ciencia del Empíreo! Enseñar los afectos y enamorar los pensamientos, iluminar las voluntades y abrazar los genios: poder, que jamás tuvo la ciencia de los Pitágoras y Trismegistos, de los Platones y Aristóteles, ni aun la de los fingidos Apolos y Mercurios; artes helados y discursos muertos, que ni encienden los ánimos ni vivifican las virtudes; luces obscuras y fecundidades infecundas, que nada alumbran celestial ni nada producen eterno; *este es aquel hablar de fuego y aquellas palabras encendidas del Señor; aquella ley ígnea de su diestra y aquellas voces de hacha de Elías; aquel aspecto de lámparas de los querubines y, en fin, aquel incendio que el mismo Christo vino a arrojar a la tierra* (20). Este es el estilo de la verdadera Ciencia de explicar los sagrados oráculos, de concordar los lugares y probar los asuntos; no ya un estilo en que las Escrituras quedan mudas [282] y sordos los oyentes, en que las aplicaciones cometen despojo a las palabras y la Verdad ocurre por vía de fuerza a la Razón. Un estilo en que se ha hecho arte de decir, decir sin arte; y estudio de pensar, pensar sin estudio; un estilo en que se ha hecho sutileza del sofisma y elegancia de la fantasía; en que, como se diga con novedad, no importa que se diga con violencia. Siempre es nuevo lo que es infinito: que tiene mucho que dar lo Eterno y nunca puede faltar qué decir en lo indecible. Por esto, ni alumbra enseñando ni enciende moviendo, quedando los entendimientos obscuros y fríos los corazones; no como estos discípulos que, aun antes de penetrar ya penetraban y antes de arder ya ardían. No sólo eran aquellas Escrituras de dolor, también eran de alegría; no sólo de Pasión sino de triunfo. Así lo dijo aquí el Señor, esto es, que convino que padeciese y que entrase a su Gloria por su muerte y con todo esto en las luces de lo panegírico iba el fuego de lo persuasivo. No es ésta crítica, sino deseo. No hablo con los maestros: que eso sería atreverse a dirigir a los que nos dirigen.[235]

Llevaba el Señor, digamos así, a una mano los dos altos intentos de afirmar la evidencia de su triunfo y de [283] perpetuar el derecho de su Trono; de autenticar su Deidad y establecer su culto; y, en fin, de manifestar el Misterio y disponer su Ley. Conocía la debilidad del hombre redimido y quería asegurarle la Redención; la propensión a la caída y quería prevenir la máquina para levantarlo; que era un árbol caduco a quien para elevar la copa al Cielo no bastaría muchas veces el agua de la inmortal Fuente sin el riego de las lágrimas de la penitencia; una infeliz nave a quien para llegar al puerto de la Gloria no bastaría tal vez el primer norte de la Gracia si no tuviese la segunda estrella del arrepentimiento. Así, quiso aparecerse a los discípulos, que congregados, y ocultos por el temor de los judíos, menos Tomás, que no asistió, se hallaban todavía incrédulos contra la aserción de [San] Pedro y [San] Juan y la relación de los del viaje de Emaús. Penetró la cerrada estancia. Saludolos benigno y, conociendo la subitánea turbación de los dudosos genios, haciéndosele el desagrado de la incredulidad agrado de la tolerancia, porque iba a formar de la resistencia del asenso la firmeza de la confesión, les dijo con una benévola reprehensión: *¿Qué estáis, turbados? ¿Y qué pensamientos son los que poseen vuestros corazones? Ved mis manos y pies y conocedme.* [284] *Tocadme. Mirad que soy realidad y no fantasma o espíritu, como presumís, porque éste no tiene carne ni huesos como los que veis*; y, advirtiendo que, aun habiéndoseles mostrado con las Sacras señales que les debían ser purpúreas luces, se les hacía el exceso del bien otra incredulidad de la alegría, les pidió cualquier manjar que, comiéndole, les sirviese a ellos mismos de

---

[235] Peralta refers to the criticism of the priests of his time.

otro alimento de la creencia. No cabía en toda la inmensidad del gozo la inmensidad de aquella posesión y, por lo que faltaba a ésta de espacio, faltaba también a aquélla la seguridad, conque no viendo a fuerza de ver y no creyendo a fuerza de creer en una incierta certidumbre, se les hizo la firmeza del júbilo vaivén del pensamiento. Diéronle parte de un pez asado y un panal de miel. Figuras fueron el uno de aquel Divino corazón que se vio cogido en el mar de las tribulaciones y abrazado al fuego de las ansias; y el otro, de la dulzura de la Divinidad unida a la blanda cera de la humanidad.

¡Oh sagrados discípulos! ¿Qué dudas son éstas? ¿Cómo dejáis de creer Resucitado al que creísteis vivo? ¿Cómo, si le confesasteis los milagros, le resistís los Misterios? ¿Cómo, si le visteis obedientes los sepulcros ajenos, receláis el propio repugnante? Si le creísteis las predicciones, ¿le dudáis [285] los cumplimientos? ¿Por ventura no ha sido su muerte la prueba mayor de su Resurrección y la Pasión efectuada no ha sido testimonio adelantado del triunfo prevenido? Y es que estáis comprobando lo mismo que dificultáis y esclareciendo lo mismo que ofuscáis litigando la Verdad en contradictorio juicio con los siglos y disponiéndoos de mártires con lo mismo que vaciláis de Apóstoles. Opinión es probable que entonces tocasen las manos y los pies sagrados del Señor, no malogrando la ocasión de hacer obediencia lo que era deseo y apurar el testimonio para el júbilo: que no era de perder la dicha del contacto a espaldas de la constancia de la fe. Repitioles la explicación de los proféticos oráculos que había declarado a los discípulos de Emaús, el recuerdo de sus misteriosos vaticinios y la necesidad de su dolorosa Pasión. Preveníalos no sólo para testigos de su luz sino para maestros de su fe, no sólo para padrones de su triunfo sino para trompas de su luz. Dioles así la verdadera inteligencia de las Escrituras, duplicándoles el don para afirmar aquella facultad que sola su Iglesia había de tener contra los ímpetus de la herejía que se la había de contrastar. La primera explicación a los de Emaús fue de enseñanza; ésta, de potestad. Por eso les [286] repitió la paz: paz defensiva contra los insultos de los errores atrevidos y guerrera contra las traiciones de los falsos dogmas. Confirioles aquella semejanza de misión con que los enviaba a convertir todo lo que el Padre le había enviado en la suya a redimir, diciéndoles: *Como el Padre me envió, así os envío yo a vosotros*. Fue Apóstol del Padre para que ellos lo fuesen del Hijo, de manera que del modo que fue uno solo el Original fuesen las copias todas una sola. Entonces les insufló o les inspiró en los rostros aquel Divino aliento que fue la segunda creación del hombre, formada para animar a los que habían de regenerarlo, diciéndoles: *Recibid el Espíritu Santo;* respiración de Divinidad que les valió una vida de poder; señal de luz que pudo pasarles todo un Sol. Fue en la sacra Eucaristía la primera vez que recibieron este inmenso Numen y fue en este hálito eterno la segunda; y, ambas luces, dos divinas auroras de un día divino; dos gloriosos auspicios de una gloriosa dicha; que no podía ser prevención menor para la venida de un Dios paráclito que el mismo Paráclito. Continuó el Señor, diciéndoles: *A aquellos (*) a quienes remitiréis sus pecados, les serán remitidos; y aquellos a quienes los retuviereis, les serán retenidos.* ¡Oh potestad maravillosa: delegar la Misericordia y sustituir la Redención; [287] hacer un tribunal de halago y una justicia de piedad; instituir unos jueces de gloria y unos médicos de eternidad!

Había el Señor aparecido, antes que a los dos discípulos de Emaús, a [San] Pedro, como ellos mismos lo expresaron, pues parecía debida la prelación en el favor a quien se le había de dar en la dignidad. No podía dejar de preferir para testigo al que prefería para juez; si no es ya que quisiese afirmar primero al que había caído débil o ilustrar privilegiado al que se había arrepentido penitente (21). No se halló entonces presente [Santo] Tomás, y, habiéndose poco después juntado a los demás, conociéndole éstos el resistente genio, le quisieron convencer lo incrédulo y triunfar todos de sus dudas con una carga que le dieron de evidencias. Refiriole la amante Magdalena los ángeles, los llantos, los favores. Refiriéronle las Santas Mujeres sus luces; los de Emaús sus interpretaciones, su cena, su fracción del pan y su Eucaristía; y los demás discípulos su increpación, su claridad y su esplendor. Dijéronle que el no rendirse a tantos era poner dentro de la luz la obscuridad y anochecer en la mitad del día, agraviar a los discípulos y al Maestro y caer en el dilema de no creerlos existentes o haber de creerlos verdaderos y, sin embargo, repugnante a todos, respondió [288] que: *Si no viese las heridas de los clavos y del pecho y entrase la mano en su costado, no creería.* ¡Oh sagrado Tomás! ¿Qué pertinacia es ésta que os hace caer en tantas faltas? De pecados las tratan los Padres[236] e intérpretes (22). La incredulidad a las predicciones, la contumacia a las testificaciones, la ofensa a las personas, son muchas sombras para tanta luz. Habéis estado en la mayor escuela, y ¿no creéis al Maestro?

---

[236] St. Anthony, St. Augustine, St. Gerome, and St. Gregory Magnus.

Habéis conocido la verdad de los compañeros y ¿repeléis los testimonios? Sabéis la dignidad de los testigos y ¿despreciáis el crédito? Pero ya veo lo que puede alegar a vuestro favor nuestro respeto. Veo que ese mismo resistir era imitar, que esa misma incredulidad fue defecto de los que hoy son creyentes, que esas dudas vuestras son celos de sus evidencias y las repulsas de sus júbilos son dolores de vuestra posposición y, sobre todo, que esta repugnancia fue un arcano de niebla para un Misterio de esplendor: fue una compresión de creencia para un elaterio (23) de verdad y un abatimiento de razón para una elevación de fe. No se trataba entonces de hacer sólo creyentes sino apóstoles; no sólo de formar asenso, sino testimonios; y de que no hubiese alguno que no lo hubiese visto, en un colegio en que todos menos uno habían de morir testigos.[237]

[289] Por esto, después del espacio de ocho días, quiso el Señor disipar con sus luces la tenacidad de estas tinieblas y favorecer esta incredulidad con su presencia. Hallábase ya Tomás con los demás Apóstoles en la mansión de su retiro y, penetrando como antes las cerradas puertas, apareció a todos con la celestial salutación de su benigna paz y, dirigiéndose al resistente Apóstol, le dijo *que tocase sus heridas y viese sus manos, que llegase la suya y la entrase en su costado y no quisiese ser infiel.* ¡Oh clemencia del Altísimo! ¿Así se abate un Dios hasta un incrédulo? ¿Así se forma premio lo que debiera ser severidad? ¡Oh cuánto se debe a un Dios que busca y ama al mismo que le huye y que lo ofende! Así parece que le dijo al ánimo: ve aquí, que me ciño a tu deseo. Contenta en mi benignidad tu pertinacia. Haz un experimento de Divinidad en las mismas señales de mis Penas y saca mi Resurrección de los mismos materiales de mi muerte. Clamó al punto rendido [Santo] Tomás: *Señor mío y Dios mío*. Toca Tomás, que había sido incrédulo, para que los que no le tocasen fuesen creyentes. Niebla fue su resistencia, que hizo brillar la luz. No le tocó para creer, sino para obedecer, que ya eso hubiera sido descortesía al Maestro e irreligión a la Deidad y no había de llegar [290] a tanto la necesidad del testimonio que se hiciesen desatentas las verdades y se costeasen con sacrilegios los Misterios. Creyó luego al punto Tomás por Dios al Señor y fue la suya una fe que se hizo compatible con la vista, porque no lo creyó Divino formalmente en cuanto lo vio resucitado, sino porque también lo creyó revelado por sus mismas palabras y las de sus Apóstoles, que le afir-

---

[237] This is incorrect in that St. John the Baptist did not die a martyr.

maron no ser fantasma, sino verdadero, como disposición para creer por el milagro a la Divinidad. (24) Díjole entonces el Señor: *Tomás, porque me viste, me creíste. Bienaventurados los que no me vieren y me creyeren.* ¡Oh benignísimo Señor y cuánto fue lo que estipulasteis a nuestra fe y cuánto es lo que debemos esperar de esta promesa! Veisnos aquí cumpliendo la condición de nuestra parte. Cumplid Vos de la vuestra el sacro pacto y despachad el mandamiento de bienaventuranza sobre los bienes de vuestra Gracia, haciendo que para ponernos en posesión de ellos, tengamos siempre viva la Escritura de la fe. Volved la suerte y haced que seamos nosotros los resucitados. Tocad nuestras humanas llagas para que toquemos las vuestras Divinas. Sed Vos el que no veáis para que nosotros seamos los que os adoremos con aquel sacrificio, que nunca despreciáis, esto es, un corazón [291] contrito y humillado, con que como vos triunfasteis, resucitando de la muerte, triunfemos nosotros, renaciendo de la eterna.

Notas marginales

(1) El primer día y la primera noche se computa parcialmente, o feneciente, desde la tarde del viernes hasta medianoche. El segundo íntegro desde ésta hasta la siguiente, que fue todo el sábado civil. Y el tercero con la tercera noche desde la media ineunte del domingo hasta la aurora en que resucitó el Señor. S. Anselmo, Isidoro Pelusiota, S. Tomás, Fran. Suárez y Baronio en los lugares que cita Cornelio in Matheum, c. 32, v. 12, p. 269a.

(2) Cornelio in Math. cap. 28, pag. 558, primer c. ibi: rursum que mittens angelos, qui sanguinem suum in flagelatione, et per iter sparsum, item pilos vulsos etc. colligerent.

(3) Montes et colles cantabunt coram vobis laudem, et omnia ligna regionis plaudent manu. Isai. 55, ver. 12.

(4) Flumina plaudent manu: simil montes exultabunt a conspectu Domini. Psalm. 97.

(5) Ubi est mors victoria tua? Ubi est stimulus tuus? S. Paul. 1 ad Corinthios. c. 15.55.

(6) Salvavit sibi dextera eius et brachium sanctum eius. Psalm. 97.

(7) Foderunt ante faciem meam foveam; et inciderunt in eam. Psalm. 56.7.

(8) Resioruit caro mea: & ex voluntate mea confitebor ei. Psal. 27.7.

(9) Exurge gloria mea, exurge psalterium & cithara: exurgam diluculo. Psalm. 56.9.

(10) Terra mota est: etenim caeli distillaverunt a facie Dei Sinai a facie Dei Israel. Psalm. 67.9.

(11) Quasi Aurora confurgens.

(12) Non enim vestrum est, inquit, metuere, sed illorum qui crucufixerunt. S. Chrisost. Vos autem curpertimescitis, quae vestros Concives videtis? S. Gregor. Homil. 21 in *Evang*.

(13) Cornel. in Joan, c. 20, v. 17.

(14) Extat eius Concio, tom. 5. *Operum*, S. Chrysost.
(15) Padre de Santiago [el Menor] y San Judas [Tadeo], y abuelo de Santiago el Mayor y de San Juan [Evangelista], hijos de María Salomé.
(16) Ostensus est in alta effigie. S. Mar. c. 16.
(17) Cum fictio nostra refertur ad aliquam utilitatem, non est mendacium, sed aliqua figura veritatis. S. August. lib. 2, *Quaest. Evangel.*
(18) S. August. lib. 3 de *consen. Evang.* Beda. Theophil., *Glossa.* Maldonat., *Franc. Luc.*
(19) Et quia visus est Cephae, et post hoc undecim. Deinde visus est plusquam quingentis fratribus si mal: ex quibus multi manent osque adhuc, quidam dormierunt. S. Paul. 1 ad Corint., 5.6.
(20) Ignitum eloquium tuum vehementer. Ps. 118, 140. Omnis sermo Domini ignitus. Proverb. c. 3,v. 5. In dextera eius ignea lex. Deuteron. 32.2. Surrexit Elias Propheta, quasi ignis, et verbum ipsius quasi facula ardebat. Ecclesiast. cap. 48.1. Aspectus eorum, quasi carbomum ignis ardentium, et quasi aspectus lampadarum. Ezechiel. c. 13. Ignem veni mittere in terram, et quid volo nisi ut accendatur? Lucem 12.64.
(*) Institución del sacramento de la penitencia.
(21) Cornel. in Luc. c. 24, v. 34.
(22) Origenes lib. 2 contra Celsum. S. August. lib. 16 contra Faustum. S. Gregor. homil. 26. Cornel. in Ioan c. 20, v. 25.
(23) Llámase así la fuerza con que un cuerpo comprimido recobra su figura.
(24) Cornel. in Luc. ubi supra.

[292] ORACIÓN DÉCIMA.

La Ascensión.

Si pudiera llegar al auge lo divino o lo humano pasar a inmensidad, nunca se vería mejor lo uno y lo otro que en el glorioso asunto que hoy se ofrece. Hipótesis son ambas imposibles, pero si la primera [293] puede ahora admirarse ejecutada, aunque no en lo infinito de la esencia, en lo elevado de la Gloria, jamás podrá lo segundo aspirarse en lo limitado de la comprensión. Para describir el mayor acto que han visto los cielos, era necesaria la mayor idea que hubiesen tenido los querubes. Para referir un triunfo en que un Dios asciende al capitolio de su luz, era preciso que ascendiese también el pensamiento y fuese en su familia la elocuencia: que subiese el decir como séquito del resplandecer y la alabanza se elevase en compañía del objeto. Porque ¿cuál es la que pudiera merecer tan grande dicha y hacer bienaventurado el panegírico dentro de la Gloria del triunfante? Si no pudieron alcanzarle todo el vuelo aun los ojos que lo vieron, ¿cómo podrán expresarlo las voces que lo creen? ¿Cómo lo que aun no pudieran explicar los ángeles que lo aplaudieron, podrían enunciar los corazones que aun no lo penetran? Si está más distante de los labios el elogio de la adoración que de la Tierra el Trono adonde sube la Deidad, ¿cómo podrá llegarle la expresión? Oh Altísimo Señor, a Vos: invoco para vos; a vuestra luz oculto para vuestra luz. Haced que este ascender de divino sea un bajar de influyente y este llevaros refulgente sea un enviaros misericordioso, haciendo otra redención [294] de vuestro agrado la inspiración de mi ignorancia. Descienda como fuego ese mismo subir como esplendor. Hasta aquí me habéis dictado, aunque tan infinitamente indigno, el progreso de vuestros Misterios. Dictadme ahora el fin de todas vuestras maravillas y haced que esa nube, que ocultó vuestros esplendores, oculte todos mis desmayos y arrebate todos mis afectos. Vaya la víctima con el numen y ascienda con el ara la oblación. Ascended en nuestros corazones y formad de ellos un cielo de fervores por donde vuelen vuestras luces, que más apreciaréis este camino que todo el éter por donde subís, y todas las estrellas que pisáis.

Habían los discípulos pasado a Galilea en cumplimiento del precepto del Señor, y quiso manifestarse en las orillas del mar de Tiberíades, llamado así por la ciudad que de este nombre baña y que dedicó la lisonja al de Tiberio; aquellos siete (1) que, o por necesidad o por costumbre, habían vuelto al inocente ejercicio piscatorio, como que agradecían con el uso de su arte lo que debían a aquella patria de su conversión. ¡Rara humildad de santos ánimos, tan poco practicada de los hombres! Eran ya apóstoles, y no se desdeñaban de indigentes. Estaban elegidos de ministros y no se inflaban de superbos. Estaban destinados a la mayor exaltación, y mantenían la mayor llaneza. [295] Habían experimentado en una noche tan adverso el dado de la red, que en todo su espacio aún no habían sacado el costo del desvelo y el mar había tributado a la barca sólo su inconstancia. Disposición fue de aquel Señor, que hace providencia de la falta y felicidad de la desgracia. Fue éste un Misterio de carestía, precursor de un milagro de abundancia. Amaneció el día y la hermosura del Señor le amaneció de más brillante aurora a la ribera. El aire servía sólo de respiración e, inmóviles sus átomos, sólo eran refracciones de su luz. Los vientos aprisionados en sus cuevas solamente se asomaban a los golfos. El mar, en éxtasis de flujos, tenía arrebatados sus cristales. A este tiempo el Salvador previno en las arenas la refracción de un pez, que, asado sobre ardientes ascuas, acompañaba un misterioso pan, figura repetida de su vida; y, sin embargo, preguntó a los discípulos incógnito si tenían alguno que le diesen; y habiéndole respondido que ninguno, les dijo que arrojasen la red al lado diestro. Ejecutaron el consejo, y el mar correspondió tan próvido a la voz que ya la red a fuerza de fortuna naufragaba y a fuerza de obediente resistía. ¿Qué mucho que cuando allá le había amasado el aire panes, acá el agua le cuajase peces? Así parecía que al Señor le eran respiraciones los milagros. Conociolo el Discípulo[238] [296] querido y conociolo Pedro, tan alegre que se arrojó a las ondas para arrojarse a sus sagrados pies. Llegaron en la barca los demás y, habiéndoles mandado que comiesen de la marítima ganancia y de su antecedente prevención, comió con ellos. No era ya esta demostración testimonio de su Resurrección para su ascenso, sino para la malignidad de sus incrédulos. Así vencía a la naturaleza para que triunfase; así lo glorioso manifestaba lo viviente y las exenciones de lo inmortal autenticaban las necesidades de lo humano. Esta fue la vez tercera que usó el Señor la comestión[239] como convencimiento de su Resurrección, porque tuviese su superlativo un Misterio, que era lo sumo de su fe, y diese la firmeza a su creencia un milagro, que era la última sentencia de su culto. Fue la prueba de la tercera ley que publicaba y las tres veces que ejecutó las aserciones de su Resurrección hicieron compañía de Divinidad con las tres, en que dio a sus Apóstoles su luz en el Espíritu Santo que los alumbró, esto es: en la Eucaristía de la cena, en la insuflación del tercer sacramento y en las lenguas de fuego con que perfeccionó sus esplendores.

¡Oh cuán solícito que andaba el Señor en sus arcanos! Estaba disponiendo de luces en el testamento de su luz y ordenando leyes para el imperio de su Ley. Quería hacer [297] la mayor de sus instituciones y el primero de sus estatutos. No era menos que fundar el mayorazgo de su culto y perpetuar la serie a su gobierno que dejar un Christo sucesor y nominar un dios vicario.[240] Era pastor Divino y había de tener por grey un mundo, conque era preciso dar un heredero a su redil. Había puesto su vida por sus ovejas, y era necesario que a las que había dado la Sangre les dejase quien les diese el pas-

---

[238] St. John, the narrator of this episode.
[239] This should read "del comer."
[240] This should read "un sucesor de Christo y nominar un vicario de Dios."

to. Pastores son de pueblos los monarcas (2): así los llamaron los antiguos, y, si aquéllos necesitan de profanos báculos, ¿cuánto más los espirituales de los espirituales? ¿Qué cabaña se ve sin mayoral, qué nave sin piloto, qué ejército sin jefe ni qué templo se halló sin sacerdote? ¿Qué hiciera, en fin, el mundo con todas las estrellas sin un Sol? Por esto quiso el Señor dejarle un luminar que lo sustituyese en la esfera de su Iglesia y éste es el símbolo más propio de su Sacrosuprema potestad (3). A este fin preguntó eficaz a Pedro si lo amaba. Respondiole éste, amante y moderado. Estaba escarmentado del Cenáculo y del palacio de Anás y, receloso de aquel escollo de la consternación, recogió las velas del fervor. Repitiole el Señor tres veces la pregunta y tres veces le encargó sus ovejas hasta que entristecido el fino Apóstol, temiendo que la geminación [298] fuese sospecha, le aseguró el amor más vehemente. Parece que quiso el Redentor oponer a tres negaciones tres amores. Pero, oh benignísimo Señor, ¿ya no le habéis no sólo perdonado sino preferido? ¿No sabíais cuánto era su fuego? ¿Pues para qué tanto interrogar lo mismo que sabéis? ¿Para qué tanto examinar lo mismo que advertís? Sois Vos mismo el autor del incendio y ¿lo inquirís? Esto es preguntaros a Vos mismo, pues sois el que estáis en su pecho; y es que solicitaba su ardor para el de su rebaño; y, quien tantas veces había padecido por su amor, no era mucho que tres veces le asegurase el de su amante. Cada vellón de un solo afecto le era una vida. Cada balido de arrepentimiento le era una gloria. ¡Oh Señor y cuánto es lo que os debemos! Pues ese mismo preguntar a vuestro Apóstol el amor en que arde para Vos es asegurar el que ha de encenderlo hacia nosotros. Eso es hacerse el Numen camino hacia la ofrenda y el mismo culto medio hacia la Víctima. Nacisteis por nosotros. Por nosotros moristeis y resucitasteis por nosotros. Tan poca necesidad teníais de las glorias como de las penas. Ese mismo testificaros de Resucitado ha sido para asegurarnos de elegidos, y ahora ese mismo disponeros la Ley es para prevenirnos la salud. Mirad, Señor, que nos hacéis deidades y que, a no venir con la humildad la elevación, [299] pudiera hacérsenos envanecimiento la fineza. Oh abatidos mortales, si anheláis estimaciones, aquí las tenéis eternizadas; si queréis ambiciones, aquí las tenéis justas. Ved que os pretende un Dios y os solicita glorias que os exalten y que, al contrario, os busca un Demonio y os previene cadenas que os cautiven. Así disponía el Señor el cuidado de su futura grey y, así, después de haberse asegurado del amor de [San] Pedro, se la entregó, diciéndole: Apacienta mis ovejas. ¡Oh cuánto deben los príncipes asegurarse del celo para proveer el cargo: examinar el amor que les tienen los ministros para certificarse del que han de tener a los vasallos! *Pregúntase el amor y se entrega el trabajo. Interrogatur amor, et imperatur labor.* Voz fue de Augustino. ¿Cómo ha de tener las ovejas como afecto el que las va a tener como interés? Decreto fue aquél el mayor que se ha dado en la secretaría de la Providencia. Provisión fue la mayor que ha hecho la Misericordia para gobernar el universo; despacho el mayor que ha dado la Omnipotencia para conducir la tierra al Cielo. *Todo lo había dado el Padre al Hijo y puéstolo en sus manos. Dominaba desde uno a otro mar y desde un confín a otro del orbe* (4). *Lo debían adorar todos los reyes del mundo y servir todos los pueblos de las gentes* (5); y, siendo este poder el mismo que se comunicaba en [300] el decreto del Príncipe, era preciso que fuese el que había de tener el ministerio del vicario. El que, cuando bajó del Cielo, no quitó los reinos de la Tierra, tampoco los quitó cuando subió. Pero el que los presta temporales, para regirlos justos, los subordinó indirectamente al que los debía dirigir espirituales. *Todo* dijo el Apóstol de las gentes que *le era lícito ejercer; pero no todo le convenía ejecutar* (6). *Si había de juzgar los ángeles, ¿cómo no había de poder juzgar los reinos?* (7) ¡Oh errados, oh perdidas ovejas, las que, siendo lobos de vosotras mismas, os habéis salido de vuestro rebaño y os constituís pastores los ladrones! ¿Qué locura es la que os posee? Si las mismas ovejas materiales tuviesen racional espíritu, ¿imaginarían el delirio de querer pasto sin pastor, custodia sin guarda, defensa sin honda y dirección sin silbo? Y es que ésta es la puerta para poseer pastos sagrados y vagar por bosques venenosos. Juzgáis que sólo a Pedro se dio aquel poder. Si la necesidad de darle entonces era la misma que había de haber después para mantenerle, ¿cómo no había de continuarle? ¿Por ventura querría el Señor instituir una Iglesia en una vida o dejar para una grey perpetua un temporal pastor? ¿Por ventura, siendo uno Christo y no muchos, había de querer dejar muchos pastores sin su sucesor; siendo un Soberano, [301] instituir una democracia; siendo una Cabeza Divina, formar una acefalía delirante; y, siendo un Sacerdote Eterno, dejar una laicocefalía[241] intolerable? Allá veréis cómo os ha de ir ante un Pastor por haber seguido muchos seductores (*).

---

[241] This should read "intolerable acefaleia laica."

El que no exceptuó ovejas, no exceptuó rediles. Ovejas eran hasta los que habían de ser pastores subalternos de otros. Había de ser la del Señor una grey universal, compuesta de otras greyes, conque debía ser [San] Pedro un pastor universal de otros pastores y un apóstol príncipe de otros apóstoles. A ninguno se dio inhibitoria de cayado. No podía dejar dividido el báculo el que no dejaba dividido el rebaño y no podía dejar dividido el rebaño el que no dejaba dividido el pasto: que esto sería dividirse a sí de sí, instituir un cisma en vez de una Iglesia y fundar una ruina en vez de un edificio. Oíd, señores, al Magno León:[242] *De todo el mundo sólo se elige a Pedro para preponerse a la vocación de todas las gentes, a todos los Apóstoles y a todos los Padres de la Iglesia. De manera que, aunque en el pueblo de Dios haya muchos sacerdotes y muchos pastores, haya de regir Pedro, porque a todos los rige Christo* (8). Oíd a [San] Bernardo: *Si me amas, oh Pedro, pace mis ovejas. ¿Cuáles: las de esta ciudad, región o reino? Las mías.* Dijo. *¿A quién no es claro que no señaló algunas sino que las asignó todas?* (9) Oíd a [San] Inocencio: [302] *Apacienta mis ovejas* –dijo el Señor– *sin distinguir entre éstas y otras, de manera que se entendiese extraña la que no reconociese a Pedro y a sus sucesores por pastores.* (10)

Pasó luego todo el coro apostólico de los once que lo componían, precedido de su Celestial Reina, inseparable aurora de su Sol Divino, y seguido del femíneo séquito de las demás compañeras, continuas satélites (*) de su fulgor, al monte que les había señalado, sito en la misma Galilea, que juzgan sagrados intérpretes haber sido el Tabor, como que quería destinar por preliminio[243] de su triunfo eterno al que había sido trono de su instantánea Transfiguración; cátedra de su Doctrina al que había sido solio de su exaltación y tribunal de sus mayores luces. Mostrose allí Divino, aunque, como siempre, recogidos los esplendores de glorioso, ocultando los rayos por manifestar las claridades, pues no pudieran los ojos sufrir resplandeciente al que era necesario que viesen humano: que eso sería abrasar los testigos para lograr los testimonios y ocultar con los reflejos lo que quería manifestar con las verdades. Adoráronle absortos, aunque algunos de los demás discípulos, quizá de los que no se habían hallado a las apariciones precedentes, lo dudaron turbados. Aseguroles allí de su Poder [303] inmenso en Tierra y Cielo, como

---

[242] St. Leon Magnus.
[243] This should read "preludio."

de título que debía ponerse en unas órdenes que habían de mirar a cielo y tierra. *Porque en Él habitaba toda la plenitud de la Divinidad corporalmente, siendo Cabeza de todo principado y potestad, pues el que todo se lo concedió, nada dejó que no le estuviese sujeto* (11). Él mismo se tenía dado todo lo que era de sí mismo. Dioles la mayor comisión que se ha dado ni se dará en la eternidad, la mayor embajada que se ha despachado en el Empíreo, la mayor conquista que se ha destinado para el Cielo. Mandoles que, partiendo a todo el mundo, predicasen el Evangelio a toda criatura, enseñándoles todo lo que les había ordenado para que, rindiendo los imperios con las armas de la voz, los estableciesen con las leyes de la Doctrina. ¡Prodigio inefable de Poder! ¿A doce[244] hombres solos se comete la sujeción de un universo; a doce pescadores el convencimiento de todos los sabios; a doce humildes la sumisión de todos los monarcas; y éstos, pobres, solos y desamparados, sin avío en los viajes, sin guía en los caminos, sin hospicio en los pueblos, sin crédito en las cortes, sin conocimiento en las tierras, sin derrota en los mares; antes, contra enemigos, contra tiranos y contra crueles andando sobre la vida y pisando sobre el sufrimiento, saliendo a publicar una Ley nueva, una Ley severa [304] y una Ley espiritual; a extirpar deleites, a desvanecer dioses y a destruir ídolos; a promulgar por Dios un Hombre acabado de crucificar, *escándalo de los judíos y necedad para las gentes*; no sólo no calando, sino gloriándose del mismo oprobio; sin más interés que los tormentos; sin más honra que las afrentas y sin más gloria que los abatimientos; de suerte que no había de ser tanto el morir por su verdad como el modo del morir? Por ventura, si se hubiese formado una junta de todos los sabios y todos los poderosos de la Tierra para discurrir un medio de conseguir todo esto y se propusiese practicarlo con solos estos hombres y en sola esta forma, ¿quién duda que no se tendría este dictamen más por un delirio de la fantasía que por un arbitrio del juicio? Y sin embargo ha sido el mundo sujeto, patrón del Poder manifestado; y el orden dado, una Omnipotencia de precepto, ejecutado con un milagro de obediencia. Mandó luego el Señor a sus Apóstoles que señalasen sus creyentes con la insignia del sagrado baño y la Divina forma de su acción, tan fácil en su observancia como privativa en su consecución, determinando que sin ella ninguno podría alcanzar su Gloria eterna. Con-

---

[244] Here, and in the two other instances that follow, this should read *once* (eleven) because Judas Iscariot had already killed himself.

cedioles la facultad de obrar prodigios, de expeler los demonios, de hablar nuevas lenguas, de vencer las serpientes, frustrar los venenos [305] y sanar los enfermos: preeminencias celestiales con que los hizo ministros de la Gracia y sustitutos de la Divinidad; éste fue el aparato demostrativo de toda la Ley: extracto de poder y compendio de fuerzas que había de importar ejércitos y valer dominios. ¿Qué mucho que no sojuzgasen toda la Tierra, si se llevaban todo el Cielo; que venciesen todas las tinieblas, si se armaban de toda la luz; que arruinasen todos los errores, si se guarnecían de todas las verdades; y debelasen todos los vicios, si se auxiliaban de todas las virtudes?

Añadió el Señor al mismo sacro príncipe la predicción de su martirio. ¡Rara fuerza de poder Divino! ¡Raro modo de premiar el mérito anunciar el tormento! ¡Singular promesa para después de la fatiga prevenir la muerte! ¡Oh cuán contrario que va el mundo donde sólo se sirve por lo que se aspira! La diferencia está en los términos: que en el Cielo la corona del estadio viene después de la lucha de la pena y en la Tierra después de la carrera de la ambición. Esto va en las oficinas de los palios: pues en la una se tejen caducos y en la otra se labran eternos. Advirtió [San] Pedro, al verse perdido, el silencio en que quedaba la dilección del Discípulo querido y preguntó al Señor qué disponía de él; a que le respondió: *Así quiero que se quede hasta que venga, ¿qué te importa a ti?*[245] [306] Palabras fueron éstas que fundaron algunos graves Padres (12) la opinión de haberlo eximido de la jurisdicción de la muerte hasta la última consumación del Mundo en compañía de aquellos dos Mortales inmortales,[246] que para Él están siendo depósitos triunfantes de los siglos, confirmando este juicio con aquel aviso que el Ángel dijo al mismo [San] Juan en su sagrado *Apocalipsis* (13), de haber de volver a profetizar a las gentes; sentencia avalorada de otro Evangelista (14) que asegura *haber algunos que no gustarían la muerte hasta ver el reino de Dios*; pero vence, como más fuerte, el parecer contrario. El mayor número de Padres, la testificación de su muerte en Éfeso, la tradición venerada en la Iglesia y el modo admirable de su expiración, son todos votos que obtienen la palma. Mandó la feliz Águila abrir

---

[245] According to Scripture, this should read: "Si quiero que éste se quede hasta que yo venga..."

[246] A reference to St. Peter, and St. John, the only two who were present when Christ spoke.

su último nido y entró en él vivo (15). Brotó el sepulcro con perpetuo hervor maná de vida. Así animaba la tierra del mismo que yacía y palpitaba el túmulo con la vitalidad de la ceniza. No se halló su cuerpo y es sentir piadoso su translación a la inmortalidad.

[307] Llegó el glorioso momento de celebrar el Señor la acción de su última victoria. Tres triunfos fueron los que obtuvo en sus Misterios: el primero, el de su muerte en la Cruz contra la culpa; el segundo, el de su Resurrección contra la muerte en el Sepulcro; y el tercero, que ahora va a solemnizarse, el de su Ascensión en el Olivete contra el Demonio. ¡Oh qué propio los vaticinó de figura el Rey de los profetas con tres triunfos! Venció David a Goliat con la honda y el Señor debeló al pecado –goliat del Abismo– con la Cruz. Venció David al enemigo amalecita, que había sido la muerte de los de Siceleg; salvó a sus gentes y les partió la presa (16); y el Señor destruyó a la misma muerte en su Resurrección, libró a sus justos y les dio la Gloria. Venció David al jebuseo, y subió triunfante a Sión (17), donde continuo su fortuna porque el Dios de los Ejércitos estaba con él; y el Señor arruinó al Demonio: entró triunfante al sión del Empíreo, donde continuo y continuará eternamente su Gloria, porque es el Dios de los Ejércitos.[247] Con estos tres universales triunfos, ¿qué fueron aquellos tres que celebró el magno Pompeyo? Triunfó éste del África, fecunda madre de terribles monstruos; y triunfó el Señor de la carne, torpe madre de ruines vicios. Triunfó Pompeyo de la Europa, reina ambiciosa del orbe; y [308] triunfó el Señor del mundo, soberbio príncipe de la vanidad; y, en fin, triunfó aquel romano del Asia, trono del Demonio por sus ídolos y sus errores; y triunfó el Señor del mismo Demonio en sus ídolos y sus engaños.

Ya, pues, oh reverentes alegres asistentes, llegó el feliz tiempo de ascender el Sol Divino al meridiano de su Gloria. Ya se dispone la pompa del triunfo. Ya se preparan los patriarcas y profetas para ir delante de su Gloria, adornados de los escudos de sus predicciones. Ya están prevenidos los príncipes de todos los justos, juntos con los que cantan sus aplausos (18). Éste es aquél, publica Jacob, que como yo pasé pobre en mi báculo el Jordán y volví armado de milicias (19), habiendo pasado pobre al mundo, vuelve guarnecido de ejércitos de ángeles. Éste, canta Moisés, es el que como el águila que provoca sus partos al vuelo; extendiendo sus alas a la (20) esfera, se re-

---

[247] The army of angels.

monta a excitar a los suyos al Empíreo; y, siendo a un tiempo el Sol y el Águila, da también a un tiempo las luces y las perspicacias. Este, entona David, es el triunfante de los que le hicieron la guerra y el que asciende sobre el Cielo del cielo hacia el Oriente. ¡Cantad su pompa, oh reinos de la Tierra! Cantadle como a vuestro Señor. Cantadle como a vuestro Dios (21). Este es el Dios que sube solemnizado [309] de júbilos de Gloria y de clarines de esplendor (22); el que entra en su triunfo en el carro de su misma Deidad, precedido de infinitos alegres Ejércitos, y asciende al capitolio celestial desde su Santo Monte, llevando cautiva a la cautividad y esparciéndose de los balcones del Empíreo dones de luz a los mortales (23). ¡Oh Dios mío, cuán altamente eres magnificado! ¿De qué decoro y de qué luz irás vestido cuando pongas una luciente nube por tu carro y andes sobre las alas de los vientos (24); cuando subas al Trono, que en el Cielo te tiene prevenido a su diestra tu Eterno Padre, y domines en todos los reinos? (25) ¿Quién es éste, decanta Isaías asombrado, que se levanta del edom de su Gloria, teñidas sus vestiduras de la púrpura de su brillante Sangre; este hermoso adornado de la grandeza de su manto, caminando con la multitud de sus celestes tropas? ¿Por qué es tan rojo el traje que lo adorna si no porque se tiñó en el lagar de su Pasión? (26) Este es, resuena Miqueas, aquel triunfante Rey [310] Divino que asciende, abriendo el camino de sus (27) ángeles. Ilustres vaticinios, cuyas celestes armonías, llegando después a los oídos de Pablo, le hicieron entrar en el concierto, y cantó así: Este es el que ascendiendo a lo alto, llevó cautiva a la cautividad y esparció sus dones a los hombres. Ascendió a lo más sublime de los Cielos porque fue el que descendió a lo más profundo de la Tierra.

Por allá se ve Abraham haciendo su triunfante entrada a la corte del gran Melquisedec después de vencidos los cinco reyes enemigos y recobrado a Lot (28). Vencido también Él, debelados los sentidos –cinco príncipes de nuestra frágil vida, enemigos de nuestra salud– y recobrado el Hombre, hermano de su Humanidad, va a entrar triunfante a su brillante corte, siendo a un tiempo el Abraham vencedor y el Melquisedec, Rey juntamente y Sacerdote Eterno. Por acá brilla el hércules hebreo, que después de haber dormido hasta lo más alto de la noche, sube a la cumbre del monte, adonde llevó desencajadas las puertas de la corte enemiga (29), como copia del sansón de la Gloria que, después de haber dormido en el Sepulcro, va a subir al monte del Empíreo, desquiciadas las puertas de la Inmortalidad (30).

Hacia allí luce el sol de los profetas, [311] el ígneo Elías, que en su encendido carro se hace radiante imagen del Sol de los ángeles; que en más brillante carro sube, arrebatado de sí mismo, al auge de su Gloria. De tantas luces fue prevenido y de tantas copias fue delineado un triunfo que había de ser el más firme establecimiento del mayor Imperio.

Condujo luego el Señor a su Divina Madre y a sus Apósteles a las cercanías de Betania, lugar distante de Jerusalén sola una milla, para llevarlos a aquel monte, que era sagradamente famoso con el nombre de Olivete, por que donde había comenzado la batalla de su Pasión, terminase la victoria de su Poder y el que había de ser trono[248] para juzgar al mundo fuese escala para ilustrar el Cielo. Este había de ser la basa en que se colocase la columna de todo el edificio de la fe. ¿Cómo no habían de sufrir muertes los que habían visto eternidades? ¿Cómo no habían de tolerar ecúleos los que habían manejado Glorias? ¿Cómo habían de temer la tierra los que habían ya estado en el Cielo? Esta fue aquella vista que no pudo cegar el humo de las llamas; aquella claridad que no pudo obscurecer la sombra de las cárceles, aquella firmeza que no pudo mover el golpe de los filos. ¡Qué bien el elegante [San] León [Magno]! *A esta fe, confirmada con la domínica Ascensión, no la aterrorizaron los* [312] *lazos ni las cárceles, los destierros ni las hambres, la violencia de las brasas ni el destrozo de las fieras. Por esta fe combatieron en todo el mundo no sólo los fuertes varones sino las débiles vírgenes y los tiernos infantes* (31).

No formó este sagrado séquito un escuadrón unido que alterase los judaicos ánimos ni quiso el Señor que éstos advirtiesen el numeroso concurso ni viesen el divino acto de su Ascensión gloriosa en un lugar tan inmediato a la ciudad: invisibilidades que corren siempre a cuenta de quien sabe obscurecer con luces y encubrir con manifestaciones. Quería guardar a sus enviados para asegurar sus direcciones, defender las antorchas para facilitar las claridades y, en fin, contener los vapores del odio farisaico para despejar el cielo de la Ley cristiana. ¡Maravilla de Providencia y paradoja de Poder destruir al que presumían Seductor y no presumir seductores a los que eran secuaces de la alteración: matar al Enemigo y perdonar a los enemigos: quitar un Delincuente y dejar muchos; y es que lo primero era medio para la Redención y lo segundo arbitrio para el culto!

---

[248] Mt. Olivet as a metaphoric throne.

No quería que el martirio impidiese la predicación y que se apagase la luz antes de difundir la claridad. Llegaron, pues, a la falda del sagrado monte, en que los esperaba el Altísimo triunfante. ¿Quién podría expresar [313] aquellas postraciones adorantes, aquellos alegres desconsuelos, aquellas lágrimas gozosas y aquellas resignadas resistencias con que la Celestial Madre y los sacros Apósteles abrazaban amantes y besaban reverentes los pies y las manos de un Hijo que no habían de ver y de un Maestro que no habían de oír y de todo un Dios que se les iba? Sabían que subía a reinar eterno, pero advertían que se apartaba para no verlo refulgente y que el júbilo de la Resurrección se les hacía pena de la ausencia: que en la balanza del amor es mucho contrapeso de una gloria una carencia y suelen no entender los ojos a los pensamientos. Era todo triunfar, pero era desaparecer. Era todo brillar, pero era anochecer. Estaban en posesión de Cielo y era fuerte mudanza dejarlos sólo con la tierra. Nada faltaba a ésta para empíreo. Estaba un Dios en ella, estaban los ángeles y estaban los santos, conque quisieran eternizarse de felices. Así fluctuaban entre las ondas del gozo y del deseo en el piélago del amor. Pero era necesario que el Señor subiese al asiento que se le tenía preparado desde la Eternidad. Era preciso que el Imperio gozase a su Monarca: que los vasallos viesen a su Príncipe. ¿Cómo había de ostentarse Celestial si aun a la vista humana no manifestase ser Divino? ¿Cómo había de autenticar el triunfo si no ascendía al capitolio? [314] ¿Cómo había de mostrarse Rey si no subía al Trono? ¿Cómo había de publicar abierto el Cielo si no entraba a su Gloria? Si no subía la Guía, ¿cómo había de enseñar la cumbre? Fue la Ascensión celeste una máquina de la Divinidad para levantar el universo, una senda de lo Eterno para conducir lo temporal, una escala de luces para elevar los ánimos, un imán de bienaventuranza para atraerse las contemplaciones. Mandó entonces el Señor a los sacros Apóstoles que no se apartasen de Jerusalén hasta que recibiesen el Espíritu Santo que les había prometido. Pero ellos, deseosos de la exaltación de su nación, le preguntaron *si restituiría en aquel tiempo el reino de Israel*; a que respondió el Señor que *no era de su alcance el saber los tiempos o momentos que su Padre puso en su arbitrio*, sino que lo que se les daría sería la gloria de *recibir el Espíritu Santo para que fuesen testigos suyos en Jerusalén y en todas partes hasta los últimos confines de* la Tierra. ¡Oh cuánto puede el deseo de la grandeza nacional y de la curiosidad de lo futuro! Pues estando para asistir a la mayor acción que había visto el Cielo, preguntan al Señor sucesos de la Tierra. Estaba para mercedes y así los corrigió con los favores. Pregúntanle una fortuna de mundo y les hace una promesa de Cielo. Reprehéndeles una ansia temporal con un eterno vaticinio y les castiga con una luz una pasión.

[315] Estando, pues, ya el Señor para dejar su sacro séquito, se despidió de él como que así diría: Celestial amada Madre mía, ya ha llegado el tiempo en que es necesario que ascienda a la diestra de mi Eterno Padre y Tuyo, de mi Dios y de tu Dios. Te elegí por Madre de mi Divina humanidad descendiendo del seno de mi Padre; y ahora te dejo por Madre de mi sagrada Iglesia ascendiendo a su Divina Gloria. Prevenida te tuve desde antes de los siglos componiéndolo todo y ahora voy a tenerte prevenida hasta después de las edades para que todo lo gobiernes. Allá, de la manera que yo me sentaré a la diestra de mi Padre te sentaré a la mía, donde como yo soy la Segunda Persona de mi Divina esencia, serás Tú la segunda gobernadora de mi Gloria eterna. No me aparto de Ti cuando me aparto y en mí te llevo y en Ti quedo, pues no puede haber distancia de mi luz en quien está llena de mi Gracia. Vuelvo adonde estoy y me aparto de donde me quedo, porque habiendo de ascender con mi Humanidad al Cielo, dejo en la Tierra mi Divinidad, que ocupa todo el Cielo y Tierra (32). No podía dejar por heredera de mi Iglesia sino a quien había sido compañera de mi Pasión. Conviene que te deje para establecer a la que convino que te tuviese para instituirla; que la asistas como Cabeza después de un triunfo cuando me asististe como [316] corazón en mi combate. En Juan te la encomendé en mi muerte y ahora te la encomiendo en Pedro en mi Ascensión. A prepararte voy el Imperio de los ángeles y de los hombres, pues no podía ir a prevenirte la corona sino el mismo Dios a quien previniste la venida. Y vosotros, apóstoles y discípulos queridos míos, id como ángeles veloces a llevar en vuestras almas mis luces para la Revelación de las gentes. Llevad mi Omnipotencia en vuestros milagros, mi Sabiduría en vuestras voces, mi santidad en vuestras suavidades y en vuestros martirios mi Verdad. Deponed los poderosos de su asiento con vuestra humildad. Aligad los reyes en sus tronos con los grillos de vuestras palabras. Quedad, benditos de mi Padre, seguros de que os dejo mi paz por vuestra herencia y mi Sangre por vuestro tesoro. Aquí es opinión de algunos graves Padres que les daría su bendición Divina en aquella fórmula que señaló Dios al santo Aarón, que fue su sacra imagen: *Bendígaos Dios y os guarde. Muéstreos Dios su rostro y tenga misericordia de*

*vosotros. Vuelva el Señor su vista hacia vosotros y os dé toda su paz*²⁴⁹ (33).

Pero ved, reverentes señores, si puede dentro del mismo Sol estar la vista y dentro de la incomprensibilidad la explicación, ved ya la mística pompa del Divino triunfo. [317] ¡Oh santo Dios! ¿Qué rapto es este mío? ¿Qué es esto, Señor? ¿Me inspiráis osadías y me dictáis inefabilidades? Perdonad, pues, a vuestra misma inflamación y permitidme este fervor.

Extendiose el Empíreo y se propagó la inmensidad. Los ángeles salieron todos sin salir; marcharon todos, y todos quedaron. Si el Altísimo no crió otros de nuevo, los ilustró de nuevo; y si no se multiplicaron en sus especies como en originales de su luz, se multiplicaron en sus gozos como en retratos de su Amor. Cada uno se hizo muchos ángeles en su honor porque cada uno se hizo muchos idiomas en su aplauso. Formose desde la Tierra hasta el Empíreo una calle infinita, cuyas paredes refulgentes, fabricadas de sillares de diamante y de columnas de rubíes, adornaban tapicerías de esplendor, tejidas de variedad de luces y recamadas de otros resplandores que casi llegaban lo material a lo incorpóreo, cuyos hilos eran los rayos que procedían del mismo Trono de la Divinidad. El pavimento era otra vía láctea más luciente que la componía una porción del Firmamento sembrada de más fúlgidas estrellas. Asomada por balcones de oro y de zafiro infinidad de espíritus celestes, pareciera que eran más el objeto que el concurso si aquél no fuera su mismo Señor. Iban por delante de la triunfante marcha todas las inmortales jerarquías, que remataban en aquellas brillantes [318] sabidurías de los querubines y en aquellos ardientes amores de los serafines, que, revestidos de sus radiantes alas, hacían de las mismas con que se cubrían los rostros de respeto, diademas con que ceñían las frentes de esplendor. Seguíanse aquellos veinte y cuatro Príncipes,²⁵⁰ que, ofreciendo sus nítidas coronas, pasaban éstas a las manos y por eso habían estado mejor en las cabezas. Terminaba el serafín²⁵¹ primero la alta pompa, como que no podía dejar de conducir el triunfo quien había peleado por la Gloria y de asistir en la victoria del mis-

---

[249] A quote from the book of Numbers.
[250] A religious hierarchy, according to St. Thomas Aquinas.
[251] Since the Seraphim, who produced Heavenly music, never descended to earth but rather were the ones closer to God the Father, singing eternally "Santo, Santo, Santo es el Señor de los Ejércitos, Cielo y Tierra beben de su Gloria," it is difficult to know what Peralta intended to express here.

mo Dios, a quien había defendido en el combate. Resonó entonces en repetidos innumerables coros aquel divino canto, que desde la Eternidad se estuvo componiendo para dictárselo a David. Desquiciáronse, no se abrieron, los umbrales del Empíreo; que no hay puertas por donde puedan caber inmensidades. Por eso repitieron no (34) que se abriesen, que *se levantasen y que se elevasen para que entrase el Rey de la Gloria*. Si el Monarca llevaba dentro de sí el palacio, si el Numen tenía dentro de sí el templo, ¿qué necesidad tenía de que se abriesen las puertas cuando la Gloria era la misma que entraba en la Deidad? Respondieron los demás resplandecientes coros: ¿*Quién es este Rey de la Gloria?*[252] Pregunta, que fue todo el énfasis de la respuesta duda que fue toda la aserción de la [319] alabanza a que resonó el alterno canto: *el Señor de las virtudes es el Rey de la Gloria*. No dijeron el Señor de los Cielos ni de los milagros porque el triunfo contra el autor de las culpas sólo se conseguía con el Poder de las virtudes. Llevaba el Señor detrás aquel luciente carro que desde la Eternidad se había prevenido en la oficina del Empíreo, aquel místico plaustro[253] que rodaba soles y a quien tiraban ángeles; y ángeles que en figuras de atributos divinos eran los cuatro supremos serafines destinados al superior gobierno de la Omnipotencia (35). Iba detrás porque sólo el Señor debía ser el triunfante y el carro de sí mismo y el que vino en su propia Persona debía ir en su propia Virtud. ¡Oh cuánto era el refulgente séquito que acompañaba su grandeza! Pues llevaba por familia Ejércitos y eran sus criados sus hechuras: tan resplandecientes que sola una pluma pudiera iluminar muchas esferas. Iban formando otro acompañamiento de inmortalidad los santos que habían resucitado con su Príncipe, pues no siendo propio de tan grande triunfo que los dejase vueltos a las tumbas, era congruente que los llevase elevados a las Glorias y que los que en una compañía de Misterios habían logrado los bienes de resucitar, lograsen también los honores de subir. Esperaban al Señor desde el Empíreo el Padre y el Espíritu Divinos. [320] Esperábanlo por la Majestad de las Personas, cuando estaban con Él por la naturaleza de la Esencia, el Padre, para ponerlo a la diestra de su Omnipotencia; el Espíritu, para unirlo al fuego de su Amor. Agradose el Padre en el Jordán y en el Tabor. Asistió el Espíritu en la Hipóstasis y en el Bautismo. ¿Qué sería en el triunfo

---

[252] The Inquisition censor wrote here "triunfante con su divina persona."
[253] This should read "carro."

y en la Ascensión? Si todo fue complacencia en el combate, ¿qué sería en la victoria? ¡Qué luz, inaccesible a todas las luces! ¡Qué gozo, inexplicable a todas las comprensiones! Porque no hay vista para rayos inmensos ni voces para júbilos Omnipotentes.[254] Hablamos con las palabras de nuestros afectos porque no hay afectos que se parezcan a las Glorias.

Comenzó, en fin, a ascender el Señor desde la cumbre del sagrado monte, no ya con aquel súbito vuelo con que allá fue arrebatado el profeta del ardiente carro, sino con una majestuosa lentitud, que con un distintivo de subida diferenciase el rapto del ascenso y diversificase el andar por luces del arrebatarse por incendios. Conducía, no era conducido de sus esplendores. Quería el Señor que la diuturnidad de la maravilla fuese velocidad de la creencia. Mirábanlo aun más que atónitos quinientos reverentes circunstantes. El asombro, la admiración y el éxtasis son dicciones vulgares para una preocupación divina que, como no había tenido [321] semejanza, no podía tener explicación. Jamás hubo movimiento mayor que su inmovilidad, porque ascendían los ánimos todo lo que se suspendían los sentidos. No cabía en los ojos el suceso y rebozaba a las almas el Misterio. No gozaban la Divinidad invisible y gozaban todo lo que era ver un Dios glorioso. Ya estuvieran desde el mundo en la Gloria si no fuera porque a la Gloria caminase el mundo. Recibió al Señor una brillante nube que le ocultó a la vista: quizá porque viviesen los que veían. Pero, entretanto, alcanzó cada uno todo lo que el mérito de la santidad lo privilegió en la dicha de la expectación (36), midiéndose las leguas de la altura por las alturas de la Gracia. Entre todos la Divina Madre fue sola la que penetró con la vista hasta el Empíreo: como que debía alcanzar hasta el Trono al que había asistido hasta el Sepulcro y acompañar hasta el capitolio al que había acompañado hasta el triunfo. Debía ser aurora que subía la que estaba llena del Sol que se elevaba.

Quedó el santo concurso tan absorto que hizo otra ascensión de los ánimos la fijeza de las elevaciones. No sabía comprender las luces ni podía desprenderse de las Glorias. Parecía una junta de la admiración convocada para la decisión de la creencia. Estatuas eran de la adoración para hacerse patrones de la fe; y así parece que hubieran [322] continuado si dos celestes paraninfos, adornados de refulgentes cándidos vestidos, manifestándose visibles, no les dije-

---

[254] A reference to the Trinity.

sen estas cláusulas: *Varones galileos, ¿qué estáis mirando al cielo? Este mismo Jesús, que ha subido desde vosotros hasta el Cielo, vendrá de la misma manera que lo habéis visto ascender*. Asciende ahora al Trono de Monarca y ha de descender al tribunal de Juez. Ahora asciende en luces al Empíreo, de donde ha de estar descendiendo en favores a la Tierra. Después descenderá al Mundo en justicias para ascender al Cielo en majestades. Esto era desasirlos de las fruiciones para excitarlos a las obediencias; llamarlos de las delicias hacia los afanes; y era seguir más breve al que subía el no seguirle, porque habían de hacer ascender un mundo al Cielo y no debían querer gozar el Cielo solos en el mundo. Así se quedaban más en las glorias mientras más se partían a las penas.

Este, señores, fue el complemento de todos los Misterios de la vida del Altísimo; éste el término de la carrera de este divino atleta. Este el mayor de los triunfos de este Eterno combatiente; éste el testimonio más auténtico de la nobleza de la Ley, sacado del archivo de la Divinidad; éste el patrón más firme de la religión, erigido a los siglos por mano de la Omnipotencia. Parece que permitió la Divina Sabiduría [323] la falsa credulidad del paganismo hacia sus dioses para la verdadera creencia del cristianismo hacia su Dios. Porque los que creían que un Hércules vano, abrasado en el Oeta; que un Rómulo fratricida, desaparecido en Roma; que un César ambicioso, quemado en su pira; que un Libero destrozado y un Esculapio fulminado se habían trasladado a su fingido Olimpo; que un Saturno voraz, un Júpiter lascivo, un Marte cruel y un Apolo enamorado habían subido a reinar de deidades en sus astros; ¿qué dificultad podían tener en creer ascendido a los Cielos un Justo Divino en quien la Humildad, la castidad, la mansedumbre y la Paciencia fueron virtudes; que ellas mismas eran las heroicidades; y los Cielos que lo debían poseer? ¿Qué dificultad podían hacer en creer una divinidad visiblemente transferida al Empíreo los que creían las mentidas apoteosis de sus emperadores, falazmente transportados desde las piras hasta las estrellas? Argumentos ya formados por un grande Padre contra el escandalizado gentilismo, en que concluye así: *¿Todos estos juráis que han ascendido al Cielo? Luego o vosotros sois dignos de risa, juzgando y adorando por dioses los que con tan grandes tormentos perecieron o, si en vosotros reina la razón, dejadnos creer probado y verdadero lo que vosotros creéis voluntario y fabuloso* (37).

Ea, tiernos devotos y gozosos señores, [324] éste el último de vuestros convites, la corona de vuestras atenciones, el fin de los milagros de nuestro Dios, la consumación de sus Misterios, el triunfo de su Poder y la Gloria de su Majestad. Veis allá a David, que exalta a los justos: *A quienes el divino aliento dispone las ascensiones de sus corazones*; por las alturas de su Dios (38): *Porque nuestra ascensión espiritual es toda hija de la del Señor* (39). Veis allí a Pablo, que os guía a subir: si sois cristianos: *Si habéis resucitado con Christo, buscad lo que es de arriba: allí donde Christo está sentado a la diestra de Dios* (40). *Sabed las glorias que están en el Cielo, no las que están sobre la tierra.* Veis allí a Bernardo, que excita a cada uno a ascender, pero a ascender sobre a sí mismo: *Porque, para ascender al Cielo, es necesario que te eleves sobre ti, pisando los carnales deseos que en ti militan contra ti. Sigue también la Cruz que asciende*; con el que se exaltó en ella: *De la tierra para que te coloques, no sólo sobre ti, sino sobre todo el universo en la cumbre de tu mente* (41).

Sigamos, pues, señores, al que asciende y para tanta dicha, dejémonos acá abajo de terrenos y llevémonos arriba de celestes. Despidámonos de nosotros y vamos de ajenos, esto es, de nuestros afectos: que ni puede entrar ahora ánimo impuro hospicio puro ni después carne obscura estancia fúlgida; y [325] éste es el caso de la nupcial estola, como lo dijo el elocuente Eusebio (42), pues no puede *Recibir de otra suerte al alma el esplendor de las mansiones celestiales.* Asciendan los miembros adonde asciende la cabeza (43). Sírvannos hasta las mismas pasiones para que ascendamos. Sirvan al pie, que las pisa dominante, de escalones, para que suba vehemente (44). Así, sin subir ellas, sube el paso: que el risco, que se queda inmóvil en el monte, es escala al que monta ligero a la eminencia; y si aun los mismos étnicos entre las sombras del error conocieron que la virtud sola era la que ascendía al cielo por la difícil vía de su altura, despreciando los vulgares deseos y volando de la tierra con pluma fugaz:

> *Virtus recludens immeritis mori*
> *Caelum negata tentat ire via:*
> *Caetus que vulgares & udam*
> *Spernit humum fugiente penna* (45);[255]

¿cuánto deberemos los que seguimos la cristiana luz hacer que con más fuerte pluma suba nuestra virtud al Cielo por la ardua vía de su

---

[255] In these verses heaven is neither Paradise nor Virtue as a religious concept; it signifies the virtuosity and beauty of the artist.

cumbre, despreciando la tierra y sus delicias y siguiendo a Nuestro Redentor, que nos abrió la senda con su vuelo?

¡Oh cómo, con todo esto, se yerra el modo de subir, huyendo la dificultad del imitar! No es el anhelo de los hombres otra cosa que un continuo ascender de deseos a un cielo terreno de deleites: vuelan con alas de [326] débiles Ícaros y suben con escalas de soberbios gigantes. ¡Oh cuán falsos aspiran y, en una contrariedad de ascensiones, se elevan por el aire de la mentira y desaparecen con la nube del olvido! Alambicándose al fuego caduco de sus ansias, suben humo y caen llanto y muchas veces es el Infierno el recipiente: *& E descendunt in Infernum viventes*. No, señores, no sea así en nosotros: que hemos visto mucha luz para cegar y tenemos mucha guía para errar y, entre tanto que empezamos a ascender, vamos ahora con la mente a aquella excelsa cumbre que pisó el Señor, para pisar los astros. Allí veremos aquellos adorables vestigios que dejaron impresos los sagrados pies de Nuestro Salvador, gloriosas láminas de su triunfo y perennes patrones de su vuelo: enviadas del aire, que no pudo guardarlos; y veneraciones del éter, que no logró imprimírselos: aras que no consienten cúpula en su templo. De estas sagradas huellas de los pies del Señor en el monte Olivete testifican S. Jerónimo, Optato Milevitano, Paulino, Severo Sulpicio, Cirilo, Adriochomio y otros. No han permitido que las cubran con capilla o bóveda alguna, quedando patentes al cielo, por donde ascendió el Señor, como que miran incesantes a su Dueño. Este es el príncipe de todos los montes, a quien en homenaje de riscos tributan el Moría sus vaticinios y el Sinaí [327] sus fuegos y a quien acompañan el Tabor con sus luces y con sus trofeos el Calvario. Este es el que fue el estadio del certamen de un Dios y el capitolio de su triunfo y el que será el castigo del Anticristo, la ruina del Demonio y el tribunal del Redentor.

Oh gloriosísimo Señor, haced que en otro opuesto modo de aspirar, todo lo que el ángel enemigo intentó ascender por la soberbia, ascendamos por la humillación; que todo lo que quiso seros semejante con la sombra os seamos semejantes con la claridad. ¡Oh Sol Divino y cuán ignorante fue de semejanza, pues os pretendió la grandeza y no la luz; os anheló el Poder y no la Gracia! Inspiradnos, pues, con ésta una humildad ensalzada, despreciadora de la Tierra y una devoción ambiciosa, pretendiente del Cielo. Pues elevasteis la humanidad, elevad los humanos. Para ascendernos, [descendisteis].²⁵⁶ Para exaltarnos, os humillasteis; para llevarnos, os quedasteis. ¿Qué no resta que hacer para subir mas que no soltaros de la mano al ascender?

Haced, pues, que ascendamos todo lo sublime en sólo
un salto desengañados y que midamos todo
lo inmenso en sólo un vuelo de
contritos.

FIN

Notas marginales

(1) Pedro, Thoma, Natanael, los hijos del Zebedeo y otros dos discípulos.

(2) Poimenas Laoon. Pastores Populorum.

(3) Cap. Solitae de Maioritate & obedientia.

(4) Et dominabitur a Mari usque ad Mare: & a flumine usque ad terminos Orbis terrarum. Psal. 71, v. 8.

(5) Et adorabunt eum omnes Reges terrae; omnes gentes servient ei: Ibid. v. 11.

(6) Omnia mihi licent, sed non omnia, expediunt. S. Paul ad Corinth. 1, c. 6, v. 2.

(7) Nescitis quoniam Angelos judicabimus: quanto magis saecularia? Ibid. v. 3.

(*) Véase sobre este punto de la religión anglicana y de la potestad espiritual que se atribuyen sus reyes, como cabezas de ella, lo que refiere y confuta modernamente el insigne obispo de Meaux, Henrique Benigno de Bossuet en su tom. 1 de las *Variaciones de las iglesias protestantes*, lib. 7.

(8) S. Leo. Serm. de Assumptione sua ad Pontific.

(9) S. Bern. lib. 3 de Consider. ad Eugen. Pontif. versus finem.

(10) Véanse Suárez *Contra Regem*. Angl. Belarmin., *De Romano Pontif*. Gordonio, de *Sacro Tribun*. Marta *De Iurisdict*. Solórzano, De *Iure Indiar*. Aguirre, *Defens. Cathedrae Divi Petri*. Miñano, *Basis Pontific*. Text. in cap. Solitae ubi supra. *Extravag. Unam Sanctam de Maiorit*. & obed.

(*) Llámanse así las estrellas que andan alrededor de algún planeta, como las cuatro que acompañan a Júpiter.

(11) Quia in ipso inhabitat omnis plenitudo divenitatis corporaliter, et estis in illo repleti, qui est caput omnis principatus et potestatis. In eo enim quod omnia subiecit ei, nihil dimissit non subiectum ei, S. Paul. ad Colos. c. 2, v. 9.

(12) S. Hippolitus tract. de consum. saeculi. Dorotheus & Metaphrastes in *vita S. Ioannis*. Damascenus, *Oratio. de Transfigur*. S. Ambros lib. 7 in Luc. In idem inclinant Theophyl. Euthym. Salmeron, & Barradius, apud Cornel. in Joann. c. 21, v. 22.

(13) Oportet te iterum prophetare Gentibus. Apoc. c. 10, v. 1.

(14) Sunt aliqui hic stantes, qui non gustabunt mortem donec videant regnum Dei. S. Luc. c. 9, v. 27.

(15) Ioannes vivus descendens in tumulum, operire se humo praecepit. Gregor. Turonens. lib. 1 *de gloria Martyr*. c. 20 & lib. 1. *Hist. Franc*. c. 26.

---

²⁵⁶ The original reads "ascendisteis," which makes no sense in light of Peralta's dissertation.

(16) Et percussit eos David. Accedens autem David ad populum, salvavit eos pacifice. Venit ergo David in Siceleg, et misit dona de praeda senioribus Iuda proximis suis, dicens: Accipite benedictionem de praeda hostium Domini. Regum lib. 1, c. 3.

(17) Cepit autem David arcem Sion, haec est Civitas David. Et ingrediebatur proficiens atque succrescens, & Dominus Deus excercituum erat cum eo. Ibidem. l. 2, c. 5, v. 7 & 10.

(18) Praevenerunt Principes coniuncti psallentibus. Psal. 67, v. 26.

(19) In baculo meo transivi Jordanem istum, & nunc eum duabus turmis regredior. Genes. c. 32, v. 10.

(20) Sicut Aquila provocans ad volandum pullos suos, & super eos volitans, expandit alas suas etc. Deuter. c. 32, v. 11.

(21) Dissipa Gentes, quae bella volunt. Regna terrae cantate Deo: psallite Deo, QUI ASCENDIT SUPER CAELUM CAELI, ad Orientem. Psal. 67.10.31 & 33.

(22) Ascendit Deus in jubilo: & Dominus in voce tubae. Psal. 46, v. 6.

(23) Currus Dei decem millibus multiplex millia laetantinum: Dominus in eis in Sina in Sancto. ASCENDISTI in altum, cepisti capivitatem, accepisti dona in hominibus. Psal. 67, v. 18.19.

(24) Deus meus, magnificatus es vehementer. Confessionem & decorem induisti, amictus lumine sicut vestimenta. Qui ponis nubem adscensum tuum, qui ambulas super pennas ventorum. Psal. 103, v. 1.2.3.

(25) Dominus in Caelo paravit sedem suam, & regnum ipsius omnibus dominabitur. Psal. 102, v. 19.

(26) Quis est iste, qui venit de Edom, tinctis vestibus de Bosca, iste formosus in Stola sua, gradiens in multitudine fortitudinis suae? Quare rubrum est indumentum tuum, et vestimenta tua sicut calcantium in torculari? Isai. c. 63, v. 1.2.

(27) Ascendet pandens iter ante eos, & transibit Rex eorum coram eis, & Dominus in capite eorum. Miche. c. 2, v. 13.

(28) Genes c. 13.

(29) Judic. c. 16.

(30) Hieremias Drexelius tomo 2, *Deliciae gentis humanae*, part. 3, c. 12, § 2.

(31) Hanc Fidem Ascensione Domini auctam non vincula, non carceres, non exilia, non fames, non ignis, non laniatus ferarum, nec exquisita persequentium crudelitatis supplicia terruerunt. Pro hac Fide per universum Mundum, non solum viri, sed etiam faeminae, nec tantum impuberes pueri, sed etiam tenere Virgines usque ad effussionem sanguinis decertarunt. S. Leo. Serm. 2 de Ascens. Dom.

(32) Illuc enim revertebatur ubi iam erat, & inde redibat ubi remanebat: quia cum per humanitatem ascenderet in Caelum, per divinitatem suam & terram pariter continebat & Caelum. S. Gregor. homil. 29 in Evangel.

(33) Benedicat vobis Dominus, & custodiat vos: ostendat Dominus faciem suam vobis, & misereatur vestri. Convertat vultum suum ad vos, & deti vobis pacem. Num. c. 6, v. 24 & seq.

(34) Atollite portas, Principes, vestras: & elevamini portae aeternales, & introibit Rex gloriae.

(35) Los cuatro animales del carro de Ezequiel (cap. 10) que Cornelio dice significar los cuatro serafines, que asisten al supremo gobierno de Dios correspondientes a sus atributos.

(36) Hierem. Drexelius ex Salmerone tom. 2, *Deliciar. gentis human*. par. 2, cap. 12, § 6.

(37) Arnol. lib. 1 *Contra Gentes*: ibi: Et post omnia Caelum ASCENDISSE juratis? Aut igitur ridendi & vos estis, qui homines gravissimis cruciatibus interemptos Deos putatis, & colitis: aut, si certa est ratio, cur id vobis faciendum putetis, & nobis permittite scire, quibus istud causis rationibusque faciamus.

(38) Beatus vir, cuius est auxilium abs te: Ascensiones in corde suo disposuit. Psal. 83, v. 6.

(39) Quia Dominus est assumptio nostra. Psal. 88.19.

(40) Igitur si consurrexistis cum Christo: quae sursum sunt, quaerite, ubi Christus est in dextera Dei sedens. Quae sursum sunt sapite, non quae super terram. S. Paul. ad Coloss. c. 3, v. 1 & 2.

(41) Nam ut in Caelum ascendas, prius necesse est levare te super te. Sequere etiam ascendentem Crucem, exaltatam a terra, ut non solum super te, sed & super omnem quoque mundum mentis fastigio colloceris etc. S. Bernard. De Ascens. Dom. Sermon. 4.

(42) Euseb. Gallicam. homil. 1 de Ascensione Domini, ibi: putamus quod eam (animam) capere potuerit splendor caelestium mansionum, et non potius illam ex Evangelio Sententia damnationis excipiat: Amice quomodo huc intrasti, non habens vestem nuptialem?

(43) Ita nos quoque, membra eius effecti, Caput nostrum officionis desideriis ac bonorum operum studiis iam sequamur. Idem Euseb. ibidem.

(44) Ex ipsis (passionibus) sibi gradum construat, quo ad superiora conscendat. Sublimabunt nos, si fuerint infra nos: de nostris etiam vitiis scalam nobis facimus, si vitia ipsa calcamus. Idem ubi supra.

(45) Horat. l. 2. Carm. Od. 3.

BIBLIOGRAPHY

Acosta, Leonardo. 1984. *El Barroco de Indias y otros ensayos.* La Habana: Casa de las Américas.
Albareda, Ginés de, and Francisco Garfias. 1963. *Antología de la poesía hispanoamericana: Perú.* Madrid: Biblioteca Nueva.
Archer, Robert. 1991. "L'altre Ausiàs March (segle XVI) i un certamen poètic inèdit." *Catalan Review: International Journal of Catalan Culture* 5.1: 23-34.
Barreda Laos, Felipe. 1937. *Vida intelectual del virreinato del Perú.* Buenos Aires: Talleres Gráficos Argentinos.
Benito Rodríguez, José Antonio. 2001. *Crisol de lazos solidarios: Toribio Alfonso Mogrovejo.* Lima: Universidad Católica Sedes Sapientiae. <http://www.ucss.edu.pe/fondo/toribio.htm>.
Bergman, Hannah E. 1975. "El 'Juicio final de todos los poetas españoles muertos y vivos' (MS inédito) y el certamen poético de 1638." *Boletín de la Real Academia Española* 55: 551-610.
———. 1974. "A Court Entertainment of 1638." *Hispanic Review* 42: 67-81.
Boyer, Agustín. 1993. "Programa iconográfico en el *Neptuno alegórico* de Sor Juana Inés de la Cruz." *Homenaje a José Durand.* Ed. Luis Cortest. Madrid: Verbum. 37-46.
Brading, David A. 1991. *The First America: The Spanish Monarchy, Creole Patriots, and the Liberal State, 1492-1867.* Cambridge: Cambridge University Press.
Burkholder A., and Lyman L. Johnson. 1994. *Colonial Latin America.* 2nd ed. New York: Oxford University Press.
Carpio Cuba, José Efraín. 1964. "Biografía." *Obras dramáticas cortas.* Lima: Ediciones de la Biblioteca Universitaria.
Casasola, Gregorio. 1679. *Solemnidad festiva, aplausos publicos, aclamaciones ostentosas, que hizo esta nobilissima ciudad de los reyes Lima, a la publicacion del breve de la beatificacion del bienaventurado S. Francisco Solano.* Lima: Por Luis de Lyra.
Catalá, Rafael. 1987. *Para una lectura americana del barroco mexicano: Sor Juana Inés de la Cruz & Sigüenza y Góngora.* Minneapolis: Prisma Institute.
Concolorcorvo [Alonso Carrió de la Vandera]. 1973. *El Lazarillo de ciegos caminantes.* Ed. Emilio Carilla. Barcelona: Editorial Labor.
Contreras y López de Ayala, Juan. 1964. "La evolución del Barroco en la época de Peralta." *Revista Histórica* (Lima) 27: 94-101.
Cruz, Anne J. 1995. "Art of the State: The *Academias Literarias* as Sites of Symbolic Economies in Golden Age Spain." *Calíope: Journal of the Society for Renaissance & Baroque Hispanic Poetry* 1.1-2: 72-95.

Echave y Assu, Francisco de. 1688. *La estrella de Lima convertida en sol sobre svs tres coronas el B. Toribio Alfonso Mogrobexo, sv segvndo arzobispo: celebrado con epitalamios sacros, y solemnes cultos [...]*. Amberes: J.B. Verdussen.

Eguiguren Escudero, Luis Antonio, ed. 1966. *Lima Inexpugnable*. Lima: Editorial Liurimsa.

Feijoo, Benito Jerónimo. 1952. "Españoles americanos." *Obras escogidas del Padre Fray Benito Jerónimo Feijoo y Montenegro*. Ed. Vicente de la Fuente. Biblioteca de Autores Españoles. Madrid: Ediciones Atlas. 155-60.

Florez, Henrique. 1762. *España Sagrada: Theatro geographico-historico de la Iglesia de España*. Vol. 16. Madrid: Imprenta de D. Gabriel Ramírez.

Franco, Jean. 1994. *An Introduction to Spanish-American Literature*. Cambridge: Cambridge University Press.

García-Bedoya M., Carlos. 2000. *La literatura peruana en el período de estabilización colonial (1580-1780)*. Lima: Universidad Nacional Mayor de San Marcos.

García Calderón, Ventura. 1938. "Bibliografía de Pedro de Peralta Barnuevo." In *Los místicos*. Biblioteca de Cultura Peruana, 1st series, n. 7. Paris: Desclée de Brouwer. 9-16.

Guibovich Pérez, Pedro. 2000. *La Inquisición y la censura de libros en el Perú virreinal (1570-1813)*, Lima: Fondo Editorial del Congreso del Perú.

Gutiérrez, Juan María. 1874-75. "Doctor don Pedro de Peralta, peruano." *Revista del Río de la Plata* (Buenos Aires) 8: 194-211, 331-67; 9: 61-101, 441-78, 553-626; 10: 329-81.

Higgins, Anthony. 2000. *Constructing the Criollo Archive: Subjects of Knowledge in the Bibliotheca Mexicana and the Rusticatio Mexicana*. West Lafayette: Perdue University Press.

———. 1995. "Dos nuevas lecturas del Barroco." *Revista Iberoamericana* 61: 172-173, 685-700.

Higgins, James. 1987. *A History of Peruvian Literature*. Liverpool: Francis Carns Ltd.

Hill, Ruth. 2005. *Hierarchy, Commerce, and Fraud in Bourbon Spanish America: A Postal Inspector's Expose*. Nashville: Vanderbilt University Press.

———. 2003. "Bourbon Castile and other 'antiquities': Memory, conquest and tradition in Luzán's occasional poetry." *Journal of Spanish Cultural Studies* 4.1: 95-110.

———. 2000. *Sceptres and Sciences in the Spains: Four Humanists and the New Philosophy (ca. 1680-1740)*. Liverpool: Liverpool University Press.

———. 1994. "Between Reason and Piety: Inventio and Verisimilitude in Pedro de Peralta's Prologue to Lima fundada (1732)." *Dieciocho: Hispanic Enlightenment* 17.2: 129-41.

Jiménez Belmonte, Javier. 2006. "Las Indias políticas y poéticas del príncipe de Esquilache." *Colonial Latin American Review* 15.2: 143-159.

Jouve Martín, José Ramón. 2004. "En olor de santidad: hagiografía, cultos locales y escritura religiosa en Lima, siglo XVII." *Colonial Latin American Review* 13.2: 181-198.

Kahiluoto Rudat, Eva M. 1985. "Lo clásico y lo barroco en la obra literaria de Peralta Barnuevo." *Dieciocho: Hispanic Enlightenment, Aesthetics and Literary Theory* 8: 31-62.

King, Willard F. 1963. *Prosa novelística y academias literarias en el siglo XVII*. Madrid: Boletín de la Real Academia Española.

Leonard, Irving A. 1968. "Pedro de Peralta: Peruvian Polygraph." *Revista Hispánica Moderna* 34: 690-699.

Leonard, Irving A. 1964a. *Pedro de Peralta*. Lima: Biblioteca Visión.
——. 1964b. *Pedro de Peralta*. Biblioteca Hombres del Perú. 2ª serie. Lima: Universitaria.
——. 1959. *Baroque Times in Old Mexico*. Annn Arbor. University of Michigan Press.
——. 1941. "Los libros en el inventario de bienes de don Pedro de Peralta de Barnuevo." *Boletín Bibliográfico* (Lima) 1-4: 1-7.
——. 1937a. "Algunos documentos de Peralta Barnuevo." *Boletín bibliográfico de la Biblioteca Central de la Universidad de San Marcos* (mayo) 7: 21-29.
——. 1937b. *Obras dramáticas de Pedro de Peralta Barnuevo, con un apéndice de poemas inéditos*. Santiago de Chile: Imprenta Universitaria.
——. 1936. "Don Pedro de Peralta Barnuevo (Biografía)." *Revista Histórica* (Lima) 10: 45-75.
——. 1933. "A Great Savant of Colonial Peru: Don Pedro Peralta." *Philological Quarterly* 12: 54-74.
Mariátegui, José Carlos. 1979. "Literature on Trial." In his *Seven Interpretative Essays on Peruvian Reality*. Trans. Marjory Urquidi. Austin: University of Texas Press. 182-287.
Martín, Luis. 1974. *The Kingdom under the Sun*. New York: Scribner.
Mas i Usó, Pasqual, ed. "La mètrica catalana en les acadèmies i certàmens valencians del Barroc." *Zeitschrift fur Katalanistik: Revista d'Estudis Catalans* 8 (1995): 63-73.
Mazzotti, José Antonio. 2002. "La invención nacional criolla a partir del Inca Garcilaso: Las estrategias de Peralta y Barnuevo." In *Perú en su cultura*. Castillo Durante, Daniel and Borka Sattler, eds. Lima, Peru and Ottawa, ON.: Prom Perú; University of Ottawa. 55-72.
——. 2000. "Resentimiento criollo y nación étnica: el papel de la épica novohispana." In *Agencias criollas: la ambigüedad 'colonial' en las letras hispanoamericanas*, José Antonio Mazzotti, ed. Pittsburgh: Universidad de Pittsburgh.
——. 1996. "Sólo la proporción es la que canta: Poética de la nación y épica criolla en la Lima del XVIII." *Revista de Crítica Literaria Latinoamericana* 22.43-44: 59-75.
Medina, José Toribio. 1958. *Historia de la Imprenta en los antiguos dominios españoles de América y Oceanía*. Tomo 1. Santiago de Chile: Fondo Histórico y Bibliográfico José Toríbio Medina.
——. 1904-07. *La imprenta en Lima*. 4 vols. Santiago de Chile: Casa del autor.
Mendiburu, Manuel de. 1934. *Diccionario histórico biográfico del Perú*. Tomo 10. Lima: Librería e Imprenta Gil.
——. 1874-90. *Diccionario histórico biográfico del Perú*. 8 vols. Lima: Imprenta de J. F. Solís.
Menéndez Pelayo, Marcelino. 1948. *Historia de la poesía hispano-americana*. Vol. 28 of *Obras completas de Menéndez y Pelayo*, ed. Enrique Sánchez Reyes. Madrid: Consejo Superior de Investigaciones Científicas.
——. 1894. *Antología de poetas hispano-americanos*. Vol. 3. Madrid.
Montalvo, Francisco Antonio de. 1683. *Breve teatro de las acciones mas notables de la vida del bienaventvrado. Toribio arcobispo de Lima conpuesto*. Roma: Por Nicolas Angel Tinasii ympresor cameral.
——. 1683. *El Sol del Nuevo Mundo: Ideado y compuesto en las esclarecidas operaciones del bienaventurado Toribio Arzobispo de Lima*. Roma: Impr. de A. Bernavo.
Moraña, Mabel. 1998a. "Barroco y conciencia criolla en Hispanoamérica." *Revista de Crítica Literaria Latinoamericana* 14.28: 229-251.

Moraña, Mabel. 1998b. *Viaje al silencio. Exploraciones del discurso barroco.* México: UNAM, Facultad de Filosofía y Letras.
Morgan, Ronald J. 2002. *Spanish American Saints and the Rhetoric of Identity, 1600-1810.* Tucson: University of Arizona Press.
Morzillo Rubio de Auñón, Diego. 1729. *Sermón panegyrico que en las solemnes fiestas que consagró esta santa metropolitana Iglesia de Lima por la canonización de su grande arzobispo Sto Thoribio Alf.Mog. predicó el Excmo. e Ilmo. Sr.M.D[...].* Lima.
Mugaburu, Josephe. 1975. *Chronicle of Colonial Lima: The Diary of Josephe and Francisco Mugaburu, 1640-1697.* Trans. and edited by Robert Ryal Miller. Norman, Oklahoma: University of Oklahoma Press.
Odriozola, Manuel de. 1863. *Lima fundada, o Conquista del Peru* in *Colección de documentos literarios del Perú, colectados y arreglados por Manuel de Odriozola.* Vol. 1. Lima: Aurelio Alfaro. c-380.
Olivas Weston, Rosario. 1996. *La cocina en el virreinato del Perú.* Lima: Escuela Profesional de Turismo y Hotelería, Universidad de San Martín de Porres.
Palma, Ricardo, ed. 1899. *Flor de Academias y Diente del Parnaso.* Lima: El Tiempo.
Peralta Barnuevo, Pedro de. 1732. *Lima fundada: O conquista del Perú.* Primera Parte. Lima: Imprenta de Francisco Sobrino y Bados.
———. 1714. *Imagen política del gobierno de don Diego Ladrón de Guevara.* Lima: Gerónimo de Contreras.
Pierce, Frank. 1957. *The Heroic Poems of the Spanish Golden Age: Selections.* Oxford: Dolphin Book Co. Ltd.
Real Academia Española. 1729. *Diccionario de la lengua castellana, en que se explica el verdadero sentido de las voces, su naturaleza y calidad, con las phrases o modos de hablar, los proverbios o refranes, y otras cosas convenientes al uso de la lengua [...].* Vol. 2. Imprenta de Francisco del Hierro. <http://www.rae.es>. April 9, 2007.
Revello de Torre, José. 1920. *Las veladas literarias del Virrey del Perú Marqués de Castell dos Rius (1709-1710).* Sevilla: Tipografía Zarzuela.
Riva Agüero, José de la. 1965. *La Historia en el Perú.* In *Obras Completas.* Vol. IV. Prólogo de Jorge Basadre. Notas de César Pacheco Vélez. Lima: Instituto Riva Agüero.
———. 1962. "Pedro de Peralta y las influencias francesas en sus obras." In his *Estudios de literatura peruana: Del Inca Garcilaso a Eguren.* Vol. 2 of *Obras completas de José de la Riva Agüero.* Ed. César Pacheco Vélez and Alberto Varillas Montenegro. Lima: Pontificia Universidad Católica del Perú. 165-220.
———. 1938. "Algunos datos sobre la biografía de D. Pedro Peralta y las influencias francesas en sus obras." *Revista de la Universidad Católica del Perú* 4: 241-85.
———. 1919. *Los poetas de la revolución.* Lima: Imp. Torres Zumarán.
———. 1912. "Poder para testar de D. Pedro de Peralta al marqués de Casa Calderón, el 11 de abril de 1743." *Revista Histórica del Perú* (Lima) 4: 389-95.
———. 1910. *La historia en el Perú.* Lima: Imprenta Nacional de F. Barrionuevo.
———. 1909. "Don Pedro Peralta (Fragmento de un ensayo sobre los historiadores nacidos en el Perú)." *Revista Histórica* 4: 104-57.
Rodríguez Garrido, José A. 2000. "La voz de las repúblicas: poesía y poder en la Lima de inicios del XVIII." In *Agencias criollas: La ambigüedad 'colonial' en las letras hispanoamericanas,* ed. José Antonio Mazzotti. Pittsburgh: University of Pittsburgh. 249-265.
Rodríguez Sánchez de León, María José. 1988. "Los manuscritos poéticos que concurrieron al Certamen Académico de 1778." In *Varia Bibliographica: Homenaje*

a *José Simón Díaz*. Kurt Reichenberger and Roswitha Reichenberger, eds. Kassel: Reichenberger. 579-594.

———. 1987. "Las églogas presentadas a la Real Academia Española en el certamen del año 1780." *Revista de Literatura* 49.98: 473-489.

Romojaro, Rosa. 1985. "Símbolos míticos del poder en el barroco (Rimas de Lope de Vega)." *Caligrama* 2: 172-179.

Sánchez, José. 1961. *Academias literarias del Siglo de Oro español*. Madrid: Gredos.

Sánchez, Luis Alberto. 1973. *La literatura peruana: derrotero para una historia cultural del Perú*. 3 vols. Lima: P.L. Villanueva.

———. 1967. *El doctor Océano: Estudios sobre Don Pedro de Peralta Barnuevo*. Lima: Universidad Nacional Mayor de San Marcos.

———. 1965. *La literatura peruana*. 5 vols. Lima: Ed. de Ediventas, S.A.

———. 1921. "Peralta." In his *Los poetas de la colonia*. Lima: Ciudad de Lima. 249-64.

Serís, Homero. 1965. "Un certamen poco conocido del siglo XVII: Remón y López Remón." In *Studies in Honor of M. J. Benardete (Essays in Hispanic and Sephardic Culture)*. Izaak A. Langnas and Barton Sholod, eds. New York: Las Americas. 127-141.

Slade, David F. 2004. "*La Galería de la Omnipotencia*, de Peralta Barnuevo: *Imitatio y conquista* en el certamen poético." *Dieciocho: Hispanic Enlightenment* 27.2: 277-287.

Spadaccini, Nicholas, and Luis Martín-Estudillo, eds. 2005. *Hispanic Baroques: Reading Cultures in Context*. Nashville: Vanderbilt University Press.

Tauro, Alberto. 1946. *Elementos de Literatura Peruana*. Lima: Ediciones Palabra.

Tayadella, Antònia. 1992. "La Renaixença i els certàmens literaris." *Revista de Lengua y Literatura Catalana, Gallega y Vasca* 2: 50-55.

Trabulse, Elías. 1994. *Los orígenes de la ciencia moderna en México (1630-1680)*. México: Fondo de Cultura Económica.

Valega, José M. 1939. *El virreinato del Perú*. Vol. 3. Lima: Editorial Cultura Ecléctica.

Varela y Orbegoso, Luis. 1924. *Apuntes para la historia de la sociedad colonial*. Vol. 1. Lima: Imprenta de E. Moreno.

Vargas Ugarte, Rubén. 1956. *Impresos peruanos: 1763-1805*. 12 vols. Biblioteca Peruana Series. Lima: Taller Tipográfico de la Empresa Periodística la Prensa.

Vega, Lope de. 1622. *Relación de las fiestas que la insigne Villa de Madrid hizo en la Canonización de su Bienaventurado Hijo y Patrón San Isidro...* Viuda de Alonso Martín.

Williams, Jerry M. 2005. "Creole Identity in Eighteenth-Century Peru: Race and Ethnicity." In *How Far Is America from Here?* Theo D'haen et al., eds. Amsterdam: Rodopi. 369-81.

———. 2003. *Historia de España vindicada* by Pedro de Peralta Barnuevo. Edited, Annotated, and with a Critical Introduction. Newark, DE: Juan de la Cuesta Hispanic Monographs.

———. 2001. *Peralta Barnuevo and the Art of Propaganda*. Newark, DE: Juan de la Cuesta.

———. 2000. "Peralta Barnuevo's *Loa para la comedia*: The Tragic Reign of Luis I." *Dieciocho: Hispanic Enlightenment* 23.1: 7-25.

——— 1998. "Feijoo and Peralta Barnuevo: Two Letters." *Dieciocho: Hispanic Enlightenment* 21: 237-46.

———. 1996. *Pedro de Peralta Barnuevo and the Discourse of Loyalty: A Critical Edition of Four Selected Texts*. Arizona: Arizona State University Press. Center for Latin American Studies.

Williams, Jerry M. 1995. "Peralta Barnuevo's *Diálogo político: La verdad y la justicia* (1724): A Transcription with Introduction and Notes." *Dieciocho: Hispanic Enlightenment* 18.2: 119-56.

———. 1994. *Censorship and Art in Pre-Enlightenment Lima. Pedro de Peralta Barnuevo's 'Diálogo de los muertos: la causa académica.' Study, facsimile edition, and translation*. Maryland: Scripta Humanistica.

———. 1993. "Anonymous Satire in Peralta Barnuevo's *Diálogo de los muertos: La causa académica.*" *Hispanófila* 108: 1-14.

———. 1990. "Enlightened Lima: A 1707 Tribute to Philip V, Calderón, and the Return of the Siglo de Oro." *Dieciocho: Hispanic Enlightenment, Aesthetics and Literary Theory*. 13: 90-109.

ILLUSTRATIONS

Pedro de Peralta Barnuevo. 1791 portrait from the Pinacoteca de la Casona de la Universidad de San Marcos.

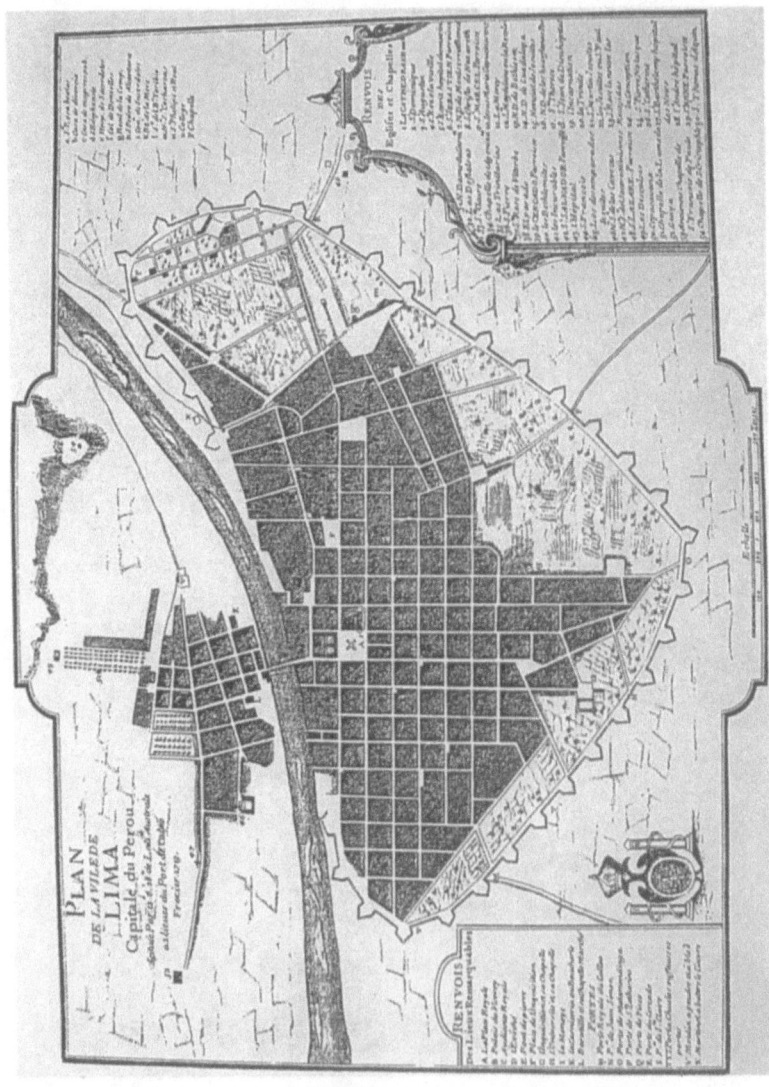

Plan of Eighteenth-Century Lima. The John Carter Brown Library at Brown University.

LA GALERIA
DE LA OMNIPOTENCIA
CARTEL DEL CERTAMEN POETICO
CONQVE CELEBRA, EXALTA, Y
adora, Amante, festiva, y devota
LA SANTA IGLESIA METROPOLI-
tana de Lima, Emporio de la Ameri-
ca Auſtral,
Y EN ELLA
SU EXCmo. E ILLmo. SEñOR AR-
çobiſpo, y ſu Venerable Dean
y Cabildo,
LA SAGRADA APOTHEOSIS,
y divina Canonizacion
DEL GLORIOSO
SANTO THORIBIO
MOGROVEJO SU INCLYTO AR-
çobiſpo.
EN LAS FIESTAS QUE A SU
Solemnidad humildemente
OFRECE, DEDICA, Y CONSAGRA

Title Page from *La Galería de la Omnipotencia*. The John Carter Brown Library at Brown University.

"Venerab Dei seruus D. Turibius Alphonsus Mogrouesus Hispanus, Archiep. Limensis [...]." Engraving by Guillelmus Valet. In Macedo, Francisco de. *Vita venerabilis Toribii Alfonsi Mogrovegii, Archiepiscopi Limensis [...]*. Patauij: Typis P.M. Framb., 1670. Courtesy of Lilly Library, Indiana University, Bloomington, IN.

"S. Toribius Alphonsus Mogrouesius Archiepiscopus Limanus." Engraving by Gaspar Massi. In Nicoselli, Anastasio. *Vita di S. Toribio Alfonso Mogrovesio. Arcivescovo di Lima, Capitale del Regno del Perù*. Rome: Nella Stamperia di Antonio di'Rossinella Strada del Seminario Romano, 1726. Courtesy of Lilly Library, Indiana University, Bloomington, IN.

"Toribio Alfonso Mogrovesio, Il Santo Arcivescovo di Lima." Engraving by Gaspar Massi. In Laderchi, Giacomo. *Vita di S. Turibio Alonso Mogrovejo. Arcivescovo di Lima nel Perù*. Rome: Nella Stamparia di Antonio de Rossi, 1729. Courtesy of Lilly Library, Indiana University, Bloomington, IN.

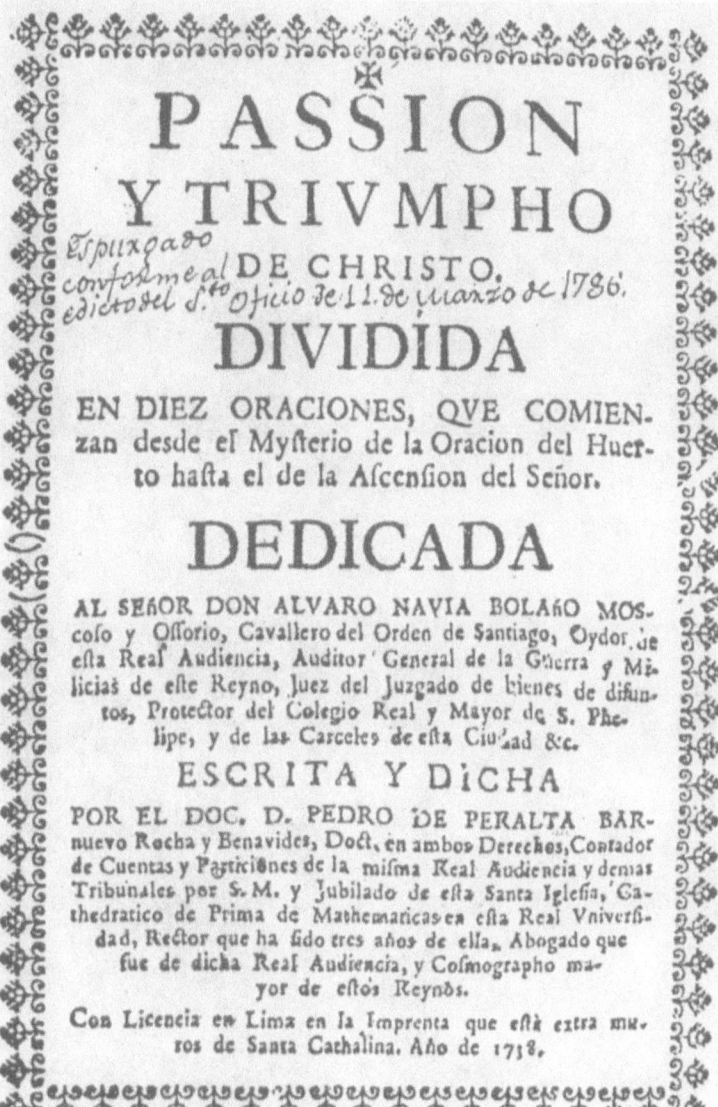

Title Page from *Pasión y Triunfo de Christo* (Inquisition copy with censor's editing). Courtesy of The Beinecke Rare Book and Manuscript Library, Yale University.

THE PRAYER IN THE GARDEN
Text-cut, v/lxxj. 8.8 x 6.2 cm.

THE FLAGELLATION
Text-cut, v/lxxv. 8.9 x 6.2 cm.

THE CROWNING WITH THORNS
Text-cut, v/lxxix. 8.7 x 6.1 cm.
The entire page is reproduced in Haebler,
Konrad. *The early printers of Spain
and Portugal.* London, 1897, plate 24;
Idem. *Geschichte des spanischen frühdruckes
in stammbäumen.* Leipzig, 1923, p. 383.

Courtesy of the British Museum
CHRIST BEARING THE CROSS
Text-cut, f/xxxiii.

Ten Woodcuts of the Passion of Christ. Courtesy of the Hispanic Society of America (pp. 372-375).

Courtesy of the British Museum
THE CRUCIFIXION
Text-cut, f lxxxvij.

THE RESURRECTION
Text-cut, œfxcj. 8.8 x 6.2 cm.

THE ASCENSION
Text-cut, œfxcv. 8.8 x 6.2 cm.

THE DESCENT OF THE HOLY GHOST
Text-cut, fc. 8.9 x 6.1 cm.

Ten Woodcuts of the Passion of Christ. Courtesy of the Hispanic Society of America (pp. 372-375).

Ten Woodcuts of the Passion of Christ. Courtesy of the Hispanic Society of America (pp. 371-374).

INDEX

À Lapide, Cornelius, 92, 110
Abel, 246, 276, 309
Abraham, 309; altar of, 128; descendants of, 190, 216; sacrifice of, 260; Christ as first and second Abraham, 277; angels' visit to, 327; and Lot, 343
Academies, literary, 30, 98, 104; Casa-Calderón, 103-04, 108, 112; Matemáticas y Elocuencia, 103-04
Acosta, José de, 34
Adán (Adam), 22; tomb of, 128, 260, 285, 309n; Christ as second Adam, 315, 316
Adrichomius, Christianus Crucius (Adrichomio), 176, 214, 251, 259
Agustín, San (Saint Augustine), 94, 95, 110, 116, 156, 158, 174, 184, 185, 223n, 228, 254, 274, 284-85, 334, 338
Alcibíades, 66, 138, 294
Alcides, 71, 94
Alexander ab Alexandro, 93, 95
Alfonso (El Sabio), 155
Amat de Graveson, Ignace Hyacinthe, 181, 185
Ambrosio, San (Saint Ambrosius), 93, 149, 158n, 179, 228, 257n, 259, 282
Anás, 206, 208, 337
Anselm, Saint, 92, 285, 311, 333
Apolo 45, 47, 70, 78, 90, 115, 290, 328, 350
Apolo fúnebre, 117, 168
Árbol de la Vida, 284, 287
Aristóteles (Aristotle), 94, 102, 328

Arms, and Letters, 138
Arquemoro, 45
Arrio (Arius), Arianism, 57
Arts, influence on Peralta, 120-21, 126; religious paintings, 176; and rhetoric, 326
Astorga, Toribio de (Saint Toribius of Astorga), 34, 35, 41, 42, 72-73, 73n
Astrea, 60; *El triunfo de Astrea*, 117n, 168n
Atenas (Athens), 45, 134, 148, 150, 294; peruana, 48
Avinatri, Vicencio, 174, 175, 177, 180

Babilonia, 212, 296
Barcochebas (Simon bar Kokhba), 251
Baronio, cardenal, 177, 179, 180, 229
Baroque, 16, 39; expression, 127, 129, 130; and Renaissance periods 26-27. *See Barroco de Indias*
Barrabás, 222, 223, 244, 249
Barreda Laos, Felipe, 122, 130n, 131n
Barroco de Indias, 39
Basil, Saint (the Great), 93
Bergman, Hannah, 28
Bermúdez de la Torre y Solier, Pedro José, 30, 31, 91, 104, 117n, 123n
Bernardo, San (Saint Bernard), 339, 351, 353, 355
Boethius, Anicius Manlius Severinus (Boecio), 93, 171
Bonaventure, Saint, 92, 93
Bossuet, Jacques Bénigne, 353
Bourbon, monarchy, defense of 32; rule, 37; dynasty, 117n

Braulio, San (Saint Braulius), archbishop of Zaragoza, 40, 56, 57
Brígida, Santa, 172, 179
Burkholder, Mark, 130n

Caifás, 175, 206, 208, 209
Cain, 125, 205
Calderón de la Barca, Pedro, 27, 110
Callao, El, 153
Calmet, Augustín, *Vida de Christo*, 177
Calvary, 291, 293, 294, 296, 298, 302, 306, 312, 352; Christ on, 128, 166, 169, 182, 189, 231, 236, 253, 258, 259; description of, 259-85
Carpio Cuba, José Efraín, 31
Carrió de la Vandera, Alonso, 13, 16
Cartasmal (Peru), 62
Carvallo, Luis Alfonso de, 155
Casiodoro (Cassiodorus), 155
Castelfuerte, viceroy, 51n, 110, 112-14
Castell-dos-Rius, viceroy, 16, 98, 99, 101-03, 122
Castor, and Pollux, 56n, 145
Ceilán, 47, 85, 197
Cervantes, Miguel de, 27, 100
Charles II, 35, 36, 143
Charles III, 139, 149
Chrysostom, John, Saint, 92, 170, 184, 185, 286, 297, 334
Cicerón (Cicero), 138, 167, 170
Clara, Santa (Saint Clare), 52, 76
Claudian, 155, 259
Clement IX, Pope, 33
Clement of Alexandria, Saint, 93, 250
Clement X, Pope, 33
Cleofás, 324, 325; and Salomé, 301, 318
Colegio Real y Mayor de San Felipe, 115, 150
Comestor, Petrus, 93, 94
Concolorcorvo. *See* Carrió de la Vandera, Alonso
Conde de la Granja, Luis Antonio de Oviedo Cruzado Herrera y Rueda: *Poema sacro*, 122, 128; rivalry with Peralta, 23
Conocimiento de los tiempos, 19, 156
Cornelio (Cornelius), 95, 173, 175, 176, 178, 180, 184, 185, 198, 199, 214, 228, 250, 251, 259, 285, 286, 333, 334, 353
Council of Trent, 34
Criollismo, 39, 40, 101; identity 25

Cristo crucificado: poem, 97, 98, 100
Cross, 26, 27; Christ carries, 251-59; Christ nailed to, 260-85; triumph of, 286-97
Crown of Thorns, 126, 228-50
Cruz, Anna J., 28, 29
Culteranismo, 15

Deuteronomio (Deuteronomy), 173, 174, 225
Dionisius (the Areopagite), 92
Discurso isagógico, 112, 113
Drexel, Jeremias (Hieremias Drexelius), 354

Earthquake, 121, 128, 168, 180, 182, 187, 283, 339; in Lima 1687, 97
Éfeso, 45, 296, 341
El Cid, 115, 135, 136
Elena, Santa, 213
Elíseos Campos, 59, 313
Enlightenment, 102; French 129; Christian 130; sensibilities 131

Farnese, Francisco, duke of Parma, 51n, 105n, 117n, 168n
Feijoo, Benito Jerónimo, 13, 102, 103, 178
Flegón, 180, 181

Galicia, 16, 83, 142-44, 146, 147
Galicano, Eusebio (Eusebius Gallicanus), 185, 251, 286, 355
Gándara y Ulloa, Felipe de la, 115, 155
Gazitúa, Juan de, 105; on Old Testament 108, 116, 155-59
Genesis, book of, 40
Gerónimo, San (Saint Gerome), 116, 228, 231, 274
Gertrudis, Santa (Saint Gertrude), 174
Gethsemane, 123; garden, 106, 212, 124. *See Huerto*
Góngora, Luis de, 40, 53, 100, 110, 224n
Grecia, 46, 72; *Museo de la Grecia*, 48
Gregorio, San (Saint Gregory), 93, 95, 116, 158, 331, 333, 334, 353
Gregory XIII, Pope, 33, 34
Gretcero (Gretser, Jacob), 178, 180
Guibovich Pérez, Pedro, 108n

Heráclito, 198
Hércules, 71, 82, 85, 86, 88, 160, 296, 350

Herod, king, 214-28; as Cesar, 242-45
Hesiod, *Theogony*, 94
Hill, Ruth, on late Baroque, 42
Hipóstasis, 188, 203, 288, 306, 348
Historia de España vindicada, 13n, 103, 117-18, 168n, 182
Hojeda, Diego de, 121-22
Homer, 172; reference to Ulysses, 66, 290
Horace, 38, 62n, 94, 95, 116, 160, 185, 355
Huerto, 199, 201, 210, 249, 256, 262, 270, 293, 302, 303, 313; Christ in, 105, 160; Prayer in, 185-99

Ildefonso de Toledo, San (Saint Ildephonse), 53
Innocence XI, Pope, 35
Inocencio, San (Saint Innocence), 339
Inquisition, 107; censorship, 18, 25, 110; of *Pasión y triunfo*, 107-14, 181n, 184n, 189n-91n, 227n, 231n, 249n, 258n, 282n, 288n, 306n, 348n
Iris, 55
Isaac, 190, 231, 253, 309
Isidoro, San (Saint Isidore), 40-41, 56, 63, 67-68
Isis, 50, 77

Jacob, 190, 288, 296, 309, 327, 342
Jardín, 58, 80, 211, 325
Jesús Nazareno, 201, 202, 245, 266, 267, 299, 323, 325
Jews, criticism of, 126; role in Crucifixion, 172, 175, 206, 215, 218, 223, 226, 229, 230, 234, 235, 241, 243, 245, 246, 252, 253, 263, 269, 274, 291, 296, 296, 324, 329, 340; Christ, King of the Jews, 218, 223, 232, 245, 266, 267
Juan de la Cruz, San, 130
Juana Inés de la Cruz, 30, 123
Judah, 227; tribe of, 307
Judas, 124, 200n, 201, 213, 245, 340n
Julián, San (Saint Julian), 89
Juno, 55, 313
Júpiter, 60, 69, 70, 82, 161, 216, 265, 296, 350, 353

King, Willard F., 26, 27, 100n
Kokhba, Simon bar. *See* Barcochebas

Ladrón de Guevara, Diego, viceroy, 16, 51, 114
Lapidus, Cornelius. *See* À Lapide, Cornelius

Leandro, San (Saint Leander), 41, 67
Leda, 56; and Zeus, 56n
Leo Magnus, San (Saint Leo the Great, Pope), 173, 214, 264, 285, 286, 353
Leocadia, Santa, 53
Leonard, Irving A., 14, 16, 31, 36-8, 45n, 59n, 74n, 83n, 90n, 98, 100, 102-03
Lienzo, 63, 179, 302; definition of, 48
Lima fundada, 13, 14, 45n, 51n, 59n, 74n, 83n, 90n, 104n, 114, 117, 297
Literary conventions, 123, 127
Lohmann Villena, Guillermo, 103, 111, 168n
Lope de Vega Carpio, Félix, 27, 28, 74n, 110
Lucas, San (Saint Luke), 176
Lucifer, 201, 246, 292. *See* Satanás
Lutero, Martín (Martin Luther), 109, 199

Maecenas, 114, 133
Magno, San León, 173, 264, 269, 290, 339, 344
Mariátegui, José Carlos, 15
Marte, 69, 139, 296, 313, 350
Martín, Luis, 129, 130
Mary Magdalene 107, 296, 316n, 317-22, 325, 331
Mary, 119, 127, 128, 318n
Mateo, San (Saint Matthew), 175, 181
Mathematics, 59, 59n, 91, 97, 101, 102, 104, 112, 156, 159, 168, 172
Maximus, Valerius, 93
Mazzotti, José Antonio, 116n
Melchizedek, king of Salem, 343
Mendiburu, Manuel de, 14, 33n, 34-6
Menéndez Pelayo, Marcelino, 14, 15
Mercurio Peruano, 99n (Lima)
Mercurio, 69, 72, 139, 290, 328
Minerva, 45, 66, 68, 139
Morales, Ambrosio de, 116, 176
Moses, 182, 202, 289, 293, 296, 309, 312, 326, 342
Moyobamba (Peru), 62, 71
Mt. Olive, 124, 342, 344, 352
Muros, Diego de, 155
Museo de la Grecia, 48

Naranjos (Peru), 71
Natal, Jerónimo, 175
Navia Bolaño Moscoso y Osorio, Álvaro, 105, 114, 115; lineage, 134-54

Neptuno, 45, 216
Néstor, 66
New Testament, 281; apocalyptic imagery, 89n; gospel writers, 92, 175, 176, 181, 182, 245, 256, 257, 262, 284, 317, 326, 327, 341; cited in *La Galería de la Omnipotencia*, 92-95
Noé (Noah), 179, 287

Old Testament, 108, 158; cited in *La Galería de la Omnipotencia*, 92-95
Olimpo (Olympus), 43, 49, 58, 88, 139, 207, 350
Orígenes (Origen Adamantius), 180, 283
Orosius, Paulus, 250
Ovid, 94

Pablo, San (Saint Paul), 47, 56n, 92-94, 110, 166, 174, 223, 343, 351, 352
Palafox, Juan de, 35
Palma, Luis de la, Fr., 177
Palma, Ricardo, 99n, 101
Parnaso (Parnassus), 44, 45, 45n, 70, 84, 148
Patiño, José, 151
Paul III, Pope, 35
Pedro, San (Saint Peter), 36, 125, 129, 158, 187, 203, 204, 210, 211, 244, 245, 277n, 341n; denial of Christ, 213; cries of, 214
Pellicer de Ossau Salas y Tovar, José, 115
Pelope, 45
Peralta, José, 106, 108, 117, 118, 165-70
Peruvian literature, criticism of, 13-15
Petrarch, 170
Pevsner, Nickolaus, 102
Philip II, 35
Philip IV, 35
Pilate, Pontius, 125, 126, 150n, 173, 174, 176, 212, 215, 218, 219, 222, 229, 234, 235, 237-47, 249, 259, 299, 300, 303, 316
Pliny, 163, 165
Plutarch, 155
Plutón (Pluto), 64, 216
Poetic contests, origin, 26-27; analysis of, 28-33; baroque 38, 39; textual architecture of, 42; prizes of the *Galería de la Omnipotencia*, 53, 57, 63, 68, 73, 78, 84, 90
Poetic license, 106, 107, 128
Predestination, 285
Priscillian of Ávila, 72

Quillaos (Peru), 62
Quintiliano (Quintillian), 167

Resurrection, 311-13; theatre of, 129
Rhodigín, Coelius, 92-4
Riccioli, Giovanni Battista, 92-4
Rímac, the river, 63
Riva Agüero, José de la, 15, 17, 102, 103, 105, 108-10n; on Inquisition, 111, 131n, 168n
Rodríguez Garrido, José, 31n, 101
Rodríguez Guzmán, Diego, 99-101
Rodríguez Sánchez de León, María José, 29
Roman Catholic Church, ascendancy of, 129
Rosa de Lima, Santa, 33, 82, 83, 122n
Rotalde, Francisco, 105, 108, 116, 159-64

Saavedra, Diego de, 116; *Empresas*, 161, 165
Saints, 41, 42, 158n, 308n, 331n
Salazar y Mendoza, Pedro de, 115, 155
Sánchez Calderón, Cristóbal, 108, 112
Sánchez, José, 28
Sánchez, Luis Alberto, 14, 15, 17, 31, 101, 102, 109, 110, 123n, 130n, 168n
Santa Sede [Holy See], 34, 61
Santos Padres, 54, 172, 175, 179, 183, 223, 260, 315, 317
Sarmiento, Martín, 110, 178
Satanás (Satan), 77, 124, 215, 233, 252, 282
Seneca, 95
Seraphim, 347n
Serry, Jacobus, 110, 120, 176, 177, 184, 228, 250, 286
Sidonio Apolinar, San (Saint Sidonius Apollinaris), 116, 162, 163, 165
Sigüenza y Góngora, Carlos, 16, 30
Simon of Cyrene, 120, 126, 175-77, 256, 257
Socrates, 66, 139, 261
Solino, Cayo Julio (Gaius Julius Solinus), 164, 165
Song of Songs, 89n
Suárez, Francisco, 92-4, 250, 285, 333, 353

Teodosio, 72, 94, 161
Tertuliano (Tertullian), 95, 116, 157, 160, 162, 163, 165, 182, 183, 250, 285

Teseo, 46
Tiberio, 178, 209, 218, 240, 243, 294, 335
Tomás, Santo (Saint Thomas), 102, 173n, 250, 274, 329, 331-33
Torrejón y Velasco, Francisco, 59n, 108, 111, 112
Tostado, Alonso (Tostatus Abulensis), 92
Trinity, 263, 279n, 296
Typhon, 74n

University of San Marcos, 25, 102
Urban VIII, Pope, 35

Valega, José M., 102

Valverde, Fernando de, 122
Venus, 52, 69, 82, 257, 313
Veronica, 176, 177, 258, 316n; kindness of, 127
Vesta, 52, 65
Viceroys, of Peru, 16, 51
Vieyra, Antonio, 198
Villafuerte, marquis of, 98, 99n, 102, 103
Villagarcía, marquis, José Antonio de, viceroy, 16, 110, 114
Virgil, 43n, 49, 92-4, 114, 116, 162, 165; *Aeneid*, 56n

Weston, Olivia, 30

Xanthippe, 56n

NORTH CAROLINA STUDIES IN THE ROMANCE LANGUAGES AND LITERATURES

I.S.B.N. Prefix 0-8078-

Recent Titles

VISIONES DE ESTEREOSCOPIO (PARADIGMA DE HIBRIDACIÓN EN EL ARTE Y LA NARRATIVA DE LA VANGUARDIA ESPAÑOLA), por María Soledad Fernández Utrera. 2001. (No. 272). -9276-9.
TRANSPOSING ART INTO TEXTS IN FRENCH ROMANTIC LITERATURE, by Henry F. Majewski. 2002. (No. 273). -9277-7.
IMAGES IN MIND: LOVESICKNESS, SPANISH SENTIMENTAL FICTION AND DON QUIJOTE, by Robert Folger. 2002. (No. 274). -9278-5.
INDISCERNIBLE COUNTERPARTS: THE INVENTION OF THE TEXT IN FRENCH CLASSICAL DRAMA, by Christopher Braider. 2002. (No. 275). -9279-3.
SAVAGE SIGHT/CONSTRUCTED NOISE. POETIC ADAPTATIONS OF PAINTERLY TECHNIQUES IN THE FRENCH AND AMERICAN AVANT-GARDES, by David LeHardy Sweet. 2003. (No. 276). -9281-5.
AN EARLY BOURGEOIS LITERATURE IN GOLDEN AGE SPAIN. LAZARILLO DE TORMES, GUZMÁN DE ALFARACHE AND BALTASAR GRACIÁN, by Francisco J. Sánchez. 2003. (No. 277). -9280-7.
METAFACT: ESSAYISTIC SCIENCE IN EIGHTEENTH-CENTURY FRANCE, by Lars O. Erickson. 2004. (No. 278). -9282-3.
THE INVENTION OF THE EYEWITNESS. A HISTORY OF TESTIMONY IN FRANCE, by Andrea Frisch. 2004. (No. 279). -9283-1.
SUBJECT TO CHANGE: THE LESSONS OF LATIN AMERICAN WOMEN'S TESTIMONIO FOR TRUTH, FICTION, AND THEORY, by Joanna R. Bartow. 2005. (No. 280). -9284-X.
QUESTIONING RACINIAN TRAGEDY, by John Campbell. 2005. (No. 281). -9285-8.
THE POLITICS OF FARCE IN CONTEMPORARY SPANISH AMERICAN THEATRE, by Priscilla Meléndez. 2006. (No. 282). -9286-6.
MODERATING MASCULINITY IN EARLY MODERN CULTURE, by Todd W. Reeser. 2006. (No. 283). -9287-4.
PORNOBOSCODIDASCALUS LATINUS (1624). KASPAR BARTH'S NEO-LATIN TRANSLATION OF CELESTINA, by Enrique Fernández. 2006. (No. 284). -9288-2.
JACQUES ROUBAUD AND THE INVENTION OF MEMORY, by Jean-Jacques F. Poucel. 2006. (No. 285). -9289-0.
THE "I" OF HISTORY. SELF-FASHIONING AND NATIONAL CONSCIOUSNESS IN JULES MICHELET, by Vivian Kogan. 2006. (No. 286). -9290-4.
BUCOLIC METAPHORS: HISTORY, SUBJECTIVITY, AND GENDER IN THE EARLY MODERN SPANISH PASTORAL, by Rosilie Hernández-Pecoraro. 2006. (No. 287). -9291-2.
UNA ARMONÍA DE CAPRICHOS: EL DISCURSO DE RESPUESTA EN LA PROSA DE RUBÉN DARÍO, por Francisco Solares-Larrare. 2007. (No. 288). -9292-0.
READING THE EXEMPLUM RIGHT: FIXING THE MEANING OF EL CONDE LUCANOR, by Jonathan Burgoyne. 2007. (No. 289). -9293-9.
MONSTRUOS QUE HABLAN: EL DISCURSO DE LA MONSTRUOSIDAD EN CERVANTES, por Rogelio Miñana. 2007. (No. 290). -9294-7.
BAJO EL CIELO PERUANO: THE DEVOUT WORLD OF PERALTA BARNUEVO, by David F. Slade and Jerry M. Williams. 2008. (No. 291). -9295-4.

When ordering please cite the ISBN Prefix plus the last four digits for each title.

Send orders to: University of North Carolina Press
P.O. Box 2288
Chapel Hill, NC 27515-2288
U.S.A.
www.uncpress.unc.edu
FAX: 919 966-3829

www.ingramcontent.com/pod-product-compliance
Lightning Source LLC
Chambersburg PA
CBHW020634230426
43665CB00008B/175